Auf der Unteren Donau 310

Vorwort

Die Donau ist unter den europäischen Strömen eine Besonderheit. Sie fließt in West-Ost-Richtung durch West-, Mittel- und Osteuropa und nimmt so eine einzigartige Brückenfunktion ein. An ihren Ufern trafen Römer und Barbaren, Christentum und Islam, Katholizismus und Orthodoxie aufeinander – die Donau war seit der Antike Mittlerin und ebenso Scheidegrenze zwischen den Kulturen. Dieses Mit-, Gegen- und Nebeneinander lässt sich an den vielen baulichen Hinterlassenschaften entlang der Ufer ablesen. Die Schlösser, Klöster und Burgen künden ebenso davon wie die Kathedralen, Synagogen und Minarette. Zwischen Passau und dem Donaudelta lassen sich Zeugnisse aus allen kulturgeschichtlichen Epochen finden, und für manche Städte, so etwa Ruse und Constanţa, wurde das Aufeinandertreffen von Okzident und Orient geradezu stadtbildprägend.

Zehn Anrainerstaaten gibt es entlang der 2888 Flusskilometer, und eine Fahrt stromabwärts führt von Staat zu Staat, von Volk zu Volk. Bis weit bis in das 20. Jahrhundert hinein waren die Orte und Regionen beidseits der Ufer multiethnisch geprägt, heute bezeichnen die politischen Grenzen gleichzeitig auch sprachliche oder religiöse Trennlinien.

Heute sucht man einerseits nach Überwindung der Grenzen – Bulgarien und Rumänien sind 2007 der EU beigetreten, Kroatien und Serbien sind in Verhandlungen –, betont aber andererseits die ganz einzigartigen Traditionen und Unterschiede zu den Nachbarn. Bei etwas genauerer Betrachtung fällt jedoch auf, wie sehr sich die Regionen über die Jahrhunderte wechselseitig beeinflussten, wie viele kulturelle Klammern über Staatsgrenzen hinweg heute noch erkennbar und wirksam sind.

Abwechslungsreich wie die Kulturen, mit denen der Reisende in Berührung kommt, sind auch die durchmessenen Landschaften. Ausgedehnte Tiefebenen wechseln sich mit hochaufragenden Hügelketten ab, kanalisierte Teilstrecken folgen auf Passagen, die von Menschenhand unberührt scheinen, und größere Unterschiede als zwischen der Kulturlandschaft Wachau mit ihren zahlreichen Baudenkmälern auf engstem Raum und der weitgehend unberührten und kaum besiedelten Wildnis des Deltas sind kaum denkbar.

Eine Donaukreuzfahrt bietet die wohl einfachste und bequemste Möglichkeit, Einblicke in die vielschichtigen Traditionen und das reiche kulturelle Erbe zu erhalten und die unterschiedlichen Landschaften kennenzulernen. Dazu möchte der vorliegende Reiseführer beitragen.

Passau ist der Ausgangspunkt der meisten Donaukreuzfahrten

Hinweise zur Benutzung

Der vorliegende Reiseführer richtet sich vornehmlich an Kreuzfahrtreisende und beschreibt den Fluss und die an seinen Ufern liegenden Sehenswürdigkeiten zwischen Passau und Schwarzem Meer sowie die Orte, die während der angebotenen Landausflüge besucht werden. Die Darstellung folgt in ihrer Gliederung der üblicherweise verwendeten Unterteilung des Stroms in Ober-, Mittel- und Unterlauf und den allgemein verwendeten Bezeichnungen für die durchmessenen Landschaften. Wo es sinnvoll ist, werden im Text die Flusskilometer angegeben, um die Lage von Orten zu erklären, denn entlang der Donau sind durchgängig Schilder aufgestellt, die diese Angaben nachweisen. Da der Strom bis zu zweieinhalb Kilometer breit ist, empfiehlt sich auch aus diesem Grund die Mitnahme eines Fernglases. Oft ist von rechtem oder linkem Ufer die Rede. Diese Angaben verstehen sich stets als ›in Fließrichtung rechts‹ oder ›in Fließrichtung links‹.

Die Darstellung nimmt die großen und kleinen Orte in den Blick, die bekannten und unbekannten. Einige von ihnen werden im Rahmen einer Kreuzfahrt nie besucht, andere ab und an, manche immer. Beliebten Anlaufpunkten wurde etwas mehr Raum gewidmet.

Die Beschreibungen gehen in der Regel von den Liegeplätzen der Schiffe aus, auch die Stadtplanausschnitte sind so gewählt, dass man vom Schiff aus ohne zusätzliches Material eine Entdeckungstour beginnen kann. Viele der Orte, in die der Besucher kommt, bieten so viele Sehenswürdigkeiten, dass sie im Rahmen eines Tagesbesuchs auch nicht annähernd besichtigt werden können. Daher werden hier diejenigen beschrieben, die allgemein als besonders erwähnenswert gelten.

Da Kreuzfahrtreisende mit dem Schiff zugleich Hotel, Restaurant und Verkehrsmittel nutzen und viele Sehenswürdigkeiten im Rahmen geführter Ausflüge besuchen, beschränken sich die reisepraktischen Hinweise auf Tourismusbüros, öffentliche Verkehrsmittel, Einkehrmöglichkeiten, Museen und zum Einkauf auf die Städte, in denen die Kreuzfahrtpassagiere diese Angebote auch nutzen können. Die Tipps sind als begründete Auswahl und Hinweise auf besonders landestypische Einrichtungen zu verstehen.

In Bulgarien wird durchgängig das kyrillische Alphabet benutzt, in Serbien finden sowohl das kyrillische als auch das lateinische Alphabet Verwendung. In diesem Buch werden die Eigennamen in Text und Plänen so wiedergegeben, dass eine Orientierung auch für diejenigen problemlos möglich ist, die das kyrillische Alphabet nicht beherrschen.

Zeichenlegende

i Tourismusbüros, allgemeine Informationen

Wechselstuben, Bankautomaten

Öffentliche Verkehrsmittel

Übernachtungsmöglichkeiten

Cafés und Restaurants

Einkaufsmöglichkeiten

Dampfer- und Ausflugsfahrten

Museen und Ausstellungen

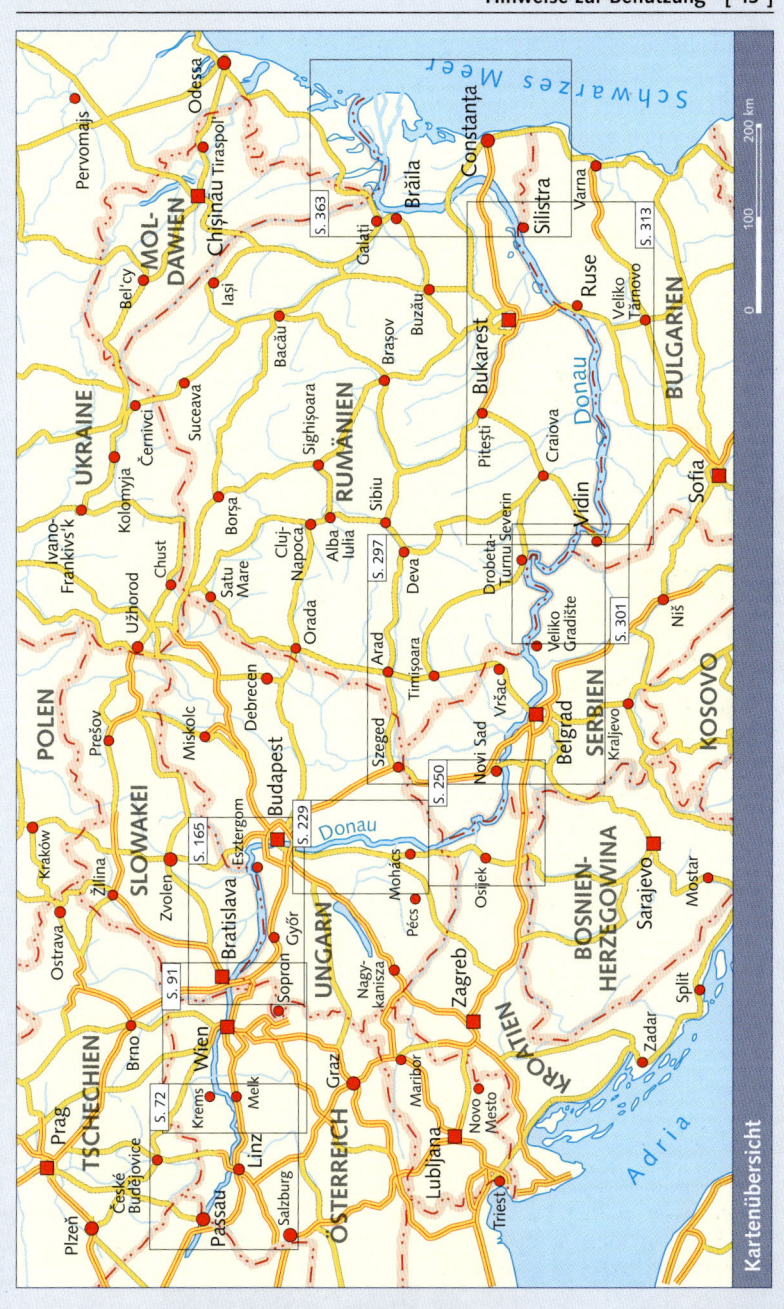

Eine Fahrt auf der Donau
führt durch viele Länder, zu
gleich mehreren Hauptstädten
und zahlreichen weiteren
Sehenswürdigkeiten.
Ihre Vielfalt und Unterschiedlich-
keit spiegelt die wechselvolle
Geschichte Europas wider.

Die Donau – ein europäischer Fluss

Der Lauf des Flusses

Die Donau ist neben der Mosel der einzige Fluss, dessen Kilometer von der Mündung aus gezählt werden und nicht, wie sonst üblich, von der Quelle aus. Der offizielle Nullkilometer ist mit dem Leuchtturm Sulina im Donaudelta am Schwarzen Meer markiert. Der Grund ist einfach: Man ist sich nicht einig, wo man im umgekehrten Fall mit dem Zählen beginnen sollte.

Die Donau hat keine Quelle, sondern nur einen Entstehungsort. Er liegt – gemäß dem alten Merkreim »Brigach und Breg/bringen die Donau zuweg« – am Zusammenfluss zweier Gewässer, die mit dem Wort ›Bächlein‹ wohl am besten charakterisiert sind. Man könnte also sowohl das eine wie das andere Gewässer als Ausgangspunktpunkt der Donau ansehen, entsprechend weiterzählen und hätte zwei unterschiedliche Angaben. Die Breg ist länger als die Brigach, und konsequenterweise findet sich an ihrer Quelle auch eine Tafel mit einer entsprechenden Inschrift: »Hier entspringt der Hauptquellfluss der Donau, die Breg, in der Höhe von 1078 Metern über dem Meer, 2888 Kilometer von der Donaumündung entfernt, 100 Meter von der Wasserscheide zwischen Donau und Rhein, zwischem Schwarzem Meer und Nordsee.«

Im Schlosspark zu Fürstenberg kann man ebenfalls eine Quelle mitsamt Inschrift bewundern: »Mutter Baar schickt die junge Donau auf den Weg nach Osten.« Das Wasser dieser Quelle fließt bald darauf in die Brigach, die, wenige Kilometer von der Bregquelle enfernt, westlich von St. Georgen entspringt. Von Sulina an der Donaumündung bis zum Zusammenfluss von Breg und Brigach bei Donaueschingen sind es 2840, bis zur Bregquelle 2888 Kilometer. Beide Zahlen findet man als Längenangaben, die offizielle Zählung endet bei Furtwangen. Angesichts der Länge des Stromes erscheint es müßig, über 40 Kilometer mehr oder weniger debattieren zu wollen. Von einem Fluss kann man auf den ersten Kilometern ohnehin nicht sprechen, denn das Wasser versickert immer wieder im Karstboden. Erst bei Beuron in der Schwäbischen Alb findet die Donau endgültig zu Beständigkeit und Eigenständigkeit.

Traditionell wird der Strom in drei Abschnitte gegliedert, in Ober-, Mittel- und Unterlauf. Auch diese Einteilung ist nicht eindeutig, die meisten Fachleute nennen den Abschnitt bis Ulm die ›junge Donau‹ und unterscheiden ihn vom Oberlauf, der bei Kilometer 2588 beginnt; 252 Kilometer liegen schon hinter der Donau, und ab hier wird sie für Kleinfahrzeuge schiffbar.

Ein nichtoffizieller Nullkilometer bei Vylkovo an der rumänisch-ukrainischen Grenze

Der Oberlauf

Charakteristisch für den Oberlauf ist das Wechselspiel von engen Flusstälern und Gebirgsdurchbrüchen mit sich in die Breite öffnenden Landschaften, ehemaligen Auen, in denen das Wasser heute fast durchgängig gebändigt, kanalisiert und von Menschenhand geformt ist. Zwar ist damit der Pegel des Flusses übers Jahr gleichmäßiger geworden, aber mit dem Verlust der Seitenarme, Auenwälder und Überschwemmungsgebiete rauscht das Wasser schneller talwärts, und auch die zahlreichen künstlichen Reservoire, Wasserkraftwerke und Staustufen können in Hochwasserzeiten den Strom nicht mehr bändigen.

Die Donau am Kahlenberg bei Wien

Von Donaueschingen fließt die Donau in einem beständig nach Nordosten weisenden Schwung, ab Regensburg in allerlei Windungen nach Südosten, bis sie Passau erreicht. Unmittelbar hinter Passau hat sie erkennbar an Statur gewonnen, was sie gemäß einem weiteren Merkreim fast ausschließlich ihren Zuflüssen zu verdanken hat: »Iller, Lech, Isar, Inn/Fließen all zur Donau hin. Altmühl, Naab und Regen/Kommen ihr entgegen.« Die erstgenannten Flüsse kommen aus den Alpen und führen der Donau sehr viel mehr Wasser zu als die Flüsse, die von Norden einmünden und den zweiten Teil des Spruchs bilden. Der Inn, der in Passau dazustößt, trägt dazu besonders viel bei.

Das Wechselspiel von engen Tälern und weiten Landschaften, die oft als ›Feld‹ bezeichnet werden, setzt sich auch auf österreichischem Gebiet fort. Zunächst fließt die Donau dabei weiter nach Südosten, hinter Linz ungefähr in östlicher Richtung. Dabei vollzieht sie zahlreiche Wendungen und Kehren, deren spektakulärste die Schlögener Schlinge hinter Engelhartszell ist.

Die mittlere Donau

Wo die Mittlere Donau beginnt, ist wiederum nicht eindeutig geklärt. Nähme man historische Handelswege zum Maßstab, würde man die Grenze von Mittel- zu Oberlauf in das Wiener Stadtgebiet setzen, geht man vom Gefälle und der Flussgeschwindigkeit aus, ist sie etwa an der Mündung der Raab anzusetzen, unter geographischen Gesichtspunkten an der Mündung der March (Morava) in der Nähe von Bratislava. Überwiegend wird heute die letztgenannte Variante gewählt, da hier praktischerweise auch die Grenze zwischen Österreich und der Slowakei verläuft. Geht man also von dieser Einteilung aus, umfasst der Oberlauf mitsamt Junger Donau rund 965 Kilometer. Davon befinden sich auf deutschem Gebiet 647, auf österreichischem 318 Kilometer.

Charakteristisch für den Mittellauf sind die zahlreichen Stromspaltungen und die dadurch gebildeten großen Inseln. Die Donau weist deutlich weniger Gefälle auf als in ihrem Oberlauf und fließt daher auch langsamer. Bis Vác, kurz vor Budapest, wird der Fluss von Bergketten begleitet, dann beginnt die ausgedehnte ungarische Tiefebene. Bei Kilometer 1425 wird die ungarisch-kroatische Grenze erreicht; das ist etwa die Hälfte der Flussstrecke. Später münden die Drau, die Theiß und bei Belgrad die Save, drei größere Flüsse, die die Wassermenge der Donau erheblich anschwellen lassen. Der Fluss durchquert Kroatien und Serbien und erreicht an der Grenze von Serbien und Rumänien das ›Eiserne Tor‹.

Das war bis vor wenigen Jahren die gefährlichste Stelle des Stromes, lange sogar unpassierbar. Die Donau wird hier über Dutzende von Kilometern von hohen Bergen eingeschnürt und ist stellenweise lediglich 120 Meter breit – vorher hatte sie an einigen Stellen eine Breite von mehreren Kilometern. Sprengungen zur Entschärfung dieser Passage hatte es seit dem 19. Jahrhundert gegeben, erst der

Ausflugsschiff in der Wachau

Fischerboote im Donaudelta

gigantische Kraftwerksbau – ein rumänisch-jugoslawisches Gemeinschaftsprojekt, das 1972 fertiggestellt wurde – hat sie endgültig entschärft. Das Wasser staut sich von dort 150 Kilometer zurück, und die Schiffe werden in einer Schleuse um 32 Meter gesenkt oder gehoben. Man setzt das Eiserne Tor allgemein als Grenze zwischen Mittel- und Unterlauf, abermals schwanken die Angaben. Die Länge der Mittleren Donau kann man daher nur ungefähr mit 930 Kilometern angeben.

Der Unterlauf

Der Unterlauf, der Abschnitt zwischen Eisernem Tor und Mündungsdelta, weist mit nur 50 Metern ein sehr geringes Gefälle auf und durchmisst ausgedehnte Flachlandschaften. Der Fluss ist bis zu zwei Kilometer breit und oft von Sumpf- und Auengürteln gesäumt, die bis zu 15 Kilometer Breite aufweisen. Die Donau ist dabei zunächst serbisch-rumänischer und dann auf rund 470 Kilometern rumänisch-bulgarischer Grenzfluss. Dann schwenkt sie nach Norden, wendet sich bei Galați (Galatz) scharf nach Osten, bildet auf nur einigen hundert Metern die moldawisch-rumänische, dann die rumänisch-ukrainische Grenze (168 Kilometer). Die Donau weitet sich schließlich hinter Tulcea in ein Delta. Dieses Labyrinth aus zahlreichen Wasserarmen und drei Hauptströmen hat etwa die Form eines Dreiecks, dessen Seiten jeweils rund 80 Kilometer lang sind.

Vom Eisernen Tor bis zum Leuchtturm bei Sulina hat die Donau weitere 945 Kilometer zurückgelegt. Sie trägt große Mengen an Schwebestoffen mit sich, die sich an der Mündung absetzen, und so verschiebt sich die Mündung pro Jahr etwa 50 Meter weiter in das Schwarze Meer. Der Leuchtturm von Sulina, der einst die Mündung markierte, steht längst nicht mehr am Meer, und damit hat sich die traditionelle Kilometerzählung, die den Reisenden bis hierhin begleitet hat und die so lange schon kontrovers diskutiert wird, nochmals relativiert.

Geschichte der Donauschifffahrt

Nicht wenige Orte entlang der Donau sind römischen Ursprungs, einige – wie Regensburg und Passau – sogar keltische Gründungen, und man darf davon ausgehen, dass der Fluss bereits zu dieser Zeit auch als Handelsweg von Bedeutung war. Der griechische Geschichtsschreiber Strabo berichtete im 7. Jahrhundert vor unserer Zeitrechnung von Landsleuten, die von der Mündung der Donau aus flussaufwärts fuhren. Für sie bildete das Eiserne Tor aber ein unüberwindliches Hindernis. Wenigstens im österreichischen Raum war der Fluss zu dieser Zeit ein Handelsweg, auf dem vor allem Metallwaren, Salz, Bernstein und Felle transportiert wurden.

Für fast 500 Jahre bildete die Donau seit dem 1. Jahrhundert vor Christus die Nordgrenze des Römischen Reiches. Nördlich davon lebten Kelten, Pannonier und Illyrer. Zwar gab es römische Feldzüge über die Donau hinaus nach Norden und Osten, doch dienten sie vor allem dazu, die Herrschaft in den schon eroberten Provinzen südlich und westlich des Flusses zu sichern. An seinen Ufern entstanden daher zahlreiche Kastelle und Lager, Wachtürme und Befestigungen. Gleichzeitig trafen sich an verschiedenen Stellen die Handelsstraßen in West-Ost-Richtung mit denen, die von Norden nach Süden verliefen. Im Schutz der Militäreinrichtungen entwickelten sich so die Bürgerstädte, in denen die Zivilbevölkerung vor allem vom Handel lebte. Wichtige Städte in dieser Zeit waren unter anderem Castra Batava (Passau), Lentia (Linz), Ad Pontem Ises (Ybbs), Arelape (Pöchlarn), Vindebona (Wien), Carnuntum (bei Hainburg), Posonium (Bratislava) und Aquincum (Budapest).

Über den Fluss wurden die Armeen versorgt und befördert, gleichzeitig fand auf ihm ein reger Warenaustausch statt. Den Historikern sind die Namen einzelner Reedereien ebenso bekannt wie die Form der Schiffe. Sie lassen sich beispielsweise an der Triumphsäule für Marc Aurel auf der Piazza Colonna in Rom studieren. Mit dem Zusammenbruch der Römerherrschaft ging vermutlich auch der Handel stark zurück. Man weiß wenig über die folgenden Jahrhunderte.

Spätestens unter Karl dem Großen war der Fluss wieder eine wichtige Handelsader. Entlang der Donau verschob Karl seinen Herrschaftsbereich in Etappen nach Osten. Er hatte sogar den Plan, zwischen Rhein und Donau einen Kanal bauen zu lassen – ein Vorhaben, das zu dieser Zeit technisch nicht möglich war und erst über 1000 Jahre später realisiert wurde.

Das Mittelalter verfügte über kein ähnlich gut organisiertes Netz von Handelsstraßen, wie es die Römer angelegt hatten. Daher war die Donau als Wirtschaftsader von noch größerer Bedeutung für den Warentransport. Zollordnungen aus dem 10. Jahrhundert zeigen, dass alle Handelswaren jener Zeit auch auf dem Wasserweg transportiert wurden. Die Donau verband den mitteleuropäischen Handelsraum mit dem Schwarzmeerraum und der Levante. Waren aus Griechenland, dem vorderasiatischen Raum und aus Indien fanden ihren Weg in das bayerisch-österreichische Gebiet, und umgekehrt wurden Güter stromabwärts transportiert. Zudem funktionierten weiterhin die Handelswege aus Russland und den skandinavischen Staaten. Zahlreiche Städte an der Donau – vor allem

Ulm, Regensburg und Passau sowie Linz, Krems und Wien – verdankten ihren Aufschwung ihrer Lage am Schnittpunkt von internationalen Handelsstraßen.

Andere profitierten vom Privileg des Mautrechts oder des Stapelrechts. Der erste Begriff bezeichnet eine Art Zoll, der zweite eine Verpflichtung für die passierenden Schiffer. Sie mussten ihre Waren über einen festgelegten Zeitraum

Donauschiffer, Miniatur aus dem 16. Jahrhundert

im Ort auslegen und zum Verkauf anbieten und durften erst nach Ablauf der Zeitspanne weiterfahren. Im 12. Jahrhundert gab es allein zwischen Linz und Wien 77 Mautstellen.

Dieses überaus großzügig vergebene Recht und die damit verbundene erhebliche Belastung für die Schiffer war ein Grund für den Niedergang des Donauhandels ab dem 13. Jahrhundert, ein weiterer war das verstärkt auftretende Raubrittertum. Die Krise wurde auch durch internationale Entwicklungen verschärft. Einige oberitalienische Stadtstaaten wie Venedig und Genua stiegen seit dem 13. Jahrhundert zu überregionalen Handelszentren auf, die bestrebt waren, den Orienthandel zu kontrollieren und über ihr Gebiet zu lenken. Sie hatten Erfolg, nicht zuletzt dank der Einrichtung eines fortschrittlichen Geld- und Bankensystems, das den Kapitalbedarf der Handelsgesellschaften deckte.

Mit dem vor allem durch die Forschungsreise Vasco da Gamas erbrachten Beweis, dass Indien auf dem Seeweg erreichbar war, war eine abermalige Verlagerung der Handelsströme verbunden. Spanien und Portugal stiegen zu europäischen Großmächten auf, Mitteleuropa verlor dagegen erheblich an Gewicht. Unmittelbar wurde der Handel auf der Donau durch die vordringenden Osmanen gestört und nahezu zum Erliegen gebracht.

Sie eroberten 1453 Byzanz, 1521 Belgrad und standen 1529 erstmals vor Wien, 1683 ein zweites Mal. Im Jahr 1717 fand bei Belgrad eine entscheidende Schlacht zwischen den habsburgischen und den türkischen Truppen statt, die die Österreicher nicht zuletzt dank ihrer Kriegsschiffe gewannen. Bis dahin war die

Das Mautamt in Linz Mitte des 19. Jahrhunderts

Donau vor allem von militärischer Funktion, da auf ihr Truppen transportiert wurden. Nur allmählich belebte sich der Handel wieder, er hatte sein unbestrittenes Zentrum nun in Wien.

Bewegt wurden die Waren stromabwärts oft mit Einwegschiffen, da die Fahrt stromaufwärts zu mühsam war. Die Schiffe wurden am Zielort auseinandergebrochen und das Holz verkauft. Berühmt waren im 16. Jahrhundert etwa die ›Ulmer Schachteln‹, so genannt wegen ihrer flachen und eckigen Bauweise. Später wurden viele Schiffe getreidelt, also mit Muskelkraft stromaufwärts bewegt, erst von Menschen, dann ging man zu Pferdegespannen über. Das Treideln war überaus mühevoll, kostspielig und langsam.

Auf den Frachtschiffen wurden traditionell nur Nichtschwimmer beschäftigt. Die Mannschaft konnte sich also nicht aus eigener Kraft ans Ufer retten. Das sollte gewährleisten, dass die Seeleute bei Gefahr nicht das Schiff verließen, sondern alles taten, um die Ladung in Sicherheit zu bringen. Der Beruf des Seemanns war also gefährlich und zudem, wie zahlreiche Lieder thematisieren, nicht mit Reichtum verbunden:»Dirndl, heirat koan Schiffmann/Du heiratst in d'Not/Host im Summa koan Mann/Und im Winter koa Brot«.

Weitere sich mit dem Schiffsverkehr ausbildende Berufe waren der des Lotsen und der des Fährmanns. Zwischen Passau und Wien gab es bis 1463 keine feste Brücke, so dass man nur mittels Fähren gefahrlos den Fluss überqueren konnte. Das Fährrecht wurde vom Landesherrn vergeben und war begehrt, sicherte es doch regelmäßige Einnahmen. Ein anderer wichtiger Beruf war der Flößer. Noch bis 1953 wurde auf der Donau geflößt.

Im Jahr 1696 wurde der erste regelmäßige Passagierverkehr auf der Donau eingerichtet. Einmal pro Woche fuhr ein sogenanntes Ordinarischiff von Regensburg nach Wien, die Reise dauerte sieben bis vierzehn Tage. Für den Rückweg nahm man aber immer noch die Postkutsche, da eine Fahrt stromaufwärts etwa acht Wochen in Anspruch nahm.

Einen enormen Schub für die Entwicklung der Schifffahrt bedeutete die Erfindung der Dampfmaschine. 1829 wurde die ›Erste Donau-Dampfschiffahrtsgesellschaft‹ (DDSG) gegründet, und 1830 ließ sie das von ihr gebaute Dampfschiff ›Franz I.‹ erstmals von Wien nach Budapest und zurück fahren. Dieses Jahr markiert nichts weniger als den Beginn der modernen Schifffahrt auf der Donau. Die Dampfschiffe lösten schnell die Pferdetreidelzüge ab, ermöglichten in großem Stil den Austausch zwischen dem industrialisierten Westen Österreichs und seinem agrarischen Osten und trugen entscheidend zur wirtschaftlichen Entwicklung Österreichs bei. Dampfschiffe erreichten bald auch das Donaudelta. Mitte des 19. Jahrhunderts verlor die DDSG zwar das Monopol für die Donauschifffahrt, dennoch kann man wohl behaupten, dass die Geschichte wenigstens der österreichischen Donauschifffahrt bis weit in das 20. Jahrhundert hinein im Grunde eine Geschichte der DDSG ist. 1880 verfügte die Gesellschaft bereits über 188 Dampfschiffe, sie besaß eigene Werften und Kohlegruben, eigene Häfen, zeitweise sogar eine eigene Währung und eigene Briefmarken. Gegen Ende des 19. Jahrhunderts folgten die anderen Anrainerstaaten diesem Beispiel und gründeten ebenfalls eigene Donauschifffahrtsgesellschaften.

Das erste Donaudampfschiff, Franz I., wurde 1830 in Wien erbaut

1927 wurde in der Werft von Óbuda (Budapest) das letzte Dampfschiff gebaut, seitdem sind Motorschlepper vorherrschend. Sie fahren heute sowohl als Selbstfahrer wie auch als Schubverband.

Der Handel nahm auch deswegen massiv Aufschwung, weil seit dem 18. Jahrhundert viele gefährliche Flussabschnitte beseitigt worden waren. In die Donau ragende Felsen wurden weggesprengt, der Fluss reguliert. Die technischen Möglichkeiten des 20. Jahrhunderts brachten zahlreiche Kraftwerke, Staumauern und Kanalisierungen. Das war selten ein Vorteil in ökologischer Hinsicht, brachte aber erhebliche Verbesserungen für die Wirtschaft.

Heute überwiegt auf der Donau die Passagierschifffahrt, insbesondere die Kreuzschifffahrt. Der Linienverkehr ist von untergeordneter Bedeutung. Erstmals wurden in den 1920er Jahren Pauschalreisen von Wien nach Ruse (Bulgarien) oder bis zum Schwarzen Meer mit anschließendem Badeurlaub im bulgarischen Varna angeboten. Die meisten Personengesellschaften operierten aber innerhalb ihrer Landesgrenzen. Der Zweite Weltkrieg unterbrach die in den 30er Jahren geplante Entwicklung der grenzübergreifenden Personenschifffahrt. Sie wurde 1952, nach 13jähriger Unterbrechung, wieder aufgenommen, dominierend blieben aber die Reisen, die nicht bis in die Tschechoslowakei und nach Ungarn führten. Die Öffnung in den östlichen Anrainerstaaten seit 1989/90 brachte einen spürbaren Aufschwung im internationalen Passagierverkehr, seit den späten 90er Jahren sind nochmals deutliche Steigerungsraten zu verzeichnen. Viele Reedereien bieten eine ganze Anzahl längerer und kürzerer Reisen an, und zahlreiche Neubauten sind in den letzten Jahren auf Kiel gelegt worden, um die Nachfrage der Reiselustigen befriedigen zu können. So waren den Kreuzfahrtstudien des DRV zufolge im Jahr 2003 rund 90 000 Passagiere aus Deutschland auf der Donau unterwegs, drei Jahre später bereits 125 000 und 2009 knapp 150 000 Passagiere, von denen rund ein Drittel die Variante bis zum Donaudelta wählte. Hinzu kommen mehrere zehntausend Gäste aus anderen Ländern

Streckenverlauf zwischen Passau und dem Schwarzen Meer

Flusskilometer	Ort	Land
2226	Passau	Deutschland
2135	Linz	Österreich
2036	Melk	Österreich
2009	Dürnstein	Österreich
2002	Krems	Österreich
1963	Tulln	Österreich
1939	Klosterneuburg	Österreich
1934	Wien-Nußdorf	Österreich
1929	Wien-Handelskai	Österreich
1869	Bratislava	Slowakei
1768	Komárno	Slowakei
1718	Esztergom	Ungarn
1694	Visegrád	Ungarn
1679	Vác	Ungarn
1668	Szentendre	Ungarn
1647	Budapest	Ungarn
1515	Kalocsa	Ungarn
1448	Mohács	Ungarn
1425	Bezdan	Serbien
1401	Apatin	Kroatien
1333	Vukovar	Kroatien
1255	Ilok	Kroatien
1255	Novi Sad	Serbien
1244	Sremski Karlovci	Serbien
1170	Belgrad	Serbien
1118	Smederevo	Serbien

Flusskilometer	Ort	Land
1077	Ram	Serbien
1059	Veliko Gradište	Serbien
1040	Festung Golubac	Serbien
965	Trajanstafel	Serbien
953	Orşova	Rumänien
943	Đerdap I	Serbien/Rumänien
930	Drobeta-Turnu Severin	Rumänien
860	Đerdap II	Serbien/Rumänien
794	Calafat	Rumänien
790	Vidin	Bulgarien
743	Lom	Bulgarien
704	Kozloduj	Bulgarien
679	Orjahovo	Bulgarien
630	Korabija	Bulgarien
597	Nikopol	Bulgarien
553	Svištov/Zimnicea	Bulgarien/Rumänien
500	Ruse	Bulgarien
490	Giurgiu	Rumänien
434	Tutrakan	Bulgarien
431	Olteniţa	Rumänien
377	Silistra	Bulgarien
300	Cernavodă	Rumänien
170	Brăila	Rumänien
150	Galaţi	Rumänien
118	Tulcea	Rumänien
0	Sulina	Rumänien

Die Länder entlang der Donau

Eine Schiffsreise auf der Donau führt durch zehn Länder. Tabellarische Auflistungen der wichtigsten historischen Ereignisse geben im folgenden eine kurze Einführung in die Geschichte der jeweiligen Länder, die Ländersteckbriefe einen ersten Überblick über die aktuellen Gegebenheiten. Die dort wiedergegebenen Zahlen sind ausnahmslos gerundet, der leichteren Lesbarkeit wegen und weil diese Angaben vor allem dazu dienen, die Länder miteinander vergleichen zu können. Daher ist eine derartige Übersicht auch zur Bundesrepublik Deutschland aufgeführt. Ein entsprechendes einführendes Kapitel fehlt zum Anrainerstaat Moldawien (Moldau), da die Kreuzfahrtschiffe diese wenigen Kilometer schnell passieren und Laundausflüge in dieses Land nicht angeboten werden.

Deutschland

Genaue Bezeichnung: Bundesrepublik Deutschland

Fläche: 357 000 qkm

Hauptstadt: Berlin (3 400 000 Einwohner)

Gliederung: 16 Bundesländer

Größere Städte: Hamburg (1 750 000), München (1 300 000), Köln (990 000), Frankfurt am Main (660 000), Stuttgart (600 000)

Amtssprache: Deutsch

Einwohner/Bevölkerungsdichte: 82 110 000/230 pro qkm

Bevölkerung: 91 % Deutsche, 9 % Ausländer, darunter 2,1 % Türken, 0,65 % Italiener, 0,45 % Polen, 0,35 % Griechen, 0,3 % Kroaten

Städtische Bevölkerung: 85 %

Religion: 31 % Katholiken, 30 % Protestanten, 4 % Muslime, 1,7% Orthodoxe

Lebenserwartung: 79 Jahre

Staats- und Regierungsform: Bundesrepublik (die Bundesländer haben eigene Verfassungen), Wahl zum Bundestag alle vier Jahre, Wahl des Staatsoberhaupts (durch die Bundesversammlung) alle fünf Jahre

BNE: 42 400 US-Dollar je Einwohner

Erwerbstätigkeit: Landwirtschaft 1 %, Industrie 26 %, Dienstleistungen 73 %

Arbeitslosenquote: 8 %

Währung: Euro

Zeit: MEZ

Vorwahl/Internetkennung: +49/de

Nationalfeiertag: 03. Oktober (Tag der deutschen Einheit)

Österreich

Genaue Bezeichnung: Republik Österreich

Fläche: 84 000 qkm

Hauptstadt: Wien (1 680 000 Einwohner)

Gliederung: 9 Bundesländer

Größere Städte: Graz (250 000 Einwohner), Linz (190 000), Salzburg (150 000), Innsbruck (118 000), Klagenfurt (90 000).

Amtssprache: Deutsch, in manchen Regionen auch Slowenisch, Kroatisch und Ungarisch

Einwohner/Bevölkerungsdichte: 8 330 000/99 pro qkm

Bevölkerung: 90 % Österreicher, zahlreiche kleinere Minderheiten

Städtische Bevölkerung: 66 %

Religion: 66 % Katholiken, 4 % Protestanten, 12 % ohne Religion, 4 % Muslime

Staats- und Regierungsform: Bundesrepublik, Wahl zum Nationalrat alle vier Jahre, Direktwahl des Staatsober-

Maria Theresia

haupts alle sechs Jahre
BNE: 45 900 US-Dollar je Einwohner
Erwerbstätigkeit: Landwirtschaft 5 %,
Industrie 23 %, Dienstleistungen 72 %
Arbeitslosenquote: 5 %
Währung: Euro
Zeit: MEZ
Vorwahl/Internetkennung: +43/at
Nationalfeiertag: 26. Oktober

Österreichische Geschichte im Überblick

15 v. Chr. Die Römer festigen ihre Herrschaft an der Donau und richten die Provinz Pannonien ein.
Um 430 Verwüstung weiter Landstriche an der Donau durch die Hunnen. Die Römer treten in einem Vertrag die Provinz Pannonien an die Hunnen ab.
500–650 Langobarden, Goten, Awaren und andere slawische Stämme ziehen durch das Land.
Ab 700 Landnahme der Bajuwaren.
909 Die Magyaren erobern die Gebiete

des heutigen Österreich.
955 Sieg Ottos I. über die Magyaren in der Schlacht auf dem Lechfeld; Gründung der Ostmark.
976 Otto I. überträgt die Ostmark den Babenbergern; Beginn ihrer langandauernden Herrschaft.
996 Erstmalige Nennung der Ostmark als ›Ostarrichi‹.
1156 Auf dem Reichstag zu Regensburg wird die Ostmark zum Herzogtum erhoben.
1246 Tod Herzog Friedrichs II. in einer Schlacht gegen die Ungarn. Die Dynastie der Babenberger stirbt aus; Interregnum des Böhmen Ottokar II.
1278 Der Habsburger Rudolf I. siegt über Ottokar II. auf dem Marchfeld und begründet damit die Herrschaft der Habsburger. Sie währt bis 1918.
1358 Rudolf II. gibt sich den Titel Erzherzog.
1452 Friedrich V. wird zum Heiligen Römischen Kaiser Friedrich III. gekrönt.
1493 Vertreibung der Ungarn aus Wien unter Maximilian I.
1515 Maximilian I. erlangt mit einer habsburgisch-jagellonischen Doppelhochzeit die Erbfolgerechte der Jagellonendynastie und gewinnt somit Böhmen und Ungarn. Sein Enkelsohn, Karl V., erbt 1516 Spanien.
1526 Niederlage der Ungarn gegen die Türken bei Mohács; Böhmen und Ungarn fallen an Habsburg.
1529 Erste erfolglose Belagerung Wiens durch die Türken. Die Reformation erfasst weite Teile des Landes, die Mehrheit bekennt sich zum protestantischen Glauben.
1577 Rudolf II. hebt die erst 1571 gewährte Glaubensfreiheit auf, evangelische Gottesdienste sind nun untersagt.
Ab 1618 Die Gegenreformation gewinnt massiv an Boden.

1648 Nach dem Dreißigjährigen Krieg entwickelt sich Österreich zu einem zentralistisch geführten Staat, die Habsburger drängen mit Unterstützung der katholischen Kirche den Einfluss von Bürgertum und lokalem Adel zurück.

1683 Wien entgeht nur knapp der Eroberung durch die Türken. Ihre Niederlage leitet die allmähliche Verdrängung der Türken von den eroberten Gebieten ein; dieser Prozess dauert Jahrhunderte. Dabei erobern die Österreicher Ungarn und Siebenbürgen.

1700–1714 Im Spanischen Erbfolgekrieg gewinnen die Habsburger die Spanischen Niederlande und einen Teil Italiens. Innerhalb weniger Jahrzehnte ist Österreich zu einer europäischen Großmacht aufgestiegen. In den folgenden Jahrzehnten entwickelt sich eine enorme Bautätigkeit in vielen Städten. Dieses Barockzeitalter prägt bis heute viele Orte.

1713 Karl VI. verkündet die ›Pragmatische Sanktion‹, die die weibliche Thronnachfolge sichert.

1740 Beginn der Regierungszeit von Maria Theresia. Bis 1780 bringt sie zahlreiche Reformen auf dem Weg und formt ihr Land zu einem modernen Staat. Der Preußenkönig Friedrich II. führt mehrere Kriege gegen Habsburg.

1745 Der Mann Maria Theresias, Franz Stephan von Lothringen, wird zum Deutschen Kaiser Franz I. gekrönt. Nach seinem Tod 1765 folgt ihm sein Sohn Joseph II.

1780 Joseph II. übernimmt nach dem Tod Maria Theresias die Herrschaft und setzt die Reformpolitik fort.

Ab 1805 Kriegsführung und schwere Niederlagen gegen die Heere Napoleons führen 1809 zum Staatsbankrott. Franz II. legt 1806 auf Druck Napoleons die deutsche Kaiserkrone nieder

und nimmt als Franz I. den Titel Kaiser von Österreich an. Damit verzichtet das Land dauerhaft auf den Anspruch, die deutschen Gebiete unter seiner Vorherrschaft regieren zu wollen.

1812–1814 Die verbündeten Staaten Russland, Preußen, England und Österreich fügen Napoleon mehrere Niederlagen zu; der Korse wird verbannt.

1814/15 Auf dem Wiener Kongress debattieren die Staatsmänner und Diplomaten – insgesamt fast 10 000 Abgesandte – über die Neuordnung Europas nach dem Napoleonischen Zeitalter. Österreich verliert Belgien, das selbständig wird, gewinnt aber Teile Italiens hinzu.

1821 Fürst Metternich wird zum Staatskanzler ernannt. Polizei und Zensur bestimmen das gesellschaftliche Klima bis 1848 maßgeblich.

1848 Die revolutionären Gedanken, die ganz Europa in Aufruhr versetzen, erreichen auch Österreich. Zwar muß die Kaiserfamilie Zugeständnisse an die Aufständischen machen und sogar kurzzeitig das Land verlassen, letztlich scheitert die Revolution aber auf ganzer Linie. Nach Rücktritt Kaiser Ferdinands wird sein erst 18-jähriger Neffe Franz Joseph zum Nachfolger ernannt. Er bleibt bis zu seinem Tod 1916 österreichischer Kaiser.

1866 Das Ringen um die Vorherrschaft in Mitteleuropa mündet in einen Krieg zwischen Preußen und Österreich, die Preußen siegen. Für sie ist es ein wichtiger Schritt auf dem Weg zu einem deutschen Nationalstaat, als ›kleindeutsche Lösung‹ wird er 1871 ohne Österreich ins Leben gerufen.

1867 Verständigung mit den Ungarn, sogenannter Ausgleich. Damit wird die k. u. k. Doppelmonarchie begründet, die ›österreichisch-ungarische Personal-

und Realunion‹. Der österreichische Kaiser ist zugleich auch König von Ungarn. Die Ungarn erhalten erhebliche politische Freiheiten.

1907 In Österreich wird das allgemeine, gleiche, geheime und direkte Wahlrecht eingeführt.

1914 Ermordung des Thronfolgers Franz Ferdinand in Sarajevo. Habsburg stellt den Serben ein unerfüllbares Ultimatum. Einen Monat später beginnt mit der Kriegserklärung an Serbien der Erste Weltkrieg, in den aufgrund von Bündnisverpflichtungen zahlreiche Länder Europas hineingezogen werden.

1916 Tod des 86-jährigen Kaisers Franz Joseph; Nachfolger wird Karl.

1918 Mit dem Ende des Ersten Weltkriegs bricht die Monarchie zusammen, die Habsburger gehen ins Exil; Ausrufung der Republik. Mit den Friedens-

Kaiser Franz Joseph in jungen Jahren

verträgen verliert Österreich sieben Achtel seiner Fläche und Bevölkerung, aus dem Vielvölkerstaat wird das kleine Österreich. Aus der Habsburger Konkursmasse entsteht in Mitteleuropa ein Korridor nun selbständiger Staaten. Die Republik hat mit großen wirtschaftlichen Problemen und Inflation sowie teils gewalttätigen Auseinandersetzungen der extremen politischen Kräfte zu kämpfen. Die junge Republik ist bei vielen Bürgern nicht akzeptiert, von nicht wenigen wird sie gehasst.

1933 Der seit 1932 amtierende Bundeskanzler Engelbert Dollfuß, Vorsitzender der Vaterländischen Front, errichtet ein autoritäres System, den ›Austrofaschismus‹. Er lässt im Folgejahr Teilnehmer eines Arbeiteraufstandes erschießen und die Gewerkschaften verbieten. Dollfuß bleibt auf Distanz zum deutschen NS-Regime. Bei einem erfolglosen Putschversuch der Nationalsozialisten wird er 1934 erschossen.

1938 Einmarsch deutscher Truppen in Österreich, Adolf Hitler verkündet den ›Anschluss‹, der in einer Volksabstimmung von einer überwältigenden Mehrheit bestätigt wird. Unter dem Reichsstatthalter Arthur Seyß-Inquart übernehmen die Nationalsozialisten die Macht und formen den Staat nach deutschem Muster um. Beginn der Verfolgungen und Ermordungen von Juden und Regimegegnern.

1939 Österreich, formal nun ein Teil des Deutschen Reichs, zieht an dessen Seite in den von Hitler angezettelten Zweiten Weltkrieg. Erhebliche Schäden in vielen Städten, vor allem Wien, durch alliierte Bombardements.

1945 Nach der Niederlage Besetzung des Landes durch alliierte Truppen, Proklamierung der Zweiten Republik. Wien wird in vier Zonen aufgeteilt.

1955 Unterzeichnung des österreichischen Staatsvertrages. Die letzten alliierten Truppen ziehen ab, Österreich verpflichtet sich zur immerwährenden Neutralität.

1970 Bruno Kreisky wird Bundeskanzler und bei drei Wahlen bestätigt. Er regiert bis 1983 und prägt vor allem durch sein außenpolitisches Engagement eine Ära.

1979 Eröffnung der UNO-City in Wien als dritter Sitz der UNO neben New York und Genf.

1986 Der wegen seiner NS-Vergangenheit umstrittene Kurt Waldheim, zuvor Generalsekretär der UNO, wird Bundespräsident.

1989 Tod der letzten Habsburger Kaiserin Zita. Ihre Beisetzung in der Kapuzinergruft unter großem Zeremoniell ist in der Bevölkerung umstritten.

1990 Mit der Öffnung der Grenzen nach Mittelosteuropa rückt Österreich aus seiner Randlage. Wirtschaftliches, politisches und kulturelles Leben erfahren eine deutliche Belebung.

1995 Beitritt zur EU.

1996 Zahlreiche Feiern zum Jubiläum ›1000 Jahre Österreich‹.

Ab 2000 Instabile innenpolitische Verhältnisse und wechselnde Koalitionen, teils unter Einbeziehung der rechtsradikalen FPÖ bzw. nach deren Abspaltung des BZÖ. Die EU-Staaten reagieren anfangs mit halbherzigen Sanktionen.

2002 Einführung des Euro.

2007 Durch die Erweiterung des Schengenraums ist Österreich mit Ausnahme der Grenze zu Liechtenstein ausschließlich von Schengenstaaten umgeben.

2008 Seit den vorgezogenen Nationalratswahlen erneute Koalition von SPÖ und ÖVP. Die Regierung muss sich v.a. mit der Bewältigung der Wirtschafts- und Finanzkrise auseinandersetzen.

Slowakei

Genaue Bezeichnung: Slowakische Republik

Fläche: 49 000 qkm

Hauptstadt: Bratislava (430 000 Einwohner)

Gliederung: 8 Bezirke

Größere Städte: Košice (235 000 Einwohner), Prešov (90 000), Zilina (85 000), Nitra (83 000), Banská Bystrica (80 000)

Amtssprache: Slowakisch

Einwohner/Bevölkerungsdichte: 5 400 000 / 110 pro qkm

Bevölkerung: 86 % Slowaken, 10 % Ungarn, 1,5 % Roma, 1,5 % Sonstige (Tschechen, Ukrainer, Deutsche, Polen u.a.)

Städtische Bevölkerung: 56 %

Religion: 69 % Katholiken, 7 % evangelisch-augsburgisch, 4 % griechisch-katholisch, 2 % reformiert-christlich, 1 % orthodox, 13% konfessionslos

Lebenserwartung: 74 Jahre

Staats- und Regierungsform: Republik seit 1993, Wahlen zum Parlament alle vier Jahre, Direktwahl des Staatsoberhaupts alle fünf Jahre

BNE: 16 600 US-Dollar je Einwohner

Erwerbstätigkeit: Landwirtschaft 3 %, Industrie 34 %, Dienstleistungen 63 %

Arbeitslosenquote: 12 %

Währung: Euro

Zeit: MEZ

Vorwahl/Internetkennung: +421/sk

Nationalfeiertag: 1. Januar

Geschichte der Slowakei im Überblick

5. Jhd. v. Chr. Kelten wandern in den südwestlichen Raum der heutigen Slowakei ein.

1. und 2. Jhd. Das Imperium Romanum erstreckt sich bis an die Donau.

5. und 6. Jhd. Slawen wandern in das

Gebiet der heutigen Slowakei ein.

Um 800 Ausbildung der Fürstentümer Nitra und Morava.

833 Fürst Mojmír von Morava siegt über den Fürsten von Nitra und etabliert ein erstes Großmährisches Reich. Es wird im Süden von der Donau begrenzt und umfasst auch große Teile des heutigen Tschechien. Der Staat ist nur von kurzer Dauer, für die Slowaken aber von immenser Bedeutung, da aus ihm über die Jahrhunderte die Existenz eines eigenständigen Volkes und die Notwendigkeit der staatlichen Unabhängigkeit abgeleitet wird.

895 Allmählicher Niedergang des Mährischen Reiches, die böhmischen Gebiete trennen sich ab.

904 Erste Niederlage gegen die Ungarn, der weitere folgen. Die Ungarn erobern die Gebiete bis an die March und gliedern sie als Provinz Oberungarn in ihre Herrschaft ein.

997 Stephan I. ist der erste ungarische König.

Um 1150 Zuwanderung der ersten deutschen Siedler in der Zips.

13. Jhd. Einfälle der Tataren.

1412 13 Zipser Städte werden wegen Finanzknappheit des ungarischen Königshauses an Polen verpfändet. Diese Regelung hat bis zur Polnischen Teilung 1772 Bestand.

1428–1435 Mehrfache Einfälle der Hussiten verwüsten ganze Landstriche.

1515 Beginn der Reformation.

1526 Vernichtende Niederlage des ungarischen Heeres gegen die Osmanen bei Mohács. In der Folgezeit dringen die Türken immer weiter nach Norden vor und erobern weite Teile Ungarns, die ungarische Krone fällt an Habsburg.

1530 Einfälle der Osmanen in die Slowakei. In den folgenden Jahrhunderten immer wieder kriegerische Auseinan-

Ľudovít Štúr

dersetzungen zwischen den Osmanen und den Habsburgern und ihren Verbündeten, die sich in den slowakischen Gebieten behaupten. Pozsony (das heutige Bratislava) wird zur Hauptstadt Ungarns und bleibt es bis 1784.

1553 Beginn der Gegenreformation.

1604 Erster Aufstand gegen die Habsburger, dem sich bis 1626 weitere anschließen; sie alle bleiben erfolglos.

1683 Niederlage der Osmanen vor Wien. In der Folge allmählicher Rückzug nach Süden, Schwächung des Osmanischen Reiches.

1740–1780 Regierungszeit Maria Theresias, die die Habsburger Monarchie umfassend reformiert und deutsche Siedler in verödete Landstriche holt.

1770 In Schemnitz (heute Banská Štiavnica) wird die weltweit erste Hochschule für Bergbau eröffnet.

1781 Das von Joseph II. erlassene Toleranzedikt sichert die freie Religionsausübung zu.

Ab 1792 Mehrere slowakische gelehrte Gesellschaften entstehen.

1843 Kodifizierung der slowakischen Schriftsprache durch Ľudovít Štúr.

1848 Slowakischer Aufstand scheitert.

1863 Gründung der Kulturinstitution Matica Slovenská, die eine wichtige Rolle bei der Pflege und Bewahrung kultureller Traditionen spielt.

1867 Sogenannter Ausgleich zwischen Ungarn und dem durch außenpolitische Niederlagen und innere Konflikte geschwächten Österreich. Ungarn erhält größere Rechte. Beginn der gewaltsamen Magyarisierung in der Slowakei. Die Repressionen bewirken eine große Stärkung der Bewegungen in der Slowakei, die die Loslösung von Ungarn fordern; andererseits wandern zahlreiche Slowaken aus, vor allem in die USA und nach Kanada.

1918 Im Ergebnis der Pariser Vorortverträge entstehen aus der Konkursmasse der k. u. k. Monarchie und des Osmanischen Reiches in Mitteleuropa zahlreiche Staaten neu bzw. wieder, darunter auch die Tschechoslowakei (ČSR). Eine erste Verfassung wird **1920** verabschiedet. Schon während des Ersten Weltkriegs waren führende slowakische und tschechische Politiker für einen gemeinsamen Staat eingetreten und hatten für diese Idee bei den Alliierten geworben.

1925 Nach jahrelangen, teils kriegerischen Auseinandersetzungen einigen sich Polen und die Slowakei auf eine endgültige Grenzziehung zwischen den beiden Staaten.

Annahme der Slowakischen Verfassung 1992

1935 Edvard Beneš wird Staatspräsident.

1938 Die Staatschefs von Deutschland, Italien, Frankreich und England (Hitler, Mussolini, Daladier und Chamberlain) handeln ohne Beteiligung der Tschechoslowakei das sogenannte Münchener Abkommen aus: Das Sudetenland fällt an Deutschland. Die Slowakei wird kurze Zeit später autonom, muß aber erhebliche Gebiete im Süden und Osten an Ungarn abgeben; Jozef Tiso wird slowakischer Ministerpräsident.

1939 Nach der Besetzung Tschechiens durch deutsche Truppen wird die Slowakei offiziell unabhängig. Der Staat – ›Schutzstaat Slowakei‹ – ist de facto ein Vasall Deutschlands und findet international kaum Anerkennung, Tiso wird Präsident, er führt das Land autoritär.

1940 In London konstituiert sich die Exilregierung der Tschechoslowakei unter Edvard Beneš und wird von den Westmächten anerkannt.

1941 An der Seite und auf Druck Italiens und Deutschlands tritt die Slowakei in den Zweiten Weltkrieg ein. Die Regierung verliert deutlich an Zustimmung in der Bevölkerung.

1944 Der Nationalaufstand (SNP), an dem sich Vertreter vieler gesellschaftlicher Gruppen beteiligen, wird von deutschen Truppen niedergeschlagen und fordert Tausende von Toten. Die Erinnerung an dieses Ereignis ist bis heute überall im Land präsent. Im Winter 1944/45 marschiert die Rote Armee ein.

1946 Wiederherstellung der Tschechoslowakei. Bei den Wahlen erhält die anti-kommunistische Demokratische Partei 66 Prozent der Stimmen.

1947 Tiso wird hingerichtet.

1948 Die Kommunisten übernehmen die Macht und wandeln den Staat rasch nach dem Vorbild der Sowjetunion in einen sozialistischen Staat um.

1960 Umbenennung des Staates in ČSSR (Tschechoslowakische Sozialistische Republik). In den 60er und 70er Jahren massiver Ausbau der Schwerindustrie auf slowakischem Gebiet, die vor allem der Rüstung dient.

1968 Der Slowake Alexander Dubček wird nach Auseinandersetzungen innerhalb der KP Erster Sekretär des Zentralkomitees der Kommunistischen Partei. Ankündigung und Einleitung von Reformen, die die Liberalisierung des Landes zum Ziel haben. Dubček spricht vom ›Sozialismus mit menschlichem Antlitz‹, seine Regierungszeit geht als ›Prager Frühling‹ in die Geschichte ein. Sie wird gewaltsam am 21. August durch den Einmarsch von Truppen der Warschauer-Vertrag-Staaten beendet, Dubček abgesetzt. Unter seinem Nachfolger Gustav Husák tritt das Regime deutlich repressiver auf.

1969 Reform des Staates. Die ČSSR wird nun föderativ gegliedert, der tschechische und der slowakische Landesteil erhalten größere Machtbefugnisse.

1977 Gründung der Charta 77, die vor allem auf die Einhaltung der in der KSZE-Schlussakte von Helsinki festgelegten Bürgerrechte und rechtsstaatlichen Prinzipien pocht. Die über 1200 Mitglieder sind starken Repressalien ausgesetzt.

1989 Demonstrationen in allen Landesteilen führen wie auch in den Nachbarstaaten zur Überwindung des sozialistischen Systems. Im Dezember wird der Dichter und Bürgerrechtler Václav Havel zum neuen Präsidenten gewählt, Dubček zum Parlamentspräsidenten.

1990 Havel wird bei freien Wahlen bestätigt, der Staat in ČSFR (Tschechoslowakische Föderative Republik) umbenannt. Aus den ersten freien Wahlen

geht im slowakischen Teil die HZDS des national-populistischen Politikers Vladimir Mečiar als Sieger hervor; er wird slowakischer Ministerpräsident und bei den Wahlen 1992 bestätigt.

1993 Mit Wirkung zum 1. Januar ist die Tschechoslowakei aufgelöst, die beiden selbständigen Staaten Tschechien und die Slowakei sind ihre Nachfolger. Der Vertrag wurde im wesentlichen von Mečiar und dem tschechischen Premierminister Václav Klaus ausgehandelt. Entgegen den Vereinbarungen wird über die Frage der Selbständigkeit keine Volksabstimmung durchgeführt.

1994 Bei den Parlamentswahlen wird die Regierung Mečiar abermals bestätigt.

1998 Die Opposition, die als Bündnis Slowakische Demokratische Koalition angetreten ist, gewinnt die Parlamentswahlen. Mikuláš Dzurinda wird neuer Premierminister.

1999 Der Karpatendeutsche Rudolf Schuster, bis dahin Bürgermeister von Košice, der zweitgrößten Stadt des Landes, wird nach einer Direktwahl neuer Präsident.

2000 Die Slowakei wird Mitglied der OECD.

2004 Im März Beitritt zur EU, nachdem in einer Volksbefragung 92 Prozent der Wähler für diesen Schritt gestimmt haben; im Mai Beitritt zur NATO. In den Folgejahren starkes Wirtschaftswachstum.

2008 Beitritt zum Schengener Abkommen.

2009 Einführung des Euro.

2010 Bei den Parlamentswahlen verliert die bisherige Regierung unter Führung der Sozialdemokraten ihre Mehrheit; Bildung einer bürgerlichen Koalitionsregierung, der erstmals in der Geschichtes des Landes mit Ministerpräsidentin Iveta Radičová eine Frau vorsteht.

Ungarn

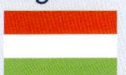

Genaue Bezeichnung:
Republik Ungarn
Fläche: 93000 qkm
Hauptstadt: Budapest (1 700 000 Einwohner)
Gliederung: 7 Regionen
Größere Städte: Debrecen (205 000 Einwohner), Miskolc (170 000), Szeged (170 000), Pécs (155 000), Györ (130 000)
Amtssprache: Ungarisch
Einwohner/Bevölkerungsdichte:
10 000 000/108 pro qkm
Bevölkerung: 96 % Ungarn, daneben Roma, Deutsche, Kroaten, Rumänen u.a.
Städtische Bevölkerung: 66 %
Religion: 55 % Katholiken, 16 % Calvinisten, 3 % Lutheraner, 15 & konfessionslos
Lebenserwartung: 73 Jahre
Staats- und Regierungsform: Republik, Wahl zur Nationalversammlung alle vier Jahre, Wahl des Staatsoberhaupts (durch das Parlament) alle fünf Jahre
BNE: 12 800 US-Dollar je Einwohner
Erwerbstätigkeit: Landwirtschaft 7 %, Industrie 30 %, Dienstleistungen 63 %
Arbeitslosenquote: 10 %
Währung: Forint (HUF), 1 Forint = 100 Filler
Wechselkurs: 1 Euro = 275 Forint
Zeit: MEZ
Vorwahl/Internetkennung: +36/hu
Nationalfeiertag: 20. August (Stephanstag)

Geschichte Ungarns im Überblick

5000 v. Chr. Erste feste Siedlungen sind nachweisbar. In der Folge Zuwanderungs-wellen aus verschiedenen Regionen, insbesondere dem Balkan.
Ab 800 v. Chr. Illyrer bevölkern das heu-tige Westungarn, Reitervölker den Osten.
400 v. Chr. Zuwanderung der Kelten. Sie pflegen weitreichende Handelsbeziehungen.
10 v. Chr. Beginn der römischen Expansion und Unterwerfung der Kelten. Die heute österreichischen, ungarischen und kroatischen Gebiete, die südlich der Donau liegen, werden zur Provinz Pannonia. Die Donau wird zur Grenze und zum wichtigen Transportweg für Truppen und Waren, entlang des Flusses entstehen zahlreiche Kastelle und in ihrem Schutz Handelsorte und Bürgerstädte. Die Tiefebene östlich der Theiß ist ab 105 die römische Provinz Dacia.
433 Die Hunnen unter Führung von König Attila vertreiben die Römer endgültig und erobern das Karpatenbecken. Nach dem Tod Attilas 453 zerfällt sein Reich allerdings rasch.
Ab 568 Die Awaren, ein innerasiatisches Volk, erobern die Region.
6. bis 8. Jhd. Einwanderung von Slawen und Turkstämmen aus der Wolgaregion.
791 und 796 In zwei Feldzügen unterwirft Karl der Große die Awaren. Die eroberten Gebiete werden zur Ostmark zusammengefasst.
895/96 Unter der Führung Árpáds lassen sich sieben magyarische Stämme im Karpatenbecken nieder. Sie sind vermutlich aus dem Ural eingewandert. Dieser Prozeß wird allgemein als ›Ungarische Landnahme‹ bezeichnet und als Geburtsstunde Ungarns angesehen. In der Folgezeit unternehmen die Ungarn zahlreiche Kriegs- und Beutezüge gegen die benachbarten Völker, die Ostmark zerfällt, das Mährische Reich wird vernichtet.
955 Die Niederlage auf dem Lechfeld gegen Otto I. beendet die Expansions-

Der Diplomat und Unternehmer Stván Szécheni (1791–1860) gilt heute als der ›größte‹ Ungar

bestrebungen der Ungarn. Sie werden sesshaft.

972 Géza I. aus dem Geschlecht der árpáden führt das Christentum ein und eint die ungarischen Stämme.

1000 Der Sohn Gézas I., Stephan, wird zum ersten ungarischen König gekrönt; in der Folgezeit Gründung von Bistümern, Esztergom und Kalocsa werden zum Sitz eines Erzbistums.

1077–1095 Unter Ladislaus I. erobern die Ungarn Kroatien und Dalmatien, Festigung des Staates.

1151–1162 Unter Géza II. erste Ansiedlung von Deutschen in Siebenbürgen und Oberungarn. Unter seinem Sohn und Nachfolger wird Esztergom die erste feste Königsresidenz; großer Einfluss der französischen Kultur.

1241 Der Einfall der Mongolen hinterlässt das Land schwer verwüstet. Unter Béla IV. werden zahlreiche Orte gegründet, italienische, deutsche und griechische Kaufleute, Handwerker und Or-

densbrüder ins Land geholt. Darunter sind viele Juden.

1301 Die Árpádendynastie stirbt mit dem Tod Adrás III. aus. Kämpfe um die Nachfolge.

1308 Karl Robert von Anjou wird als Karl I. ungarischer König. Ihm folgt **1342** sein Sohn Lajos nach. Buda ist Hauptstadt und Königsresidenz.

1367 Gründung der ersten ungarischen Universität in Pécs.

1458 Matthias Corvinus, ein Kleinadliger, wird vom Reichstag zum König gewählt. Aufbau einer königlichen Verwaltung und eines Söldnerheeres, Förderung der Künste, Buda und Visegrád werden zu Zentren der Frührenaissance, außenpolitische Eroberungen, u.a. Wien. Die Regentschaft Matthias (bis 1490) gilt als Goldenes Zeitalter Ungarns.

1490–1526 Herrschaft der Jagiellonen aus Böhmen.

1517 Luthers Thesen finden, vor allem auch durch deutsche Zuwanderer, weite Verbreitung.

1526 Niederlage der Ungarn gegen die Türken bei Mohács. Dieses Datum gilt bis heute als dunkelste Stunde in der ungarischen Geschichte, Ungarn verschwindet für fast 400 Jahre als eigenständige politische Macht von der Landkarte. In der Folge fällt die Krone an Habsburg, Ungarn zerfällt für 150 Jahre in drei Teile: das teilselbständige Siebenbürgen unter türkischer Hoheit, das von den Türken besetzte Mittelungarn und das von den Habsburgern regierte Nordwestungarn. Dessen Zentrum und damit ungarische Hauptstadt ist Pozsony, das heutige Bratislava.

1672 und 1677–1684 Erfolglose Aufstände gegen die Habsburger. Die Auseinandersetzungen zwischen der katholischen Krone und den evangelischen

Adligen tragen Züge eines Religionskrieges. Nach der Niederlage der Aufständischen brutale Rekatholisierung des Landes.

1683 Entscheidende Niederlage der Osmanen vor Wien, die Habsburger drängen sie in den folgenden Jahrzehnten allmählich aus Ungarn; 1686 Befreiung Budas, 1687 Angliederung Siebenbürgens an Ungarn, 1697 entscheidender Sieg Eugens über die Türken.

1699 Im Frieden von Karlowitz verzichten die Osmanen auf Ungarn mit Siebenbürgen. Ungarn fällt endgültig an die Habsburger.

1703–1711 Aufstände gegen die Fremdherrschaft, die alle scheitern.

1740 Regierungsantritt Maria Theresias. Unter ihrer Herrschaft bis 1780 planmäßige Ansiedlung von Serben, Kroaten, Slowaken und Deutschen in den von den Türken verwüsteten und entvölkerten Gebiete vor allem Südungarns. Die Ungarn stellen am Ende dieser Kolonisationswelle weniger als die Hälfte der Bevölkerung.

1825 Beginn des sogenannten Reformzeitalters: wirtschaftlicher Aufschwung, Magyarisierung des Geisteslebens. Einige führende ungarische Politiker befürworten die völlige Selbständigkeit, andere streiten für größere Freiheiten innerhalb der Habsburger Herrschaft.

1848/49 Aufstand gegen die Österreicher, die ungarische Nationalversammlung erklärt die Habsburger für abgesetzt und Ungarn für selbständig. Die Revolution wird mit Hilfe russischer Truppen niedergeschlagen, zahlreiche Revolutionäre fliehen in das Ausland.

1867 Sogenannter Ausgleich zwischen Ungarn und dem durch außenpolitische Niederlagen geschwächten Österreich: Ungarn erhält eine eigene Verfassung, Verwaltung, Parlament und Regierung.

Es entsteht die k. u. k. Monarchie, der österreichische Kaiser wird zugleich König von Ungarn.

1896 Mit zahlreichen Millenniumsfeiern wird der Landnahme unter Árpád gedacht.

1914 Kriegseintritt auf Seiten der Mittelmächte.

1918 Ausrufung der Republik, Ungarn erlangt die völlige Unabhängigkeit. In der Folge revolutionäre Unruhen und Ausrufung einer Räterepublik.

1920 Ausrufung der Monarchie unter dem ›Reichsverweser‹ Admiral Nikolaus Horthy (›Königtum ohne König‹). Im Vertrag von Trianon verliert Ungarn etwa zwei Drittel seines Gebiets und gut die Hälfte seiner Bevölkerung. Große ungarische Minderheiten, etwa ein Drittel aller Ungarn, leben vor allem in der neu geschaffenen Tschechoslowakei und in Siebenbürgen, das nun zu Rumänien gehört, Gebiete gehen auch an Österreich, Italien und das neu gegründete Jugoslawien. Annäherung an Deutschland.

1938–1940 In den ›Wiener Schiedssprüchen‹ werden Ungarn auf erheblichen Druck Deutschlands große Teile der 1920 verlorenen Gebiete zurückgegeben, als Gegenleistung Beitritt zum ›Dreimächtepakt‹.

1941 Teilnahme am Krieg gegen Russland. 1942/43 werden große Teile der ungarischen Truppen bei Stalingrad aufgerieben.

1944 Im März Besetzung Ungarns durch deutsche Truppen, Verhaftung Horthys und Machtübernahme durch die faschistischen ›Pfeilkreuzler‹. In wenigen Monaten werden fast alle Juden deportiert und ermordet.

1945 Die Rote Armee erobert Ungarn.

1946 Ausrufung der Republik, ab 1947 Umgestaltung des Landes nach sowjetischem Vorbild unter massivem Druck der UdSSR, zahlreiche Regimegegner flüchten ins Ausland oder kommen in Internierungslagern um. Die Pariser Verträge bestätigen die Grenzen von 1920.

1949 Ausrufung der Volksrepublik.

1953 Liberalisierungstendenzen nach dem Tod Stalins. Imre Nagy wird Ministerpräsident, aber bereits 1955 aufgrund innerparteilicher Richtungskämpfe aus der KP ausgeschlossen; er verliert alle Ämter.

1955 Beitritt zum RGW.

1956 Spontane Massenproteste; Nagy kehrt in seine Ämter zurück. Die Ablösung des alten Regimes beantwortet die Sowjetunion mit dem Einmarsch starker Verbände. Der Aufstand gegen die Besatzer wird von der Roten Armee niedergeschlagen; er kostet vermutlich rund 20 000 Tote; 200 000 Menschen gehen ins Ausland. Nagy wird verhaftet und zwei Jahre später hingerichtet. János Kádár wird Ministerpräsident.

1961 Allmähliche innenpolitische Liberalisierung.

1968 Einführung marktwirtschaftlicher Elemente in der Wirtschaft (›Gulaschkommunismus‹), Beteiligung am Einmarsch in der ČSSR zur Beendigung des ›Prager Frühlings‹.

1973 Aufnahme diplomatischer Beziehungen mit der BRD.

1982 Weitere Liberalisierungen. So sind jetzt Reisen in den Westen grundsätzlich erlaubt.

1988 Der Reformer Károly Grósz wird neuer Generalsekretär der KP. Ermutigt durch die neue Politik von Michael Gorbatschow, beginnt die Staatsführung mit weitreichenden innenpolitischen Reformen.

1989 Am 27. Juni zerschneidet der ungarische Außenminister Gyula Horn zusammen mit seinem österreichischen Amtskollegen Alois Mock den Stacheldraht, den ›Eisernen Zaun‹, zwischen beiden Ländern. Am 33. Jahrestag des Aufstandes von 1956, dem 23. Oktober, erfolgt die Umbenennung in Republik Ungarn (zuvor Volksrepublik Ungarn). Verabschiedung einer neuen Verfassung: Mehrparteiensystem, Gewaltenteilung.

1990 Erste freie Parlamentswahlen, Bildung einer konservativen Koalitionsregierung.

1991 Die Mitgliedsstaaten des Warschauer Vertrages lösen in Budapest dieses Bündnis auf.

1994 Gyula Horn wird Ministerpräsident, er steht einer sozial-liberalen Koalition vor.

Seit 1990 ist die ungarische Politik von ständigen Mehrheitswechseln nach Wahlen und Veränderungen in der Parteienlandschaft geprägt.

1999 Beitritt zur NATO.

2000 Umweltkatastrophe in einer rumänischen Goldmine: Theiß und Donau werden durch Gifte auf Jahre verseucht.

2004 Beitritt zur EU, nachdem in einer Volksbefragung 2003 eine große Mehrheit der Wähler – bei gleichzeitig sehr niedriger Wahlbeteiligung – diesem Schritt zugestimmt hat.

2007 Beitritt zum Schengener Abkommen.

2010 Bei den Parlamentswahlen im April erringen die rechtsgerichteten Kräfte eine Zweidrittelmehrheit im Parlament, so dass Verfassungsänderungen möglich sind. Die ersten angekündigten Reformen der neuen Regierung werten Kritiker im Inland wie auch führende Vertreter der EU als Gefahr für die Gewaltenteilung sowie die Unabhängigkeit von Justiz und Presse.

Kroatien

Genaue Bezeichnung:
Republik Kroatien
Fläche: 56 500 qkm
Hauptstadt: Zagreb (780 000 Einwohner)
Gliederung: 20 Komitate und ein Hauptstadtbezirk
Größere Städte: Split (190 000 Einwohner), Rijeka (145 000), Osijek (115 000), Zadar (72 000), Karlovac (60 000)
Amtssprache: Kroatisch
Einwohner/Bevölkerungsdichte:
4 430 000/78 pro qkm
Bevölkerung: 90 % Kroaten, 4,5 % Serben (vor dem Krieg 12 %), Bosnier u. a.
Städtische Bevölkerung: 57 %
Religion: 88 % Katholiken, 4,5 % Orthodoxe, 1,3 % Muslime
Lebenserwartung: 76 Jahre
Staats-und Regierungsform: Republik seit 1991, Wahl zum Repräsentantenhaus alle vier Jahre, Direktwahl des Staatsoberhaupts alle fünf Jahre
BNE: 13 600 US-Dollar je Einwohner
Erwerbstätigkeit: 13 % Landwirtschaft, 31 % Industrie, 56 % Dienstleistungen
Arbeitslosenquote: 9 %
Währung: Kuna (HRK), 1 Kuna = 100 Lipa
Wechselkurs: 1 Euro = 7,3 Kuna
Zeit: MEZ
Vorwahl/Internetkennung: +385/hr
Nationalfeiertag: 25. Juni (Unabhängigkeitstag)

Geschichte Kroatiens im Überblick

1200 v. Chr. Illyrer siedeln an der Adriaküste.

7. Jhd. v. Chr. Griechen gründen erste Kolonien an der Adriaküste.

6. Jhd. v. Chr. Die Vorfahren der Kroaten wandern aus ihrer Urheimat, dem nördlichen Karpatenbogen, auf die Balkanhalbinsel ein.

4. Jhd. v. Chr. Die Griechen gründen auf einigen dem Festland vorgelagerten Inseln Handelsniederlassungen.

Ab 186 v. Chr. Die Römer erobern die Adriaküste und Teile des Hinterlandes; das küstennahe Gebiet wird zur Provinz Illyricum, das Hinterland die Provinz Pannoniae. In den folgenden Jahrzehnten zahlreiche Stadtgründungen vor allem an der Küste.

271 Der römische Kaiser Aurelian erklärt die Donau zur Reichsgrenze.

395 Illyrien-Dalmatien kommt bei der Teilung des Römischen Reiches an Westrom, im Jahr 533 an Byzanz.

7. Jhd. Slawische Stämme wandern in die Region ein, Byzanz gerät immer mehr in die Defensive.

Um 800 Die Karolinger bringen Teile Istriens unter ihre Herrschaft (bis etwa 860), beginnende Christianisierung.

852 Ein erstes eigenständiges kroatisches Staatswesen unter Fürst Trpimir entsteht. Es erstreckt sich entlang der Küste bis etwa Split.

880 Fürst Branimir wird erster unabhängiger Herrscher der Kroaten; die Vorherrschaft von Byzanz ist beendet. Die Kroaten behaupten sich in kriegerischen Auseinandersetzungen mit den Ungarn.

925 Fürst Tomislav erhält vom Papst die Königskrone. Unter seiner Regentschaft (910–928) umfasst das Herrschaftsgebiet vor allem die istrische Küste. Es reicht im Süden bis an die Bucht von Kotor (heute Montenegro), im Osten bis zur Drau.

1102 Vereinigung von Ungarn und Kroatien in einer Erbmonarchie. Erster gemeinsamer Regent ist König Kolo-

Türkische Soldaten

man aus der ungarischen Arpaden-Dynastie. Damit endet die kroatische Selbständigkeit. Die Union mit Ungarn dauert bis 1918.

13. Jhd. Venedig wird zur dominierenden Macht im östlichen Mittelmeer und bringt Istrien unter seine Kontrolle; nur Ragusa (heute Dubrovnik) bleibt unabhängig. Es nennt sich um 1400 erstmals Republik.

1358 Im Frieden von Zadar verliert Venedig die Adriaküste an Ungarn-Kroatien.

1409 Ungarn verkauft Dalmatien an Venedig. Diese Regelung hat bis 1797 Bestand.

15. Jhd. Die Osmanen erobern Dalmatien und Slawonien; 1493 auf der Ebene von Krbava vernichtende Niederlage eines kroatisch-ungarischen Heeres gegen die Osmanen; 1526 eine weitere katastrophale Niederlage bei Mohács.

1527 Ferdinand I. wird König von Ungarn, damit gehört Kroatien zum Reich der Habsburger.

1697 Sieg Habsburgs über die Osmanen. Im Frieden von Karlowitz (heute Sremski Karlovici nahe Novi Sad) erreichen die Habsburger große Gebietsgewinne.

1797 Dalmatien fällt an Österreich, bleibt aber von Kroatien getrennt.

1805 Friede von Preßburg (heute Bratislava): Teile Istriens und Dalmatiens gehen an das von Frankreich abhängige Italien.

1809–1815 Die Truppen Napoleons erobern Dalmatien, Istrien und die Krain. Diese Gebiete werden zu den ›Illyrischen Provinzen‹ zusammengefasst.

1815 Im Ergebnis des Wiener Kongresses erhält Österreich Dalmatien und Istrien zurück. In der Folgezeit erleben einige Städte eine erste Blütezeit; die Industrialisierung erfahren sie verspätet und sehr eingeschränkt. Die national-kulturelle Bewegung des Illyrismus gewinnt in der Bevölkerung großen Zuspruch. Ihr Ziel ist die kulturelle Vereinigung aller Südslawen.

1850 Administrative Zusammenfassung der Orte Gradec und Kaptol zur Stadt Zagreb (Agram), die zur Hauptstadt Kroatiens ernannt wird; sie wird 1852 zum Sitz eines Erzbistums.

1867 Im Zuge des sogenannten Ausgleichs zwischen Ungarn und Österreich kommt Dalmatien zu Österreich, Kroatien zu Ungarn.

1918 Gründung des Königreichs der Serben, Kroaten und Slowenen unter serbischer Dynastie; Istrien, Rijeka und Zadar fallen an Italien.

1929 König Alexander setzt die Verfassung außer Kraft und errichtet eine Königsdiktatur; der Staat wird in Königreich Jugoslawien (Südslawien) umbenannt. Alexander wird 1934 von kroatischen Nationalisten ermordet, ihm folgt Prinz Paul nach.

1941 Der Kriegseintritt Jugoslawiens an der Seite von Italien und Deutschland führt zum Staatsstreich. Daraufhin marschieren deutsche Truppen ein, König Peter II. geht nach London ins Exil.

Mit Billigung und Unterstützung der deutschen und italienischen Truppen errichtet Ante Pavelić einen faschistischen Staat. Deportationen und Massenmorden fallen vor allem Zigeuner und Juden zum Opfer. Gegen die brutale Diktatur und die Okkupation der anderen Landesteile formiert sich der Widerstand, in dem die Kommunisten unter Josip Broz die Führung gewinnen.

1945 Proklamation der Föderativen Volksrepublik Jugoslawien, die sozialistische Republik Kroatien ist nach Serbien die zweitgrößte Teilrepublik im neuen Staat.

1948 Ausschluss Jugoslawiens aus der Kominform.

1953 Josip Broz Tito wird Präsident Jugoslawiens, ab 1963 auf Lebenszeit.

1971 ›Kroatischer Frühling‹: Mit Unterstützung breiter Bevölkerungsteile fordert die kroatische Führung eine stärkere Autonomie.

1974 Die neue Verfassung Jugoslawiens stärkt die Rechte der einzelnen Republiken.

1980 Tod Titos. Zunahme der Kräfte in Slowenien und besonders Kroatien, die sich für eine stärkere Unabhängigkeit gegenüber der Zentralregierung einsetzen. Krisenerscheinungen in der Wirtschaft: Aufschwung und Lebensstandard wurden in den vorangehenden Jahrzehnten nicht zuletzt durch ausländische Kredite finanziert. Nun Stagnation und rapide steigende Inflationsrate.

1989 Nach anhaltenden Protesten wird die Gründung von Parteien erlaubt und die Abhaltung freier Wahlen beschlossen.

1990 Franjo Tudjman gewinnt mit seiner Partei HDZ die Wahlen und wird Präsident der Teilrepublik Kroatien.

1991 Kroatien erklärt sich wie auch Slowenien für unabhängig, nachdem in einer Volksabstimmung über 90 Prozent der Wähler für diesen Schritt gestimmt haben. 1992 nicht zuletzt auf Druck Deutschlands Anerkennung durch die Staaten der EU.

1991 Beginn des Krieges zwischen Kroatien und Serbien, der durch das Abkommen von Dayton 1995 beendet wird. Kroatien behält Ostslawonien und die Krajina, hunderttausende Serben fliehen daraufhin aus diesen Landstrichen nach Serbien.

1999 Tod Tudjmans, dessen Herrschaft zunehmend autoritäre Züge trug. Bei den folgenden Wahlen im Jahr 2000 unterliegt seine Partei HDZ; Stipe Mesić wird neuer Präsident Kroatiens, Ivica Račan Premierminister.

2002 Die Auslieferung international gesuchter Kriegsverbrecher an das Tribunal in Den Haag ist bei Bevölkerung wie Regierung umstritten.

2005 Mesić wird bei einer Wahl in seinem Amt bestätigt.

2004 Kroatien wird offizieller EU-Beitrittskandidat; wegen – so die Auffassung der EU – mangelnder Kooperation mit dem Haager Kriegsverbrechertribunal und 2009 eines Streits mit Slowenien über den Grenzverlauf in der Bucht von Piran werden die Verhandlungen mehrfach unterbrochen. Sie dauern derzeit an, ein endgültiger Beitrittstermin ist aber noch nicht festgesetzt.

Josip Broz Tito

Serbien

Genaue Bezeichnung: Republik Serbien
Fläche: 77 000 qkm
Hauptstadt: Belgrad (1 300 000 Einwohner)
Gliederung: 17 Kreise, 7 Kreise innerhalb der autonomen Republik Vojvodina
Größere Städte: Novi Sad (230 000 Einwohner), Niš (180 000), Kragujevac (145 000), Subotica (105 000)
Amtssprache: Serbisch, in der Vojvodina auch Kroatisch, Ungarisch, Slowakisch und Rumänisch
Einwohner/Bevölkerungsdichte: 7 350 000/95 pro qkm
Bevölkerung: 83 % Serben, 4 % Ungarn, weitere Minderheiten u.a. Kroaten, Bosniaken, Roma, Rumänen
Städtische Bevölkerung: 52 %
Religion: 85 % Serbisch-Orthodoxe, 6 % Katholiken, 3 % Muslime
Lebenserwartung: 73 Jahre
Staats- und Regierungsform: Republik, Wahl zum Parlament alle vier Jahre, Direktwahl des Staatsoberhaupts alle fünf Jahre
BNE: 5600 US-Dollar
Erwerbstätigkeit: Landwirtschaft 25 %, Industrie 26 %, Dienstleistungen 49 %
Arbeitslosenquote: 13 %
Währung: Neuer Dinar (RSD), 1 Dinar = 100 Para
Wechselkurs: 1 Euro = 103 Dinar
Zeit: MEZ
Vorwahl/Internetkennung: +381/yu
Nationalfeiertag: 15. Februar (Aufstand gegen die Osmanen)

Geschichte Serbiens im Überblick

Um 40 000 v. Chr. (Paläolithikum) Erste Besiedlungen.

7. Jhd. v. Chr. Einwanderung slawischer Stämme.

Ende des 1. Jhds Eroberung durch die Römer, Ausbau eines Kastell- und Straßensystems.

8. Jhd. In den folgenden Jahrhunderten bilden sich erste serbische Fürstentümer aus.

9. Jhd. Die Serben nehmen das Christentum unter Byzanz an.

11. Jhd. Ein erster serbischer Staat entsteht, da das im Kampf gegen die Osmanen geschwächte Byzanz auf dem Balkan an Einfluss verliert.

1051–1081 Regierungszeit von Fürst Michael von Zeta, er ist der erste offiziell als König der Serben anerkannte Herrscher und erhält 1077 von Papst Gregor VII. die Königskrone. Im folgenden taktieren die serbischen Herrscher zwischen Rom und Byzanz und suchen mit der Schaukelpolitik ihren Einfluss und die Größe ihres Herrschaftsgebietes zu vergrößern.

1190 Stephan Nemanja erreicht in Byzanz die Anerkennung der serbischen Eigenstaatlichkeit.

1217 Sein Sohn erhält die Königskrone aus der Hand des Papstes, dies bedeutet politische Anlehnung an Rom. Sava, der jüngere Bruder, lässt sich dagegen 1219 vom byzantinischen Patriarchen zum serbischen Erzbischof weihen, was die religiöse Bindung an Byzanz verstärkt, die lange prägend für Serbien sein wird.

1331–1355 Höhepunkt der Entwicklung eines serbischen Staates unter Kaiser Dušan, der sich zum Zaren der Serben und Griechen krönen lässt. Das Reich umfasst erhebliche Teile des heutigen Bulgarien, Griechenland und Albanien, reicht vom Mittelmeer bis zum Schwarzen Meer, von der Donau bis nach Korinth. Nach Tod Dušans zerfällt das Reich jedoch schnell in einzelne Herrschaftsgebiete.

1389 Vernichtende Niederlage gegen die Türken in der Schlacht auf dem Amselfeld (Kosovo Polje), Ende des groß-serbischen Reiches. Die meisten Serben bleiben orthodox, auch wenn sie dadurch von der politischen Teilhabe ausgeschlossen sind (politische Betätigung ist nur den zum Islam Konvertierten erlaubt). In den Klöstern werden die Traditionen gepflegt, und die enge Verbindung zwischen orthodoxer Kirche, Tradition und Pflege des Unabhängigkeitsgedankens, der heute noch konstitutiv für die serbische Politik ist, hat seine Wurzeln in dieser Zeit.

1459 Ganz Serbien ist von den Osmanen erobert, 1521 auch Beograd (Belgrad).

1689 Erste Eroberung Beograds durch habsburgische Truppen, bis 1739 mehrmaliger Wechsel der Machtverhältnisse, seitdem wieder unter osmanischer Herrschaft.

17./18. Jhd. Im serbischen Gebiet wechseln sich Osmanen und Habsburger als Herrscher mehrmals ab.

1804–1813 Erster serbischer Aufstand, Anführer ist Petrović Karađorđe.

Kriegsschäden in Vukovar

1815 Zweiter serbischer Aufstand unter Miloš Obrenović.

1830 Obrenović wird vom Sultan als Fürst mit Erbfolgeregelung anerkannt. Serbien bleibt aber den Osmanen gegenüber weiter tributpflichtig.

1878 Berliner Kongress. Serbien existiert nun wieder als unabhängiger Staat.

1882 Fürst Milan nimmt den Königstitel an.

1889 Milan gibt den Titel an seinen Sohn Alexander weiter.

1903 Ermordung Alexanders und seiner Frau. Alexander hatte seine Geliebte, die Zofe seiner Mutter, zur Königin machen wollen. Mit seinem Tod endet die Herrschaft der Obrenović. Die Karađorđe regieren als Könige von Serbien, ab 1918 als Könige der Serben, Kroaten und Slowenen.

1918 Serbien wird ein Teil des neugeschaffenen Königreichs der Serben, Kroaten und Slowenen.

1929 Das Königreich nimmt den Namen Jugoslawien an.

1941 Der Eintritt Jugoslawiens an der Seite von Italien und Deutschland in den Krieg führt zum Staatsstreich. Daraufhin marschieren deutsche Truppen in Serbien ein, König Peter II. geht nach London ins Exil. Bis zum Einmarsch der Roten Armee bleibt Serbien von den Deutschen besetzt. Unterstützung des sich gegen die Okkupation rasch formierenden Widerstands durch große Teile der Bevölkerung. Innerhalb der Widerstandsbewegung werden die Kommunisten unter Josip Broz Tito tonangebend.

1945 Proklamation der Föderativen Volksrepublik Jugoslawien, die sozialistische Republik Serbien ist die größte Teilrepublik im neuen Staat.

1948 Ausschluss Jugoslawiens aus der Kominform.

Milan, der erste König Serbiens

1953 Josip Broz Tito wird Präsident Jugoslawiens, ab 1963 auf Lebenszeit.

1974 Die neue Verfassung Jugoslawiens stärkt die Rechte der einzelnen Republiken.

1980 Tod Titos. Ein Jahr später erste Unruhen im Kosovo wegen der Forderungen der Albaner nach Unabhängigkeit.

1990 Der Nationalist Milošević wird Präsident der Teilrepublik Serbien.

1991 Zerfall des Tito-Systems, Unabhängigkeitserklärung von Kroatien und Slowenien. Jugoslawien besteht nach Ende der Kämpfe und unter diplomatischem Druck der internationalen Staatengemeinschaft noch aus Serbien und Montenegro. Unabhängigkeitsbestrebungen im Kosovo, auf die der Staat mit militärischen Mitteln reagiert.

1992 Serbien und Montenegro bilden die Bundesrepublik Yugoslawien.

1997 Milošević wird Präsident der Bundesrepublik Jugoslawien.

1998 Eskalation der Lage im Kosovo, Intervention der NATO, dabei März bis Juni 1999 Bombardements auf serbische Militäreinrichtungen und Infrastruktur, die allerdings auch zahlreiche zivile Opfer forderten.

2000 Friedliche Demonstrationen lassen das Milošević-Regime zusammenbrechen; von Juni 2001 bis zu seinem Tod verantwortet er sich vor dem Internationalen Gerichtshof in Den Haag.

2000 Koštunica wird neuer jugoslawischer Präsident, Zoran Đinđić wird serbischer Premierminister, er wird im März 2003 ermordet.

2003 Aus der Bundesrepublik wird der Staatenbund Serbien und Montenegro.

2004 Koštunica wird neuer Premierminister, Boris Tadić neuer Staatspräsident.

2006 Nach einer Volksabstimmung erklärt Montenegro im Juni seine völlige Unabhängigkeit und damit Loslösung von Serbien.

2007 Nach Parlamentswahlen bleibt Koštunica Ministerpräsident. Im November Paraphierung eines Stabilisierungs- und Assoziationsabkommens zwischen EU und Serbien. Es soll aber erst nach der Überstellung der gesuchten Kriegsverbrecher Karadžić und Mladić an den Internationalen Strafgerichtshof in Kraft treten.

2008 Bei den Präsidentschaftswahlen setzt sich der gemäßigte Tadić gegen den Nationalisten Nikolić durch. Das Parlament in Kosovo erklärt einseitig seine völlige Unabhängigkeit.

2009 Interimsabkommen zwischen EU und Serbien, das v.a. den Abbau von Handelsbeschränkungen vorsieht. Dieser Vertrag wird allgemein als Vorstufe zum EU-Beitritt Serbiens angesehen; Serbien stellt im Dezember einen entsprechender Antrag. Serbische Staatsbürger können nun auch visafrei in die EU einreisen.

Rumänien

Genaue Bezeichnung: Rumänien
Fläche: 240 000 qkm
Hauptstadt: Bukarest (1 950 000 Einwohner)
Gliederung: 41 Bezirke, ein Hauptstadtbezirk
Größere Städte: Timişoara (310 000), Iaşi (310 000 Einwohner), Cluj-Napoca (305 000), Constanța (300 000), Craiova (300 000)
Amtssprache: Rumänisch
Einwohner/Bevölkerungsdichte: 21 510 000/90 pro qkm
Bevölkerung: 90 % Rumänen, 6,5 % Ungarn, 2,5 % Roma, weitere kleinere Minderheiten
Städtische Bevölkerung: 54 %
Religion: 87 % Rumänisch-Orthodoxe, 5 % Katholiken, 3% Reformierte
Lebenserwartung: 72 Jahre
Staats- und Regierungsform: Republik, Wahl zum Abgeordnetenhaus alle vier Jahre, Direktwahl des Staatsoberhaupts alle fünf Jahre
BNE: 8300 US-Dollar
Erwerbstätigkeit: Landwirtschaft 30 %, Industrie 30 %, Dienstleistungen 40 %
Arbeitslosenquote: 7 %
Währung: 1 Neuer Leu (RON), 1 Leu = 100 Bani
Wechselkurs: 1 Euro = 4,2 Leu
Zeit: OEZ (Osteuropäische Zeit, MEZ + 1 Stunde)
Vorwahl/Internetkennung: +40/ru
Nationalfeiertag: 01. Dezember

Geschichte Rumäniens im Überblick

10 000 v. Chr. Erste Besiedlungen zwischen Donau und Karpaten.
6000 v. Chr. Einwanderung von Indoeuropäern, Geto-Dakern, die von Viehzucht und Getreideanbau leben.
700 v. Chr. Beginn der griechischen Kolonisation an der Schwarzmeerküste. Als Handelsstädte entstehen unter anderem Istros (Histria), Tomis (Constanța) und Callatis (Mangalia).
80–44 v. Chr. Dem Dakerkönig Burebista gelingt die Einigung der geto-dakischen Stämme, die die griechischen Seestädte erobern.
29 v. Chr. Die Römer erobern, über die Donau kommend, Dobrudscha und Schwarzmeerküste.
86 Beginn des dakischen Widerstands unter Decebal.
101–106 Kriegszug des römischen Kaisers Trajan gegen die Daker. Nach Sieg seiner Armeen wird Dakien zur römischen Provinz Dacia. Sie besteht bis 271, danach endet die römische Herrschaft am nördlichen Ufer der Donau.
395 Teilung des Römischen Reiches, der Donauraum gehört nun zu Byzanz.
5. Jhd. Die Bevölkerung ist überwiegend christlich.
5.–7. Jhd. Eindringen der Hunnen, Awaren und Goten von Norden.
602 Fall des Donaulimes und damit Ende der römischen Herrschaft an der Donau.
11. Jhd. Die Ungarn dehnen ihre Herrschaft über Transsilvanien aus, von Norden dringen Turkvölker ein.
12 Jhd. Erste Ansiedlungswelle von Kolonisten aus dem deutschsprachigen Raum in Siebenbürgen.
14. Jhd. In der nördlichen Moldau und der Walachei bilden sich erste Fürstentümer aus.
1419 Beginn der Türkenherrschaft über weite Teile Rumäniens, die fast 500 Jahre andauert.
1593–1601 Kurzzeitige Vereinigung der drei Fürstentümer Moldau, Walachei und Siebenbürgen unter dem Walachenfürst Mihai Viteazul.

1688 Siebenbürgen gehört zu Österreich, ab 1775 auch die Bukowina.

1718 Deutsche Siedler erhalten auf Betreiben Österreichs im Banat Land.

1812 Im Ergebnis der Kriege zwischen dem Osmanischen Reich und Russland bzw. Österreich fällt Bessarabien an Russland, Nord-Moldau an Habsburg.

1829 Die Walachei wird zum russischen Protektorat.

1856 Im Ergebnis des Krimkriegs verliert Russland seine Vormachtstellung an der Unteren Donau.

1862 Vereinigung von Moldau und Walachei unter Fürst Alexandru Ioan Cuza unter dem Namen Rumänien, Bukarest wird Hauptstadt des neuen Landes.

1866 Militärputsch gegen Cuza. Prinz Karl von Hohenzollern wird zum Fürsten gewählt.

1877 Verkündung der staatlichen Unabhängigkeit Rumäniens. Prinz Karl wird 1881 als Carol I. der erste rumänische König, Staatsform ist die konstitutionelle Monarchie.

1913 Im Ergebnis des zweiten Balkankrieges erhält Rumänien die Süddobrudscha. Das Osmanische Reich verliert jeglichen Einfluss in Südosteuropa; damit endet eine 500jährige Epoche.

1914 Im Ersten Weltkrieg erklärt Rumänien zunächst seine Neutralität, arbeitet aber mit der Entente zusammen.

1916 Rumänien tritt auf Seiten der Entente in den Krieg ein, nachdem es sich in Geheimvereinbarungen den Gewinn Siebenbürgens, das Banat, Teile Südungarns und die Südbukowina hat zusichern lassen, wo große rumänische Minderheiten leben.

1919/1920 Die Pariser Vorortverträge bestätigen fast alle Gebietsansprüche Rumäniens. Damit verdoppeln sich Fläche und Einwohnerzahl, gleichzeitig leben im Land nun große Minderheiten, vor allem Ungarn, Ukrainer, Deutsche, Bulgaren und Juden, die insgesamt 30 Prozent der Bevölkerung ausmachen.

1939 Wachsender deutscher Einfluss. Bei Kriegsbeginn bleibt Rumänien neutral.

1940 Unterzeichnung des ›Öl-Waffen-Pakts‹ mit Deutschland. Auf deutschen und sowjetischen Druck tritt Rumänien Bessarabien und die Bukowina an die UdSSR, Nordsiebenbürgen an Ungarn und die Süddobrudscha an Bulgarien ab, insgesamt verliert es ein Drittel seines Staatsgebietes. Carol II. setzt Ion Antonescu als Ministerpräsidenten ein und gewährt ihm diktatorische Vollmachten. Antonescu, fanatischer Nationalist, Antikommunist und Antisemit, zwingt den König zur Abdankung und errichtet den ›national-legionären Staat‹ mit seiner Person als ›Conducator‹ an der Spitze. Verfolgungen und Ermordungen beginnen, der bis Kriegsende etwa 120 000 Juden und Roma zum Opfer fallen.

1941 Rumänien stellt sich mit Deutschland gegen die Sowjetunion und besetzt Bessarabien und die Bukowina.

1944 Sturz der Regierung Antonescu durch König Mihai; Waffenstillstand mit den Alliierten und Kriegserklärung an Deutschland.

1945 Mihai I. ernennt die erste Nachkriegsregierung.

1947 Ausrufung der Volksrepublik, der König wird ins Exil gezwungen; Umgestaltung des Landes nach sowjetischem Vorbild. Rumänien verliert Bessarabien und die Nord-Bukowina an die Sowjetunion, die Süddobrudscha an Bulgarien.

1948 Diktatur der Rumänischen Arbeiterpartei. Gheorghiu-Dej wird Partei- und Staatschef. In der Folge schlägt er eine ›Politik der nationalen Unabhängigkeit‹ ein, seit den 60er Jahren vorsichtige Öffnung auch zum Westen.

1949 Beitritt zum COMECON.

1955 Beitritt zum Warschauer Vertrag.

1958 Abzug der letzten sowjetischen Truppen.

1965 Rumänien nennt sich nun ›Sozialistische Republik Rumänien‹. Nach dem Tod von Gheorgiu-Dej wird Nicolae Ceaușescu ZK-Generalsekretär.

1967 Als erstes Ostblockland nimmt Rumänien zur BRD diplomatische Beziehungen auf.

1974 Ceaușescu übernimmt das neugeschaffene Amt des Staatspräsidenten.

1977 Schweres Erdbeben, das vor allem in Bukarest große Zerstörungen anrichtet. Seit Mitte der 70er Jahre: wirtschaftlicher Verfall, 1981 erklärt Rumänien seine Zahlungsunfähigkeit und muss mit den internationalen Gläubigern ein Umschuldungsabkommen für seine Auslandskredite unterzeichnen.

1982 Rumänien erklärt die Rückzahlung der Auslandsschulden zum vorrangigen Ziel, in der Folge drastische Verschlechterung der Versorgungslage. Zunehmende außenpolitische Isolation, im Innern Forcierung von Groß- und Prestigeobjekten (Donau-Schwarzmeer-Kanal, Umbau der Bukarester Altstadt), Verfolgung von Minderheiten, Zuspitzung der wirtschaftlichen Misere, Ausbau des Überwachungssystems.

1989 Die Rückzahlung der Auslandsschulden ist abgeschlossen, das Land ist völlig verarmt.

Massendemonstrationen in Timoșoara weiten sich zu einem landesweiten Aufstand aus. Ceaușescu wird gestürzt und zusammen mit seiner Frau am 25. Dezember hingerichtet. Den bürgerkriegsähnlichen Zuständen fallen mehr als 1100 Menschen zum Opfer.

1990–1992 Massenauswanderung der deutschstämmigen Bevölkerung. Zuvor lebten rund 300 000 von ihnen im Land, heute weniger als 30 000.

1990 Erste freie Wahlen. Sieg der gewendeten früheren Kommunisten, die nun als ›Front der nationalen Rettung‹ auftreten; Regierungschef wird der Ex-Kommunist Ion Iliescu.Die sozialdemokratische Partei, die sich zum großen Teil aus den früheren kommunistischen Eliten rekrutiert, bleibt in der Folgezeit die bestimmende politische Kraft, wenngleich zwischenzeitlich auch bürgerliche Regierungen gebildet werden. Das Land erholt sich nur langsam von den Folgen jahrzehntelanger Diktatur und Misswirtschaft, erst ab dem Jahr 2000 setzt eine spürbare wirtschaftliche Erholung ein.

1991 Verabschiedung einer neuen, demokratischen Verfassung.

1993 Beitritt zum Europarat.

2004 Beitritt zur NATO.

2007 Beitritt zur EU.

Miloš Obrenović

Bulgarien

Genaue Bezeichnung: Republik Bulgarien
Fläche: 110 000 qkm
Hauptstadt: Sofia (1 160 000 Mio Einwohner)
Gliederung: 28 Distrikte
Größere Städte: Plovdiv (345 000 Mio Einwohner), Varna (320 000), Burgas (190 000), Ruse (160 000), Stara Zagora (140 000), Pleven (110 000).
Amtssprache: Bulgarisch
Einwohner/Bevölkerungsdichte: 7 620 000/69 je qkm
Bevölkerung: 83,5 % Bulgaren, 9,5 % Türken, 4,5 % Roma, 2,5 % Sonstige (Griechen, Armenier u.a.)
Städtische Bevölkerung: 70 %
Religion: 85 % Bulgarisch-orthodoxe, 13 % Muslime, 2 % Protestanten
Lebenserwartung: 70 Jahre
Staats- und Regierungsform: Republik, Wahl zur Volksversammlung alle vier Jahre, Direktwahl des Staatsoberhaupts alle fünf Jahre
BNE: 5500 US-Dollar
Erwerbstätigkeit: Landwirtschaft 20 %, Industrie 27 %, Dienstleistungen 53 %
Arbeitslosenquote: 7 %
Währung: Bulgarischer Lew (BGN), 1 Lew = 100 Stótinki
Wechselkurs: 1 Euro = 1,95 Lew
Zeit: OSZ (Osteuropäische Zeit, MEZ + 1 Stunde)
Vorwahl/Internetkennung: +359/bg
Nationalfeiertag: 3. März (Friede von San Stefano 1878)

Geschichte Bulgariens im Überblick

4000 v. Chr. Aus Asien wandern Indogermanen, aus Westen Kelten ein.
2. Jtsd. v. Chr. Die Völker des südlichen und mittleren Balkanraums bilden eine einheitliche Sprache und Kultur aus und werden als Thraker bezeichnet.
7. Jhd. v. Chr. Griechische Kolonien werden an der Schwarzmeerküste gegründet, unter anderem Odessos (Varna), Messambria (Nessebar) und Apolonia (Sosopol).
5.–4. Jhd. v. Chr. Unter der Vorherrschaft der Odrysen Ausbildung eines ersten thrakischen Reiches; dabei Aufnahme hellenistischer Einflüsse in die Kultur.
341 v. Chr. Philipp von Makedonien und später sein Nachfolger Alexander unterwerfen die Thraker trotz heftigen Widerstands.
2. Jhd. v. Chr. Die Römer erobern die Gebiete bis zur Donau, im Jahr 46 n. Chr. ist dieser Prozeß abgeschlossen. Die eroberten Gebiete sind nun als Provinz Thracia und Moesia inferior Teil des Imperium Romanum. Zahlreiche Neugründungen von Städten und Anlage von Straßen. Entlang der Donau entsteht ein System von Befestigungsanlagen.
395 Nach Teilung der Römischen Reichs gehört das Gebiet des heutigen Bulgarien zu Byzanz.
5./6. Jhd. Slawen wandern von Norden ein, werden sesshaft und vermischen sich mit der ansässigen thrakisch-römischen Bevölkerung. Später wandern die sogenannten Protobulgaren aus dem zentralasiatischen Raum ein. Byzanz gibt seine Stützpunkte in diesem Gebiet auf.
7. Jhd. Ausbildung eines ersten organisierten Staates unter dem Zaren Isperich (oder Asparuch).
681 Nach längeren kriegerischen Auseinandersetzungen Friedensvertrag mit Byzanz. Hauptstadt des Staates, der sich beidseits der Donau erstreckt, wird Pliska (in der Nähe des heutigen Novi Pazar), etwa 100 Kilometer südlich von Silistra. Dieser Staat hat bis 1018 Be-

stand. Ab 752 nennen sich die bulgarischen Herrscher Zar.

865 Zar Boris I. (852–888) lässt sich in Byzanz taufen – damit wird das Christentum Staatsreligion. Kyrill und Method führen in seinem Auftrag ab etwa 886 das kyrillische Alphabet ein.

893–927 Das Erste Bulgarische Reich steht unter Zar Simeon I. im Zenit seiner Macht. Es grenzt an das Schwarze Meer, die Ägäis und die Adria und wird auch ›Reich der drei Meere‹ genannt. Preslav ist neue Hauptstadt. Danach allmählicher Verfall des Staates, Einfall von Magyaren.

919 Gründung des von Byzanz unabhängigen bulgarischen Patriarchats.

1014 Vernichtende Niederlage eines bulgarischen Heeres gegen Byzanz, das in der Folge die Herrschaft über Serbien und Bulgarien übernimmt. Die bulgarische Kirche untersteht dem Patriarchat in Byzanz.

1186 Befreiung der Bulgaren von der byzantinischen Herrschaft, die Bojarenbrüder Assen und Peter sind die treibenden Kräfte. Beginn des Zweiten Zarenreichs, das bis 1396 währt. Tărnovo, das heutige Veliko Tărnovo, wird zur neuen Hauptstadt. In den nächsten 50 Jahren erlebt Bulgarien eine kulturelle und wirtschaftliche Blüte und eine enorme Ausdehnung seines Territoriums: von Albanien bis zum Schwarzen Meer, vom Norden des heutigen Griechenland über die Donau hinaus.

1330 Niederlage gegen Serbien, das zur dominierenden Macht auf dem Balkan wird.

Mitte des 14. Jahrhunderts Die Osmanen dringen auf dem Balkan stetig weiter vor, 1371 besiegen sie die vereinten Heere Bulgariens, Bosniens, Serbiens und Ungarns, 1396 bringen die Osmanen Bulgarien endgültig in ihren Besitz.

Carol I.

Trotz zahlreicher Aufstände und Unruhen dauert ihre Herrschaft bis 1878.

18. Jhd. Seit den 1750er Jahren Beginn der sogenannten Bewegung der Nationalen Wiedergeburt, die zunächst die kulturelle und kirchliche Unabhängigkeit anstrebt. Großen Einfluss auf die Bewegung hat die Schrift ›Slawisch-Bulgarische Geschichte‹ des Mönchs Chilendarski. Er heroisiert die Bulgaren zu Vorreitern des Slawentums in kultureller, religiöser und politischer Hinsicht. Zahlreiche lokale Aufstände gegen die Osmanen, die in einen nationalen Befreiungskampf münden.

1877 Diese Auseinandersetzungen sind Grund und Vorwand für Russland, in Bulgarien einzumarschieren und den Türken den Krieg zu erklären.

1878 Friede von San Stefano: Bulgarien erlangt eine staatliche Struktur, ist aber offiziell nicht souverän, sondern ein Fürstentum unter der Oberhoheit Konstantinopels. Endgültige Regelungen auf dem Berliner Kongreß im gleichen Jahr: Teile Südbulgariens bleiben noch für einige Jahre in der Herrschaft Konstantinopels. Beginn der bis heute andauernden Freundschaft zwischen Russen und Bulgaren.

1879 Prinz Alexander von Battenberg wird erster Fürst des neuen Staates.

1885 Krieg zwischen Serbien und Bulgarien, Serbien unterliegt. Im Frieden von Bukarest 1886 wird das zwischen beiden umstrittene Ostrumelien Bulgarien zugesprochen. Alexander stürzt über eine Offiziersrevolte, Ferdinand von Sachsen-Coburg wird als Ferdinand I. sein Nachfolger.

1908 Prinz Ferdinand von Coburg-Gotha erklärt die völlige staatliche Unabhängigkeit Bulgariens.

1912/13 Balkankriege: Zunächst kämpfen Bulgarien, Serbien, Montenegro und Griechenland gegen die Osmanen. Die Uneinigkeit über die Aufteilung der Gebietsgewinne führt zum Krieg der Länder untereinander. Das unterlegene Bulgarien verliert die Süddobrudscha an Rumänien, das nördliche Makedonien an Serbien.

1915–1918 Kriegsteilnahme auf Seiten der Mittelmächte; Kriegserklärung an Rumänien und Serbien.

1918 Ein Militärputsch stürzt Ferdinand I.ihm folgt sein Sohn Boris III. nach. Er regiert bis 1943, ab 1935 Errichtung der ›Königsdiktatur‹.

1919 Mit den Friedensverträgen nach Ende des Ersten Weltkriegs verliert Bulgarien den Zugang zur Adria an das neugegründete Jugoslawien.

1941 Kriegseintritt auf Seiten der ›Achsenmächte‹. Bulgarien nimmt nicht aktiv an den Kämpfen teil, erlaubt jedoch deutschen Truppen den Durchmarsch. Die Regierung erklärt zwar den Westmächten, nicht aber der Sowjetunion den Krieg.

1943 Tod Boris III., offizieller Nachfolger wird sein 6-jähriger Sohn Simeon II. Ein Regentschaftsrat übernimmt die Regierungsgeschäfte.

1944 Besetzung des Landes durch sowjetische Truppen, Kriegserklärung Bulgariens an Deutschland.

1946 Abschaffung der Monarchie durch ein Plebiszit, die Zarenfamilie geht ins Exil. Ausrufung der Volksrepublik Bulgarien, Beginn der kommunistischen Herrschaft.

1947 Verabschiedung der neuen Verfassung nach sowjetischem Vorbild.

1949 Beitritt zum RGW, 1955 Mitglied des Warschauer Vertrages.

60er und 70er Jahre Forcierter Ausbau der Schwerindustrie und der touristischen Infrastruktur an der Schwarzmeerküste.

1971 Die neue Verfassung definiert Bulgarien als ›Sozialistischen Staat der Werktätigen in Stadt und Land‹.

1974 Bulgarien und die Bundesrepublik Deutschland nehmen vollgültige diplomatische Beziehungen auf.

1980er Jahre Allmählicher wirtschaftlicher Niedergang, politische Stagnation.

1981 1300-Jahr-Feier Bulgariens. In den Folgejahren ›Zwangsbulgarisierung‹ der türkischen Minderheit, die zu großen Teilen wegen der Repressionen das Land verlässt.

1987 Erste – vorsichtige – Reformen (›Pseudostroika‹), unter anderem soll die Planwirtschaft abgeschafft werden.

1989 Im November Sturz des Generalsekretärs und Staatsratsvorsitzenden Todor Živkov auf einer turnusmäßigen Sitzung des ZK der Kommunistischen

Partei. Beginn der Demokratisierung und Öffnung des Landes.

1990 Die Kommunisten gewinnen als Sozialistische Partei die ersten freien Parlamentswahlen.

1991 Verabschiedung einer demokratischen Verfassung; die Union Demokratischer Kräfte siegt bei den folgenden Wahlen über die Sozialisten. Beginn der Privatisierungen.

1994 Die Sozialistische Partei gewinnt die Wahlen. Unzufriedenheit breiter Bevölkerungsschichten wegen der katastrophalen wirtschaftlichen Lage, verschleppter Reformen und grassierender Korruption.

1996/97 Hungerwinter. Etwa ein Zehntel der Bevölkerung verlässt in den kommenden Jahren das Land.

1997 Die Union der Demokratischen Kräfte gewinnt die wegen andauernder Massenproteste anberaumten vorgezogenen Neuwahlen, kann die Erwartungen auf Besserung der Situation jedoch nicht erfüllen.

1999 Währungsreform. Der Lev wird fest an die Deutsche Mark, ab 2002 an den Euro gekoppelt.

2001 Simeon von Sachsen-Coburg und Gotha, der Sohn Zar Boris III., wird unter dem angenommenen bürgerlichen Namen Simeon Sakskoburggotski Premierminister. Im Wahlkampf hatte er ›Wohlstand für alle in 800 Tagen‹ versprochen, die Versprechung erweist sich schnell als unrealistisch.

2002 Der Sozialist Georgi Parvanov wird Präsident.

2004 Bulgarien wird Mitglied der NATO.

2005 Bei den Wahlen verzeichnen die Splitterparteien und extremen Kräfte trotz wirtschaftlichen Aufschwungs erhebliche Stimmenzuwächse.

2007 Beitritt zur EU.

Ukraine

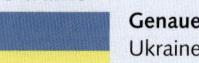

Genaue Bezeichnung: Ukraine

Fläche: 603 000 qkm

Hauptstadt: Kiev (2 765 000 Einwohner)

Gliederung: 24 Regionen, zwei Stadtbezirke und die Autonome Republik Krim

Größere Städte: Charkiv (145 000 Einwohner), Dnipropetrovsk (1 010 000), Odessa (1 000 000), Donetsk (975 000), Zaporižžja (780 000), Lviv (730 000).

Amtssprache: Ukrainisch

Einwohner/Bevölkerungsdichte: 46 260 000/77 pro qkm

Bevölkerung: 78 % Ukrainer, 17 % Russen, insges. rund 130 Nationalitäten

Städtische Bevölkerung: 70 %

Religion: 52 % Orthodoxe, 9 % Griechisch-Katholische, 4 % Muslime, 3 % Protestanten, 2 % Katholiken

Staats- und Regierungsform: Präsidialrepublik, Wahl zum Parlament alle 4 Jahre, Direktwahl des Präsidenten alle 5 Jahre

BNE: 3200 US-Dollar je Einwohner

Erwerbstätigkeit: Landwirtschaft 8 %, Industrie 37 %, Dienstleistungen 55 %

Arbeitslosenquote: 9 %

Währung: Hrywnja (UAH); 1 Hrywnja=100 Kopeken

Wechselkurs: 1 Euro = 10 Hrywnja

Zeit: OEZ (Osteuropäische Zeit; MEZ + 1 Stunde)

Vorwahl/Internetkennung: +380/ua

Nationalfeiertag: 24. August (Unabhängigkeitstag)

Geschichte der Ukraine im Überblick

Erste Besiedlung durch verschiedene Steppenvölker.

7./6. Jhd. v.Chr. Gründung griechischer Kolonien an der Schwarzmeerküste.

3./.4 Jhd. n.Chr. Goten herrschen über die Gebiete um Dnister und Dnepr und die Krim. In den folgenden Jahrhunderten Einwanderung slawischer Stämme.

9. Jahrhundert Ausbildung eines lose strukturierten slawischen Staates, der Kiewer Rus mit Zentren in Kiev und Novgorod. Der Süden der heutigen Ukraine ist nicht Bestandteil dieses staatsähnlichen Gebildes. Wladimir, einer der ersten Herrscher, nimmt 988 den christlichen Glauben nach östlichem Ritus an. Erste kulturelle und wirtschaftliche Blüte.

13. Jahrhundert Einfall der Mongolen, die einen Großtel des Terrotoriums erobern und es der Goldenen Horde tributpflichtig machen. In der Folge bilden sich mit Vladimir-Susdal, Halytsch-Wolhynien und der Republik Nowgorod drei Staaten heraus. In dieser Zeit taucht auch der Begriff ›Ukraine‹ für dieses Gebiet erstmals auf.

Katharina II. (um 1794)

16. Jahrhundert Weite Teile der heutigen Ukraine gelangen unter den Herrschaftsbereich Polen-Litauens. In der Folge Benachteiligung der orthodoxen Bevölkerung in wirtschaftlicher, politischer und sozialer Hinsicht gegenüber den Katholiken. Der südliche Teil der heutigen Ukraine steht als Krim-Khanat unter dem Schutz des Osmanischen Reiches, weite Teile der Steppengebiete werden von Steppenvölkern beherrscht.

1648 Durch einen Vertrag mit dem polnischen König gelingt es Bohdan Chmelnyzkyj, einen eigenständigen ukrainischen Kosakenstaat zu etablieren. Er gerät aber schnell in Abhängigkeit von Russland und Osmanischem Reich und wird schließlich zwischen Polen und Russland aufgeteilt.

1772, 1793, 1795 Nach den drei Polnischen Teilungen gehören Teile Galiziens zu Österreich, die anderen Gebiete zu Russland. Sie werden nun zur Provinz Neurussland zusammengefasst, die auch die Krim und die Schwarzmeerküste umfasst. Gezielte Neugründungen von Städten und Ansiedlungen von Kolonisten unter Katharina II. sollen die russische Herschaft stabilisieren.

18.–20. Jahrhundert Die Ukrainische Nationalbewegung gewinnt immer mehr Anhänger unter der Bevölkerung.

1917 Nach der Oktoberrevolution konstituiert sich ein Ukrainischer Nationalkongress, der einen Zentralrat wählt. Dieser ruft im Januar 1918 die Unabhängigkeit der Ukraine aus.

1919 Nach den Wirren des letzten Weltkriegsjahres und bürgerkriegsähnlichen Zuständen verliert die Ukraine wieder ihre Selbständigkeit. 1922 wird die Ukrainische Sozialistische Sowjetrepublik offiziell Teil der neu gegründeten Sowjetunion. Der südwestliche Landesteil, zuvor ungarisch, fällt an die neugegründete Tschechoslowakei, die westlichen Landesteile um Lemberg werden von den Polen erobert.

20er und 30er Jahre Forcierte Industrialisierung im Osten und Kollektivierung der Landwirtschaft. Auf den Widerstand der Bevölkerung antwortet die Staatsmacht mit brutaler Härte (Beschlagnahmungen, Folter, mehrere tausend Todesurteile) und einer bewusst herbeigeführten Hungerkatastrophe. Diesem faktischen Massenmord, heute oft als ›Holodomor‹ bezeichnet, fallen nach jüngsten Schätzungen bis zu sieben Millionen Ukrainer zum Opfer.

1941–1944 Die Deutschen überfallen die Sowjetunion und besetzen die Ukraine. Sie ermorden fast die gesame jüdische Bevölkerung. Die Kämpfe zwischen Wehrmacht und Roter Armee sowie Partisanen und die brutalen Repressionen der Besatzer (Verschleppungen nach Deutschland, Deportationen, Massenerschießungen) fordern fünf bis sieben Millionen Tote. Am Ende des Krieges sind ein Großteil der Orte weitgehend oder völlig zerstört, die Wirtschaft ruiniert.

1945–1947 Im Ergebnis der Konferenzen von Jalta und Potsdam gehören die bis dahin östlichen Teile Polens (v.a. Galizien) nun zur Ukraine. Die Polen werden zur Ausreise gezwungen, andererseits die ukrainische Minderheit in Südpolen in die Ukraine umgesiedelt.

1954 Als ein ›Geschenk‹ Nikita Chruschtschows gelangt die Autonome Republik Krim, mehrheitlich von Russen bewohnt, an die Sowjetrepublik Ukraine.

1986 In Tschernobyl, ca. 100 Kilometer nördlich von Kiev, explodiert im April ein Block des Atomkraftwerks. Große Mengen an radioaktivem Material werden freigesetzt und gelangen in die Nachbarstaaten, aber auch nach West- und Südeuropa. Bis heute ist eine ausgedehnte Zone um Tschernobyl wegen der weiterhin existierenden Verseuchung für Menschen gesperrt. Es gibt nach wie vor keine offiziellen Zahlen zu Todesopfern und Geschädigten.

1991 Die Sowjetunion zerfällt. Die Ukraine wird selbständig und tritt der Gemeinschaft Unabhängiger Staaten (GUS) bei. Die Überwindung der wirtschaftichen Schwierigkeiten und die angestrebte außenpolitische und wirtschaftliche Unabhängigkeit von Russland bestimmen in den folgenden Jahren die Politik. Politisch ist das Land bis heute in einen westlich orientierten und einen Russland nahestehenden Teil gespalten; diese Grenze verläuft etwa entlang des Dnepr.

2004 Proteste gegen Wahlfälschungen münden in die ›Orangene Revolution‹, die sich v.a. die Modernisierung des Landes, gesellschaftliche Reformen, eine Annäherung an den Westen sowie eine Verfassungsänderung auf die Fahnen geschrieben hat. Die Protagonisten der Bewegung sind sich in wichtigen Frage uneins, so dass das Land blockiert ist.

2008/2009 Tiefgreifende Wirtschaftskrise, starker Rückgang des Bruttoinlandsprodukts. Russland und der IWF geben umfangreiche Notkredite.

2010 Der andauerenden politischen Streiterien überdrüssig, wählen die Ukrainer den Altkommunisten Wiktor Janukowytsch zum Präsidenten. Die neue Regierung sucht die Nähe zu Russland und wahrt deutlich Distanz zum Westen; so werden Mitgliedschaften in NATO und EU nicht mehr angestrebt.

Zwischen Passau und Devín dominiert der Barock. Zahlreiche Stifts- und Klosteranlagen und kleinere Orte lohnen ebenso einen Besuch wie die österreichische Hauptstadt Wien mit ihren überreichen kulturellen Schätzen.
Zu den Höhepunkten einer Kreuzfahrt gehört die Passage der Kulturlandschaft Wachau.

Auf der Oberen Donau

Passau

Wie kaum eine andere Stadt an der Donau ist Passau vom Katholizismus geprägt worden. Über Jahrhunderte übten die Kleriker hier neben der geistlichen auch die weltliche Macht aus, ihr Einflussgebiet reichte zeitweilig bis nach Ungarn, und lange war Passau die flächenmäßig größte Diözese im deutschen Sprachraum, das kirchliche Zentrum auch Österreichs.

Neben den Kirchen gehen auch die zentralen Bauten, die üblicherweise adliges oder bürgerliches Selbstbewusstsein demonstrieren, auf die Kleriker zurück: Residenz, Burg und Theater. Diese und andere Sehenswürdigkeiten sind in eine auffallend einheitliche Stadtlandschaft gebettet. Ihre barocke Geschlossenheit geht auf zwei große Stadtbrände am Ende des 17. Jahrhunderts zurück, die zu einem weitgehenden Neuaufbau der Stadt gezwungen hatten. Dieses Stadtbild hat sich bis heute bewahrt und gibt Passau sein besonderes Flair.

Die zweite stadtbildprägende Kraft stellen die drei Flüsse Ilz, Inn und Donau dar, die hier aufeinandertreffen. Sie formen und begrenzen den einzigartigen Stadtgrundriss, der, einem Schiffsrumpf nicht unähnlich, die Form eines gerundeten Dreiecks aufweist.

Reisende, die offenen Auges durch die schmalen, sich immer wieder auf Plätze öffnenden Gassen laufen, findet an vielen Stellen Spuren der Menschen und Mächte, denen sie entlang der Donau wiederholt begegnen werden, etwa den Römern, Kreuzzüglern und Nibelungen, geistlichen und weltlichen Herrschern.

Die meisten Sehenswürdigkeiten liegen in der Altstadt zwischen Inn und Donau. Reizvoll sind auch Abstecher in die südlich gelegene Innstadt und in die Ilzstadt auf der nördlichen Donauseite. Auch diese Stadtteile sind vom Schiffsanleger oder vom Bahnhof in wenigen Fußminuten erreichbar, dabei deutlich weniger frequentiert als die in den Sommermonaten manchmal sehr überlaufene Altstadt.

In der Stadt treffen sich mehrere Fernradwege, von denen ein Großteil den hier zusammenfließenden Flüssen folgt, zudem dient sie für viele Besucher als Ausgangsort zu den Wander- und Ausflugsgebieten des Bayerischen Waldes. Passau hat sich mit zahlreichen Hotels, Restaurants und Souvenirläden auf diesen Ansturm eingestellt.

Geschichte

Das Gebiet des heutigen Passau ist seit dem 5. Jahrtausend vor unserer Zeitrechnung durchgehend besiedelt. Prägend für einen längeren Zeitraum wurden seit dem 1. Jahrhundert vor Christus die Römer. Sie errichteten zunächst das Kastell Batavis etwa auf dem Gebiet des heutigen Domplatzes – davon leitet sich der Name Passau ab –,

Kreuzfahrtschiffe in Passau

Karte S. 58

später das Kastell Boiotro am Südufer des Inns. Dieses Kastell war Teil des hier an der Donau verlaufenden Limes und markierte gleichzeitig die Grenze zwischen der Provinz Raetia, die sich von Boiotro nach Westen erstreckte, und der Provinz Noricum (donauabwärts). Am Ende des 4. Jahrhunderts wurde das Christentum zur Staatsreligion Roms, und so fanden die ersten Missionierungsbestrebungen noch während der Römerzeit statt. Zu nennen ist vor allem der heilige Severin, der am Ende des 5. Jahrhunderts an der Donau wirkte und auf den auch der Bau einer ersten Kirche zurückgeht. In dieser Zeit löste sich die Römerherrschaft in Etappen auf. Aber das heutige Passau blieb wohl auch in den Wirren der Völkerwanderungszeit dauerhaft besiedelt und vermutlich auch christlich.

Im Jahr 739 wurde Passau Bischofssitz, ein Jahr später das Kloster Niedernburg begründet und mit ausgedehnten Ländereien ausgestattet. Auf Veranlassung Karls des Großen wurde allerdings 789 Salzburg Sitz des Erzbischofs, nicht Passau. Zu uneingeschränkten Stadtherren wurden die Kleriker dank eines Vertrages mit Otto III. ab 999. Sie erhielten die Landeshoheit und die damit verbundenen Zoll-, Münz- und Marktrechte, die Gewerbeaufsicht und die Gerichtsbarkeit. Diese Machtfülle blieb ihnen bis 1803.

Im Jahr 1161 setzte sich die geistliche Macht endgültig gegen die weltliche durch, da Friedrich I. (Barbarossa) den Bischöfen auch das Areal der Niedernburg übergab. Die Stadt kam in den folgenden Jahrhunderten zu Wohlstand, der aus dem Handwerk und vor allem dem Handel resultierte. Die Bischöfe dehnten ihren Machtbereich weit entlang der Donau aus, er umfasste zeitweilig das Gebiet bis nach Wien. Ab 1219 entstanden erst die Veste Oberhaus, dann die mit ihr durch wehrhafte Mauern verbundene Veste Unterhaus. Sie dienten dazu, den Handel zu sichern und zu kontrollieren, boten den Klerikern aber auch Schutz gegen die Bürgeraufstände, die bis 1367 immer wieder aufflammten – und allesamt scheiterten.

Im Jahr 1143 wurde eine hölzerne Innbrücke eingeweiht, 1278 eine über die Donau. Sie erleichterten den Handel erheblich. In Passau kreuzten sich eine wichtige Ost-West-Route entlang der Donau mit einer Nord-Süd-Verbindung, die durch die Flüsse Ilz und Inn markiert wurde. Alle Waren dieser Zeit wurden entlang dieser Strecken transportiert. Einen erheblichen Verlust musste die Stadt 1594 hinnehmen. In diesem Jahr brachte der Herzog von Bayern den Salzhandel unter seine Kontrolle, er lief nun an Passau vorbei.

Zwei große Stadtbrände vernichteten 1662 und 1680 große Teile der Altstadt. Viele Gebäude Passaus stammen aus der darauffolgenden Aufbauphase und sind daher barock geprägt. Zahlreiche italienische Architekten wurden für den Wiederaufbau gewonnen, ihr Einfluss ist unverkennbar.

Im Jahr 1783 verlor das Bistum Passau sämtliche österreichischen Gebiete und war nun eines der kleinsten in Deutschland, 1803 fiel die Stadt an Bayern. Seitdem ist sie – politisch gesehen – eine ganz normale bayerische Mittelstadt.

Im Jahr 1837 legte das erste Dampfschiff an, und 1990 wurde ein Containerhafen eingeweiht. Diese Daten verdeutlichen, dass auch in der Moderne die Donau für das Gedeihen der Stadt bestimmend blieb. Passau, heute eine Stadt mit etwa 50 000 Einwohnern, hat eine Universität und ein wenig Indus-

Auf der Oberen Donau

Passau

trie, lebt aber in erheblichem Maße vom Tourismus und nicht zuletzt von den Donaukreuzfahrten, die fast immer hier ihren Anfang nehmen.

Die Altstadt

Vom Bahnhof aus ist bald der **Ludwigsplatz** erreicht, an dem mehrere Straßen zusammentreffen. Östlich davon beginnt die Altstadt, und hier sind sämtliche Straßen als verkehrsberuhigter Bereich oder als Fußgängerzone ausgewiesen, so dass man sehr entspannt durch das Zentrum schlendert. Dieses Viertel wird nach Südosten vom **Stadttheater** abgeschlossen. Es wurde 1645 als Ballhaus erbaut, 1771 zum Hofkomödienhaus und 1783 zum fürstbischöflichen Opernpalais umgebaut. Dieser Name weckt falsche Assoziationen, auch die ›normale‹ Bürgerschaft hatte Zugang zu den Aufführungen.

Die romantische Carlonegasse an der Westseite des Theaters öffnet sich auf den **Domplatz**, seit Jahrhunderten der Fixpunkt Passaus. Beherrscht wird er von der Westfassade des Doms, umgeben ist er von weiteren sehenswerten – zumeist klerikalen – Bauten. Daher wurde er in früheren Jahrhunderten auch ›Pfaffenplatz‹ genannt. Heute ist er Marktplatz, oft erster Anlaufpunkt für die Touristen und beliebter Treffpunkt der Einheimischen. Sie verabreden sich gern an der **Statue für König Maximilian I. Joseph**, die 1824 anlässlich seines 25-jährigen Dienstjubiläums aufgestellt wurde. Begonnen hatte er seine Amtszeit als Kurfürst, erst ab 1806 durfte er sich König nennen. Liebevoll-spöttisch nennt ihn der Volksmund wegen des ausgestreckten Arms auch ›der Regenprüfer‹. Von den einst zahlreichen Palais der Bischöfe ist noch eines erhalten, das **Lambergpalais** von 1724 an der Westseite. Daneben liegen die Dompropstei (Haus Nr. 4) und das bischöfliche Priesterseminar (Haus Nr. 5).

■ Dom

Alle Bauten sind auf den hellen Dom ausgerichtet. Er gilt als größter barocker Kirchenbau nördlich der Alpen. Sein heutiges Aussehen geht im wesentlichen auf die Umgestaltung im 18. Jahrhundert zurück, und die vollendeten Formen im italienischen Barockstil wurden zum Vorbild für zahlreiche Kirchenbauten, die in den folgenden Jahrzehnten in Bayern entstanden.

Die offizielle Bezeichnung lautet Bischofskirche zum heiligen Stephanus, und dieser Name hat eine lange Tradition. Bereits in einer Urkunde

Auf der Oberen Donau

Legende

1	Ludwigsplatz	11	Dreiflüsseeck
2	Stadttheater	12	Museum Moderner Kunst
3	Lambergpalais	13	Rathaus
4	Dom	14	Paulskirche
5	Residenzplatz	15	St. Severin
6	Alte und Neue Residenz	16	Römerkastell Boiotro
7	St. Michaelskirche	17	Kloster Mariahilf
8	Kloster Niedernburg	18	Veste Oberhaus
9	Schaiblingsturm	19	Veste Niederhaus
10	Waisenhaus	20	St. Salvator

Der ›Regenprüfer‹ vor dem Passauer Dom

ten mehrere Jahrzehnte. Später wurde die Spitzhaube in eine barocke Kuppel umgewandelt, die Westfassade verändert, 1896/97 schließlich bekamen die beiden Türme an der Westfassade ihre heutige Gestalt: Ihnen wurden Kuppeln aufgesetzt. Von 1973 bis 1980 fand eine grundlegende Renovierung im Inneren statt, die der Außenfassaden bis vor kurzem.

Im Kern ist der Dom gotisch. Die Um- und Neubauten der italienischen Meister waren aber so geschickt, dass sich der Dom im Innern als barockes Raumwunder präsentiert und sogar seine Proportionen verschleiert. In Hauptschiff und Seitenschiffen finden sich in den 170 Gewölbeflächen neben zahlreichen Gemälden und Fresken viele Stuckfiguren und Putten, darunter 20 große gebälktragende Atlanten – insgesamt rund 1000 Figuren. Dennoch wirkt die Raumgestaltung nicht protzig, Architektur, Stuckarbeiten und Malerei verbinden sich zu einem einzigartigen Gesamtkunstwerk. Zwei Objekte ragen in all der Pracht heraus, die Kanzel und die Orgel. Die **Kanzel**, eine Arbeit von 1720, ist aus Lindenholz geschnitzt, vollständig vergoldet und mit zahlreichen figürlichen Darstellungen geschmückt. Die **Orgel** gilt als die größte Domorgel der Welt: 17 774 Pfeifen und 233 klingende Register. Im Grunde besteht sie aus fünf im Raum verteilten Orgeln, die von einem Spieltisch aus zusammen bedient werden können. Sie wurde 1688 installiert und 1715 erweitert, der Prospekt stammt von 1731 bis 1733. Davon, dass die Orgel zu Recht auch oft als ›Klangwunder‹ bezeichnet wird, kann man sich im Sommer überzeugen. Regelmäßig finden werktags ab 12 Uhr Orgelkonzerte statt.

von 635 wird eine Kirche des heiligen Stephanus innerhalb der Stadtmauern erwähnt. Mehr ist nicht bekannt, man nimmt aber an, dass spätestens hundert Jahre später an der Stelle der heutigen Doms eine Stephanskirche existierte. Sie wurde in der Folgezeit immer wieder um- und ausgebaut.

Im Jahr 1662 richtete der Stadtbrand auch am Dom großen Schaden an, nur Teile des Chores und des Mauerwerks blieben bestehen. Fürstbischof Wenzeslaus von Thun (1664–1673) entschloss sich für einen weitgehenden Neubau und bewies bei der Auswahl der italienischen Baumeister außerordentliches Geschick. Er beauftragte Carlo Lurago mit den Arbeiten, für die Innengestaltung Giovanni Battista Carlone und für die Steinmetzarbeiten Francesco Torres. Mit ihren zahlreichen Mitarbeitern schufen sie die beeindruckende Kirche. Die Arbeiten dauer-

An der Nordseite des Doms befindet sich der Kreuzgang. Er wurde 1812/13 weitgehend abgetragen, vier Seitenkapellen sind aber noch erhalten. Hier ist der gotische Stil noch deutlich sichtbar, und man gewinnt eine Vorstellung davon, wie sehr die Arbeiten nach dem großen Stadtbrand den Dom verändert haben.

■ Residenzplatz

Die schmale Zengergasse führt zum Residenzplatz. Auf der einen Seite liegt der Dom, auf der anderen finden sich mit Alter und Neuer Residenz zwei weitere bauliche Manifestationen bischöflicher Macht. Zusammen mit dem dazwischen liegenden Saalbau bilden sie eine 320 Meter lange durchgehende und beeindrcukende ssadenfront. Die **Alte Residenz** stammt im Kern aus dem 15. Jahrhundert. In den Bau ist eine Hofkapelle integriert, die heute vom Landgericht als Sitzungsraum genutzt wird.

Der **Saalbau** ist sehenswert. In seinem ersten Geschoss ist seit 1989 das Domschatz- und Diözesanmuseum untergebracht. Zwar ist ein erheblicher Teil der einstigen Schätze beim großen Stadtbrand von 1662 vernichtet worden, doch Anzahl und Qualität der erhaltenen Teile sind beeindruckend. Darunter sind Krummstäbe, Monstranzen, Kreuze, Kelche, Reliquiare, Heiligenfiguren und vieles andere mehr. Nicht wenige Exponate stammen aus dem Mittelalter. Einen Besuch wert ist auch der Bibliothekssaal im Erdgeschoss, gerade auch wegen der meisterhaften Deckenmalerei, die die Illusion einer großen Raumhöhe zaubert.

Der Residenzplatz ist, verglichen mit dem Domplatz, erstaunlich klein, aber ebenso belebt wie jener. In der Mitte steht der **Wittelsbacherbrunnen**, der 1903 zum Gedenken an das Jahr 1803 aufgestellt wurde, als das Land Bayern die Stadt quasi übernahm und die

Am Residenzplatz

bischöfliche Autonomie beendete. Auf der Brunnensäule findet sich Maria als Patronin Bayerns, in ihrem Schoß das Jesuskind. Die drei Engelsfiguren zu ihren Füßen symbolisieren die drei Flüsse Donau, Ilz und Inn. Der Platz wird von hübschen Bürgerhäusern im italienischen Stil gesäumt, dem Ostchor des Doms sowie dem Marschallhaus. Darin befinden sich die Wohnräume des Bischofs, die Mesnerwohnung und die Kirchenverwaltung.

An der Südseite des Platzes liegt die **Neue Residenz**. Dem Bau (1712–1739) mussten einige Wohnhäuser weichen, 1765 wurden die Fassaden ausgeschmückt. Seither präsentieren sie sich im frühklassizistischen Stil, filigran gegliedert und mit Balkonen, einer umlaufenden Balustrade und zahlreichen weiteren Ornamenten versehen. Die Innenarbeiten wurden weitgehend von Melchior Hefele geleitet, einem Schüler Balthasar Neumanns. Neumann ist als Architekt der Neuen Residenz in Würzburg be-rühmt geworden. Sein Einfluss ist vor allem im großartigen Treppenhaus unverkennbar. Es zählt zu den schönsten in Deutschland und kann sich durchaus mit dem in Würzburg messen. Es wird von einem meisterlichen Deckengemälde (›Die Götter des Olymp beschützen das unvergängliche Passau‹) geziert und weist hochwertige Stukkaturen auf.

■ Klosterviertel

Die **St. Michaelskirche**, erbaut zwischen 1665 und 1678, verstärkt das ›Klosterviertel‹, wie die östliche Altstadt inoffiziell auch heißt. Man nennt den Bau auch Jesuitenkirche, sie ist von dem dreiflügeligen Jesuitenkolleg umgeben. Komplettiert wird das Klosterviertel vom **Kloster Niedernburg**. Der mächtige Bau geht auf das 14. Jahrhundert zurück; an dieser Stelle gab es bereits Vorgängerbauten. Um 750 wurde hier ein Stift gegründet, um 1000 existierte eine Benediktinerinnenabtei. Die berühmteste Bewohnerin der Abtei war zweifellos Gisela, die 1042, nach dem Tod ihres Mannes König Stephan von Ungarn, in das Kloster eintrat und als Äbtissin wirkte. Nach ihrem Tod wurde sie heiliggesprochen, und zahlreiche Pilger besuchten das Grab in der romanischen Heiligkreuzkirche aus dem 11. Jahrhundert.

■ Innkai und Donaukai

Über den Klosterwinkel gelangt man an den Innkai und den stämmigen **Schaiblingsturm**. Er wurde um 1250 als Wehrturm zur Sicherung der Schiffsanlegestelle errichtet. Später war er Vorratsraum, heute ist er vor allem malerische Kulisse.

Gleich daneben liegt das hübsche **Waisenhaus**, das nach seinem Stifter Lukas-Kern-Kinderheim benannt ist. Kern, selbst Waise, war als Schiffsmeister und Brauer wohlhabend geworden und vermachte der Stadt eine große Summe mit der Auflage, ein Waisenhaus zu unterhalten. Vor dem Haus erinnert die kleine Statue ›Sterntaler‹ an das berühmte Waisenkind aus dem gleichnamigen Märchen. Der Innkai endet am **Dreiflüsseeck**, einer Grünanlage, in der noch Reste der mittelalterlichen Befestigung erhalten sind. Beeindruckend ist der Blick

Im Treppenhaus der Neuen Residenz

Das Alte Rathaus

auf die Burganlage zwischen Ilz und Donau, sehnsuchtsvoll bei vielen der Blick donauabwärts – hier ist die Aura der Ferne, die die Stadt an den vielen Ufern verströmt, wohl am greifbarsten. Der Donaukai führt vom Dreiflüsseck zum **Museum Moderner Kunst**. Der Kontrast zwischen dem schönen alten Bürgerhaus und der Gegenwartskunst, die in Wechselausstellungen präsentiert wird, ist reizvoll. Gegenüber weist eine Gedenktafel auf die Kirche St. Marien hin. Gebaut 1130, gehörte sie zu den ältesten am Ort, bis sie dem Brand von 1662 zum Opfer fiel.

Etwas weiter überspannt die **Luitpold-brücke**, eine nicht schöne, aber zweck-mäßige Konstruktion von 1910, die Donau Die Brücke, beschützt vom Brückenheiligen Nepomuk, führt in die Ilzstadt.

■ Römerplatz

Der Römerplatz in unmittelbarer Nähe der Luitpoldbrücke wird vom **Rathaus** beherrscht. Es ist auffällig, aber durch-

aus disproportioniert, auch da es aus acht Gebäuden besteht, die Ende des 19. Jahrhunderts zu einer Einheit zusammengefügt und um einen Turm ergänzt wurden. Das Ergebnis wirkt eigenartig venezianisch. An der Fas-sade sind Hochwassermarken zu sehen, die zeigen, dass Passau nicht nur an den Flüssen und von ihnen lebte, sondern immer auch von ihnen bedroht war. Ungleich romantischer ist eine weitere Gedenktafel am Rathaus. Sie ist wurde 1904 angebracht, um daran zu erinnern, dass 50 Jahre zuvor Elisabeth von Österreich (›Sisi‹), Tochter des bayerischen Herzogs Max, auf ihrer Brautfahrt nach Wien in Passau die letzte Station eingelegt hat. Das ehemalige Südportal des Rathauses ist seit dem Umbau schlicht ein Fenster, und so gelangt man über das Westportal ins Innere. Sehenswert sind vor allem der Kleine und der Große Rathaussaal. Der kleine ist nicht immer zugänglich, da er auch für Trauungen genutzt wird,

Karte S. 58

der große schon. Beide sind kunstvoll ausgestaltet, die gewölbten Decken mit Stukkaturen und düster-schwülstigen Historiengemälden vom Ende des 19. Jahrhunderts versehen. Sie thematisieren etwa einzelne Szenen der Nibelungensage oder die ›Die drei Flüsse zu Füßen der Passavia‹.

Gleich nebenan liegt das **Haus Wilder Mann**, das 1985 aus vier ehemals selbständigen Barockbauten zusammengefügt wurde. Es beherbergt ein traditionsreiches Hotel, zwei Drittel des Hauses sind aber dem **Passauer Glasmuseum** vorbehalten. Es ist mit rund 30 000 Gläsern, von denen 13 000 in 35 Räumen auf vier Etagen ausgestellt sind, das größte Museum zum Thema Böhmisches Glas. Das Museum bietet einen Überblick über die Epochen böhmischer Glaskunst zwischen 1700 und 1950.

■ Rindermarkt

Hinter dem Paulusbogen, dem ältesten erhaltenen der einst fünf Stadttore, liegt der Rindermarkt. Das ist ein schmaler Platz, eher eine Gasse, in der die rosafarbene und eigentlich schlanke **Pfarrkirche St. Paul** sehr groß wirkt. An dieser Stelle gab es seit 1050 eine Kirche, die auch 1662 dem Brand zum Opfer fiel. Der heutige barocke Bau wurde bis 1678 fertiggestellt und überstand den zweiten großen Brand von 1680. Daher hängt heute im Innern ein großes Votivbild, das für das Davonkommen einen Dank ausspricht. Die Innenräume sind schlicht gehalten, so kommen die dominierenden Farben Schwarz und Gold um so stärker zur Geltung. Am Platz findet sich auch die sehr unauffällige **Spitalkirche St. Johannes** aus dem 14. und 15. Jahrhundert. Man legte sie hier an, da

man in dieser Zeit kein Krankenhaus innerhalb der Stadtmauern haben wollte.

Über die Roßtränke ist das Donauufer schnell wieder erreicht. Von der Ortsspitze bis zur Schanzbrücke ist es vor allem ein langgestreckter Liegeplatz für lokale Ausflugsschiffe und die Kreuzfahrtschiffe. Auf ihnen flattern zumeist fremdländische Flaggen, die Besatzungsmitglieder unterhalten sich in verschiedenen Sprachen, und wenn auch die Reise nicht bis in das ferne Donaudelta führen mag, so wird doch hier bei vielen Passagieren die Reisestimmung, die Neugier auf das Unbekannte geweckt.

Die Innstadt

Von Domplatz oder Ludwigsplatz aus bietet sich ein Abstecher über den Inn an, der in die Anfangsgeschichte der Stadt führt. Über den Innsteig, den die Einheimischen ›Fünferlsteig‹ nennen, der den Fußgängern vorbehalten ist

Ein römischer Grabstein dient in der Kirche St. Severin als Weihwasserbehälter

und einen schönen Blick auf die Altstadt ermöglicht, gelangt man zur Kirche **St. Severin**. Sie ist im Kern aus dem 11. Jahrhundert und später immer wieder erweitert und verändert worden. Ein Vorgängerbau, von dem noch Reste erhalten sind, entstand bereits im 5. Jahrhundert. Der Bau der Kirche hängt unmittelbar mit dem Wirken Severins zusammen, der 460 nach Passau gekommen und vor allem in der Umgebung als Missionar tätig war. Ungewöhnlich ist das Alter einiger Gegenstände. So stammen einige der Grabplatten an der Außenwand aus dem 14. Jahrhundert, als Weihwasserbehälter dient gar ein alter römischer Grabstein.

■ Römerkastell Boiotro

Etwas weiter ziehen zweifarbig ge-mauerte Stümpfe die Blicke auf sich. Es sind rekonstruierte Pfeiler der Grundmauern, die einst zum Römerkastell Boiotro gehörten. Erst 1974, bei Bauarbeiten, stieß man auf seine Überreste, seit 1982 sind sie für die Öffentlichkeit zugänglich. Im Freigelände finden sich noch zwei römische Meilensteine und Reste der Kastellmauer, die wichtigsten Überreste werden im Innern des Museums präsentiert. Es liegt etwas von der Straße zurückversetzt.

Das **Museum** selbst ist in einem umgebauten spätmittelalterlichen Haus untergebracht, das auf den Fundamenten des einstigen römischen Kastells errichtet wurde. Sie können im Keller in Augenschein genommen werden. Im ersten Geschoss werden vor allem Gegenstände gezeigt, die zur Ausrüstung römischer Soldaten gehörten. Viele der Exponate wurden auf dem Gelände oder in der Altstadt gefunden, wo sich das Kastell Batavis befand. Zwei der bedeutendsten Ausstellungsstücke sind die Statuen der Victoria und des Jupiter. Im Dachgeschoss sind verschiedene Exponate zu sehen, die die Vor- und Frühgeschichte des östlichen Niederbayern dokumentieren, daneben auch solche aus der spätrömischen Zeit und, eine ausgesprochene Rarität, der Völkerwanderung. Das frühe Mittelalter wird durch verschiedene Grabbeigaben lebendig.

Das Kloster Mariahilf

■ Kloster Mariahilf

Weiter hügelan befindet sich die frühbarocke Wallfahrtskirche des Klosters
Mariahilf. Man erreicht sie über die
321 Stufen, die die Wallfahrtsstiege
bilden. Im Jahr 1616 wurde der Ka-
puzinerorden nach Passau geholt,
für ihn entstanden Klostergebäude
und Kirche. Die einstige Dimension
der Anlage ist seit der Zeit der
Säkularisation, als einiges abgetragen
wurde, nur noch eingeschränkt erlebbar; Kreuzwegstationen, Klosterhof
und Friedhof der Kapuziner bilden aber
immer noch eine abgeschlossene Welt.
Die Kirche war über Jahrhunderte ein
Anziehungspunkt und ist bis heute
als Wallfahrtsort gut besucht. Das
Innere ist, gemäß den Grundsätzen
des Bettelordens, schlicht gehalten und
gerade deswegen von Eleganz, in der
die Engelsfiguren besonders ins Auge
fallen. In der Sakristei ist ein Museum
untergebracht, das über den Orden
und sein Verhältnis zu Passau genauer
informiert. Von verschiedenen Punkten
der Anlage bietet sich abermals ein
beeindruckender Blick auf die Stadt.
Der kürzeste Weg dorthin zurück führt
über die Innbrücke.

Die Ilzstadt

Die lange Zeit selbständige Ilzstadt
erreicht man am besten über die
Luitpoldbrücke. Hauptattraktion dieses
Stadtteils ist die **Veste Oberhaus**.
Sie liegt 108 Meter über der Stadt.
Manche Touristen nehmen daher gern
den Pendelbus in Anspruch, romantischer ist die Annäherung über den
Ludwigsteig, der 1893 in den Fels
gehauen wurde. Er führt in Teilen auch
durch den Wehrgang, der die Veste
Oberhaus mit der Veste Niederhaus
verbindet.

Eingang zur Veste Oberhaus

Auf der Oberen Donau

Die Burg wurde 1217 begründet und
nach 1550 zur Festung ausgebaut, um
1700 kam der sternförmige Wallgürtel
dazu. Zwischen 1822 bis 1918 war
in ihr das bayerische Militärgefängnis
untergebracht, heute beherbergt sie
Jugendherberge, Wetterstation und
Restaurant sowie das **Oberhaus-
museum**. Es ist in insgesamt acht verschiedene Sammlungen und Ausstellungen unterteilt. So gibt es Sammlungen zur Passauer Kunst der Gotik
und des Barock, zu den Zünften im
Mittelalter, zu Salzhandel, Salzpro-
duktion und der Rolle, die Passau
darin spielte. Weiter gibt es – im Ritter-
saal – Waffen zu bestaunen; das
Böhmerwaldmuseum erinnert an die
Kultur des sich unmittelbar nördlich
anschließenden Landstrichs.
Zur Veste gehören unter anderem die

Burgkapelle St. Georg und ein Turm. Von dort hat man eine herrliche Aussicht über die Stadt, und von dort sind auch die oft beschriebenen Farben der drei Flüsse zu erkennen: die schwarze Ilz, der grüne Inn und die blaugraue Donau.

Auf einer Landspitze zwischen Ilz und Donau liegt die **Veste Niederhaus**. Sie ist in Privatbesitz und daher nicht zu besichtigen. Der Bau wurde nach 1435 errichtet. Die Pulvervorräte explodierten in diesem Jahr in dem Vorgängerbau und ruinierten ihn.

Die Burganlage diente nicht zuletzt der Sicherung des Handels. In ihrem Schutz entwickelte sich die Ilzstadt, die vollkommen auf den Handel eingestellt war. Hier wurden die Waren vom Schiff auf Pferde umgeladen und dann nach Böhmen transportiert, vor allem Salz, Wein, Öl und Gewürze. Auf umgekehrtem Weg gelangten Getreide, Malz und Hopfen, Häute und Wolle von Böhmen nach Süden. Daher lebten in der Ilzstadt viele Hufschmiede und Packer, existierten zahlreiche Gasthöfe, Pensionen und Bierschenken. Der Großteil der historischen Bebauung fiel im 20. Jahrhundert den Hochwasserschutzmaßnahmen zum Opfer.

Erhalten ist die ehemalige Wallfahrtskirche **St. Salvator**, ein schlichter und turmloser Bau. Er wurde zwischen 1479 und 1570 als Sühne erbaut für die Judenverfolgungen, die um 1476 stattgefunden hatten und denen auch die Synagoge zum Opfer fiel. Auf deren Fundamenten steht die Kirche, die heute als Konzerthaus genutzt wird.

 Passau

Passau Tourismus, Rathausplatz 3 und Bahnhofstr. 36, 94032 Passau, Tel. 08 51/9 55 98-0, www.tourismus.passau.de. Dort erhält man auch Informationen zu den Dom- und Stadtführungen.

Zwischen Rathausplatz und Oberveste verkehrt ein Bus; Abfahrt am Rathaus zu jeder vollen und halben Stunde.

Für diejenigen, die einen langen Anfahrtsweg nach Passau haben, bietet es sich an, einen Tag früher anzureisen und in Passau zu übernachten. In der Regel bieten alle Anbieter von Donaukreuzfahrten auch günstige Übernachtungsmöglichkeiten an, die unkompliziert im Reisebüro dazugebucht werden können.

Die größte Dichte an Cafés und Lokalen findet sich in der Fußgängerzone, v.a. Ludwigstraße, Heuwinkel und Grabengasse. Eine Alternative dazu ist der Biergarten am Ludwigsplatz, der deftige landestypische Speisen bietet.

Zahlreiche Souvenirläden, insbesondere am Rindermarkt und an der Höllgasse.

Die Reederei Wurm + Köck bietet zahlreiche Fahrten auf Donau und Inn an, von der 45minütigen ›Stadtrundfahrt‹ bis zum tagesfüllenden Ausflugsprogramm. Kartenverkauf am Kiosk an der Donaupromenade (gegenüber dem Alten Rathaus), Informationen und Buchung auch unter www.donauschiffahrt.de.

Die Nibelungen

Friedrich II. von Preußen formulierte 1784 deutlich: Derartige Texte seien »nicht einen Schuß Pulver werth und verdienten nicht, aus dem Staube der Vergessenheit gezogen zu werden.« Etwa zur gleichen Zeit lobte Goethe ebendiesen Stoff immer wieder und urteilte, dass die Kenntnis des Werkes zur ›Bildungsstufe‹ der deutschen Nation gehören solle.

Beide Urteile bezogen sich auf das Epos ›Die Nibelungen‹. Es war kurz zuvor in einer Gesamtausgabe erschienen und damit der Vergessenheit entrissen worden, in der es sich mehr als zwei Jahrhunderte befunden hatte. Es fasziniert die Menschen bis heute: Unerhörte Begebenheiten werden in einer spannenden Handlung erzählt, und nicht wenige der Personen tragen sowohl heldenhafte als auch menschliche Züge, die zu Identifikation und Verehrung einladen.

Siegfried aus Xanten, der legendäre Drachentöter, der in den Besitz des sagenhaften Nibelungenschatzes gelangt ist, macht sich nach Worms auf und freit um Kriemhild, Tochter des Burgunderkönigs Gunther. Der willigt unter der Bedingung ein, ihm dabei zu helfen, Brunhild, die Königin der Isländer, für sich zu gewinnen. Das gelingt mit Hilfe von Tricks, unter anderem der Tarnkappe, die Siegfried besitzt. Es folgt die Doppelhochzeit in Worms.

Jahre später geraten Brunhild und Kriemhild in einen heftigen Streit, in deren Verlauf die Tricks herauskommen. Brunhild ist tief gekränkt und stiftet Hagen von Tronje, den treuesten Gefolgsmann Gunthers, und die beiden Brüder Kriemhilds an, Siegfried zu ermorden. Tronje ermordet heimtückisch Siegfried und versenkt dessen Schatz im Rhein. Kriemhild erkennt den Mörder ihres Mannes und schwört Rache – Ende des ersten Teils.

Im zweiten Teil wird berichtet, dass Kriemhild Jahre später den Hunnenkönig Etzel heiratet und wiederum einige Jahre später ihre Verwandten aus Worms auf die Burg ihres Mannes einlädt. Die Burgunder, obwohl gewarnt, folgen der Einladung. Auf der Burg kommt es zu einem furchtbaren Gemetzel, dem fast alle Beteiligten zum Opfer fallen. Dem zweiten Teil ist die sogenannte Klage angehängt, der vor allem die Wahrhaftigkeit der Überlieferung betont.

Der Text umfasst rund 2400 Strophen, die in 39 Aventiuren (Abenteuer) gegliedert sind. Es gibt mehrere Dutzend Handschriften in mehr oder weniger vollständiger Form, die Urschrift aber ist nicht bekannt. Selbst wenn sie erhalten wäre, wüssten wir nicht, wer das Epos verfasst hat. Den Konventionen seiner

Siegfrieds Ermordung, Darstellung aus dem 15. Jahrhundert

Krimhilds Ankunft auf einem Gemälde im Passauer Rathaus; Ölbildnis von Ferdinand Wagner

Zeit entsprechend, hat sich der Autor nicht genannt.

Es spricht einiges dafür, dass das Werk zwischen 1191 und 1204 in Passau geschrieben wurde. Die Wortwahl, das Reimschema und die genaue Ortskenntnis des bayerisch-österreichisch Donauraums, die der Verfasser hat, sprechen für diese These. Auffällig ist auch, wie ausführlich die für den Fortgang der Geschichte unwichtige Person des Passauer Bischofs gewürdigt wird. Daher nimmt man an, dass das Werk in der Amtszeit des Passauer Bischofs Wolfger von Ellenbrechts-kirchen (1191–1204) entstand.

Mehrere Sagen, Motivkreise und historische Figuren aus ganz unterschiedlichen Epochen sind in dem Stück verwoben und in Zusammenhang gebracht. So gehen Siegfrieds Heldentaten auf germanische Mythen zurück, die Geschehnisse um die Burgunder und Etzel können auf tatsächliche Geschehnisse und Figuren aus der Völkerwanderungszeit und dem frühen 6. Jahrhundert zurückverfolgt werden. Für den nordischen und englischen Sprachraum sind große Teile des Stoffes bereits für das 10. Jahrhundert bezeugt.

Offenbar stieß das Epos seit seinem Erscheinen zunächst auf Interesse, ab etwa 1500 scheint es aber nicht mehr wahrgenommen worden zu sein. Nur einige Gelehrte, die in dem Werk eine historische Quelle sahen, beschäftigen sich damit. Die ›Wiederentdeckung‹ und Neuauflage ab 1755 durch den zu dieser Zeit sehr einflussreichen Gelehrten Johann Jakob Bodmer stieß zunächst auf geteiltes Echo – und wenig Widerhall. Die Äußerung Friedrichs II. ist typisch dafür.

Spätestens im Zeitalter der Befreiungskriege gegen Napoleon entwickelte sich ein weitverbreitetes deutsches Nationalbewusstsein, das vor dem schädlichen

Einfluss der romanischen Kultur warnte und die Bedeutung der deutschen Wurzeln und Kulturwerte betonte. Nun erfuhren auch die Nibelungen eine verstärkte Wertschätzung. Man sah das Vorbild aber weniger in der Handlung; vielmehr interpretierte man die Eigenschaften und zentrale Tugenden einzelner Charaktere als deutsch und damit national bedeutsam: neben der unbedingten Treue vor allem ›Heldensinn, Standfestigkeit in der Gefahr, Tapferkeit, Kühnheit, willige Opferung für Ehre, Pflicht und Recht‹.

Eine regelrechte Nibelungen-Hysterie setzte nun ein, und die Nibelungen wurden nun zu einem nationalen Mythos, zu einer identitätsstiftenden Geschichtsideologie. Siegfried wurde zum deutschen Helden schlechthin, nach 1871 fanden Auszüge aus der Sage ihren Weg in alle Schullesebücher, und fleißig lernten die Schüler die zahlreichen Nibelungen-Balladen auswendig.

Der Konservativismus bediente sich in der Folgezeit aus dem Mythen-Fundus, um seine Politik zu legitimieren. So beschwor Reichskanzler von Bülow 1909 vor dem Reichstag die ›Nibelungentreue‹ zu Österreich-Ungarn. Sie führte geradewegs in den Ersten Weltkrieg, in dem deutsche Truppen an der ›Siegfried-Linie‹ kämpften, und sein Ende, die Niederlage Deutschlands, wurde ebenfalls mit einem Bild aus dem Epos erklärt: »Wie Siegfried unter dem hinterlistigen Speerwurf des finstern Hagen, so stürzte unsere ermattete Front.« Als ›Dolchstoßlegende‹ erlangte diese Sichtweise ungemeine Popularität und bedeutete eine schwere Hypothek für die junge Weimarer Demokratie.

In der NS-Zeit wurde die vorbehaltlose Treue zum Führer als deutsches Ideal beschworen und auch mit dem Beispiel der Nibelungentreue legitimiert. Der Gipfel pervertierter Vereinnahmung war mit der berüchtigten Rede erreicht, die Hermann Göring am 30. Januar 1943 hielt. Er beschwor die verloren gegangene Schlacht um Stalingrad als ›größten Heroenkampf unserer Geschichte‹ und führte aus: »Auch sie [die Nibelungen] standen in einer Halle voll Feuer und Brand, löschten den Durst mit dem eigenen Blut, aber sie kämpften bis zum letzten.«

Angesichts dieser Wortwahl verwundert es nicht, dass die Nibelungen nach 1945, wenn überhaupt, dann in Jugendbuchausgaben gelesen wurden. Nun stand die Romantik der Ritterzeit im Vordergrund, keine kühnen nationalen Deutungen.

In jüngster Zeit hat das Interesse wieder deutlich zugenommen. Neben Worms, in der seit kurzem der ›Nibelungenweg‹ zu den wichtigsten Sehenswürdigkeiten der Stadt führt, unter anderem dem Nibelungenmuseum, schmücken sich auch einige Orte an der Donau mit diesem Namen. In Passau gibt es neben der Nibelungenpassage – einem schmucklosen Einkaufscenter – die Nibelungenhalle und im Rathaus ein Kolossalgemälde von Ferdinand Wagner, einem Münchener Historienmaler des ausgehenden 19. Jahrhunderts: Es zeigt, im schwülstig-düsteren Stil dieser Zeit, den Einzug Kriemhilds in Passau bei ihrem Onkel.

Linz hat dank Albert Speer und Adolf Hitler die Nibelungenbrücke, und Pöchlarn ein Denkmal. Das erinnert an das Fest, das die Nibelungen hier feierten, und will gleichzeitig ›den europäischen Friedensgedanken‹ befördern. In Melk vermerkt eine Steintafel unterhalb des Klosters an die Durchfahrt Kriemhilds, und in Hainburg stellen zwei Sandsteinsäulen Kriemhild und Etzel dar. Sie sollen daran erinnern, dass Kriemhild hinter Hainburg erstmals ungarischen Boden betrat.

Zwischen Passau und Linz

Bereits etwa zwei Kilometer hinter dem Zusammenfluss von Ilz, Inn und Donau markiert eine Eisenbahnbrücke, die Kräutelsteinerbrücke, den Punkt, ab dem die Donau für etwa 20 Kilometer die Staatsgrenze zwischen Österreich am rechten und Deutschland am linken Ufer bildet. Auf diesem Teilabschnitt liegen mit den Burgen Krempelstein und Vichtenstein zwei sehr malerische Anlagen, die auf die kommenden Tage einstimmen.

Dieser Donauabschnitt wird auch als ›Donauleiten‹ bezeichnet. Der Name geht auf die steil aufragenden Talhänge (Leiten) zurück, die den Fluss säumen. Die Ausläufer des bayerischen Waldes auf der einen und des Sauwaldes auf der anderen Seite reichen bis unmittelbar an die Ufer heran, die Gipfel liegen bis zu 300 Meter über dem Flusspegel. Das enge, waldbestandene Tal ist für sein mildes Klima bekannt.

Obernzell und Jochenstein

Etwa auf halber Strecke nach Jochenstein liegt am linken Ufer der Staatlich anerkannte Erholungsort Obernzell. Der Ort war seit 1220 im Besitz der Passauer Bischöfe und wurde von ihnen gern als Sommerresidenz genutzt. Der umgangssprachlich noch verwendete Name ›Hafnerzell‹ (Hafner: süddeutsch und österreichisch für Töpfer oder Ofensetzer) verweist auf die Bedeutung, die Obernzell im Mittelalter hatte: Hier wurde Graphit- und Porzellanerdeabbau betrieben, was dem Ort seinen Wohlstand einbrachte. Davon können sich Besucher im **Schloss**

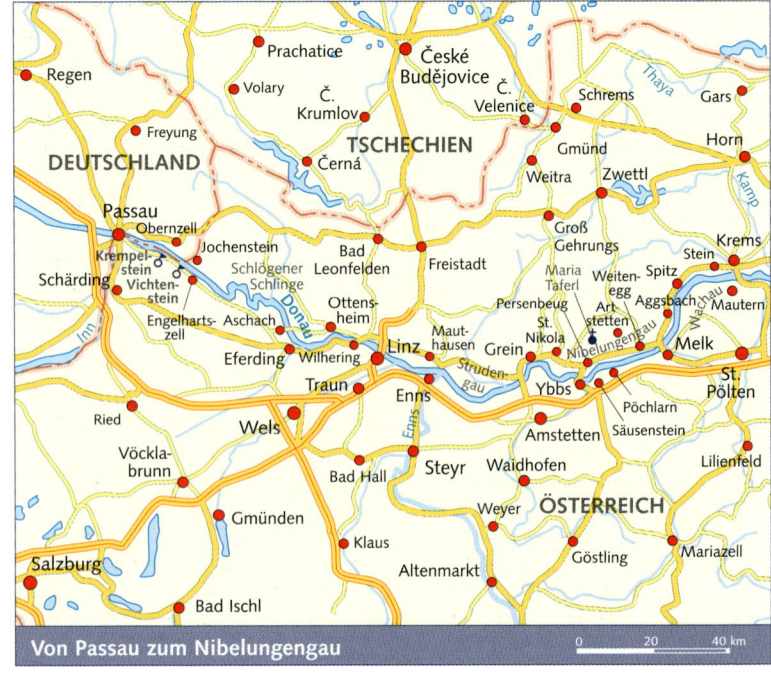

Von Passau zum Nibelungengau

ein Bild machen, denn in ihm ist ein Zweigmuseum des **Bayerischen Nationalmuseums für Keramik** untergebracht. Der Bau ist allein sehenswert. Er wurde als Wasserburg ab 1426 errichtet, von 1581 bis 1583 in ein Renaissanceschloss verwandelt und 1598 fertiggestellt. Weitere Anziehungspunkte sind die im Rokokostil ausgeführte doppeltürmige **Pfarrkirche Mariä Himmelfahrt** aus der ersten Hälfte des 18. Jahrhunderts und der stimmungsvolle **Marktplatz**, der von bunten Häuserfassaden gesäumt wird. In der Nähe des Schiffsanlegers befindet sich der **Gasthof Alte Schiffspost**, einst das Haus des Schiffmeisters, später Poststation. Seine einstige Funktion ist noch am Turm ablesbar. Das Haus wird oft als eines der schönsten Gasthäuser der Region gerühmt und ist mitsamt seiner unmittelbar am Ufer gelegenen Terrasse entsprechend frequentiert.

Seinen einstigen Charme hat Obernzell mit dem Bau des **Kraftwerks Jochenstein** etwas eingebüßt. Denn dadurch stieg der Flusspegel, die Ufer wurden erhöht und befestigt, und die Donau hat hier eher den Charakter eines Sees. Dieser wird durch die Anlage Jochenstein begrenzt, ein deutschösterreichisches Gemeinschaftsprojekt und für Schiffsreisende die erste Schleuse auf ihrer Fahrt. Das Wasserkraftwerk – die Fallhöhe beträgt rund acht Meter, die Jahresleistung etwa 850 Millionen Kilowattstunden – versorgt seit 1956 vor allem Passau, Vilshofen, Deggendorf und Straubing mit Strom. Die **Schleusenanlage** weist zwei Kammerschleusen auf, mittels derer die Schiffe um elf Meter gehoben und gesenkt werden. In der Nähe des Kraftwerks ist jüngst das **Haus am Strom** eröffnet worden, ein

Einfahrt in die Schleuse Jochenstein

sogenanntes Umwelt-Erlebniszentrum zum Thema Wasser.

Der Sage nach wohnt die Nixe Isa, Schwester der Loreley, auf der Felseninsel in der Mitte des Stromes. Die Romantik, die der Sage innewohnt, ist heute so recht nicht mehr nachvollziehbar. Denn über die Insel wurde eine der Schleusenmauern gezogen, und die Szenerie wirkt daher vor allem nüchtern. Eine kleine Skulptur auf deutscher Seite stellt die Nixe dar.

Etwa einen Kilometer weiter mündet an der linken Seite der kleine Matelbach in die Donau. Ab dieser Stelle gehören ihre beiden Ufer zu Österreich.

Engelhartszell

Wie so viele Orte am Fluss ist Engelhartszell klein und hat eine große Vergangenheit. Im Jahr 1194 wurde der Ort erstmals erwähnt, ab 1494 ist ein Weinmarkt verbürgt. Vor allem durch den Weinhandel nahm Engelhartszell einen großen Aufschwung, danach begann der Niedergang, den unter anderem Pestwellen verursachten. Eine

Stift Engelhartszell

Neusiedlung des 17. Jahrhunderts fiel 1699 einem Großbrand zum Opfer. Rund 70 Jahre später wurde der Ort abermals aufgebaut, Bedeutung hatte er nun vor allem als Mautstelle. Bis in das 19. Jahrhundert hinein mussten alle passierenden Handelsschiffe an einer den Strom überspannenden Leine stoppen und ihre Ladung von kaiserlichen Zollbeamten inspizieren lassen. Heute hat der freundliche Ort rund 1300 Einwohner und mit der **Donau-Welt** ein Haus, das sich dem Leben am Strom widmet.

Überregional ist Engelhartszell wegen des **Trappistenklosters Engelszell** bekannt. Es wurde 1295 als Zisterzienserabtei begründet und die Mönche verpflichtet, den entlang der Donau Reisenden Quartier und Schutz zu bieten. 1786 wurde das Kloster aufgehoben, 1868 kam es in privaten Besitz. Nach dem Ersten Weltkrieg wurde es an Mönche des Trappistenklosters Ölenberg im Elsass übergeben, die nach Ende des Ersten Weltkrieges ihre Heimat hatten verlassen müssen. So ist Engelszell heute das einzige Trappistenkloster in Österreich.

Die schöne barocke Kirche kann eben-

so wie einige Räume des Klosters im Rahmen eines geführten Rundgangs besichtigt werden. Der schließt fast immer mit der Verkostung eines Likörs, der den Mönchen auch zu einiger Bekanntheit verhalf.

Die Schlögener Schlinge

Der Fluss vollzieht hier unmittelbar hintereinander zwei dramatische Richtungswechsel um jeweils fast 180 Grad. Auf der dadurch eingeschlossenen Landzunge liegt die Burgruine Haichenbach, am Scheitelpunkt der Flusskehre errichteten die Römer im 2. Jahrhundert ein großes Kastell. Ausgrabungsmaßnahmen begannen bereits im 19. Jahrhundert, und heute ist ein Tor mit zwei flankierenden Türmen gesichert. Der Grundriss des Lagers ist ebenfalls gut dokumentiert.

Direkt am Fluss führt keine Straße entlang, daher kann man dieses einzigartige Schauspiel nur vom Schiff aus richtig genießen. Dabei ist es weniger ein Augenblick oder eine Stelle, die so faszinierend ist als vielmehr die rund zwanzigminütige Fahrt durch die zwei von Bergen gesäumten Spitzkehren.

Die Schlögener Schlinge

Aschach und Wilhering

Aschach an der Donau ist ein Ort mit rund 2000 Einwohnern. Im Jahr 777 urkundlich erstmals erwähnt, war er über Jahrhunderte als Mautstelle von Bedeutung, zudem war hier ein Übergang über die Donau möglich. Später kam der Weinanbau hinzu, der mittlerweile schon lange eingestellt ist. Diese Tradition wird in einigen guterhaltenen Winzerhäusern sichtbar. Neben der **gotischen Pfarrkirche** ist vor allem **Schloss Harrach** erwähnenswert. Die vierflügelige Anlage geht in ihrer heutigen Form auf Baumaßnahmen um 1825 zurück, ist in ihrem Kern jedoch deutlich älter.

Auch **Wilhering** ist ein eher kleiner Ort mit 6000 Einwohnern, seine **Zisterzienserabtei**, deren Kirche zu den beeindruckendsten Rokokokirchen Österreichs zählt, jedoch berühmt.

Das Kloster wurde im 12. Jahrhundert begründet, der Bau einer ersten Kirche war Mitte des folgenden Jahrhunderts abgeschlossen. Das Kloster betrieb Tochtergründungen im Umland und entwickelte sich bald zu einem geistlichen Zentrum. Wie andere Klöster auch, hatte es in der Reformationszeit mit dem Niedergang zu kämpfen; das Jahr 1733 brachte eine schlimme Zäsur: Kloster und Kirche wurden bei einem Großbrand nahezu vollständig vernichtet.

Man begann rasch mit dem Wiederaufbau und hatte so große und kostspielige Pläne, dass ein Großteil der Arbeiten erst 1781 abgeschlossen werden konnte, manche Teile erst 1835 und der Stiftshof an der Westseite gar erst nach 1945.

An den Arbeiten waren zahlreiche namhafte Architekten, Maler und Freskenmaler sowie andere Künstler beteiligt. Seit einer grundlegenden Renovierung in den 1930er Jahren, bei der unter anderem die Originalbemalung des Kreuzgangs freigelegt wurde, kann man das Zusammenspiel von kostbaren Materialien und Handwerkskunst so erleben, wie es nach dem großen Brand geschaffen wurde.

Die Abtei ist seit jeher in eine schöne Gartenanlage gebettet, in der die alten Bäume hervorstechen.

Ottensheim

Wilhering am rechten und Ottensheim am linken Ufer verbinden das 1974 in Betrieb genommene Kraftwerk Ottensheim-Wilhering und eine Rollfähre, die die Strömung des Flusses zur Fortbewegung nutzt und durch Drahtseile gesichert wird.

Ottensheim trägt seinen Namen vermutlich nach einem Ritter Otini, der sich im frühen 12. Jahrhundert auf dem Hügel direkt an der Donau eine Burg errichten ließ. Urkundlich wurde der Ort erstmals 1148 erwähnt, und 1228 erhielt er die Marktrechte – als überhaupt erst dritte österreichische Stadt. Davon profitierte der Ort in der Folgezeit; er wurde zu einem bedeutsamen Handelsknoten. Für das Stadtbild prägend war der Umbau der Burg in ein **Schloss**, den Niklas Rabenhaupt von Suche um 1530 vornehmen ließ.

Ein verheerender Brand zerstörte 1889 einen Großteil der historischen Bausubstanz, Teile der Kirche und des Schlosses. Dennoch hat Ottensheim, besonders um den Marktplatz, auch heute noch ein schönes Ortsbild. Dominierend ist das Schloss auf dem Hügel, das von einem Kreuzfahrtschiff von weither auszumachen ist und abends illuminiert wird.

Linz

Die Oberösterreichische Landeshauptstadt Linz gehört zu den eher unbekannten Orten an der Oberen Donau, die meisten verbinden vor allem die Linzer Torte und Mozarts Linzer Sinfonie mit ihr. Bekannt mag auch sein, dass der Astronom Johannes Kepler hier lebte, Adalbert Stifter einige seiner Werke mit Blick auf die Donau schrieb und Anton Bruckner hier viele Jahre als Organist tätig war.

Die Touristen, die nach Linz finden, sind nicht selten Radfahrer, die auf dem Weg von Passau nach Wien unterwegs sind. Die Kreuzfahrtschiffe, die die Donau befahren, gehen hier nur sehr selten für einen Landausflug vor Anker – zu übermächtig sind Melk und Dürnstein, Wien und Budapest als Programmpunkte für die Tagesausflüge. Eher unfreiwillig erhalten seit einigen Jahren manche Passagiere die Möglichkeit, Linz kennenzulernen: Die Schleuse Jochenstein ist an manchen Tagen wegen der stark gestiegenen Zahl an Kreuzfahrten überlastet, und um ihren Gästen überlange Wartezeiten zu ersparen, verlegen die Reiseveranstalter Ein- oder Ausschiffung nun mitunter nach Linz.

Wenn es der eigene Zeitplan erlaubt, lohnt es sich, ein wenig früher anzureisen – Linz bietet eine große Anzahl an Sehenswürdigkeiten.

Geschichte

Urkundlich wird der Ort erstmals 799 als ›Linze‹ erwähnt, einige Jahre später avancierte er zum Marktort. Die Babenberger bauten ihn um 1210 als landesfürstliche Stadt zur Grenzfestung gegen die Bayern aus. Die Stadt lag entlang der Handelswege nach Bayern, Italien, Böhmen und Wien und erlebte daher in der Folgezeit einen nachhaltigen Aufschwung. Sie etablierte sich im 14. Jahrhundert als wichtiger Handelsort, Donauhafen und Messeplatz. Eine erste Donaubrücke wurde 1497 errichtet, lange die einzige zwischen Passau und Krems.

Kaiser Friedrich III. erhob Linz 1490 zur ›Landeshauptstadt‹. Sie wuchs erheblich im Barock und wurde im 17. Jahrhundert von der Frühindustrialisierung erfasst. Der Linzer Christian Sint gründete 1672 die ›Zeug und Catis‹-Fabrik, die erste Textilfabrik Österreichs, die in ihrer Blütezeit mehrere tausend Menschen beschäftigte und die die Stellung Linz als Industriestadt begründete, die sie bis heute hat. Seit 1783 ist Linz Bischofssitz. Im Jahr 1800 zerstörte ein verheerender Stadtbrand erhebliche Teile des Schlosses und der Altstadt.

Karte S. 77

▲ *Die Dreifaltigkeitssäule auf dem Hauptplatz*

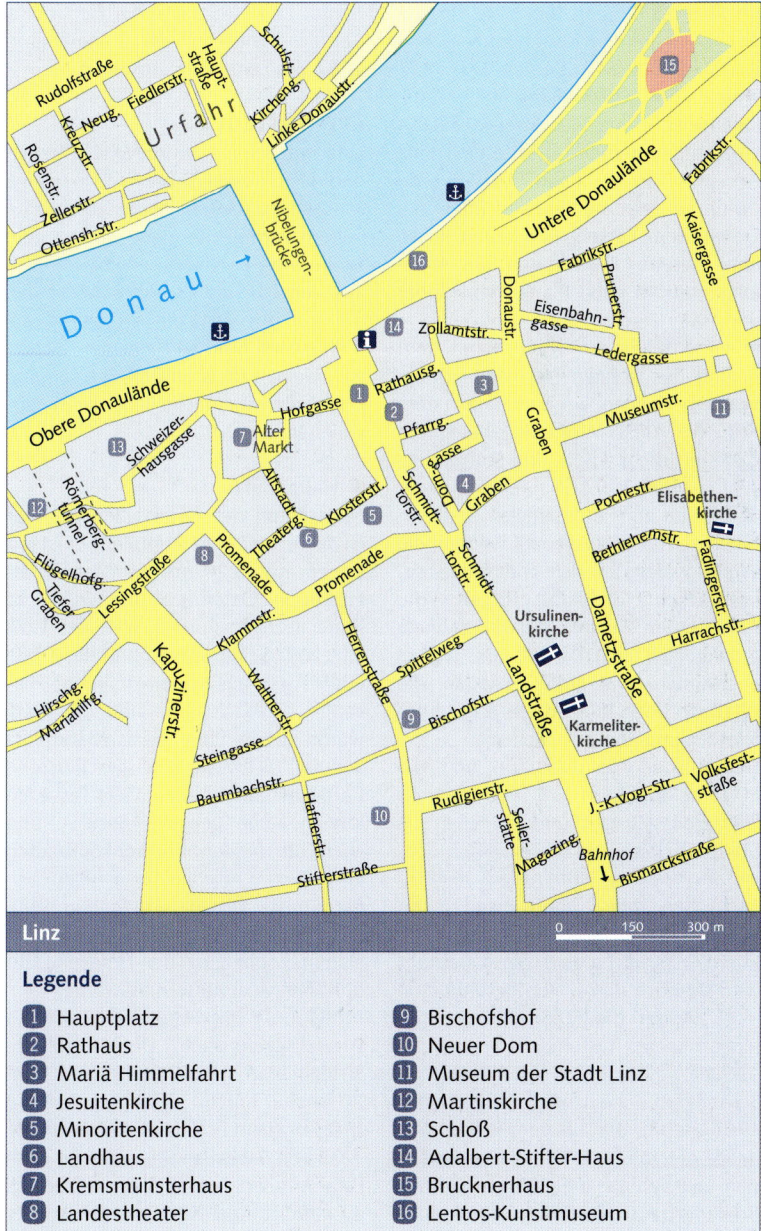

Auf der Oberen Donau

Linz

0   150   300 m

Legende

1. Hauptplatz
2. Rathaus
3. Mariä Himmelfahrt
4. Jesuitenkirche
5. Minoritenkirche
6. Landhaus
7. Kremsmünsterhaus
8. Landestheater
9. Bischofshof
10. Neuer Dom
11. Museum der Stadt Linz
12. Martinskirche
13. Schloß
14. Adalbert-Stifter-Haus
15. Brucknerhaus
16. Lentos-Kunstmuseum

Im Jahr 1832 ging die erste Pferde-eisenbahn auf dem Kontinent zwischen Linz und Budweis in Betrieb, und 1837 wurde der österreichische Schiffs-linienverkehr mit der Strecke Wien–Linz aufgenommen. 1858 erhielt Linz Anschluss an die Bahn, 1872 wurde die erste eiserne Brücke über die Donau dem Verkehr übergeben, diese aber bereits 1938 durch die Nibe-lungenbrücke nach Plänen von Speer und Hitler ersetzt.

In diesem Jahr wurde auch mit dem Beginn der riesigen Hermann-Göring-Werke begonnen, aus denen nach dem Krieg die VOEST-Alpine AG (Vereinigte Österreichische Eisen- und Stahlwerke-Alpine-Montan AG) hervorgingen. Linz sollte zum industriellen Zentrum Oberösterreichs ausgebaut werden, die Werke waren Teil der Kriegsindustrie. Vermutlich deshalb flogen die Alliierten im Zweiten Weltkrieg einige schwere Luftangriffe auf Linz. Dabei entstanden zwar große Schäden, die Altstadt überstand diese Zeit aber relativ glimpflich.

Der Ausbau der Industrie und die Eingemeindungen seit der zweiten Hälfte des 19. Jahrhunderts ließen die Stadt erheblich anwachsen. Nach dem Ersten Weltkrieg lebten etwa 100 000 Menschen hier, heute sind rund 190 000 Menschen in der drittgrößten Stadt Österreichs zu Hause. Geprägt wird sie noch immer von der Industrie – so besitzt die Stadt den größten Industriehafen Österreichs –, seit den 1960er Jahren hat sie sich auch als Stadt der Kultur einen Namen gemacht: 1966 nahm die Linzer Hochschule, heute die Johannes-Kepler-Universität, den Lehrbetrieb auf, 1974 wurde das Brucknerhaus eröffnet, 1994 das Kongress- und Messezentrum Design Center Linz, 1996 das Ars Electronica Center – Museum der Zukunft und 2002 das Lentos-Kunstmuseum.

Die Altstadt

Linz hat einige würdevolle Kirchen und gleich zwei Dome sowie einige Museen zu bieten, seine eigentliche Sehenswürdigkeit aber stellen die zahlreichen Bürgerhäuser vornehmlich aus dem 16. bis 18. Jahrhundert dar, die sich im Zentrum zu einem ge-schlossenen Stadtbild vereinen. Schon ein zwei- bis dreistündiger Spaziergang erschließt wesentliche Teile dieser reiz-vollen Innenstadt.

■ Hauptplatz

Mittelpunkt der historischen Altstadt ist der rechteckige Hauptplatz. Er ist mit seinen etwa 220 mal 60 Metern der größte in Österreich und wurde in seiner jetzigen Form bereits um 1276 angelegt. Seine ungewöhnliche Größe erklärt sich aus seiner Funktion: Hier verlief die Salzstraße, und der Platz wurde von Anfang an als Marktplatz genutzt. Er weist eine geschlossene **Barockbebauung** auf – viele Fassaden lohnen einen genauen Blick –, und auch die beiden Brückenkopfbauten an seiner nördlichen Seite fügen sich harmonisch ein. Sie entstanden 1939 mit dem Bau der Nibelungenbrücke, als eine Anhebung der Nordseite auf Brückenniveau notwendig wurde.

Mittelpunkt des Hauptplatzes ist die **Dreifaltigkeitssäule**. Der vergoldete Strahlenkranz auf der Spitze der 20 Meter hohen Säule aus weißem Marmor sticht heraus. Die Säule wurde 1723 von Sebastian Stumpfegger nach Plänen des Italieners Antonio Beduzzi ausgeführt und aus Dankbarkeit für die Rettung aus Kriegsgefahr (1704),

Karte S. 77

Flohmarkt auf dem Hauptplatz

Feuersbrunst (1712) und Pest (1713) aufgestellt – das verrät die Inschrift am Sockel.

Das **Rathaus** dominiert die östliche Platzseite. Im Kern stammt es aus der Zeit nach dem großen Stadtbrand von 1509, seit der Vergrößerung und Umgestaltung 1658/59 ist die Fassade barock ausgeführt. Letzte Renovierungen fanden in den Jahren zwischen 1993 und 1999 statt. Dabei wurde nicht nur das alte Rathaus modernisiert, sondern gleich auch die angrenzenden Häuser, die zuvor von der Stadt Linz erworben worden waren. Diese Häuser sind heute durch Passagen miteinander verbunden, wenn auch äußerlich noch unterscheidbar. Hier sitzen Bürgermeister, Stadtparlament und Teile der Verwaltung. Im Inneren laden ein schöner Arkadenhof und ein kleines **Museum zur Geschichte der Stadt** zum Besuch ein.

■ **Pfarrplatz**

Die Rathausgasse führt zum schmalen Pfarrplatz, an dem sich die **Stadtpfarrkirche Mariä Himmelfahrt** erhebt. An dieser Stelle entstand bereits bis 1286 eine erste dreischiffige romanische Basilika. 1684 wurde das dreischiffige Langhaus völlig neu errichtet. Der Turm stammt von 1453, der Turmhelm von 1818. Im Eingangsbereich sind noch gotische Kreuzrippengewölbe aus der frühen Bauphase erhalten. Das Innere ist wohlproportioniert. Einige bedeutende Künstler haben am Bau mitgewirkt, und einige Details sind sehenswert. Deckenfresko und Altarbild stammen von Bartolomeo Altomonte, eine Marmornische, in der eine Nepomuk-Figur von Georg Raphael Donner aufgestellt ist, von Lukas von Hildebrandt. Im Chor befindet sich ein Grabstein für Kaiser Friedrich III., der 1493 in Linz verstarb. Dort sind auch

Herz und Eingeweide dieses Herrschers bestattet.

Schräg gegenüber, in der Rathausgasse 5, liegt das schmale **Keplerhaus**. Der Astronom Johannes Kepler lebte und arbeitete zwischen 1612 und 1626 in Linz, ab 1622 bewohnte er mit seiner Familie eine Wohnung in diesem Haus. Hier befand sich ab 1745 die erste Linzer Druckerei. Eine kleine Platte weist auf die historische Bedeutung dieses unscheinbaren Baus hin. Gegenüber liegt der Eingang zum sogenannten **Garstener Stiftshaus**. Es ist ein besonders schönes Beispiel für die Arkadenhöfe, die so typisch sind für Linz.

■ **Jesuitenkirche**
Den besten Blick auf die doppeltürmige Jesuitenkirche hat man vom Hauptplatz aus, auch wenn sie an der Domgasse liegt. Der massive Baukörper scheint viel zu groß für die enge Gasse geraten, und tatsächlich wurde ihre Wirkung

▲ *Die Jesuitenkirche, auch Alter Dom genannt*

auf den Hauptplatz ausgerichtet. Der Bau wurde für den seit dem Jahr 1600 seelsorgerisch in Linz tätigen Jesuitenorden 1678 geweiht. Joseph II. hob den Orden auf und bestimmte Linz zum Sitz eines Bischofs. Der wählte 1785 die Jesuitenkirche statt der ihm zugewiesenen Stadtpfarrkirche, und so kam sie zu ihrem Namen ›Dom‹. Im Jahr 1909 wurde der Neue Dom fertiggestellt, der nun die Funktion der Bischofskirche einnahm, und die Jesuiten konnten ihren angestammten Besitz wieder übernehmen.

Der Bau wurde nach Plänen des berühmten Architekten Pietro Francesco Carlone errichtet. Er legte angesichts der engen räumlichen Verhältnisse um die Kirche das Hauptaugenmerk auf das Innere, das weitaus prunkvoller und eindrucksvoller ausgeführt wurde als die Fassaden, es erstrahlt, so ein Kunsthandbuch, »in feierlicher Noblesse«. Teile der Innenausstattung fanden erst nach 1785 den Weg hierher. Herausragend sind der **Hochaltar** von 1683, die **Kanzel** von 1673 und das kunstvoll geschnitzte **Chorgestühl** von 1633. Die **Orgel** wird für ihren Klang weithin gerühmt. Sie stammt aus Engelszell und ist ein Werk der dortigen berühmten Krismann-Werkstatt. Anton Bruckner wirkte hier zwischen 1856 und 1868 als Domorganist; eine Tafel an der Außenwand der Kirche erinnert an den berühmten Komponisten.

■ **Minoritenkirche**
Westlich des Hauptplatzes liegt der älteste Teil der Stadt; man erreicht ihn am einfachsten über die Klosterstraße. Hier kann man die Minoritenkirche leicht übersehen. Sie verkörpert eine Haltung, die in der Mitte des 18. Jahr-

hunderts oft zum Tragen kam: außen schlicht, innen kostbar. Ein Blick in das Innere lohnt also, denn hier finden sich schöne Stuckarbeiten, ein sehenswertes Altargemälde von Bartolomeo Altomonte und Seitenaltarbilder von Johann Martin Schmidt, der auch der Kremser Schmidt genannt wird. Im Kern stammt die Kirche von 1288, ihr heutiges, vom Rokoko dominiertes Aussehen erhielt sie um 1751. Da sie sich unmittelbar an das Landhaus anschließt, wird sie umgangssprachlich auch Landhauskirche genannt.

■ Landhaus

Das Landhaus selbst ist einer der herausragenden Bauten in Linz. An der Stelle eines verwaisten Minoritenklosters wurde bis 1569 ein repräsentatives Gebäude für die Oberösterreichischen Landstände errichtet. Später diente es als Schule. Hier wirkte auch der Mathematiker und Astronom Johannes Kepler zwischen 1612 und 1626, und hier verfasste er sein berühmtes Werk ›Harmonices mundi‹. Nach dem großen Brand von 1800 wurde der Bau renoviert und in Teilen verändert. Er gruppiert sich um drei Höfe, von denen der **Arkadenhof** am meisten beeindruckt. Drei Arkadenreihen auf zwei Seiten und der Planetenbrunnen in der Mitte schmücken ihn, und seine Eleganz und die gute Akustik machen ihn zu einer stimmungsvollen Kulisse für die Sommerkonzerte, die hier regelmäßig abgehalten werden. Zu einem Wahrzeichen der Stadt ist das **Nord-portal** geworden. Es ist in rotem Marmor ausgeführt, von Säulen flankiert und von Putten geschmückt, die die Wappen von Oberösterreich, Niederösterreich und Österreich in den

Händen halten. Wie das Tor, so sind große Teile des Baus im Renaissancestil ausgeführt. Somit stellt das Landhaus eine Besonderheit für das barock dominierte Linz dar.

■ Altstadt und Alter Markt

Vor dem Landhaus zweigt die Altstadt ab. Diese von Häusern aus dem 16. bis 18. Jahrhundert gesäumte Gasse ist der älteste Teil der Stadt. Gleich an der Ecke liegt das nach einem der früheren Besitzer benannte Starhemberger Freihaus, das unter seinem inoffiziellen Namen **Mozarthaus** weitaus bekannter ist. Mozart war am 30. Oktober 1783 in Linz eingetroffen, weil er fünf Tage später dem Grafen Thun-Hohenstein eine neue Sinfonie präsentieren sollte. Nach eigenem Bekunden hatte er keine Entwürfe mitgebracht und schrieb ›Hals über Kopf‹ an dem Werk. Es wurde die Nr. 36 in C-Dur, die heute allgemein als ›Linzer Sinfonie‹ bezeichnet wird. Mozart logierte in dieser Zeit im Eckzimmer im ersten Stock des Hauses. Eine Plakette, eine Büste und eine Klanginstallation im Innenhof – sie spielt den Beginn eben dieser Linzer Sinfonie – erinnern in gemeinsamer Anstrengung an Mozart; der Innenhof ist allein einen Besuch wert. Er wird von einem dreigeschossigen Arkadenhof umspielt und wirkt, als sei seit den Zeiten Mozarts nichts verändert worden. Etwas weiter öffnet sich die Altstadt auf einen schmalen dreieckigen Platz, den **Alten Markt**. Er war vor der Anlage des Hauptplatzes das Zentrum des Ortes. An seiner Westseite steht das beeindruckende **Kremsmünsterhaus**. Es stammt im Kern von 1589 – die beiden markanten Runderker und das dritte Geschoss sind von 1616 – und

Im Hof des Mozarthauses

wurde nach dem Brand von 1800 weitgehend originalgetreu wieder aufgebaut. Somit entspricht seine Renaissancefassade wohl genau dem Aussehen von 1674. Kaiser Friedrich III. soll in diesem Gebäude 1493 gestorben sein. Seinen Namen hat es nach dem Stift Kremsmünster, in dessen Besitz es sich seit 1507 befand. Heute ist es ein Wohnhaus.

Zwischen Hauptplatz und Hauptbahnhof

Die auffälligsten Sehenswürdigkeiten der Stadt liegen am Hauptplatz. Für diejenigen, die sich in besonderer Weise für Sakralbauten interessieren, lohnt aber auch ein Bummel durch etwas weiter entfernte Gassen.

Das **Landestheater** nimmt die Promenade fast vollständig ein. Im Grunde genommen handelt es sich um drei Bauten in einem, denn dem ersten Theater, das 1695/96 nach Plänen von Carlo Antonio Carlone errichtet und 1773/74 um ein Stockwerk aufgestockt wurde, fügte man im Jahr 1803 das Landständische Theater an und,

im Zuge von Renovierungsarbeiten, 1957/58, die Kammerspiele. Dennoch strahlt der Bau Harmonie aus.

Der Weg führt über die Herrenstraße am massigen **Bischofshof** vorbei, der seit 1784 seinem Namen gerecht wird. Die Flügel sind um einen Innenhof gruppiert, auf drei Seiten sind die barocken Fassaden ganz auf Repräsentation ausgerichtet.

Der **Neue Dom** überragt die Stadt, er ist ihr größtes Bauwerk und die größte Kirche Österreichs: 20 000 Gläubige passen hinein, der Turm ist unübersehbare 135 Meter hoch. Die Grundsteinlegung fand zwar bereits 1862 statt, das Bauwerk war aber erst 1909 weitgehend fertiggestellt und wurde 1924 geweiht, die Orgel steht gar erst seit 1970 an ihrem Platz.

Im Jahr 1854 hatte der Papst das Dogma der unbefleckten Empfängnis Marias verkündet, und diese Verlautbarung nahm Bischof Franz Josef Rudigier zum Anlass für den Neubau. Damals hatte die Stadt lediglich etwa 30 000 Einwohner. Rudigier fungierte gleich auch noch als Bauherr. Bruckner komponierte eigens für die Weihe der Votivkapelle – sie konnte immerhin schon im September 1869 vollzogen werden – seine e-moll-Messe für Chor und Bläser. Der Bau in reiner Neogotik ist eher respekteinflößend als schön, sehenswert sind vor allem die Glasfenster, die nach alten Techniken hergestellt wurden.

Östlich der Landstraße liegen mit Elisabethinenkirche, Deutschordenskirche, Ursulinenkirche und Karmelitenkirche gleich vier weitere Sakralbauten. Sie sind aber weitaus weniger spektakulär als etwa Neuer und Alter Dom.

Nordöstlich dieses Quartetts lädt das **Museum der Stadt Linz** zu einem Besuch ein. Das Gebäude an der Museumsstraße wurde zwischen 1607 und 1610 als Palais des Klosters Kremsmünster erbaut und lag damals noch außerhalb der Stadt. Kleriker nutzten es bis 1786, zuletzt die Jesuiten, danach war es ein Wohn- und Geschäftshaus. Seit 1851 ist es Sitz des in diesem Jahr gegründeten Oberösterreichischen Kunstvereins. Die ursprünglichen Bestände wurden in den 1970er Jahren in das Schlossmuseum überführt, seitdem ist hier Moderne Kunst ausgestellt.

Donaulände

Zwar wendet sich die Stadt Linz nicht zur Donau, aber einige ihrer Sehenswürdigkeiten liegen unmittelbar am Fluss auf wenigen Metern bei-einander.

■ Martinskirche

Die helle und schlichte **Martinskirche** auf dem Römerberg ist die älteste erhaltene Kirche in Linz und die älteste noch genutzte in Österreich. Sie wurde vermutlich Anfang des 8. Jahrhunderts errichtet und urkundlich erstmals 799

Die Martinskirche, die älteste Kirche der Stadt

erwähnt. Bei der Errichtung bezogen die Baumeister Steine aus römischer Zeit ein, später folgten immer wieder Um- und Erweiterungsbauten, so dass sich Elemente aus vielen Epochen finden. Die Kirche wirkt sehr bescheiden und ist in eine gepflegte Grünanlage gebettet.

Zwischen Martinskirche und Schloss führt ein Weg zum **Donaublick**, von dem sich tatsächlich ein besonders schöner Blick auf den Strom und den Stadtteil Urfahr am gegenüberliegenden Ufer eröffnet.

■ Schloss

Die Baumasse des Schlosses kann am besten bewundern, wer von der anderen Seite der Donau oder der Nibelungenbrücke herüberblickt. Wer sich Linz von Westen mit dem Schiff nähert, sollte sich diesen Anblick nicht entgehen lassen. Abends wird die Fassade festlich beleuchtet.

Auch das Schloss wurde erstmals 799 urkundlich erwähnt, um 1477 fand unter Friedrich III. ein tiefgreifender Umbau statt. Aus dieser Zeit sind nur

Auf der Oberen Donau

Das Lentos-Kunstmuseum

noch einige wenige Elemente erhalten, etwa das Westtor. Kaiser Rudolph II. initiierte um 1600 weitere Um- und Erweiterungsbauten; seitdem ist das äußere Erscheinungsbild nahezu unverändert geblieben. Mit dieser Erweiterung entstanden auch die beiden Innenhöfe und das Tor zur Stadt, das **Rudolfstor**. Hier nahm 1800 der große Stadtbrand seinen Ausgang, der auch Teile des Schlosses erheblich in Mitleidenschaft zog. Die erhalten gebliebenen Flügel wurden im 19. Jahrhundert vor allem als Gefängnis und zwischen 1851 und 1945 als Kaserne genutzt, danach als Flüchtlings-lager und Gendarmeriekaserne. Zwischen 1953 und 1963 fanden eine umfassende Restauration und ein Umbau zum **Schlossmuseum des Landes Österreich** statt. Seitdem ist das Museum hier beheimatet. Es umfasst unter anderem eine Skulpturensammlung, historische Waffen, Keramik

und Numismatik, Kunstgewerbe und Technikgeschichte. Von vielen Stellen hat man einen weiten Blick auf die Donau, die Altstadt und die Stadtteile auf der anderen Flussseite.

■ **Untere Donaulände**

Die **Nibelungenbrücke** ist einer der wenigen Bauten, die in der NS-Zeit nicht nur geplant, sondern auch verwirklicht wurden. Es ist ein schmuckloser Funktionsbau, der nicht zuletzt deshalb keine Assoziationen an den Schwulst vieler Nazibauten aufkommen lässt, weil die geplanten flankierenden übergroßen Standbilder von Nibelungenfiguren nicht realisiert worden sind.

Die Lage des äußerlich sehr unauffälligen **Adalbert-Stifter-Hauses** am gleichnamigen Platz ist durch die nahe Fußgängerbrücke und den stets dichten Verkehr etwas unglücklich. Der Schriftsteller, Maler und Pädagoge lebte hier von 1848 bis 1868 und schrieb in dieser Zeit mit Blick auf den damals noch ungezügelten Fluss. Heute nutzen das Stifter-Institut mit Bibliothek, das Museum der oberösterreichischen Literaturgeschichte, eine Galerie und natürlich auch ein kleines Stifter-Museum das Gebäude.

Auf der anderen Seite der Straße erstreckt sich der beliebte **Donaupark**. In seiner Mitte steht seit 1974 das **Brucknerhaus**, ein Konzerthaus auf geschwungenem Grundriss und mit eloxierter Metallhaut. Der große Saal ist für seine gute Akustik bekannt, er ist regelmäßig Schauplatz großer Konzerte und Musikfestivals. Nur ein kurzes Stück weiter komplettiert östlich der Nibelungenbrücke das 2002 eröffnete **Lentos-Kunstmuseum** die Abfolge der Bauten an der Donau, die den Künsten gewidmet sind.

Karte S. 77

Linz

Tourist Information, Hauptplatz 1, Tel. 00 41 / (0) 732 / 70 70-20 09 tourist. info@linz.at. Ein weiteres Büro befindet sich im Hauptbahnhof, in der Schalterhalle der Bahn im Untergeschoss.

Vom **Hauptbahnhof** (Untergeschoss) fahren die Straßenbahnlinien 1, 2 und 3 in dichter Taktfolge über Hauptplatz und Nibelungenbrücke auf die andere Donauseite.

Zahlreiche Lokale aller Art am Hauptplatz, der Landstraße und den angrenzenden Gassen. Sehr beliebt ist im Sommer der große Biergarten an der Bischofstraße.

Die Haupteinkaufsstraße ist die Landstraße, die wichtige Nord-Süd-Achse der Stadt.

In der Nähe der Nibelungenbrücke, an beiden Seiten der Donau, befinden sich die Anlegestellen für die Ausflugsschiffe. Eine Handvoll Firmen bieten eine ganze Reihe unterschiedlicher Fahrten an. Informationen z.B. in der Touristen information.

Mauthausen

Untrennbar ist der Name Mauthausen mit den Greueln des NS-Regimes verbunden. Der Ort liegt relativ abgeschieden, und seine Granitvorkommen sind seit Jahrhunderten berühmt. Im September 1938 richtete die SS hier ein Konzentrationslager ein.

Ursprünglich sollten die Inhaftierten den Granit für die Repräsentationsbauten des NS-Regimes abbauen. Während des Zweiten Weltkrieges schufen die Machthaber jedoch schnell ein System von bis zu 40 Außenlagern, die Gefangenen wurden nun zum großen Teil in der Rüstungsindustrie eingesetzt, unter anderem in den ›Hermann-Göring-Werken‹ in Linz. Bis zu 350 000 Gefangene waren hier untergebracht, Folter, Willkür und unmenschliche Bedingungen bestimmten das Leben. Nach Schätzungen starben bis Mai 1945 rund 100 000 Menschen. Die Anlage wurde nach dem Zweiten Weltkrieg zur **Gedenk-stätte** umgewandelt und kann besichtigt werden.

Der Ort selbst, etwa drei Kilometer südöstlich der Gedenkstätte, geht auf eine steinzeitliche Siedlung zurück, wurde 1208 erstmals urkundlich erwähnt, erhielt bald das Markt-, dann das Mautrecht und verdankte seinen Wohlstand dem Salzhandel. Mittelpunkt des Ortes ist der dreieckige **Marktplatz,** an dem sich restaurierte Bürgerhäuser – zumeist nach dem großen Brand von 1688 entstanden –, die Pfarrkirche des heiligen Nikolaus und der achteckige Karner befinden. Die Hochwassermarken an den Häusern zeigen, dass Mauthausen von seiner Lage am Fluss nicht nur profitierte, sondern dadurch auch immer wieder bedroht war. Das Städtchen liegt gegenüber der Einmündung der Enns in die Donau. Früher wurde auf der Enns viel geflößt, heute spielt sie als Energielieferant eine Rolle.

Auf der Oberen Donau

Der Strudengau

Bis in die unmittelbare Gegenwart hinein bestimmten ›Strudel‹ und ›Würbel‹ (Wirbel) den Lauf der Donau zwischen Grein und Ybbs, und so kam der früher so gefürchtete Flussabschnitt zu seinem Namen Strudengau. Es ist ein enges Tal, durch das sich der Fluss, Straßen und die Eisenbahn zwängen. Die Hänge reichen bis unmittelbar an das Ufer, teilweise hinein, und Sandbänke und Felsen im Wasser machten den Schiffern das Leben schwer.

Daher mühte man sich seit dem 18. Jahrhundert, die schwierigen Stellen zu entschärfen. Während der Regierungszeit Maria Theresias wurden einige der gefährlichsten Felsen entfernt, zwischen 1853 und 1866 weitere Sprengungen durchgeführt. So verschwand unter anderem die Felsinsel Hausstein, die sich zuvor mitten im Fluss befunden hatte. Bei den Arbeiten fand man eine Vielzahl von Münzen und anderen Artefakten von der Steinzeit bis zum Mittelalter. Das war Strandgut verunglückter Schiffe, aber auch Opfergaben, die den Flussgottheiten gegeben wurden, um sie für die Passage des unheilvollen Wegstücks gnädig zu stimmen.

Gänzlich beseitigt wurden die Gefahren jedoch erst mit dem Bau des Kraftwerks Ybbs-Persenbeug 1957. Im Zuge dieses Projekts sprengte man auch den Schwalleck-Felsen, der bis dahin das Wahrzeichen von Grein gewesen war. Noch immer sind jedoch einige Abschnitte sehr eng und un-übersichtlich; zwischen Grein und St. Nikola dürfen die Schiffe nur im Einbahnverkehr fahren.

Die Regulierungsarbeiten und die In-betriebnahme des Kraftwerks haben dazu geführt, dass der Fluss einen konstanten und höheren Pegel aufweist und deutlich langsamer fließt. Zwar ist die Donau, verglichen mit früheren Zeiten, seitdem zu einem sehr

Karte S. 72

▲ *Der Innenhof der Greinburg*

friedlichen Fluss geworden, aber immer noch haftet dem Strudengau, vor allem verglichen mit der lieblichen Wachau, etwas Düsteres an.

Grein

Das alte Schifferstädtchen Grein liegt am Eingang des Strudengaus und profitierte über die Jahrhunderte nicht unerheblich davon. Denn die Schiffer legten hier an und holten sich Lotsen an Bord, um sich von ihnen durch die folgenden gefährlichen Kilometer bringen zu lassen. Die Mannschaften kamen hier ebenfalls an Land und brachten den Lokalen und Herbergen zusätzlich Geld. Daneben verdankt der Ort, der ab 1491 Stadtrechte besaß, seinen Aufschwung dem Wein-, Salz- und Getreidehandel.

Die heute noch alljährlich abgehaltenen Greiner Sommerspiele sind ebenfalls durch die Lage am Fluss motiviert. Denn zur Zerstreuung der Reisenden wurde 1793 ein **Theater** eröffnet, übrigens das älteste noch erhaltene Rokokotheater Österreichs. Es befindet sich im ersten Stock des Rathauses; sein zauberhafter Holzsaal fasst 165 Zuschauer.

Überhaupt wird das Stadtbild, dessen Mittelpunkt das Theater und der angrenzende Platz bilden, sorgsam gepflegt. Dazu gehört auch die oberhalb des Ortes gelegene **Greinburg**, die unter architekturhistorischen Gesichtspunkten als sehr wertvoll angesehen wird. Das Schloss besteht aus zwei Komplexen und beherbergt verschiedene Einrichtungen. Unter anderem findet sich dort seit 1970 das **Oberösterreichische Schifffahrtsmuseum**, das die Holzflößerei und die Schifffahrt auf Inn, Salzach, Traun und Enns und natürlich auch der Donau erklärt.

Kurz hinter Grein passiert man die Insel Wörth. Unmittelbar danach – durch den dichten Wald kaum auszumachen – befindet sich am linken Ufer die **Burg Werfenstein**. Dies ist die einzig erhaltene von einst fünf derartigen Anlagen, die bis zu den Regulierungsmaßnahmen den Fluss bewachten. Um diese Burg ranken sich einige Sagen, sie wird bereits im Nibelungenlied erwähnt. Etwas weiter stromabwärts, am rechten Ufer, liegt die **Burgruine Sarmingstein**.

St. Nikola

Kurz hinter Wörth taucht St. Nikola auf (rund 1000 Einwohner), dessen Name auf den heiligen Nikolaus zurückgeht, den Schutzpatron der Schiffer. Die kleine **Pfarrkirche**, ein im Kern romanisch-gotischer und im Äußeren barocker Bau, ist ihm gewidmet. Hier legten früher die Schiffe nach überstandener Passage des Strudengaus an. Dann kam der Messner mit einem

Blick auf St. Nikola

Klingelbeutel an Bord und nahm den Obolus der Davongekommenen entgegen. Wie Grein kam auch St. Nikola dank der gefährlichen Donau zu Wohlstand. Davon künden neben der Pfarrkirche einige sehr schöne Häuser.

Ybbs-Persenbeug

In Ybbs-Persenbeug befindet sich das gleichnamige, älteste österreichische **Donaukraftwerk.** Für seinen Bau wurde Schloss Donaudorf den Fluten überlassen. Das Schloss lag früher zwei Kilometer nordwestlich der Stadt und heute unterhalb der Wasseroberfläche. Das Kraftwerk sollte schon in den 1930er Jahren errichtet werden, der Zweite Weltkrieg und die nachfolgende Besatzung Österreichs führten jedoch dazu, dass es erst zwischen 1954 und 1959 realisiert wurde. Seitdem sind die beiden sich gegenüberliegenden Orte Ybbs und Persenbeug durch eine Stauwerkbrücke verbunden.

Persenbeug wird erstmals 863 in einer Urkunde erwähnt, 1597 war es eines der Zentren der aufständischen Bauern. In der ersten Hälfte des 19. Jahrhunderts war eine eine Schiffmeisterfamilie Feldmüller ansässig, in deren Firma bis zu 250 Menschen Treidelschiffe bauten. Mit dem Aufkommen der Dampfschifffahrt verschwand die Firma, das ehemalige Schiffmeisterhaus ist ein Zeuge dieser Zeit.

Schloss Persenbeug, 1617 bis 1621 gebaut, wechselte oft den Besitzer, seit 1800 gehört es den Habsburgern. Da es als Privatbesitz gilt, wurde es der Familie auch nach 1918 belassen. Überliefert ist ein furchtbares Unglück: 1045 waren Kaiser Heinrich III. und der Bischof von Würzburg zu Besuch. Während der Feierlichkeiten barst der Boden des Rittersaales, und die Festgesellschaft fiel in die Tiefe. Es gab zahlreiche Tote, wie durch ein Wunder blieb der Kaiser unverletzt. Die Burg wendet ihre Fassade nach Südosten, und so wirkt sie ganz besonders romantisch, wenn man sich ihr im Morgenlicht stromaufwärts nähert.

Im Jahr 1860 wurde die sogenannte Westbahn fertiggestellt, die Eisenbahnstrecke von Wien an der Donau entlang. Der nächste Bahnhof liegt rund 2,5 Kilometer vom Ybbser Zentrum entfernt, seitdem liegt es im Schatten. Seine Vergangenheit ist dagegen erwähnenswert: Zur Römerzeit kreuzten sich hier zwei Handelsstraßen. Eine Gründung namens Ypusa im 8. Jahrhundert geht auf die Initiative des Hochstifts Salzburg zurück, bereits im 10. Jahrhundert bestand eine Burganlage. Ab dem 13. Jahrhundert erfuhr der Ort durch die Verleihung einiger Rechte – unter anderem das Stapelrecht – und durch ausgedehnten Eisenhandel einen bedeutenden Aufschwung. Allerdings nahm er im Dreißigjährigen Krieg und durch zwei Großbrände, 1716 und 1868, schweren Schaden.

In den vergangenen Jahren ist die **Altstadt** sorgfältig saniert worden, und so ist ein Bummel entlang der vielen kleinen Plätze ein Erlebnis. Mit dem gotischen Passauer Hof, dem Sandtor, der Pfarrkirche des heiligen Lorenz und der tausendjährigen Stadtmauer lassen sich einige Sehenswürdigkeiten entdecken, die von der Bedeutung des Ortes in der Vergangenheit Zeugnis ablegen. Besonderer Anziehungspunkt ist die Pfarrkirche des heiligen Lorenz. Der Ort erstreckt sich bis zum Ufer, und so können auch Kreuzfahrt-passagiere von Bord einen Blick auf die schmucken, abends beleuchteten Fassaden werfen.

Der Nibelungengau

Nibelungengau wird die 25 Kilometer lange Strecke zwischen Ybbs und Melk genannt. Anders als die Wachau und der Strudengau ist der Name keine gewachsene historische Bezeichnung. Er wurde erst 1913 offiziell festgelegt, und die zu dieser Zeit weitverbreitete Begeisterung für alles Mystisch-Nationale mag dazu ebenso beigetragen haben wie der Gedanke, mit einem zugkräftigen Begriff touristisch punkten zu können. Dass die Wahl dabei auf die Nibelungen fiel, ist nur bedingt logisch. Die Helden des Epos durchmessen einen Raum vom Niederrhein bis zum ungarischen Esztergom, so dass viele andere Landschaften sich ebenso mit diesem Namen schmücken könnten, und zudem ist im Epos nur der Ort Pöchlarn eindeutig identifizierbar.

Die Flussschlinge hinter Persenbeug gehört bereits zum Nibelungengau. **Sarling** und **Säusenstein** sind die ersten kleineren Orte, die passiert werden; in beiden sind die Kirchen sehenswert.

Maria Taferl

Von weitem schon ist die Wallfahrtskirche Maria Taferl sichtbar. Sie ist zwar bescheiden in ihren Ausmaßen, liegt aber exponiert auf einem 433 Meter hohen kleinen Plateau und dominiert so die Szenerie.

Vermutlich schon zu keltischer Zeit befand sich hier ein Baumheiligtum mit Opferstein – als ›Taferlstein‹ ist er noch heute erhalten –, später soll ein in eine verdorrte Eiche gestelltes Marienbild den toten Baum wieder zum Erblühen gebracht haben. Weitere Wunder-, Engels- unMarienerscheinungen waren mit dem Ort verbunden, und so

Die Wallfahrtskirche Maria Taferl

wurde 1660 mit dem Bau einer Wallfahrtskirche nach Plänen berühmter italienischer Baumeister begonnen, erst 1710 war er abgeschlossen. Charakteristisch für den Barockbau auf kreuzförmigem Grundriss sind die beiden zwiebelbehelmten Türme, die die Fassade rahmen. Wegen der reichen Ausschmückung im Innern wird die Kirche auch ›die Goldene‹ genannt. Schon bald nach ihrer Fertigstellung entwickelte sich Maria Taferl zu einer der meistbesuchten Wallfahrtskirchen in Österreich. Kein Wunder, dass sich in unmittelbarer Nähe Herbergen und Lokale etablierten. Diese Einrichtungen versorgen heute nicht nur die Wallfahrer, sondern viele Wanderer und Radwanderer – gleich mehrere Wanderwege laufen hier entlang – und die Touristen, die vor allem wegen des fantastischen Panoramas anreisen: Von hier hat man den besten Blick über den Nibelungengau und an machen Tagen bis zu den Alpen.

Pöchlarn und Weitenegg

Die Nibelungen feierten dem Epos zufolge in Pöchlarn (›Bechelaren‹), in der Burg des Markgrafen Rüdiger von Bechelaren, ein vier Tage währendes Fest; auch die Verlobung Giselhers mit Rüdigers Tochter Dietlinde soll hier stattgefunden haben. Was davon Sage ist und was Wahrheit, ist nicht genau zu ermitteln. Dagegen ist gesichert, dass hier bereits während der Jungsteinzeit eine Siedlung bestand und die Römer ein Lager namens Arelape errichteten, in dem 395 der Sitz des Oberkommandos der römischen Donauflotte eingerichtet wurde. Nach der Vertreibung der Römer war der Ort weiterhin besiedelt, der rechteckige Standgrundriss zeigt noch heute die Kontinuität der Bebauung von der Antike bis zum Mittelalter.

Das Geburtshaus des Malers Oskar Kokoschka

Vor dem 13. Jahrhundert war Pöchlarn vor allem als Umschlagstation für Holz und Harz bekannt, woraus sich auch der Name ableitet (verladen: auslaarn, Harz: Pöch). Seit dem 13. Jahrhundert erlangte Pöchlarn durch den Eisenhandel Wohlstand, ihre Blüte erlebte die Stadt im 16. Jahrhundert. Zu diesem Zeitpunkt entstand auch der Großteil der heute noch erhaltenen Altstadt. Der folgende Niedergang wich erst im 19. Jahrhundert mit dem Anschluss an die modernen Schienen- und Straßenverbindungen einem erneuten Aufschwung.

Vom Schiff aus fällt zunächst der fast direkt am Ufer liegende hoch aufragende Turm auf, der der **Pfarrkirche Mariä Himmelfahrt** vorgelagert ist. Die Kirche ist mehrmals umgebaut und erweitert worden. Daneben finden sich ein ehemaliges **Wasserschloss** und der sogenannte **Welserturm**. Er markierte früher die Ablagestelle für die Handelsschiffe, heute ist in ihm das **Heimatmuseum** untergebracht, das unter anderem mit einigen Fundstücken aus römischer Zeit aufwarten kann. Das **Oskar-Kokoschka-Museum** ist dem berühmtesten Sohn der Stadt gewidmet. Es befindet sich in seinem Geburtshaus.

Pöchlarn ist in etwa der geographische Mittelpunkt des Nibelungengaus, die restliche Strecke bis Melk ist aber rar an echten Sehenswürdigkeiten. Lediglich die **Burgruine Weitenegg** – kurz vor der Schleuse Melk am linken Ufer, an der Einmündung des Weitenbachs in die Donau – ist erwähnenswert. Sie gilt als bekannteste Burganlage dieses Flussabschnitts. In der Nibelungensage wird Rüdiger von Bechelarn als ihr Erbauer genannt. Sie stammt vermutlich aus dem 10. Jahrhundert und gehörte wechselnden Besitzern. Aus mittelalterlicher Zeit sind lediglich der Palas und zwei Bergfriede erhalten. Die noch vorhandenen Teile wurden im 20. Jahrhundert gesichert. Die Anlage ist in Privatbesitz und daher der Öffentlichkeit nicht zugänglich.

Karte S. 72 ▲

Die Wachau

Die Wachau, der Flussabschnitt etwa zwischen Melk und Krems, gehört zu den schönsten Abschnitten der Donau überhaupt. Auf den nur 35 Kilometern entfaltet sich eine einzigartige Landschaft. Die rechte Seite wird vom Wald bestimmt, die linke von den terrassierten Weinbergen. Darin liegen malerische kleinere und mittlere Orte sowie Wehrkirchen und Burgen. Vieles davon ist von besonderer Schönheit und architekturhistorischem Wert.

Das enge Tal ist von Bergen gesäumt, die bis zu 400 Meter über dem Flussniveau liegen. Diese Steilhänge halten die kalten Winde aus dem angrenzenden Weinviertel und aus Böhmen ab. Der zumeist felsige Untergrund strahlt am Abend Wärme ab, und überhaupt ist die Wachau mit vielen Sonnenstunden verwöhnt. So bestehen ideale Bedingungen für den Wein- und Obstanbau.

Der Weinanbau hat seit den Römern eine lange Tradition in der Wachau, derzeit werden rund 1500 Hektar bewirtschaftet, davon rund 92 Prozent für Weißwein. Marillen (Aprikosen) und anderes Obst wurde schon zur Römerzeit angebaut. Aber erst Ende des 19. Jahrhunderts, als Reblausbefall den Weinanbau in eine tiefe Krise stürzte, begann man in größerem Stil mit dem Obstanbau. Die Marillen wurden vermehrt erst nach dem Zweiten Weltkrieg angebaut, heute sind sie aus der Gegend nicht mehr wegzudenken. Im März/April blühen sie rosa-weiß, und ihre Blüte verleiht der Wachau in dieser Zeit ein ganz besonderes Flair.

Als einzigartige und bewahrenswerte Landschaft ist die Wachau seit 2001 als UNESCO-Weltkulturerbe ausge-

Auf der Oberen Donau

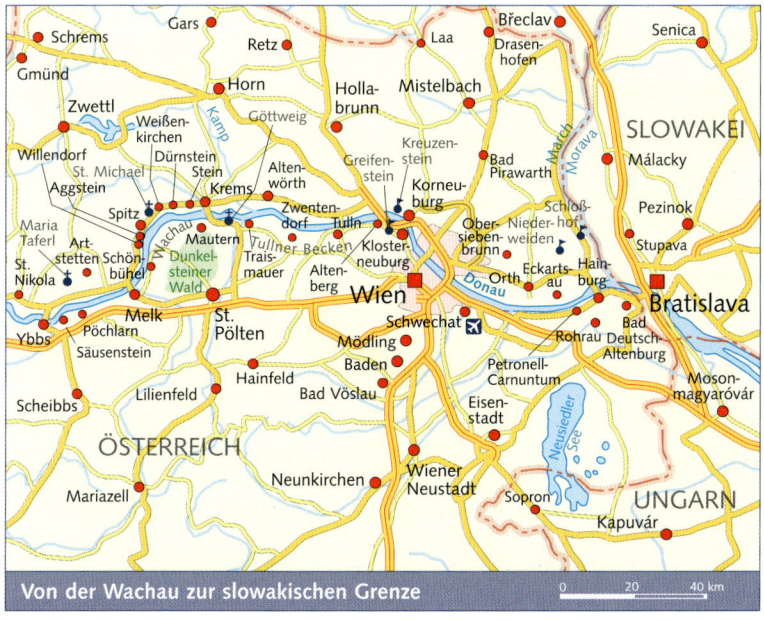

Von der Wachau zur slowakischen Grenze

Beliebte Produkte der Wachau

Stift Melk

Stift Melk dürfte das bekannteste Fotomotiv der Wachau sein. Unnachahmlich erhaben thront der mächtige ockerfarbene Komplex auf einem 40 Meter hohen Felsvorsprung oberhalb der Donau und scheint sie zu bewachen. Ein Besuch der nicht nur wegen ihrer schieren Größe beeindruckenden Anlage ist im Rahmen einer jeden Kreuzfahrt vorgesehen.

Das Kloster ist in kirchenhistorischer Hinsicht von großer Bedeutung, es ist seit fast einem Jahrtausend untrennbar mit der österreichischen Geschichte und Kultur verbunden, und es ist ein Höhepunkt barocker Macht- und Prachtentfaltung.

Die strategisch günstige Lage zwischen der Einmündung von Melk und Pielach in die Donau motivierte bereits die Römer, hier ein Lager aufzuschlagen. Ab 831 sind die Karolinger bezeugt, im Jahr 976 erhielt der Babenberger Leopold I. die Ostmark, wählte Melk zur Hauptstadt seines Herrschaftsgebietes und baute eine wohl schon vorhandene Burg aus. Im Jahr 1089 wurden Benediktinermönche hierher berufen, sie erhielten Melk 1106 mitsamt Gütern und einer Reihe von Pfarreien als Eigentum. In der Folgezeit entwickelte sich Melk zu einem kulturellen, wissenschaftlichen und geistlichen Zentrum von überregionaler Bedeutung, dessen Reichtum vor allem in den ausgedehnten Ländereien und den mit ihnen verbundenen Einnahmen lag. Nicht zufällig nimmt der Roman ›Der Name der Rose‹ von Umberto Eco hier seinen Ausgang, heißt seine – fiktive – Hauptfigur Edson von Melk. Im 15. Jahrhundert ging von hier die sogenannte Melker Reform aus, eine äußerst wirkungsmächtige Bewegung,

wiesen. Länger schon sind sich Regierung und Bevölkerung darin einig, dieses Landschaftsbild zu bewahren. Die Orte in der Wachau konnten vor Bausünden bewahrt werden, und der 1974 eingeweihten Brücke bei Melk soll keine weitere folgen. Die nächste Brücke findet sich erst hinter Krems, dort wo die Wachau in das Tullner Feld übergeht.

Durch die Wachau führen zahlreiche Wander- und Radwanderwege, und in vielen Orten finden sich ausgezeichnete Lokale. All dies hat dazu geführt, dass sich an schönen Wochenende die Besucher, gerade am ohnehin stärker frequentierten Nordufer, drängeln: Die schmalen zweispurigen Straßen sind überlastet, die kleinen Orte überfüllt. Dennoch lohnt ein Besuch. Das schönste Erlebnis ist jedoch die Passage auf einem Kreuzfahrtschiff; in ganzer Eindrücklichkeit erschließen sich die ineinander übergehenden Panoramen nur vom Fluss aus.

Karte S. 93 ▲

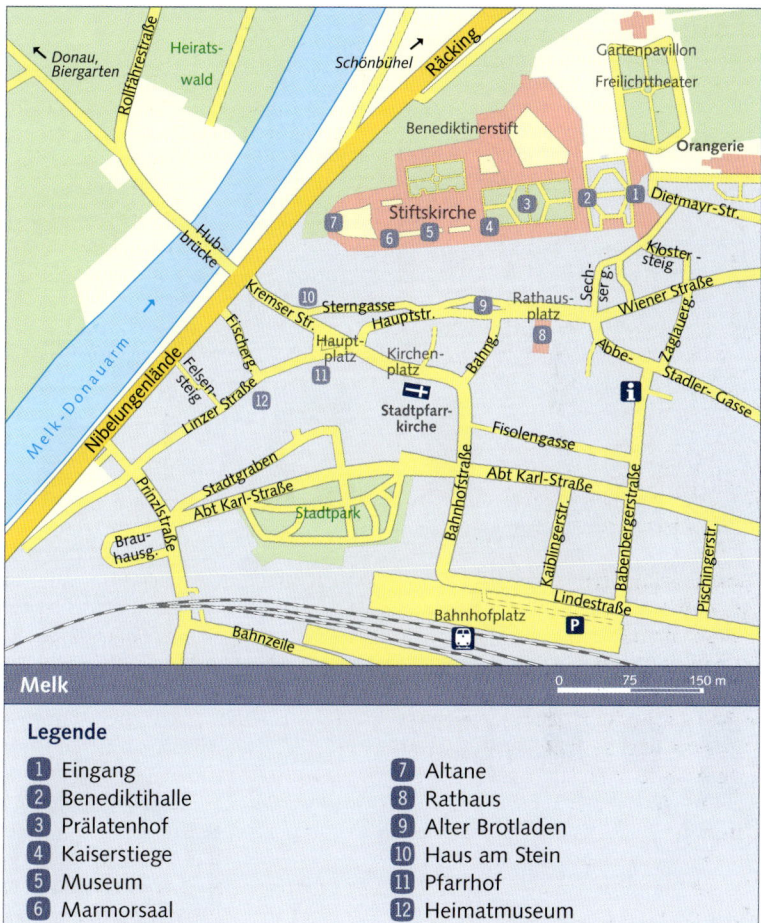

Melk

Legende

1	Eingang	7	Altane
2	Benediktihalle	8	Rathaus
3	Prälatenhof	9	Alter Brotladen
4	Kaiserstiege	10	Haus am Stein
5	Museum	11	Pfarrhof
6	Marmorsaal	12	Heimatmuseum

die die Klöster wieder zum einfachen gemeinschaftlichen Leben aufrief.

Ein vehementer Aufschwung des Stifts setzte im frühen 18. Jahrhundert ein. Bertold Dietmayr wurde 1701, gerade 30 Jahre alt, zum neuen Abt gewählt. Er setzt seine kühnen Visionen einer neugestalteten Anlage gegen erhebliche Widerstände durch und berief zahlreiche namhafte Baumeister und Künstler zu deren Verwirklichung. Das

Werk, nicht zuletzt durch die Abgaben aus den Ländereien finanziert, wurde 1746 vollendet – es ist die Anlage, so wie wir sie heute vorfinden.

Das Ergebnis ist imposant und wirkt wie eine Landschaft, die einem Gemälde entsprungen ist. Allein die Südfassade ist 362 Meter lang und durch 59 Achsen streng strukturiert. Die sorgfältig auf Wirkung bedachte Gestaltung setzt sich in den Innenräumen fort.

Ein Rundgang

Da es sich bei Stift Melk um ein nach wie vor aktives Kloster handelt, ist nur ein Teil der Räume zugänglich und auch nur im Rahmen von Führungen zu besichtigen. Mit der Bibliothek, der Altane mit Ausblick, dem Marmorsaal und natürlich der Stiftskirche stehen die herausragenden Teile den Besuchern offen. Die umliegende Räume beherbergen seit 2001 die Ausstellung ›Stift Melk in Geschichte und Gegenwart‹. Voranmeldungen für Führungen sind dringend empfohlen, denn nicht nur im Sommer drängen sich die Besucher. Man erreicht die Räume von Osten. Zwischen den beiden Basteien hindurch geht es in den Torwartlhof, von dort durch die **Benediktihalle** in den **Prälatenhof**. Das ist ein nahezu rechteckiger und mit einem Brunnen verzierter Platz – 84 mal 42 Meter –, den als Figuren die vier Kardinalstugenden Gerechtigkeit, Tapferkeit, Mäßigung und Weisheit schmücken. An seiner südwestlichen Ecke befindet sich der Eingang zur **Kaiserstiege**. Das ist ein überraschend schmaler, himbeerfarbener Zugang zu den eigentlichen Räumlichkeiten, dezent geschmückt mit Stuckverzierungen und figürlichen Darstellungen. Hat man über die Treppe das erste Obergeschoss erreicht, befindet man sich bereits im **Kaisertrakt**.

Die sich von hier nach Osten erstreckenden Räume waren ursprünglich für das Gesinde vorgesehen, die zur anderen Seite für das österreichische Herrscherhaus und seine Gäste. Sie werden durch einen 196 Meter langen Gang verbunden, der mit Bildnissen der österreichischen Herrscher geschmückt ist.

■ Museum

Die Führung führt ausschließlich durch den westlichen Trakt. Dessen elf Räume werden museal genutzt. Sie informieren mit teils sehr kostbaren Exponaten über das Stift, seine Entstehung und Geschichte, Funktion und Gegenwart und beleuchten nicht zuletzt die verschiedenen Bau- und Umbauphasen. Der Rundgang führt durch die Bibliothek und schließt einen Besuch der Stiftskirche mit ein.

Der **erste Raum** ist den Babenbergern und ihrer Beziehung zum Stift gewidmet. Obwohl aus dem Mittelalter – verglichen mit den nachfolgenden Epochen – nicht mehr viel erhalten ist, ragen einige Exponate heraus. Dazu gehört ein romanisches Kreuz, wenn es auch aus Wien stammt und erst im 19. Jahrhundert nach Melk kam, und ein Kopfreliquiar, dessen genaue Funktion und Datierung nicht gesichert sind.

Der **zweite Raum** informiert über die Melker Reform und präsentiert kirchliche Kunst des Spätmittelalters. Mit dem Aufkommen neuer religiöser Strömungen, vor allem der Bettelorden im 12. und 13. Jahrhundert, die Askese und Armut predigten und auf große Resonanz stießen, gerieten die etablierten Klöster als Symbole der alten, selbstgerecht gewordenen Kirche in die Defensive, so auch Melk. Im 14. Jahrhundert gab es erste Modernisierungsbestrebungen, ab 1418 ging von Melk eine Reform aus, die das gemeinsame Arbeiten, Beten und Fasten der Mönche und die Bildung in den Mittelpunkt stellte. Diese Haltung ist unter anderem in einer vergrößerten Handschrift dargestellt, die in plakativer Weise den

Auf der Oberen Donau

Beeindruckende Prachtentfaltung: Stift Melk

Die Kaiserstiege

Der **fünfte Raum** informiert über das Wirtschaftunternehmen Melk. Bis heute ist die Landwirtschaft das wirtschaftliche Rückgrat des Klosters, daneben sind seit einigen Jahrzehnten die Einnahmen aus dem Tourismus getreten – etwa 430 000 Besucher werden pro Jahr durch die Räume geschleust.

Der **sechste Raum** informiert über den heiligen Koloman, bis 1663 der Landespatron Österreichs. Koloman war ein aus Irland stammender Prediger, der 1014 in der Nähe ermordet wurde und an dessen Grab sich wundersame Dinge ereignet haben sollen.

Der **siebte Raum** beleuchtet, etwa mit einigen historischen Instrumenten, die Pflege von Musik und Theater im Stift. Geistliche Lieder entstanden hier im Spätmittelalter, im 18. Jahrhundert wurden, vor allem anlässlich von Be-suchen hoher Herrschaften, Opern und Dramen aufgeführt. Bekannt ist Melk heute wegen der jedes Jahr abgehaltenen Melker Pfingstkonzerte.

Raum acht behandelt Benedikt und die Benediktiner. Die Regeln klösterlichen Zusammenlebens, wie sie heute noch in vielen Ländern gelten, gehen zu erheblichen Teilen auf den heiligen Benedikt zurück. Vermutlich um 480 geboren, gründete er um 529 das Kloster Monte Cassino. Dort verfasste er die ›Regula benedicti‹, die in den folgenden Jahrhunderten weite Verbreitung fanden, vor allem mit der Ausbreitung durch die Mönche von Cluny und durch die Zisterzienser. Dargestellt sind einige wichtige Regeln und, mittels einer Karte, die geographische Ausbreitung der benediktinischen Regeln über Europa.

Der **neunte Raum** beleuchtet die pädagogische Funktion des Stifts, eine

tugendhaften reformierten Klöstern die dekadenten Müßiggänger alten Stils gegenüberstellt.

Unter den Exponaten zur kirchlichen Kunst ragen neben den Reliquienbehältern die Flügelaltäre heraus. Nicht wenige davon stammen von Jörg Breu, einem der großen Meister dieses Genres. Auf den Tafeln sind Szenen aus der Bibel dargestellt. Sie richteten sich an das einfache, lese- und schreibunkundige Volk, das so Zugang zur Heiligen Schrift fand.

Der **dritte Raum** steht unter dem Thema ›Blütezeit des Barock‹. Hier finden sich Beispiele für den kulturellen Reichtum Melks im Barockzeitalter (bis etwa 1770), darunter emblematische Werke, Tabernakel, eine Mitra, Statuen und verschiedene Portraitmalereien.

Der **vierte Raum** ist dem, wie ein Kunstband treffend urteilte, »für die österreichische Staatsmystik des Spätmittelalters so wichtigen« Melker Kreuz gewidmet. Man sagt, dass es Splitter vom Kreuz Christi enthalten soll, die im 14. Jahrhundert mit Gold und Edelsteinen gefasst wurden.

Tradition, die es seit dem Mittelalter innehat. Noch heute unterhält das Stift ein Gymnasium, das derzeit rund 900 Schüler besuchen.

Verschiedene Dokumente und Modelle dokumentieren in dem sich anschließenden **zehnten Raum** die Baugeschichte des Klosters. Weiter wird gezeigt, wie der Zahn der Zeit auch an dieser Anlage nagte, welche Schäden im Laufe der Jahrhunderte entstanden und wie das Stift zwischen 1978 und 1995 aufwendig restauriert wurde.

Im **elften Raum** werden die wichtigsten Künstler und Baumeister vorgestellt, die an der barocken Umgestaltung beteiligt waren. Daneben werden Bautechniken dieser Zeit erläutert.

■ Marmorsaal und Altane

Nun ist der Marmorsaal erreicht, der frühere Speisesaal für Gäste, insbesondere den kaiserlichen Hof. Der Name täuscht, denn Marmor ist hier kaum verwendet worden. In der Mitte befindet sich ein Bodengitter, darunter die Heißluftheizung.

Vom Marmorsaal tritt man auf die sogenannte Altane. Das ist die Terrasse, die Marmorsaal und Bibliothek miteinander verbindet. Es ist ein architektonisches Glanzstück, denn dieses Element schließt die Stiftsanlage elegant nach Westen ab und ermöglicht dennoch einen Blick auf die Westseite der Kirche, eine zweitürmige Fassade, in der sich bereits das Rokoko ankündigt. Heute genießen die Besucher von hier die Aussicht auf die Stadt Melk und über die Donau.

■ Bibliothek

Von der Altane betritt man die Bibliothek, ein mit figürlichen Darstellungen geschmücktes Gesamtkunstwerk aus Intarsienarbeiten und darin aufgestellten kostbaren Schriften aus verschiedenen Epochen. Die Bibliothek hat etwa 100 000 Bände in ihrem Besitz, darunter 750 Inkunabeln (frühe Drucke) und rund 1800 Handschriften, von denen die älteste aus dem 9. Jahrhundert und etwa zwei Drittel aus dem 15. Jahrhundert, der Reformperiode des Klosters, stammen. Etwa 16 000 Bände haben Platz im Bibliotheksraum gefunden. Übrigens sind einige Buchrücken nur Attrappen – dahinter verbergen sich geheime Wandtüren.

■ Stiftskirche

Über eine Wendeltreppe ist die Stiftskirche erreicht, das ideelle Zentrum des Stifts und auch der Höhepunkt des barocken Kunstschaffens. Es ist vor allem das Werk des zu seiner Zeit berühmten und vielbeschäftigten italienischen Baumeisters Antonio

Der Hochaltar in der Stiftskirche

Auf der Oberen Donau

Der Pavillon

Beduzzi. Er war Theateringenieur, und sein Bemühen um einen möglichst großen theatralischen Effekt ist un-übersehbar. Die Kirche schwelgt in Gold und Stuck, in Orange, Ocker und Grau, ist mit Fresken, Marmor und vergoldeten Holzarbeiten geschmückt und von einer großen Kuppel gekrönt – kurzum: Sie überwältigt ihre Besucher. Das Hauptschiff wird vom Hochaltar im Osten beherrscht, die Kanzeln und Altäre in den Seitenschiffen sind ebenso sorgfältig gearbeitet. Das eine Seitenschiff ist Benedikt geweiht, das andere Koloman, den beiden Personen also, die für die Entwicklung des Klosters so bedeutend waren. Hier schließt sich der Kreis für den Besucher, der wenige Meter weiter wieder den Ausgangspunkt seines Rundgangs erreicht.

■ Orangerie und Garten

Oft wird die Führung durch das Stift mit einer Degustation der hauseigenen Weine kombiniert. Sie findet in der Orangerie statt, die auf dem Weg

zwischen Busparkplatz und Stiftskomplex liegt. Hier ist auch ein feines Restaurant untergebracht, das Plätze im Außenbereich wie auch im Kreuzgewölbe-Stiftskeller anbietet.

Denjenigen, die nicht einkehren, sondern noch ein wenig spazierengehen möchten, sei der Besuch der Gartenanlage empfohlen. Der Eingang liegt gleich neben der Orangerie. Der Garten präsentiert sich als sorgsam gepflegte Anlage im Rokokostil, die nach hinten in einen Landschaftspark im englischen Stil übergeht, von dem aus sich bezaubernde Blicke auf die Donau ergeben. Darin liegt ein kleiner geschmackvoller Pavillon, in dem im Sommer öfter Konzerte stattfinden. Informationstafeln können am Kassenhaus entliehen werden.

Stadt Melk

Unwillkürlich misst man das kleine Städtchen Melk an dem alles beherrschenden Stift und tut ihm so Unrecht, denn es weist einige interessante Bauten auf. Die Altstadt ist in Teilen als Fuß-

Karte S. 93

gängerzone gestaltet, und so lassen sich die Sehenswürdigkeiten aus rund 500 Jahren Stadtgeschichte auf angenehme Weise erkunden. Trotz mehrerer großer Stadtbrände sind einige Gebäude aus dem 15. und 16. Jahrhundert erhalten. Das war die Blütezeit Melks; damals besaß der Ort das Marktrecht, war Maut- und Zollort und führend im Salzhandel entlang der Donau.

Teile des **Wehrgangs mit Stadtmauer** sind noch erhalten, etwa dort, wo der Klostersteig auf die Wiener Straße mündet. Hier stand bis 1874 das Wiener Tor, das einen Zugang in den Ort ermöglichte.

Der **Rathausplatz** bildet mit seiner Verlängerung, der Hauptstraße, den Mittelpunkt Melks, der dank einiger Lokale stets belebt ist. Das Rathaus mit dem Stadtwappen befindet sich hier und schräg gegenüber der Apotheke der Alte Brotladen, der an seinen beiden schindelgedeckten Türmchen gut auszumachen ist.

Von der Hauptstraße zweigt die **Sterngasse** ab. Sie blieb als einzige Gasse beim großen Stadtbrand von 1847 verschont und ist daher heute die älteste komplett erhaltene Gasse Melks.

Der Hauptplatz ist trotz seines Namens nicht sonderlich attraktiv. Hält man sich hier rechts und geht einige Schritte durch einen kleinen Durchgang, steht man vor dem **Haus am Stein**. Dieses Gebäude ist zum einen deswegen bemerkenswert, weil es sich um eines der ältesten Häuser handelt (1550), zum anderen, weil der Weinstock, der die Fassade schmückt und sich an ihr rankt, wegen seines Alters unter Naturschutz steht.

An der südlichen Seite des Hauptplatzes liegt der **Pfarrhof**, ein barockes Kunstwerk mit auffallender Fassadengestaltung, an der östlichen ein Standbild des heiligen Nepomuk. Er ist der Brückenheilige, und die schützende Geste gilt der Straßenbrücke, die hier früher über den Weiherbach führte.

Folgt man der Kremser Straße, stößt man an ihrer Einmündung auf die Nibelungenlände auf einen Halbturm mit einem weiteren Stück der alten Wehrmauer. Man blickt hier auf den Donauarm, nicht die Donau selbst.

Vom Hauptplatz zweigt auch die Linzer Straße ab. Im 1792 erbauten schmucken **Posthaus** an dieser Straße, das allgemein als der schönste Profanbau Melks gerühmt wird, ist heute das Heimatmuseum untergebracht.

Direkt an den Hauptplatz schließt sich nach Osten der **Kirchenplatz** an, wo sich die relativ kleine und auch unter architekturhistorischen Gesichtspunkten nicht sehr interessante gotische

Nepomuk vor dem Melker Rathaus

Stadtpfarrkirche befindet. Geht man über die Hubbrücke in der Verlängerung der Kremser Straße, gelangt man auf die **Insel**, die von Seitenarm und Hauptarm der Donau gebildet wird. Sie wartet unter anderem mit Freilichttheater und Campingplatz auf; von einigen Stellen ist die Frontfassade des Stifts nochmals besonders eindrücklich zu erleben. Am Ende des Weges liegt ein Restaurant mit Biergarten, von dem sich schöne Blicke in die Wachau ergeben.

Schönbühel

Etwa fünf Kilometer hinter Melk, auf der rechten Seite, erhebt sich auf einem markanten Felsen **Schloss Schönbühel**. Es ist ein beliebtes Fotomotiv, manche sprechen gar von einem Wahrzeichen Österreichs, andere davon, dass man sich, wenn in der untergehenden Sonne Landschaft und Schloss zu einer Einheit verschmelzen, in ein Märchen versetzt fühle.

Die weiße Anlage ist von dem zwiebelbehelmten Turm in der Mitte der Frontfassade geprägt; ihre heutige Form erhielt sie zwischen 1819 und 1821. Dabei übernahm man Motive und teilweise auch den Grundriss des Vorgängerbaus, der im Kern aus dem 12. Jahrhundert stammte. Der flachere Seitenflügel mit dem angrenzenden runden Turm ist der noch erhaltene Rest dieser ursprünglichen Anlage. Das Schloss ist in Privatbesitz, seine Innenräume können nicht besichtigt werden.

Nach Voranmeldung steht dagegen das rund 500 Meter flussabwärts gelegene **Servitenkloster** den Besuchern offen. Der sehr fromme Graf Lothar Balthasar von Starhemberg ließ an diesem Ort eine Kapelle als Abbild der Grabeskirche in Jerusalem errichten,

danach entstanden Kirche und Kloster. Das Kloster entstand ab 1666, zeitgleich kamen Servitenmönche ins Land, die der Graf gerufen hatte.

Aggsbach und Aggstein

Aggsbach besteht aus zwei Teilen, Aggsbach Markt am linken Ufer und Aggsbach Dorf am anderen. Ersteres ist nicht von Bedeutung, das zweite ein kleiner Ort (1000 Einwohner) mit einem schönen Badestrand und einem ebenfalls schönen Kloster, das die Attraktion des Ortes darstellt. Es existiert seit dem 9. Jahrhundert und liegt etwas vom Donauufer entfernt.

Kurz dahinter liegt die Ruine Aggstein. Der Anblick ist beeindruckend, da die Ruine rund 300 Meter über dem Fluss liegt und ihn drohend zu bewachen scheint. Vom Fluss aus ist die Größe der Anlage nicht erkennbar. Diverse Trakte gruppieren sich um vier verschiedene Höfe, von denen der zentrale immerhin 80 Meter lang ist. Die Mauern sind bis zu fünf Meter dick. Die Burg war dank Lage und Fortifikationstechnik äußerst wehrhaft. Wegen der großen

Die Burgruine Aggstein

Karte S. 91

strategischen Bedeutung war sie über die Jahrhunderte immer wieder umkämpft. Und so wurde sie, im 11. Jahrhundert errichtet, in der Folgezeit mehrmals zerstört und immer wieder aufgebaut. Im Jahr 1438 verlieh Albrecht V. die Burg seinem Rat- und Kammermeister Georg Scheck vom Wald. Dieses Dokument ist eines der frühesten Zeugnisse für den Handel auf der Donau, da in ihm die Übertragung der Mautrechte auf den Burgherrn festgeschrieben werden. Scheck nahm sie so brutal wahr, dass er als ›Schreckenwald‹ in die Geschichtsbücher einging und noch heute oft als Raubritter charakterisiert wird. Auf die von ihm veranlassten Umbauten um 1490 geht auch die heute erhaltene Form zurück.

Die bekannteste Legende ist mit ebendiesem Schreckenwald verbunden. Danach soll er seine Gefangenen durch eine Pforte auf einen winzigen Felsvorsprung gebracht haben, den er mit schwarzem Humor ›Schreckenwalds Rosengärtlein‹ nannte. Die Gefangenen hatten nun die Wahl zwischen einem – zweifellos tödlichen – Sprung in die Tiefe oder dem langsamen Hungertod. Einem der Gefangenen soll es allerdings gelungen sein, die Felsen herabzuklettern und im Tal Hilfe zu holen. Eine mutige Schar stürmte daraufhin die Burg und bereitete der Schreckensherrschaft ein Ende.

Bei der Eroberung der Burg durch die Türken 1529 erlitt sie erhebliche Schäden. Diese wurden nach der Rückeroberung zwar behoben, die Burg verfiel aber seit dem 18. Jahrhundert dauerhaft, da sie nicht mehr genutzt wurde. Um 1930 kam die Anlage in den Besitz der Grafenfamilie Sailern zu Asperg-Schönbühel, die einen weiteren

Verfall verhinderte. In den vergangenen Jahren wurden einige Sicherungs- und Rekonstruktionsmaßnahmen durchgeführt.

Reste der Küche, der Verliese, Wehrgänge und anderer Einrichtungen sind noch erkennbar, in den am besten erhaltenen Teilen ist heute ein Restaurant untergebracht. Der Blick von der Burg auf die Donau ist fantastisch.

Willendorf und Schallenbach

Der Name des kleinen Ortes Willendorf ist vor allem bei Ur- und Frühhistorikern bekannt. Denn hier fand sich die **Venus von Willendorf**, eine etwa elf Zentimeter hohe und rund 25 000 Jahre alte Plastik aus Stein. Es ist eine unbekleidete Frauengestalt, deren Proportionen den Schluss naheliegen, dass es sich um ein Fruchtbarkeitssymbol gehandelt haben könnte. Ausgegraben wurde sie im Sommer 1908, im Zuge von Terrassierungsarbeiten für die Eisenbahn zwischen Krems und Grein. Dabei stieß man auch eine Reihe weiterer Funde aus der Steinzeit,

Nachbildung der Venus von Willendorf

darunter Pfeilspitzen und Werkzeuge, aber die Figur war der mit Abstand spektakulärste Fund. Das Original steht seit 1908 im Wiener Naturhistorischen Museum, eine stark vergrößerte Kopie ist etwa am Fundort aufgestellt.

Etwa zwei Kilometer weiter liegt Schwallenbach. Das Dorf ist sehr klein, bietet dafür aber ein schönes Ortsbild und eine erstaunliche Anzahl an Sehenswürdigkeiten, unter anderem eine spätgotische Wehrkirche, der ehemalige Pfarrhof und das frühere Schloss der Schwallenbacher mit seinem markantem, zinnenbekröntem Bergfried.

Spitz und St. Michael

Wie kaum ein anderer Ort in der Wachau ist Spitz vom Weinanbau und Weinhandel geprägt. Am Ende des 15. Jahrhunderts war Spitz eine befestigte, für damalige Verhältnisse stattliche Stadt. Über dem Ort wachte die Burg Hinterhaus, heute eine Ruine. Deren Nachfolger wurde das im 16. Jahrhundert erbaute und gut erhaltene **Renaissanceschloss**. Im Ort sind weiterhin einige alte Winzerhöfe, das gotische **Rathaus** und ein **Pfarrhof** aus dem 15. Jahrhundert erhalten; besonderer Anziehungspunkt und Wahrzeichen ist die **Pfarrkirche**, deren Längsachse um etwa 20 Grad geknickt ist. Im Inneren ist sie mit bedeutenden gotischen Holzplastiken geschmückt.

Die große Bedeutung, die der Warenverkehr auf der Donau für die Entwicklung von Spitz gespielt hat, dokumentiert seit 1970 das **Schifffahrtsmuseum**. Hier werden Nachbildungen verschiedener Schiffstypen und auch ein lebensgroßes Modell eines Schiffszuges gezeigt sowie das Alltagsleben der Schiffer beleuchtet.

Die spätgotische **Kirche St. Michael**, zwei Kilometer hinter Spitz gelegen, wird erstmals 987 erwähnt und ist damit eine der ältesten Wehrkirchen in der Wachau. Ihre heutige äußere Gestalt erhielt sie zwischen 1500 und 1523, als sich die Region von den Türken bedroht sah; das barocke Innere stammt aus der Zeit um 1630. Die Kirche, um die sich kein Ort ausgebildet hat, ist ein Anlaufpunkt wegen der Orgelkonzerte, die hier regelmäßig stattfinden und einen sehr guten Ruf genießen.

Weißenkirchen

Der kleine Ort Weißenkirchen – er hat nur rund 200 Einwohner – ist eines der malerischsten und bekanntesten Winzerdörfer in der Wachau und daher in der Saison entsprechend überlaufen. Weißenkirchen wurde bereits 830 als ›Wachowia‹ erwähnt; ein vehementer Aufschwung kam später mit dem Wein, ein weiterer mit dem Beginn der Donaudampfschifffahrt, die es zum einen erleichterte, den Wein zu exportieren, zum anderen, die Touristen direkt zum Ort zu bringen.

Der Teisenhoferhof in Weißenkirchen

Karte S. 91

Neben der **Pfarrkiche Mariä Himmelfahrt**, die aus dem 16. Jahrhundert stammt und um 1735 barock umgestaltet wurde, bilden die **Höfe der Winzer** die Hauptsehenswürdigkeit. Diese Anlagen sind zum Teil von erstaunlich großzügigen Dimensionen und nicht selten wehrhaft ausgebaut. Die Flügel der Anlage gruppieren sich stets um einen Innenhof. Herausragendes Beispiel für diesen Bautyp ist der **Teisenhoferhof**, der um 1540 im Stil der Renaissance errichtet wurde. Der geräumige Innenhof ist mit Arkaden und Laubengängen verziert und kündet vom Reichtum der früheren Bewohner, die im innereuropäischen Weinhandel führend waren. Das Wachaumuseum, das darüber informiert wie auch einige typische Arbeiten der hiesigen Landschaftsmalerei vornehmlich des 19. und frühen 20. Jahrhunderts zeigt, hat dort seinen angemessenen Platz gefunden.

Mittels einer Rollfähre kann man von Weißenkirchen auf die andere Donauseite übersetzen. Dort erheben sich die Hügel des **Dunkelsteiner Waldes**. Der Name passt ausgesprochen gut, da die Hügel deutlich weniger Sonneneinstrahlung als das gegenüberliegende Ufer abbekommen. An dieser Stelle lassen sich die Unterschiede zwischen Nord- und Südseite der Wachau besonders gut erkennen.

Dürnstein

Hinter Weißenkirchen vollzieht die Donau eine scharfe Rechtskurve. Wenn die Berge beidseits der Ufer aus dem Blickfeld rücken, haben Kreuzfahrtreisende den wohl schönsten Blick auf den blauen Kirchturm des Augustiner-Chorherrenstifts. Er steht nur wenige Meter vom Ufer entfernt; das Schiff scheint sich geradeswegs

Die Burgruine thront hoch über Dürnstein

auf ihn zuzubewegen. An dieser Stelle ist der Fluss besonders schmal, die Strömung besonders stark – bis zu acht Stundenkilometer – und drängen sich die Berge an der Nordseite besonders weit zum Ufer vor: Dürnstein liegt in einer überaus malerischen Kulisse.

Da der Ort zudem vor allem dank seines Chorherrenstifts als architektonische Kostbarkeit gilt, nimmt er seit Jahren unangefochten die Spitzenstellung des meistbesuchten Touristenziels in der Wachau ein. Zwischen April und November suchen mehr als eine Million Gäste die Bauwerke entlang der kopfsteingepflasterten und für den Autoverkehr gesperrten Gassen auf – bei gerade mal 900 Einwohnern ein rekordverdächtiges Verhältnis.

■ Augustiner-Chorherrenstift

Die meisten Besucher zieht es zunächst zum früheren Augustiner-Chorherren-stift. Das Stift wurde 1410 gegründet – Joseph II. ließ es 1788 auflösen –, zwischen 1715 und 1733 erfolgte der einheitliche Neubau von Kirche, Turm, Kreuzgang und Prälatenhof im Barockstil. Das so entstandene Ensemble begründete den Ruf weit über die Landesgrenzen hinaus. Es wurde ab den 1980er Jahren sorgfältig renoviert, und so erleben Besucher dieses grandiose Barockensemble heute in den Originalfarben.

Durch das Prunkportal betritt man den **Stiftshof**, ein von gleichförmigen Bauten gerahmtes Viereck. Hier hat man auch einen Blick auf den markanten blauen Kirchturm, der im Volksmund ›Fingerzeig Gottes‹ heißt. Das **Kirchenschiff** selbst ist ein eindrucksvoller und sehr harmonischer Bau in Weiß, Braun und Gold. Zur wertvollen Innenausstattung zählen unter anderem das Chorgestühl, Stuckreliefs und Altarbilder. Der sich anschließende **Kreuzgang** ist ebenfalls sehenswert, hier fällt vor allem ein kunstfertig geschnitzter Altar ins Auge. Von der **Donauterrasse** hat man einen sehr schönen Blick stromaufwärts.

■ Altstadt

Das Stift liegt an einem Rechteckplatz, an dem sich auch das **Klarissenkloster** findet. Ende des 13. Jahrhunderts begründet, erfolgte Ende des 17. Jahrhunderts die Profanierung, heute werden Teile des Gebäudes von einem Hotel genutzt. Die frühere Klosterkirche wirkt nur wie eine Ruine, da das flache Dach vom Platz nicht sichtbar ist.

Ein weiteres Hotel der gehobenen Klasse hat sich im früheren **Schloss** eingerichtet. Der massige frühbarocke Bau stammt von 1622 und hat eine schöne Inneneinrichtung. Die Hotelgäste wissen nicht nur das Interieur zu schätzen, sondern auch den hinreißenden Blick, der sich ihnen von der

Diese Gaststätte erinnert an die Legende um Richard Löwenherz und den Sänger Blondel

unmittelbar oberhalb des Donauufers gelegenen Terrasse bietet. Schräg gegenüber dem Schloss liegt das Rathaus, ein im Kern spätgotischer und 1547 fertiggestellter Bau.

Die prächtig herausgeputzten **Wohnhäuser** der früheren Ackerbürger und Winzer entlang der wenigen Gassen beherbergen heute vor allem gastronomische Einrichtungen und Läden, die Andenken und Erzeugnisse der Region anbieten. Am Rand des Städtchens sind noch Teile der **Wehrmauer** erhalten, am östlichen Stadtrand liegen auch **Friedhof** und **Karner**. Hinter dem Steiner Tor führt die Straße sogleich durch Weinstöcke.

Die Wehrmauer führt hügelan und endet an der **Burgruine**. Mit ihr verbindet sich die berühmte Legende von Prinz Richard Löwenherz und seinem Getreuen, dem Sänger Blondel.

Karte S. 91 ▲

Prinz Löwenherz wurde 1192/93 hier drei Monate lang auf der zwischen 1140 und 1145 errichteten Burg der Kuenringer Ritter gefangengehalten. Er hatte auf einem Kreuzzug die Fahne der Babenberger beleidigt und seinen Rückweg unvorsichtigerweise durch Österreich gewählt. Die 35 000 Kilo Silber Lösegeld teilten sich der Deutsche Kaiser Heinrich VI. und der Babenberger Leopold V. Mit der unvorstellbar großen Summe wurden unter anderem große Bauprojekte in Wien, Wiener Neustadt und Hainburg finanziert. In der Legende wird nun berichtet, dass der Sänger Blondel auf der Suche nach seinem verschwundenen Heerführer von Stadt zu Stadt, von Burg zu Burg zog und seinen Herrn schließlich an der gesungenen Melodie eines englischen Liedes erkannte.

Die Burg ist seit der Zerstörung durch die Schweden im Jahr 1645 größtenteils eine Ruine. Der etwas beschwerliche Weg dorthin (30 Fußminuten) lohnt vor allem wegen der wunderbaren Sicht auf Dürnstein und die Donau.

Krems und Stein

Bei Krems, das den Ostrand der Wachau markiert, quert eine Brücke die Donau, die erste seit Melk. Nicht zufällig findet sich dieses Bauwerk hier, denn in Krems kreuzen sich seit Jahrhunderten zwei Handelswege: Der eine folgt der Donau, der andere führt vom Böhmerwald in Richtung Alpen.

Krems, erstmals urkundlich 995 erwähnt, entwickelte sich dank dieser Lage rasch als wichtiges Handelszentrum, in dem vor allem Salz, Wein und Getreide, dann auch Eisen umgeschlagen wurde. Später erhielt der Ort auch das Mautrecht. Im 11. und 12. Jahrhundert war Krems bedeuten-

der als Wien, und der arabische Geograph Idrisi bezeichnete es 1153 als schönste Stadt Österreichs. In der Folgezeit wurde sie mehrmals erweitert, 1518 waren mit der Ummauerung die heutigen innerstädtischen Grenzen erreicht.

Mit dem Aufstieg Wiens zum unbestrittenen Zentrum der Habsburger Monarchie ging die Bedeutung Krems zurück, wenn es auch als Handelsplatz nach wie vor eine Rolle spielte. Heute ist Krems eine Verwaltungsstadt mit knapp 23 000 Einwohnern. Sie geht unmittelbar in den benachbarten Ort Stein über, und zusammengenommen stellen ihre Baudenkmäler einen ungewöhnlich reichen kulturellen Schatz dar. Er wurde in den vergangenen Jahrzehnten so sorgfältig und mit großem Aufwand restauriert, dass der Europarat die Doppelstadt 1980 als Modellstadt für Altstadtpflege, Sanierung und Revitalisierung auszeichnete. Der Ort besticht durch ein einzigartig geschlossenes Bild, und nicht wenige bezeichnen die gepflegte historische Altstadt in Krems als eine der schönsten in Österreich.

■ Ein Rundgang

Idealer Ausgangspunkt für einen Rundgang ist das markante **Steiner Tor**, das Wahrzeichen des Ortes. Es bildet den westlichen Abschluss der quer durch Krems führenden Hauptachse, der Oberen und Unteren Landstraße. Das Steiner Tor ist das einzig erhaltene von ursprünglich vier Stadttoren. Es stammt von 1480, die barocke Haube kam 1754 hinzu.

Mit wenigen Schritten ist der **Körnermarkt** erreicht, einer der besonders schönen Plätze in Krems. Eine Mariensäule steht in der Mitte dieses drei-

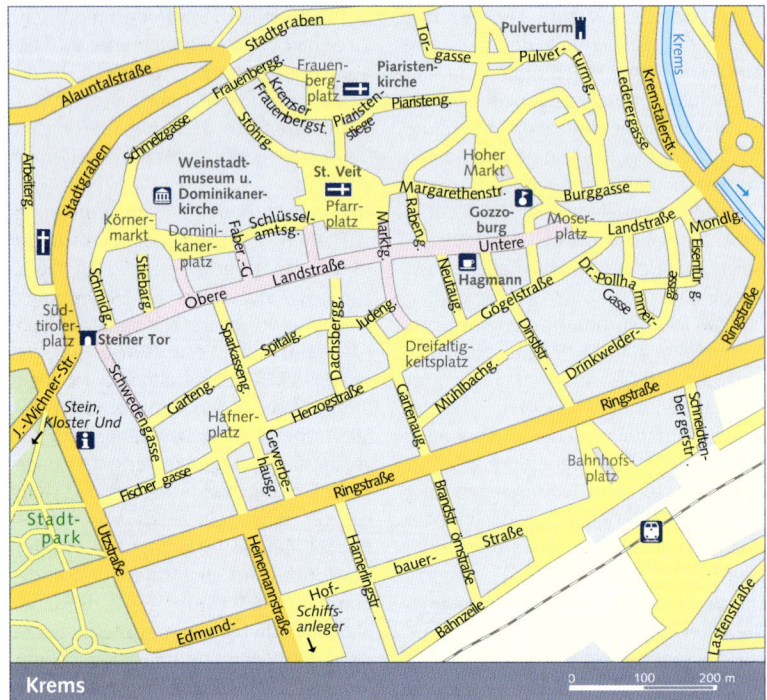

Krems

eckigen Platzes, sehenswert sind die Fassaden der stolzen Bürgerhäuser.

Nach Osten schließt sich der **Dominikanerplatz** mit dem beherrschenden Dominikanerkloster mitsamt Kirche an der Nordseite an. Heute ist hier das **Weinstadtmuseum** untergebracht, das Besucher über die Lokalgeschichte von der Altsteinzeit bis zum 19. Jahrhundert informiert. So erfährt man auch einiges über den berühmtesten Sohn der Stadt, den Maler Martin Johann Schmidt (1718–1801), einen der bedeutendsten und produktivsten Barockmaler Österreichs, der in Fachkreisen meist ›Der Kremser Schmidt‹ genannt wird. Die Klosteranlage wurde 1265 fertiggestellt, der Chor im Jahr 1320. Die Kirche, eine dreischiffige Basilika, ist hoch, gotisch und beeindruckend.

Zentraler Platz in Krems ist der **Pfarrplatz** mit der **Stadtpfarrkirche**. Der Originalbau war gotisch, der heutige stattliche, der 1630 fertiggestellt wurde, ist barock. Hervorzuheben sind die Deckenfresken und die Werke namhafter Maler – unten ihnen der Kremser Schmidt – im Inneren. An der Südseite des Pfarrplatzes erhebt sich das **Rathaus**, ein hübscher Renaissancebau. Geht man in diese Richtung weiter, gelangt man alsbald zu der **Dreifaltigkeitssäule** auf dem gleichnamigen Platz.

Zur anderen Seite führt die Piaristenstiege auf den **Piaristenplatz**. Die Piaristenkirche wurde 1014 begründet, der hohe spätgotische Bau erhielt sein heutiges Aussehen im 14. und 15. Jahrhundert. Auch hier lohnt ein Blick ins Innere, denn der hohe licht-durchflutete Raum weist neben kunst-vollen Fenstern vor allem schöne Schnitzwerke auf, die Altarbilder stammen wiederum vom Kremser Schmidt. Direkt daneben findet sich das ehemalige Piaristenkollegium, im dem heute eine Hotelfachschule untergebracht ist.

Nur wenige Schritte führen von hier zum **Hohen Markt**, den ältesten Teil des Ortes. Hier finden sich einige besonders sehenswerte Bauten, darunter die sogenannte **Gozzoburg** aus dem 13. Jahrhundert, die ehemalige Stadtburg. Einige originale Elemente sind erhalten. Gleich daneben steht eine **Babenbergerburg**, die im Kern aus dem 11. Jahrhundert stammt.

Das Steiner Tor in Krems

Vom Hohen Markt ist rasch die Untere Landstraße erreicht, die geradewegs zum Steiner Tor zurückführt.

■ Stein

Wie Krems wirkt Stein heute ein wenig wie eine bewohnte Filmkulisse. Denn auch hier findet sich ein reicher historischer Baubestand, der von dem einstigen Wohlstand und der Bedeu-tung des Ortes kündet. Auffällig ist die Ausdehnung des Ortes. Stein zieht sich in West-Ost-Richtung an der früheren Handelsstraße und heutigen Steiner Landstraße entlang, die paral-lel zum Ufer verläuft. Fast alle Sehens-würdigkeiten liegen hier. Es findet sich ein Nebeneinander von alten **Wohn- und Handelshäusern**, die vor allem durch ihre Höfe beeindrucken. In diesem Ensemble, das im Osten durch das Kremser Tor begrenzt wird, ragen die **Minoritenkirche**, eine spätromanische Basilika aus dem 13. Jahrhundert, und die gotische **Pfarrkirche St. Nikolaus** aus der Mitte des 15. Jahrhunderts heraus.

Jeder kennt das Köchelverzeichnis, doch kaum einer Köchel. Ludwig Ritter von Köchel, der bedeutende Mozart-forscher, wurde 1730 in Stein geboren. Am Schürerplatz 8, im sogenannten Mazzettihaus, verbrachte der spätere Verfasser des ›chronologisch-thema-tischen Verzeichnisses sämtlicher Ton-werke Wolfgang Amadeus Mozarts‹ seine Jugendjahre.

Mautern

Stein gegenüber liegt Mautern. Dieser Flecken war bereits in der Römerzeit besiedelt und hieß zu dieser Zeit Favianis. Im 5. Jahrhundert wirkte der aus Passau bekannte heilige Severin an dieser Stelle und initiierte eine Klostergründung. Als

Auf der Oberen Donau

Mautstelle besaß der Ort im 9. Jahrhundert Bedeutung, zu diesem Zeitpunkt heißt er Mutarum, im Nibelungenlied wird er als Mutaren erwähnt. Seit 1276 besaß Mautern das Stadtrecht, 1463 wurde hier die zweitälteste österreichische Donaubrücke aus Holz gebaut, nicht zufällig, denn an dieser Stelle trafen sich Handelsstraßen.

Mautern wirkt heute sehr beschaulich und bietet den Touristen neben dem **Schloss**, der **Pfarrkirche St. Stephan**, dem in der Margarethenkirche eingerichteten **Römermuseum**, Resten der **Befestigungsmauer** und dem **Nikolaihof** ein schönes Stadtbild, in dem sich sehenswerte Bürgerhäuser finden. Unter Weinkennern und Feinschmeckern genießen die Restaurants einen hervorragenden Ruf.

Stift Göttweig

Stift Göttweig liegt einige Kilometer vom Donauufer zurückgesetzt auf einem 449 Meter hohen Höhenzug. Weithin ist die Anlage sichtbar, und noch aus der Ferne wirkt der Bau erhaben und würdevoll. Die geradezu jenseitige Macht, die es verkörpert, wird in den vielen Beinamen deutlich, mit denen man versucht hat, Stift Göttweig zu beschreiben. So wird es das ›österreichische Montecassino‹ genannt oder auch ›Kastell des Himmels‹. Gelegentlich findet man auch die Umschreibung ›glanzvoller Torso‹. Sie ist ebenso zutreffend, denn so ausgedehnt und majestätisch diese in sich geschlossene Welt auch ist, sie stellt nur etwa zwei Drittel des geplanten Bauvolumens dar.

Bischof Altmann von Passau wählte 1083 diesen Ort für die Klostergründung aus. Anfangs wirkten hier Augustiner-Chorherren, ab 1094 Benediktiner, die aus St. Blasien im Schwarzwald hierher gekommen waren. Sie sind seitdem ununterbrochen hier ansässig, etwa 60 Mönche gehören heute dem Kloster an, von denen die Hälfte in den Diözesen Wien und St. Pölten tätig ist. Ab dem 16. Jahrhundert führten Pest-

▲ *Stift Göttweig*

Stift Göttweig

Legende

1 Kaiserstiege
2 Altmannisaal
3 Kaiserzimmer
4 Stiftskirche
5 Restaurant

Auf der Oberen Donau

wellen, Brände und vor allem das Wirken der Reformation zum Niedergang des geistlichen Lebens. Erst seit dem frühen 18. Jahrhundert, in der Aufbruchstimmung nach den Türkenkriegen, erstarkte auch Stift Göttweig und wurde zu einem Zentrum der Gegenreformation. Nach einem weiteren verheerenden Brand, der nur wenige Teile verschonte, entstand ab 1718 die beeindruckende Anlage, wie sie bis heute erhalten ist. Zwar gehörten zum Stiftsbesitz ausgedehnte Ländereien, die zur spöttischen Benennung als ›Kloster zum klingenden Pfennig‹ führten, aber die Einnahmen reichten nicht, alle geplanten Bauten zu realisieren.

Das, was letztlich geschaffen wurde, ist aber so eindrucksvoll, dass Stift Göttweig vom Schiffsanleger aus oft mit dem Bus im Rahmen einer Tagestour durch die Wachau angesteuert wird. Die Besucher besichtigen einen Teil der Repräsentationsräume, die Klosteranlagen sind nicht der Öffentlichkeit zugänglich.

■ **Ein Rundgang**
Den Mittelpunkt der Anlage bildet der **Stiftshof**. Auf ihn ist die klassizistische Fassade der Stiftskirche ausgerichtet, davor befindet sich ein Brunnen, der bereits ab 1742 mit Hilfe einer Pumpanlage für Frischwasser sorgte. Die **Kirche** blieb von dem großen Brand im 18. Jahrhundert verschont, so dass sich im Innern noch barocke und gotische

Unterwegs in der Wachau

Elemente finden. Die doppeltürmige Fassade ist dem Bau nach 1750 vorgesetzt worden. Aus der Einrichtung des blau-weiß dominierten Innenraums ist vor allem der Hochalter aus der flämischen Bildhauerschule (1639) erwähnenswert, in der Krypta findet sich eine gotische Pietà, die das Ziel vieler Wallfahrer ist.

Einen Rundgang durch den zugänglichen Teil der Anlage kann man im Rahmen einer Gruppenführung oder allein unternehmen.

Er führt über die durch ein beeindruckendes Fresko von Paul Troger bekrönte **Kaiserstiege** durch diverse Fürstenzimmer zum **Altmannisaal** und dem **Kaiserzimmer**. Diese Räume sind mit Gemälden und Fresken geschmückt, in ihnen ist ein Teil der über 150 000 Bände ausgestellt, die zur Bibliothek des Klosters gehören, sie sind mit kostbaren Tapeten bespannt und mit einigen Teilen des Originalmobiliars ausgestattet. Im Klostergang ist die **Ausstellung Klosterleben** untergebracht, die die Geschichte und Gegenwart des Klosters und das Leben der Mönche erläutert.

Regelmäßig werden Sonderausstellungen aus dem reichen Bestand von Kunstschätzen des Klosters gezeigt, und ebenso regelmäßig finden die renommierten Göttweiger Stiftskonzerte statt. Manche Gäste kommen, um einmal Urlaub im Kloster zu machen – Gasträume sind im Exerzitienhaus eingerichtet –, andere finden den Weg wegen des Restaurants zum Kloster. Hier wird nicht nur die Original Göttweiger Benediktinertorte angeboten, die immer noch unverändert nach einem Rezept von 1401 hergestellt wird, sondern auch Regionaltypisches und die Weine der eigenen klostereigenen Produktion – und der Blick von der Restaurant-Terrasse auf die Donau lohnt allein einen Besuch.

 Wachau

Alle Orte der Wachau, in die Kreuzfahrttouristen kommen, warten mit einer großen Anzahl an Geschäften auf, in der die **Produkte der Wachau** – unter anderem die berühmten **Weine** und **Obstschnäpse** – angeboten werden. Oft kann zuvor probiert werden.

Karte S. 109

Das Tullner Becken

Das Tullner Becken etwa zwischen Mautern und Wien bietet das Kontrastprogramm zur Wachau. Säumten dort bis unmittelbar an die Ufer heranreichende Höhenzüge die Ufer, durchmisst die Donau nun eine flache Landschaft, die gleichzeitig weniger herausragende Sehenswürdigkeiten aufzuweisen hat. Daher wird bis Wien kaum einmal ein Stop eingelegt, lediglich in Tulln machen einige wenige Kreuzfahrtschiffe fest. Das ist aber nicht dem Ort selbst geschuldet: Hier beginnen oder enden manche Tagesausflüge nach Wien.

Das Tullner Becken wird landwirtschaftlich intensiv genutzt, die Zuckerrübe dominiert. Vom Schiff lässt sich gut beobachten, wie beliebt der Fahrradweg von Passau nach Wien mittlerweile ist. Er verläuft am südlichen Ufer. Hinter Mautern passiert man zunächst das etwas vom Ufer zurückgesetzt liegende **Traismauer**. Die Römer errichteten an der Mündung der Traisen in die Donau ein Kastell, im Nibelungenlied wird die Burg König Etzels, in der er Kriemhild empfing, hier verortet. Die Hauptattraktion des kleinen Ortes ist seit einigen Jahren der **Saurierpark**.

Etwas weiter liegt das Wasserkraftwerk Altenwörth, und wiederum etwas weiter das Kernkraftwerk Zwentendorf, eine Investruine. Es wurde zwar fertiggestellt, aber anhaltender Bürgerprotest und schließlich eine Volksbefragung verhinderten seine Inbetriebnahme. Man passiert Tulln, Greifenstein komplettiert dann die kleine Abfolge von Kraftwerken. Das ist jedoch weitaus weniger bemerkenswert als die **Burg Greifenstein**, die sich recht malerisch auf einem Hügel am rechten Ufer

erhebt und der Schleuse ihren Namen gab. Die Burg ist ursprünglich von den Passauer Bischöfen errichtet worden und wurde nach Beschädigungen im Dreißigjährigen Krieg wiederhergestellt. Heute sind hier ein Museum und ein Restaurant untergebracht. Die Anlage gehört ebenso wie **Burg Kreuzenstein** – sechs Kilometer weiter auf dem linken Ufer – zum Besitz des Fürsten von Liechtenstein.

Bei Greifenstein schieben sich wieder Berge bis unmittelbar an das Flussufer heran; damit ist der Wienerwald erreicht. An seinen östlichen Ausläufern liegt Klosterneuburg, nun schon kurz vor den Toren Wiens.

Auf der nördlichen Seite ist lediglich **Korneuburg** erwähnenswert. Die Kleinstadt (12 000 Einwohner) ist von Wien aus schnell zu erreichen und weist eine lange Geschichte auf, aber nur wenige Sehenswürdigkeiten, die sich zudem nicht mit denen im gegenüberliegenden Klosterneuburg messen können. Bereits seit dem 12. Jahrhundert sind Marktflecken und eine Burg bezeugt, dank einiger Handelsprivilegien erfuhr Korneuburg im Spätmittelalter seine Blütezeit. Hauptanziehungspunkte sind das neogotische Rathaus, der Rattenfängerbrunnen davor – der Ort schmückt sich mit einem ähnlichen Märchen wie Hameln –, Reste der Stadtmauer und einige Sakralbauten.

Tulln

Der Flussreisende, der in Tulln Station macht oder dort vorbeikommt, wird zunächst mit Marc Aurel konfrontiert. Unübersehbar steht der als Reiterstandbild am Ufer und blickt auf den

Fluss hinaus. Marc Aurel war nicht zufällig hier, denn als Comagena war der Ort ein wichtiger Posten innerhalb des Limes, der sogar einen Hafen für die Donauflotte aufwies.

Nach Vertreibung der Römer dauerte es bis zum 11. Jahrhundert, bis sich wieder ein nennenswerter Ort herausbildete. Dank der verliehenen Mautrechte war Tulln im Spätmittelalter ein wichtiger Handelspunkt, gleichzeitig ein Hauptsitz der Babenberger und erlebte daher einen deutlichen Aufschwung. Davon künden noch einige Bauten. Heute hat die Stadt, in der rund 14 000 Menschen wohnen, einige regionale Bedeutung als Messeort. Insgesamt präsentiert sich Tulln als beschauliches, gepflegtes Städtchen, das im Sommer auch von den Radlern geprägt wird: Es liegt am Radweg Passau–Wien.

Die Wiesen und Auen um Tulln waren das Gebiet, in dem Konrad Lorenz seine Streifzüge unternahm und die Graugänse beobachtete. Er lebte in Altenberg, einem kleinen Ort zwischen Tulln und Klosterneuburg.

■ **Sehenswürdigkeiten**

Mittelpunkt Tullns ist der **Hauptplatz**, ein geschlossenes Altstadtensemble mit Dreifaltigkeitssäule, schönen Bürgerhäusern aus verschiedenen Epochen und dem sich unmittelbar anschließenden **Rathausplatz** mitsamt gotischem **Rathaus**. Herausragend ist die doppeltürmige **Pfarrkirche St. Stephan**, ebenfalls im Zentrum gelegen. Das ist eine im Kern romanische Basilika aus dem 12. Jahrhundert, die bis 1513 gotisch umgestaltet wurde. Gleich daneben befindet sich der **Karner**. Er stammt aus dem 13. Jahrhundert, vereint romanische und gotische Stilelemente und wird als einer der eindrucksvollsten Bauten seiner Art in Österreich angesehen.

Zwischen Fluss und Altstadt, die zu großen Teilen als Fußgängerzone gestaltet ist, zieht sich die Donaulände dahin. Dort findet sich die spätbarocke **Minoritenkirche** (1739), nicht weit davon entfernt sind im Minoritenkloster die **Tullner Museen** untergebracht. Die Stadt hat seit 1990 ein **Egon-Schiele-Museum** (1890–1918). Der Maler saß wegen des Vorwurfs der Pornographie im rund 20 Kilometer entfernten Neulengbacher Gefängnis einige Wochen in Haft, und in Anspielung daran werden seine Werke im ehemaligen Bezirksgefängnis präsentiert. Es befindet sich ebenfalls an der Donaulände. Sein Geburtshaus kann mittlerweile auch besichtigt werden, es liegt unmittelbar am Hauptbahnhof, nur wenige hundert Meter südlich der Altstadt. Es ist die frühere Dienstwohnung des Vaters, der Bahnbeamter war.

Marc Aurel an der Uferpromenade

In der Nähe des Schielemuseums steht der **Römerturm**; er wurde 360 erbaut und ist in seinem guten Zustand ein rares Stück. Wiederum wenige Schritte von dort stößt man auf den erwähnten Marc Aurel. Ganz in der Nähe sind auch einige Teile der alten Stadtmauer erhalten. Von ihren Zinnen hat man einen schönen Blick auf die Donau und die umgebende Auenlandschaft.

Gleich daneben verdeutlicht das **Römermuseum** anhand von Fundstücken das Leben im Kastell Comagena und der Provinz Noricum: Waffen, Münzen und Gebrauchsgegenstände der Soldaten dokumentieren das Soldatenleben, Schmuck, Tonwaren, Münzen und Reste von Gräbern und Grabbeigaben sowie verschiedener Hausrat das zivile Leben.

Die Stiftskirche ist im Kern romanisch

Klosterneuburg

Durch die Bäume, die das Ufer säumen, schimmert kurz vor Wien eine grüne Kuppel. Sie krönt das **Augustiner-Chorherrenstift** und ist das Wahrzeichen Klosterneuburgs. Die Entwicklung des Stifts, zu dem die Kuppel gehört, verlief in Teilen parallel zu der des Stifts Göttweig, und auch in ihrer Bedeutung sind sie sich ähnlich.

Unter den Babenbergern wurde Klosterneuburg zur Residenzstadt und damit zum politischen Zentrum Österreichs, 1133 wurde ein Augusti-nerkloster eingerichtet. Der Legende nach stand Markgraf Leopold III. eines Tages mit seiner jungen Frau auf dem Söller seiner Burg auf dem Kahlenberg, als eine Bö den Brautschleier der Gräfin davontrug. Er blieb trotz allen Suchens verschwunden. Neun Jahre später fand der Graf, als er auf der Jagd war, den Schleier unversehrt an einem Holunderbaum. Der Graf sah dieses Ereignis als Zeichen und ließ an dieser Stelle das Kloster Neuburg errichten. Die politische Macht verlagerte sich nach 1133 bald nach Wien, die geistliche aber blieb, und so avancierte das Kloster auch zu einem kulturellen Zentrum. Davon künden unter anderem zahlreiche Handschriften in der Stiftsbibliothek. Sie gilt mit ihrem Bestand von rund 160 000 Bänden, 1200 Handschriften und 850 Inkunabeln als eine der wertvollsten des Landes. Im 15. Jahrhundert wurden hier die vermutlich ersten Globen der Welt hergestellt.

Dem Niedergang im 16. Jahrhundert folgte im 18. Jahrhundert eine Revitalisierung und ab 1730 eine erhebliche Erweiterung der vorhandenen Anlage. Vorbild für den barocken Bau war der spanische Escorial. Nur etwa ein Viertel der Pläne wurde letztlich verwirklicht, die realisierten Trakte sind jedoch äußerst repräsentativ. Einen reizvollen Gegensatz zum barocken Stiftsgebäude bildet das sich anschließende Kloster in Gotik und Renaissance.

Die romanische **Stifts- und Pfarrkirche Unserer lieben Frau** komplettiert das Ensemble. Sie entstand ab 1114 und wurde 1136 geweiht, die beiden Türme sind bis 1892 neogotisch umgestaltet worden. Das Innere der Kirche wurde im 17. Jahrhundert verändert und ganz zeitgemäß barock ausgeformt. Es weist einige sehenswerte Fresken an Wänden und Decken auf, die Innenausstattung umfasst wertvolle Altäre und Kanzeln sowie eine Orgel von 1642. Zur Kirche gehört die **Leopoldskapelle**, in der die ältesten bekannten Altarbilder Österreichs aufbewahrt werden. Sie stammen aus der ersten Hälfte des 14. Jahrhunderts.

Seit dem Frühjahr 2006 ist ein Großteil des kulturelles Erbes der Öffentlichkeit zugänglich, zumeist im Rahmen von thematischen Führungen; Gruppenführungen müssen zuvor angemeldet werden (www.stift-klosterneuburg.at). In unmittelbarer Nähe liegt der kleine **Rathausplatz**. Er selbst wie auch die Straßen in der näheren Umgebung sind von schmucken Bürgerhäusern in Barock und Renaissance gesäumt. Zu den Sehenswürdigkeiten des traditionsreichen Weinortes gehört auch die **Pfarrkirche St. Martin**. Dies ist die älteste Kirche des Ortes, im Kern romanisch und 1720 im Stil des Barock umgestaltet. Zu nennen sind auch die Kreuzkapelle, die Abschiedskapelle, die Bäckerkreuzkapelle und die Urlaubskapelle sowie das Weinmuseum.

Klosterneuburg gehört nicht zu den Zielen, die üblicherweise im Rahmen einer Kreuzfahrt angesteuert werden. Der Ort, nur etwa zwölf Kilometer vom Wiener Zentrum entfernt, lohnt aber einen Besuch, nicht nur für die Reisenden, die meinen, in Wien schon alles Sehenswerte besucht zu haben. Klosterneuburg ist vom Franz-Josefs-Bahnhof in Wien mit der Schnellbahn bequem zu erreichen. Sie hält auch in unmittelbarer Nähe der Schiffsanlegestelle Wien-Nußdorf.

▲ *Abend an Deck*

Wien

Nach Rom, Paris und London nimmt Wien unter den meistbesuchten Städten Europas seit vielen Jahren stabil den vierten Rang ein. Die Kombination von Weltoffenheit, reichem Kulturleben und Traditionspflege macht die Hauptstadt Österreichs zu einem überaus attraktiven Reiseziel.

Seit dem Mittelalter war Wien stets das politische, kulturelle und geistige Zentrum des Landes, heute lebt rund ein Fünftel der österreichischen Bevölkerung hier, rund 1,7 Millionen Menschen. Aus allen Epochen finden sich Zeugnisse in der Stadt, dabei dominiert im Zentrum der Barock. Geprägt wurde Wien von der Zeit nach Ende der Türkengefahr, als sich die österreichische Monarchie als politische Großmacht etablierte und Wien zu seiner repräsentativen Hauptstadt um- und ausgebaut wurde. Einige der bedeutendsten Sehenswürdigkeiten stammen aus dieser Epoche, etwa Schönbrunn und das Belvedere. Neben diesen prächtigen Schlössern bilden der Prater, der Stephansdom und das Hundertwasserhaus, allesamt Wahrzeichen Wiens, und die Hofburg mit dem Sisi-Museum die anderen Hauptanziehungspunkte. Darüber hinaus hat Wien seinen Gästen unter anderem eine unüberschaubare Fülle eindrucksvoller Bauten, dutzende hochkarätiger Museen und stilvoller Kaffeehäuser zu bieten – ein Reichtum, den keine andere Stadt an der Donau aufzuweisen hat.

Daher gehen die Kreuzfahrtschiffe stets mindestens für einen ganzen Tag vor Anker, und oft haben die Passagiere die Möglichkeit, zwischen Frühstück und Mitternachtssnack gleich an mehreren Führungen teilzunehmen. Da der Weg von den Liegepunkten in das Zentrum recht einfach ist, kann man die Stadt oder wenigstens Teile davon jedoch ebenso gut auf eigene Faust erkunden.

Geschichte

Zwar sind für das Gebiet des heutigen Wien die ersten Besiedlungen für das 5. Jahrhundert vor Christus nachweisbar, die eigentliche Stadtgeschichte beginnt aber erst mit den Römern. Das von ihnen um 15 vor Christus errichtete Lager Vindobona erstreckte sich um den heutigen Hohen Markt und zwischen Donau, Tiefer Graben und Graben. Ausgrabungen lassen vermuten, dass Vindobona zu Hochzeiten eine Stadt mit rund 20 000 Einwohnern war. Durchziehende Vandalen und Goten richteten schwere Schäden an, um 433 gaben die Römer die Stadt mit einem Vertrag an die Hunnen ab. Es ist nicht erwiesen, dass der Ort zwischen 400 und 600 durchgängig besiedelt war, gesichert ist jedoch die Landnahme durch die Bajuwaren ab 700 und das Eindringen der Magyaren im 9. und 10. Jahrhundert. In den Salzburger Annalen wird 881 ein Ort namens ›Wenia‹ erwähnt, der sich offenkundig dank eines Hafens zu einem Handelsplatz entwickelte.

■ Aufstieg zur Residenzstadt

Im Jahr 995 eroberte Otto II. die bayerische Ostmark zurück und drängte die Ungarn hinaus, 976 wurden die Babenberger zu Markgrafen der Ostmark. In dieser Zeit taucht der Begriff Ostarrichi auf, und um 1030 spricht man erstmals von Wien.

Wien wurde unter Markgraf Leopold

Fiaker vorm Bundeskanzleramt in Wien

III. 1106 Residenzstadt und erlebte in der Folgezeit einen nachhaltigen Aufschwung. Das zeigt sich
beispielsweise daran, dass Wien ein
wichtiger Sammelpunkt der Kreuz-
zugsheere war. Von hier aus verliefen
auch Handelswege in Richtung Böhmen
und Flandern und nach Venedig.
1138 erlangten die Babenberger die
Stadtherrschaft, 1137 wurde die Ansiedlung erstmals als civitas (Stadt)
bezeichnet, 1147 die Stephanskirche geweiht. Ab 1156 wurde Wien zur
Residenzstadt des Babenberger Reiches,
am Anfang des 13. Jahrhunderts war
Wien nach Köln die bedeutendste
Stadt nördlich der Alpen. Im Jahr 1237
wurde Wien zur freien unmittelbaren
Reichsstadt. Das bedeutete die
unmittel-bare Unterstellung unter den
Kaiser. In den folgenden Jahrhunderten
kam es zwischen den Regenten
und der Stadt immer wieder zu

Auseinandersetzungen wegen dieser
Abhängigkeit Wiens von der Krone.
Unter Rudolf I. wurden die Burg und
das Viertel um die Herrengasse ausgebaut, um 1320 hatte das mittels
einer Stadtmauer geschützte Wien
bereits um 40 000 Einwohner. In der
Regierungszeit von Herzog Rudolf
IV. (1358 – 1365) erlebte Wien eine
erneute Blüte. So wurde der Grundstein
für den Turm von St. Stephan gelegt
und die Universität gegründet (1365).
Rudolf IV. strebte danach, Wien zu
einer ebenso prächtigen Metropole
auszubauen, wie es Prag in dieser
Epoche bereits war. Wie in vielen
anderen Städten auch, fanden in dieser
Zeit immer wieder Pogrome gegen
Juden statt, die in ihrer Ermordung und
Vertreibung im Jahr 1421 gipfelten.
Das 15. Jahrhundert wurde vom Streit
zwischen Adel und Bürgern beherrscht.
Der Ungarnkönig Matthias Corvinus
besetzte zwischen 1485 und 1490 die
Stadt; erst nach seinem Tod konnte
sie von Erzherzog Maximilian, dem
späteren Kaiser Maximilian I., zurück-
erobert werden.

■ Reformation und Klosteroffensive
Zwar wurde Wien 1469 Bischofssitz,
die kommenden Jahrzehnte aber
standen im Zeichen von Martin Luther
und den Türken. 1521 schloss sich
die Stadt der Reformation an, 1529
standen die Türken erstmals vor den
Stadttoren. Sie konnten die Stadt zwar
nicht erobern, die Bürger aber nachhaltig verunsichern. Daher wurden
die Befestigungen nach dem Vorbild
italienischer Festungen ausgebaut. Der
Bau dieser Anlagen verschlang enorme

Karte: vordere Umschlagklappe

Das Wiener Parlament

Summen. Auch aus diesem Grund gibt es aus dieser Zeit kaum Profanbauten und auch nur wenige Kirchen in Wien. Unter Kaiser Rudolf II. wurde ab etwa 1570 die Gegenreformation energisch vorangetrieben. Bis dahin waren etwa 80 Prozent der Bevölkerung evangelisch gewesen, in der Mitte des 17. Jahrhunderts gab es unter den nun 60 000 Einwohnern dagegen kaum mehr Protestanten. Bewusst hatten weltliche und geistliche Macht zahlreiche katholische Orden nach Wien geholt – Historiker sprechen auch von einer ›Klosteroffensive‹. Die Orden errichteten zahlreiche Kirchen und Klostergebäude, Wien erlebte eine erste Barockblüte. Der Dreißigjährige Krieg berührte die Stadt kaum, von einer Pestepidemie im Jahr 1679 wurde sie aber schwer getroffen.

Im Jahr 1683 standen die Türken erneut vor Wien. Auch diese Belagerung scheiterte, der Sieg des Entsatzheeres unter Führung des polnischen Königs Jan Sobieski leitete die Zurückdrängung der Osmanen aus Mitteleuropa ein.

Ab 1687 waren die Habsburger auch böhmische und ungarische Könige, Wien verwandelte sich von einer gefährdeten Grenzstadt zum Mittelpunkt einer expandierenden europäischen Großmacht. Auch das Jahr 1685 ist für die Stadtentwicklung von großer Bedeutung: Das erste Caféhaus wurde eröffnet.

■ Barockes Zentrum einer Großmacht

Ab dem späten 17. Jahrhundert entwickelte sich Wien zu einer Barockstadt von europäischem Format. Unter Leopold I. (1659–1705) wurde Wien zum europäischen Musik- und Theaterzentrum, unter Karl VI. (1711–

1740) zur bedeutenden Kunstmetropole. Seit 1723 war die Stadt zudem Erzbischofssitz. Zahlreiche Kultur- und Sakralbauten entstanden, der Adel baute sich rund 400 Schlösser und Palais. Vieles davon war im Barock ausgeführt, manches hat sich bis heute erhalten.

Unter Zeitalter Maria Theresia (1740–1780) und Joseph II. (1780–1790) kam es zu einer regen Bautätigkeit, der Herausbildung einer straffen Verwaltung, der Etablierung frühindustrieller Produktionsverhältnisse und dem dadurch bedingten Zuzug vieler Arbeitskräfte. Wien hatte um 1720 etwa 120 000, um 1770 schon 180 000 Einwohner und war damit die zu dieser Zeit viertgrößte Stadt Europas; 1800 lebten 250 000 Menschen hier. Sie gehörten 13 Nationen an und redeten in 17 Sprachen. In diese Zeit fällt auch das Wirken des Dreigestirns, für das die Musikgeschichte früh den Begriff ›Wiener Klassik‹ gefunden hat: Haydn,

Die UNO-City, Sitz zahlreicher internationaler Organisationen

Karte: vordere Umschlagklappe ▲

Fiakerhaltestelle am Heldenplatz

Mozart, Beethoven. Sie arbeiteten in einer Umgebung, die gesättigt war von anderen Komponisten, Orchestern und anderen festen Kultureinrichtungen.

■ Industrialisierung

Die Industrialisierung führte zu erheblichen Veränderungen im Stadtbild. Zahlreiche Fabriken entstanden, Eisenbahnlinien wurden eingerichtet, und die rasante wirtschaftliche Entwicklung lockte zahlreiche Menschen in die Stadt. Das sich formierende Proletariat lebte auch in Wien unter zumeist erbärmlichen Bedingungen in großer Armut. Wie in vielen anderen europäischen Städten entluden sich die sozialen Spannungen 1848 in einer – gescheiterten – Revolution.

Die Eingemeindung der Vorstädte wurde 1850 vollzogen, Wien hatte nun etwa 430 000 Einwohner. 1890 waren es bereits 1,5 Millionen. Ab 1857 wurde die Stadtbefestigung geschleift, dafür die Ringstraße angelegt und mit repräsentativen Bauten versehen. 1862, nach einer Überschwemmung, begann man mit dem Bau des Donaukanals, der 1875 vollendet

wurde. Seit Ende des 19. Jahrhunderts wurde vor allem in die Infrastruktur investiert, und dem Bau großer Mietskasernenanlagen fielen in dieser Zeit nicht wenige der Barockbauten zum Opfer. Um 1910 hatte die Stadt etwa 2,1 Millionen Einwohner. Diesen Zuwachs verdankte sie vor allem den Zuwanderern aus allen Gebieten der Monarchie, vorwiegend aus Böhmen und Mähren, Ungarn und Galizien. 60 Prozent der Zuwanderer waren fremdsprachiger Herkunft.

■ Das 20. Jahrhundert

Nach 1918 bestimmte im Gegensatz zur Bundesebene durchweg die Sozialdemokratie die Geschicke der Stadt, weshalb man allgemein vom ›roten Wien‹ sprach. In dieser Zeit förderte man vor allem den sozialen Wohnungsbau. Unter Dollfuß wurden zahlreiche Regimegegner vertrieben, verhaftet und ermordet, der Terror steigerte sich nach dem ›Anschluss‹ Österreichs an das deutsche Reich. Der größere Teil der Juden wurde ermordet, ebenso wie die Sinti und Roma. Ab 1944 flogen die Alliierten Bombenangriffe gegen Wien, die Rote Armee eroberte im April 1945 die Stadt, am Ende des Krieges war sie zu 20 Prozent zerstört.

Ab 1955 war Wien die Hauptstadt eines neutralen und nun wieder souveränen Staates; der Status als ›blockfreies Land‹ motivierte den Zuzug einiger internationaler Organisationen und Konferenzen: Atomenergiebehörde, Abrüstungskonferenzen, UNIDO (Organisation für industrielle Entwicklung der Vereinten Nationen) und OPEC. Seit 1979 ist Wien neben New York und Genf der dritte offizielle Sitz der UNO.

Auf der Oberen Donau

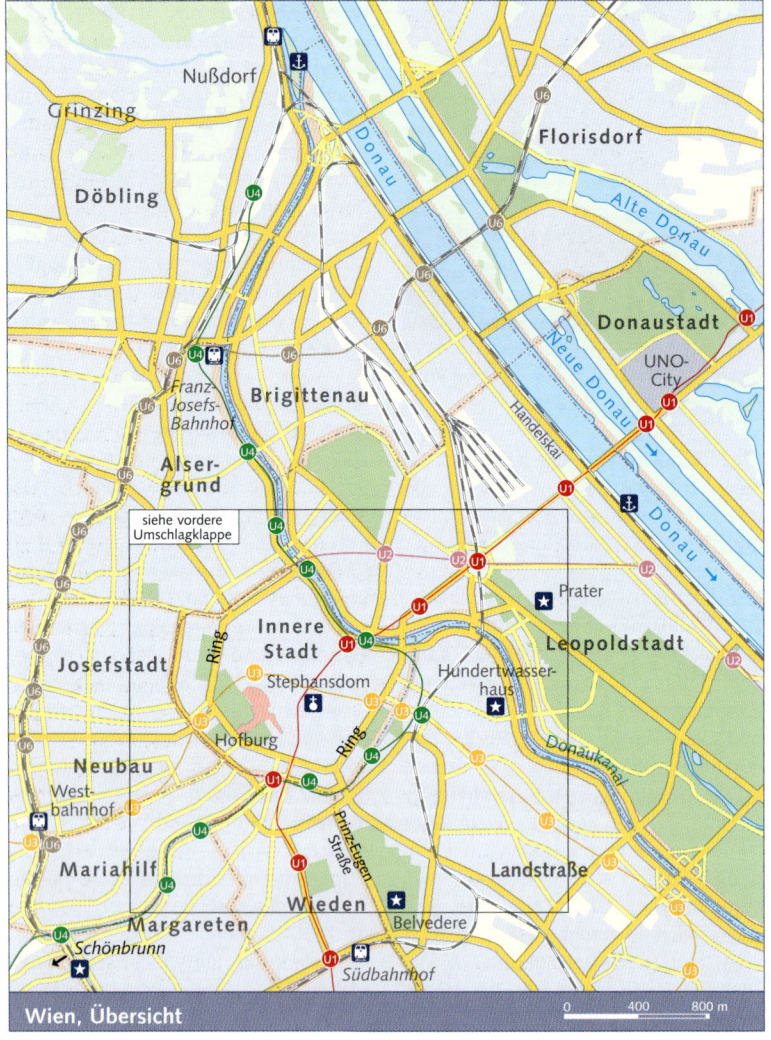

Wien, Übersicht

Nach 1945 sind zahlreiche historische Bauten renoviert oder nach den Kriegszerstörungen wiederhergestellt worden. Die Umgestaltung des Donau-gebiets begann 1972. Hier entstanden neue Wohngebiete, große Areale für internationale Firmen und die UNO, Kongresse und Messen sowie ausgedehnte Freizeitanlagen. In den 70er Jahren kamen viele Einwanderer aus Jugoslawien und der Türkei, nach Öffnung der Grenzen zogen wiederum zahlreiche Menschen aus den Ländern Ostmitteleuropas nach Wien. Heute ist jeder siebte Wiener nicht österreichischer Nationalität.

Seit den 1970er Jahren fanden in vielen Bereichen Modernisierungen statt. So entstand seit dieser Zeit das U-Bahnnetz, investierte man viel in die Sanierung der maroden Altbausubstanz und förderte nicht zuletzt weitaus stärker als zuvor Kultureinrichtungen.

Die Veränderungen ab 1989 haben die Stadt einerseits aus ihrer Sackgassenlage kurz vor dem Eisernen Vorhang befreit und das kulturelle und geistige, wirtschaftliche und auch politische Leben enorm belebt, ihr andererseits eine zuvor nicht dagewesene Konkurrenzsituation zu den nahegelegenen Hauptstädten Budapest, Prag und Bratislava gebracht. Die Stadtväter reagierten auf diese Herausforderung nicht zuletzt mit der Einrichtung neuer Museen und Festivals. So wurden etwa das Sisi-Jahr 1998, das Strauß-Jahr 1999 und das Mozart-Jahr 2006 mit einer Fülle von Veranstaltungen begangen.

Stephansplatz

Stephansdom und Stephansplatz bilden den räumlichen und vor allem den ideellen Mittelpunkt der Stadt. Der Stephansdom ist der höchste Bau der Innenstadt, am Platz treffen sich mehrere Straßen. Daher beginnen viele Stadtrundgänge fast automatisch hier. Die Nordseite des Stephansplatzes wird vom barocken **Erzbischöflichen Palais** (1638–1669) begrenzt, heute Sitz des Dom- und Diözesanmuseums. Darin sind die Domschätze vom Mittelalter bis ins vorige Jahrhundert ausgestellt. An der Westseite liegt das gläserne **Haas-Haus**, dessen Restaurantterrasse im obersten Stock eine wunderbare Aussicht auf die Altstadt eröffnet. An

der Südseite des Platzes ist ein Grundriss mit roten Steinen markiert. Hier stand die Maria-Magdalena-Kapelle, die 1781 niederbrannte. Unter ihr liegen die Reste der **Virgilkapelle**. Sie befindet sich zwölf Meter unter der Erde und ist zu sehen, wenn man zur U-Bahnstation hinuntersteigt. Die gotische Kapelle entstand um 1250 und wurde 1973 wiederentdeckt, als man den U-Bahnbau vorantrieb.

■ Der Dom

Der Dom gehört zu den wertvollsten Bauten Wiens, er repräsentiert acht Jahrhunderte Kunst- und Stadtgeschichte. Eine romanische Basilika wurde hier 1147 geweiht. Funde, die man bei Ausgrabungen im Jahr 2000 gemacht hat, lassen den Schluss zu, dass an dieser Stelle bereits um 800 ein Sakralbau stand. Ein Brand vernichtete die Basilika, 1263 weihte man einen Neubau. Das Haupttor stammt unter anderem noch aus dieser Epoche. Zwischen 1304 und 1340 wurden Erweiterungen im gotischen Stil vorgenommen, von 1359 bis 1443 der Neubau des gotischen Doms vorangetrieben. Der Südturm kam 1433 dazu, der Nordturm wurde

Der Wiener Neustädter Altar im Dom

Auf der Oberen Donau

erst 1511 fertiggestellt, seine Renaissancekuppel gar erst 1578. So wie der Dom nach Abschluss dieser Arbeiten aussah, präsentiert er sich heute in weiten Teilen. Beschädigungen erlitt er durch Beschuss der Franzosen 1809, erheblich in Mitleidenschaft gezogen wurde er 1945. Unter anderem brannte der Dachstuhl komplett aus. Die Restaurierung dauerte von 1948 bis 1962. Der **Nordturm** – von der Bevölkerung liebevoll ›Steffl‹ genannt – ist 136,7 Meter hoch, der nie fertiggestellte Südturm immerhin noch 60 Meter. Im Nordturm hängt die **Pummerin**. Das war ursprünglich eine große Glocke, die 1683 aus dem Metall erbeuteter türkischer Kanonen gegossen wurde. 1945 stürzte sie vom Turm und zersprang, 1952 wurde sie neu gegossen, unter dem Jubel der Bevölkerung mit einem geschmückten Fahrzeugkorso zum Dom gebracht und wieder aufgehängt. Sie erklingt bei besonderen Anlässen, in der Silvesternacht läutet sie mit einem ihrer dumpfen Schläge das Neue Jahr ein.

Unterhalb des Turms befinden sich die **Katakomben**, in denen Tausende von Skeletten liegen. Die meisten waren ursprünglich auf dem Friedhof begraben, der sich um den Dom erstreckte und im 18. Jahrhundert auf-gelöst wurde. Seitdem sind sie hier zur letzten Ruhe gebettet. Den Nordturm kann man mit Hilfe eines Lifts erobern, den Südturm nur über 343 Stufen. Von beiden eröffnet sich eine fantastische Sicht über die Stadt.

An der Nordseite liegt das **gotische Bischofstor**, zugänglich ist das Innere über den Eingang an der Westseite, der von zwei kleineren Türmen flankiert wird. Das sind die einzigen Reste der romanischen Kapelle.

Der Dom ist eine dreischiffige Anlage in Form eines lateinischen Kreuzes, das **Hauptschiff** mit seinen Kreuzrippengewölben ist sehr hoch (28 Meter), wodurch die Längsrichtung nochmals betont wird. Das Innere weist eine prächtige gotische Innenausstattung und barocke Ergänzungen auf, unter denen der **Hochaltar** und die farbigen **Glasmalereien** am augenfälligsten sind. Besonders kostbar ist die sand-steinerne **Kanzel** links vom Mittelschiff, die Meister Anton Pilgram geschaffen hat. Er hat sich an ihrem Fuß mit einem Relief selbst ein Denkmal gesetzt, daher wird sie auch ›Pilgramkanzel‹ genannt.

Das **Hochgrab des Kaisers Friedrich III.** im rechten Seitenschiff zeigt sich als Mausoleum aus rotem Marmor. Der Sarkophag ruht auf einer Sockelplatte. Auf der Grabplatte ist der Kaiser eingemeißelt, mit Reichsapfel, Zepter und dem Spruch AEIOU, den man meistens mit ›Austria erit in orbe ultima‹ übersetzt: Alles Erdreich ist Österreich untertan. Eine kostenpflichtige Führung führt in die Katakomben und die Herzogsgruft. Dort werden seit dem 17. Jahrhundert die Eingeweide von Mitgliedern des Kaiserhauses aufbewahrt.

Rund um den Stephansplatz

Das Viertel östlich und südlich des Stephandoms ist deutlich weniger frequentiert als der Stephansplatz. Die barocken Fassaden entlang der schmalen Gassen geben einen guten Eindruck von der Bürgerlichkeit des 18. Jahrhunderts, und einzelne Einrichtungen verdienen besondere Beachtung.

■ Griechengasse

Eine Institution in Wien ist das **Griechenbeisl** an der Griechengasse. Es ist womöglich das älteste der Stadt (etwa 1490 gegründet) und hieß lange Zeit ›Zum Roten Dach'l‹. Wegen der vielen Griechen, die sich in diesem Viertel im 18. Jahrhundert niederließen, änderte es seinen Namen. Von außen ist es fast unscheinbar, das Innere aber geschichtsgesättigt. Von den Kugeln, die in einer Wand stecken, wird gesagt, dass es türkische Geschosse sind, die sich seit der Belagerung an dieser Stelle befinden. Im hinteren Gastraum kann man sich davon überzeugen, dass das Haus viele berühmte Gäste gesehen hat. Sie haben sich an den Wänden mit einer Unterschrift verewigt; darunter sind Beethoven, Grillparzer und Johann Strauß, Bismarck und Prinz Eugen, Brahms und Mozart und auch Johnny Cash und Johnny Weissmüller. Das Haus ist ein Beispiel für die in Wien typischen Pawlatschenhöfe. Damit sind die zum Hof hin offenen Gänge gemeint. Nebenan liegt die **Griechische Kirche**, die im Jahr 1782 erbaut wurde. Sie bietet einen ungewöhnlichen Anblick in der ansonsten barock dominierten Sakralbautenlandschaft der Stadt, denn sie wurde 1858 mit einer neuen Fassade versehen und präsentiert sich seitdem in maurischen Formen.

■ Mozarthaus

Ein wichtige Adresse für Mozartfreunde ist die Domgasse 5. Wolfgang Amadeus Mozart (1756–1793) wohnte von 1784 bis 1787 im ersten Stock dieses Hauses, er bezeichnete diese Jahre später als die »glücklichsten meines Lebens«. Von der originalen Einrichtung ist nichts erhalten. Die – für Mozarts Verhältnisse – sehr großzügige Wohnung beherbergt heute eine Ausstellung, die den Fokus auf die zweieinhalb Jahre legt, die er hier verbrachte.
Pünktlich zu Beginn des Mozartjahres

2006 wurde aus diesem ›Figarohaus‹ das **Mozarthaus Vienna**. Seitdem setzen sich Exponate und multimediale Installationen auf vier weiteren Etagen und im Innenhof mit Mozart und seiner Zeit auseinander. So erfährt man einiges über die gesellschaftlichen Verhältnisse am Ende des 18. Jahrhunderts, Mozarts persönliche Lebensumstände, die Hintergründe seine Opernwerke und auch die Geschichte dieses Hauses. In ihm sind seit den Umbauten zum Jubiläumsjahr auch ein Veranstaltungssaal (Untergeschoss) und ein gut bestückter Shop (Erdgeschoss) untergebracht.

■ Franziskanerkirche

Einen schönen Tupfer setzt die Franziskanerkirche am gleichnamigen Platz ein Stück weiter südlich. Er ist brunnengeschmückt und von einer einheitlichen Bebauung aus dem 17. und 18. Jahrhundert umgeben. Die Kirche

Im Mozarthaus

Das älteste Café Wiens in der Himmelpfortgasse

(1603–1611) stellt eine Besonderheit dar: Ihre Fassade ist die einzige in Wien in den Formen der Renaissance, ansonsten vermischt sie Gotik und Renaissance und beherbergt mit der ältesten erhaltenen Orgel der Stadt einen kleinen Schatz.

■ Himmelpfortgasse

Das mächtige ehemalige **Winterpalais des Prinzen Eugen** dominiert die schmale Himmelpfortgasse. Es wurde von 1697 bis 1698 erbaut und von 1708 bis 1728 erweitert. In dem Gebäude sind heute Teile des Finanzministeriums untergebracht, daher ist es weitgehend für die Öffentlichkeit unzugänglich. Eintritt hat man jedoch zu dem beeindruckenden Treppenhaus, das man über die Hofdurchfahrt erreicht. Die mächtige Fassade ist mit Putten, Prunkportalen und Balkonen geschmückt. Nebenan (Nr. 6) lädt mit dem **Café-Restaurant Frauenhuber** das älteste Café der Stadt zum Besuch ein. Mag es auch charaktervollere und elegantere

Cafés in Wien geben, so kann sich das ›Frauenhuber‹ doch damit rühmen, dass in den Räumen schon Mozart und Beethoven Tafelmusik geboten haben.

■ Kärntnerstraße und Neuer Markt

Der Weg zurück zum Stephansplatz führt über die **Kärntner Straße**, eine der Haupteinkaufsstraßen Wiens. Wen es nicht in die zahlreichen Lokalitäten, Boutiquen und sonstigen Geschäfte zieht, gelangt von hier aus rasch zu weiteren Sehenswürdigkeiten der Stadt. Unter anderem liegen Hofburg und Ringstraße in Fußnähe.

Parallel zur Kärntner Straße liegt der **Neue Markt**, im Mittelalter der zentrale Korn- und Mehlmarkt. Schmuckstück ist der **Donner-Brunnen** in seiner Mitte, benannt nach seinem Erbauer Georg Raphael Donner. Er war bei seiner Einweihung 1739 die erste rein profane Brunnenanlage der Stadt und heißt offiziell Providentia-Brunnen. Mittelpunkt des vielleicht schönsten Brunnens der Stadt ist die Frauenfigur,

Karte: vordere Umschlagklappe

eben die Providentia (vorausblickende Klugheit). Die vier Figuren am Brunnenrand stellen die für die Entstehung Österreichs bedeutsamen Flüsse Enns, March, Traun und Ybbs dar.

Die unscheinbare **Kapuzinerkirche** (1622–1632) an der westlichen Platzseite ist leicht zu übersehen. Sie bietet ein ganz besonderes Erlebnis, denn die Gruft, in der alle Regenten von Matthias bis Franz Josef I. – also von 1633 bis 1916 – beigesetzt sind, insgesamt 12 Kaiser, 16 Kaiserinnen und über 100 Herzöge, steht Besuchern offen. Das gedämpfte Licht und die teils übergroßen und aufwendig verzierten Metallsärge verbreiten eine erhabenschaurige Stimmung. Am erhabensten ist sicherlich das Grab für Maria Theresia und ihren Mann, Kaiser Franz von Lothringen.

Im ›Herzgrüft'l‹

An der Augustinerstraße

Am südlichen Ende der Kärntnerstraße stößt man auf den Albertinaplatz. Die **Albertina** selbst beherbergt eine weltberühmte graphische Sammlung. Unter den 45 000 Zeichnungen und 1,5 Millionen Blättern – Stiche, Radierungen und Lithographien – finden sich Werke von Dürer, Cranach, da Vinci, Michelangelo, Rafael, Tizian, Rubens und Rembrandt. Im selben Gebäude warten Musiksammlung und Papyrussammlung auf ihre Besucher. Seit 2003 ist in dem Gebäude auch ein Filmmuseum untergebracht. Es bietet Sammlungen zur Filmgeschichte, ein Archiv und ein anspruchsvolles tägliches Programm.

Der Albertinaplatz wird von dem **Mahnmal gegen Krieg und Faschismus** des Bildhauers Alfred Hrdlicka beherrscht. Es wurde 1991 zum Gedenken an die während der NS-Gewaltherrschaft Umgekommenen aufgestellt. Die Bronzeplastik des auf den Knien liegenden Juden erinnert an die Behandlung der jüdischen Bürger in den Jahren 1938 bis 1945. Bis heute ist das Mahnmal wegen seiner drastischen Bildsprache umstritten.

Der Donner-Brunnen am Neuen Markt

■ Augustinerkirche und Stallburg

In einem Seitenraum der **Krypta** der Augustinerkirche, der allgemein ›Herzgrüft'l‹ genannt wird, werden in silbernen Urnen 54 Herzen aufbewahrt, die den Habsburgern, einem alten Ritus gemäß, vor der Beisetzung entnommen worden waren. Diesen Raum kann man nicht betreten, ein Blick durch ein Fenster in der Tür ist aber möglich, wenn anlässlich von Führungen die Krypta aufgeschlossen wird. Aus der Entfernung sehen die Dosen kleinen Siegerpokalen nicht unähnlich.

Nur wenige Schritte weiter liegt die Stallburg, die Heimstatt der **Spanischen Reitschule**. Wer nicht das Glück hat, die weltberühmten Lippizaner bei einer ihrer Vorführungen oder beim Training sehen zu können, kann alternativ das Lippizanermuseum besuchen, das ebenfalls hier untergebracht ist.

■ Michaelerplatz

Die Augustinerstraße mündet auf den Michaelerplatz. Einige freigelegte, konservierte und eingefasste **Reste aus der Römerzeit** finden sich in seiner Mitte, und die meisten Besucher steuern zielgerichtet das **Eingangstor zur Hofburg** an.

Sehenswert und ungewöhnlich ist aber vor allem das gegenüberliegende **Loos-Haus**. Das Parterre ist durch Säulen gefasst, die darüberliegenden Erdgeschosse betont nüchtern, das Dach dagegen wieder grünkupfern. Für die Schneiderfirma Goldmann und Salatsch entwarf der Architekt Adolf Loos 1910 einen Firmensitz und versuchte durch die ganz eigene Architektursprache Moderne und am Platz vorhandene Traditionen in Einklang zu bringen. Die Zeitgenossen rieben sich am ›Haus ohne Brauen‹ – Loos verzichtete unter anderem auf Fensterlaibungen –, heute wird die klare, durchdachte Form des Gebäudes allgemein als herausragendes Beispiel für die Moderne angesehen.

Die Hofburg

Die Hofburg, das Zentrum der monarchischen Macht, setzt sich aus zahlreichen Trakten zusammen. Die erste Burg, die im 13. Jahrhundert entstand, war noch von bescheidenen Ausmaßen, fast alle Herrscher ließen dann anbauen und erweitern, so dass nach und nach der riesige Komplex entstand. Die Planungen Gottfried Sempers, der am Ende des 19. Jahrhunderts ein geradezu gigantomanisches ›Kaiserforum‹ plante, blieben – gottlob, so muss man wohl sagen – unvollendet. Dennoch sind die Ausmaße beeindruckend: 2600 Räume in 10 Trakten und 18 Gebäuden, die um 19 Höfe gruppiert sind, insgesamt 240 000 Quadratmeter Nutzfläche.

Die Hofburg wird heute teils museal genutzt, teils von staatlichen Stellen. Gutes Karten- und Informationsmaterial hält das Auskunftsbüro bereit, dort kann man sich auch Führungen anschließen. Wenn man die Hofburg vom Michaelerplatz aus betritt, erkundet man sie in etwa chronologisch. Man kommt zunächst zum **Michaelertrakt**, der nach Abbruch des alten Hofburg-theaters 1888 entstand, und darauf in den **Hof In der Burg**, in dessen Mitte ein Denkmal für Kaiser Franz I. Platz gefunden hat.

■ Sisi-Museum

An der westlichen Seite liegt der barocke **Reichskanzleitrakt**. Darin befinden sich die **Franz-Joseph-Appartements**, die ebenso zugänglich sind wie die **Räume des Zaren Alexander I.** und die der Kaiserin Elisabeth. Ihre Räume befinden sich im wiederum westlich anschließenden Amalientrakt. Seit 2004 heißt dieser Teil offiziell **Sisi-Museum**. Dessen sechs Räume – Der

Denkmal für für Kaiser Franz I.

Tod, Mythos Sisi, Das Mädchen, Am Hof, Die Flucht, Das Attentat – sind für viele Gäste der Hauptgrund, der Hofburg einen Besuch abzustatten. Das Sisi-Museum versucht gar nicht erst eine neutrale Würdigung der Kaiserin, es versteht sich als die ›Inszenierung von Gefühlen‹, orientiert sich an den ›persönlichen Gedichten der melancholischen Kaiserin‹ – und ist vermutlich genau deshalb seit seiner Eröffnung so ungemein populär. Es gibt einige Bilder und Fotos zu sehen, das Hochzeitskleid, einen Morgenrock, die Totenmaske, Regenschirme und auch ihren Letzten Willen, der dramatisch auf dem Schreibtisch plaziert wurde. Sisis Toilette kann ebenso besichtigt werden wie die Sportgeräte, an denen sich die streng auf Gewicht und Figur achtende Elisabeth fithielt, darunter Ringe, Reck und Sprossenwand.

Interessant ist in den Franz-Joseph-Räumen der Gegensatz zwischen den teils kostbar ausgestatteten Re-

präsentations- und Regierungsräumen des Kaisers und seinen geradezu spartanisch eingerichteten Privatzimmern.

■ Der Leopoldinische Trakt

Zum Süden begrenzt der Leopoldinische Trakt den Hof. Er steht den Besuchern nicht offen, da in ihm die Amtsräume des Bundespräsidenten liegen. Früher befanden sich in diesem Trakt die Wohn- und Repräsentativräume von Maria Theresia und später ihrem Sohn Joseph II.

■ Alte Hofburg

Die Alte Hofburg auf östlicher Seite komplettiert die Bebauung. Sie wird auch **Schweizerhof** genannt, weil hier einst Söldner aus der Schweiz Wache standen. Es ist der älteste Teil der Hofburg, ursprünglich eine wehrhafte Anlage mit Ecktürmen, die Ferdinand I. in der Mitte des 16. Jahrhunderts zu einem Renaissanceschloss umgestalten ließ. Besonders sehenswert ist das **Schweizertor**. Über den Hof gelangt man zur Burgkapelle, die seit ihrer Einweihung 1296 mehrfach umgestaltet wurde. Im Schweizertrakt befindet sich auch der Zugang zur geistlichen und weltlichen Schatzkammer. Unter den Exponaten befinden sich Reichskleinodien, Reliquien des Heiligen Römischen Reiches deutscher Nation, Krönungs- und Ordensinsignien, Schmuck und Erinnerungsstücke aus Habsburger Besitz und vieles andere mehr.

■ Nationalbibliothek

Zwischen Josephsplatz mit Denkmal für Kaiser Joseph II. und Bibliothekshof liegt die Nationalbibliothek. Hier befinden sich die Bücherbestände des Hofes, überaus kostbare und wertvolle

Auf der Oberen Donau

*Kuppel über dem Prunksaal der National-
bibliothek*

Sammlungen, die nach dem Ende der
Monarchie in Staatsbesitz übergingen.
Der Gesamtbestand beträgt etwa
2,5 Millionen Bücher, darunter sind
43 000 Handschriften – die ältesten
aus dem 6. Jahrhundert –, Globen
und Karten – die ältesten gar aus dem
4. Jahrhundert –, Papyri und 8000
Inkunabeln, außerdem ein Portrait-
und Bildarchiv sowie eine Musik- und
Theatersammlung. Mittelpunkt dieses
Reichtums ist der **Prunksaal**, ein ovaler
zweigeschossiger Raum von 77 Metern
Länge, 14 Metern Breite und 20
Metern Höhe, der seinem Namen alle
Ehre macht. Mit Deckenfresken und
Säulen ist er verziert, er wird von einer
mächtigen Kuppel bekrönt, unter der
vor allem die 16 000 goldgepressten
Bände, die einst zur Bibliothek des
Prinzen Eugen von Savoyen gehörten,
die Blicke auf sich ziehen.

■ **Heldenplatz**
Ein Gang führt hinaus auf den
Heldenplatz. In seiner Weiträumigkeit
bildet er einen großen Kontrast zu
den Höfen der Alten Hofburg. Selbst
die großen **Reiterstandbilder**, das für
Erzherzog Karl (das westliche) und

das für Prinz Eugen, wirken innerhalb
dieser Dimensionen bescheiden.
Der Heldenplatz wird auf der einen
Seite durch den massigen Baukörper
der **Neuen Hofburg** konturiert.
Begonnen hatte man mit ihrem Bau
bereits 1881, sie wurde jedoch erst
1926 fertiggestellt. Im Festsaaltrakt
auf der linken Seite ist heute ein
Kongreßzentrum untergebracht, die
anderen Räume belegen Katalog-
und Leseräume der Österreichischen
Nationalbibliothek und das Museum
für Völkerkunde sowie das Ephesos-
Museum, die Waffensammlung und die
Sammlung alter Musikinstrumente.
An seiner südöstlichen Seite wird der
Platz durch das **Burgtor** begrenzt, einen
Rest des alten Befestigungssystems. Es
führt auf die Ringstraße.

Die westliche Altstadt
Im Gebiet nördlich und westlich des
Stephansdoms befand sich einst die
Römerstadt, und von hier breitete sich
seit dem Mittelalter die Stadt Wien aus.
Zeugnisse aus vielen Epochen finden sich
hier, und ein Rundgang durch die unregelmäßigen Gassen und über die sehr
unterschiedlichen Plätze macht mit den
ältesten Teilen der Stadt bekannt.

■ **Graben und Kohlmarkt**
Der Graben westlich des Stephansdoms ist halb Platz und halb Straße,
auf jeden Fall aber eine Prachtmeile, an
der eine Reihe exklusiver Geschäfte und
Lokalitäten beheimatet ist. Im Sommer
ist ihm, vor Autos geschützt und mit
zahlreichen Pflanzen geschmückt, der
Charakter einer italienischen Piazza
eigen. Mit der enormen Summe, die
die Österreicher als Lösegeld für den
gekidnappten König Löwenherz erhielten, wurde der Graben – bis dahin

eben ein Graben, der auf dieser Seite das römische Lager begrenzt hatte – planiert und in die Form gebracht, wie er heute zu bestaunen ist. Die Bebauung kam ab 1220 dazu, und etwa seit den Zeiten Maria Theresia ist er ein glanzvoller Mittelpunkt Wiens.

Zwei Brunnen, 1804 aufgestellt, markieren ungefähr seine Ausmaße, in der Mitte steht die große Pestsäule. Sehenswert sind auch die originellen Jugendstiltoiletten in der Mitte des Platzes, die der berühmte Architekt Adolf Loos entwarf.

An der nördlichen Seite des Platzes fügt sich die **Peterskirche** harmonisch in die sie umgebenden Fassaden ein. Man nimmt an, dass sie bereits von Karl dem Großen 792 begründet worden ist. Damit wäre sie nach der Kirche St. Ruprecht in der Nähe des Morzinplatzes die zweitälteste der Stadt. Der heutige Bau wurde 1733 vollendet, ist barock und im Inneren aufwendig ausgestaltet.

Der vom Graben abzweigende **Kohlmarkt** hat sich in den vergangenen Jahren als Adresse für die bekannten internationalen Modefirmen etabliert. Die meisten Touristen zieht es in die traditionsreiche **Konditorei Demel**, ehemals Hoflieferant und heute noch eine der vornehmsten Adressen unter den Caféhäusern der Stadt.

■ Am Hof

Der Platz Am Hof ist nicht nur besonders harmonisch, er ist auch mit gleich mehreren wichtigen Phasen und Daten der österreichischen Geschichte verbunden. Hier entstand die älteste Babenbergerpfalz, eben der Hof, den Walther von der Vogelweide schwärmerisch als »wunneclichen hof ze Wiene« beschreibt. Nicht nur Walther hielt sich hier länger auf, auch Reinmar von Hagenau, Neidhardt und der Tannhäuser waren immer mal wieder für längere Zeit hier – der Hof war im Mittelalter ein herausragendes Kulturzentrum Europas. Im Jahr 1848, als die Revolution auch Wien erfasste, lynchte die aufgebrachte Menge den Kriegsminister und hängte ihn an einer Laterne vor seinem Amtssitz auf. Anstatt des Hofes steht hier heute ein

Auf dem Graben lässt es sich gut flanieren

Auf der Oberen Donau

Bankgebäude, und der Platz ist eher ruhig und nur am Wochenenden, wenn der Markt stattfindet, etwas belebter. An seiner östlichen Seite findet sich eine der schönsten Kirchen aus dem 17. Jahrhundert, die **Jesuitenkirche Zu den neun Chören der Engel**, ein gotischer Bau von 1386, dem um 1662 eine barocke Fassade vorgelagert wurde. Im Jahr 1806 verkündete von dem Balkon ein Gesandter die Auflösung des Heiligen Römischen Reiches deutscher Nation und die Niederlegung der deutschen Kaiserkrone durch den Habsburger Monarchen. Vor der Kirche erinnert die Mariensäule an die Schwedengefahr im Dreißigjährigen Krieg.

■ Freyung und Herrengasse

Nur wenig weiter stößt man auf die Freyung, einen unregelmäßigen, in etwa trapezförmigen Platz. Er ist heute als Ort für den Weihnachts- und den Ostermarkt populär. Seinen Namen erhielt er zur Erinnerung an die Befreiung des **Schottenstifts** von der landesfürstlichen Gerichtsbarkeit. Das Stift mitsamt Kirche liegt an der Nordseite. Es wurde, anders als der Name es nahelegt, von irischen Mönchen zwischen 1155 und 1200 errichtet. Das heutige barocke Aussehen der Kirche geht auf die Umbauten in der Mitte des 17. Jahrhunderts zurück, das Innere wurde nochmals 1892/93 umgestaltet. Dort finden sich hübsche Altargemälde und Epitaphe. Im Stift selbst sind 19 gotische Gemälde von Interesse, die unter anderem Stadtansichten von Wien zeigen. In der Mitte der Freyung demonstriert der große **Austriabrunnen** aus der Mitte des 19. Jahrhunderts die einstige Größe der Habsburger Monarchie:

Dort werden als die vier Hauptflüsse des ehemaligen Staates Elbe, Weichsel, Donau und Po symbolisiert. Von der Freyung geht die **Herrengasse** ab. Hier haben sich zwei Zeugnisse aus der Zeit erhalten, als sich Österreich anschickte, eine europäische Großmacht zu werden: das **Palais Kinsky** (1716) und das **Palais Harrach** (1700, um 1845 erheblich verändert). In relativer Nähe, so vor allem in der Wallnerstraße und der Bankgasse, haben sich noch einige Adelspaläste mit sorgsam herausgeputzten Originalfassaden erhalten.

■ Judenplatz

Der Judenplatz, etwas nordöstlich der Kirche Zu den neun Chören der Engel gelegen, bildete im Mittelalter das Zentrum jüdischen Lebens in Wien. In dieser Zeit entstand die **Orsura-Synagaoge**, deren Reste seit 1995/96 freigelegt sind. Das Zusammenleben von Christen und Juden war über die Jahrhunderte nie spannungsfrei, immer wieder fanden Pogrome gegen die Juden statt. Das **Lessingdenkmal** in der Mitte des Platzes gemahnt daher an Humanismus und Toleranz. 1998 kam eine Gedenktafel hinzu, die die Mitschuld der katholischen Kirche an den Judenverfolgungen des Mittelalters dokumentiert. Ihre Aufstellung war umstritten, ebenso wie die Errichtung des **Mahnmals für die österreichischen Opfer der Shoah**, das im Jahr 2000 nach Plänen von Rachel Whiteread entstand. Es stellt eine umgestülpte Bibliothek dar. Im gleichen Jahr wurde im **Haus Judenplatz 8** die Dauerausstellung zur Geschichte des mittelalterlichen Judentums eröffnet. Hier ist auch eine Dokumentation zur

Shoah untergebracht, der 65 000 österreichische Juden zum Opfer fielen.

Die **Böhmische Hofkanzlei** schließt den Platz nach Norden ab. Sie wurde 1708 bis 1714 nach Entwürfen des berühmten Architekten Johann Bernhard Fischer von Erlach als kaiserliches Innenministerium erbaut.

Ihrer Nordfassade gegenüber liegt das **Alte Rathaus**. Es ist im Kern aus dem 14. Jahrhundert und wurde mehrfach umgestaltet. Im Hof ist der Andromedabrunnen von Georg Raphael Donner sehenswert. Er stellt die Befreiung der von einem Drachen gefangen gehaltenen Andromeda durch Perseus dar.

Nördlich schließt sich die **Kirche Maria am Gestade** an. Sie wurde erstmals 1158 erwähnt und ruht in Teilen auf Grundmauern der römischen Befestigungsanlage. Die Kirche lag ursprünglich am Steilhang des alten Donauarms und war die Kirche der Donauflößer. Die Kirche ist schmuck und gotisch, zum Teil sind die schönen mittelalterlichen Glasmalereien erhalten geblieben.

Die Ankeruhr am Hohen Markt

■ Hoher Markt und Morzinplatz

Der Hohe Markt ist der älteste Platz Wiens. Der römische Stadtkommandant hatte hier seinen Sitz, seit dem Mittelalter und bis ins 19. Jahrhundert war der Platz Richt- und Hinrichtungsstätte. Im Zweiten Weltkrieg ist er stark zerstört worden. Seinen Mittelpunkt bildet der **Vermählungsbrunnen**, der die Hochzeit von Joseph und Maria darstellt. In einem kleinen **Museum** am Hohen Markt (Nr. 3, Souterrain) sind **Überreste der römischen Siedlung** ausgestellt und erläutert.

An der Ostseite des Platzes lockt die **Ankeruhr** jeden Tag um 12 Uhr mittags die Touristen an. Dann erscheinen zwölf wichtige Persönlichkeiten aus der österreichischen Geschichte zu passender Begleitmusik. Die Uhr hat ihren Namen von der Versicherungsgesellschaft Anker, für die sie 1911 erbaut wurde.

Die Judengasse führt von hier aus zum **Morzinplatz**. Hier befindet sich die Ruprechtskirche, die älteste erhaltene der Stadt, und hier befand sich bis zu seiner Zerstörung im Zweiten Weltkrieg das Hotel ›Metropol‹, ab 1938 das Hauptquartier der Gestapo. Ein schlichter Gedenkstein erinnert an die vielen Wiener, die hier gefoltert und ermordet wurden.

Der Ring

Das imperiale Wien ist nirgends so gut fassbar wie an der Ringstraße. Das ist ein vier Kilometer langer, durchgängig 57 Meter breiter, auch im europäischen Vergleich beispielloser Prachtboulevard, der sich als Dreiviertelkreis um die Altstadt legt. Er trägt mehrere

Namen und heißt – im Uhrzeigersinn –Stubenring, Parkring, Schubertring, Kärntner Ring, Opernring, Burgring, Dr.-Karl-Renner-Ring, Dr.-Karl-Lueger-Ring und Schottenring, aber man spricht allgemein von der Ringstraße oder vom Ring.

Er ist vergleichsweise jung. 1857 ordnete Kaiser Franz Joseph an, die noch vorhandenen Festungsmauern zu schleifen und statt dessen einen Boulevard anzulegen. Als er 1865 eröffnet wurde, war er noch weitgehend unbebaut, komplettiert wurde die Bebauung erst am Ende des Jahrhunderts.

Auffällig ist, dass sich unter den Bauten nur eine Kirche befindet, die Votivkirche. Das sich in der Monarchie formierende Bürgertum baute sich am Ring seine neuen Weihe- und Wallfahrtsstätten, der Staat setzte zentrale Einrichtungen daneben: Museen, Theater, Rathaus und Börse, Universität, Kriegsministerium und Parlament entstanden, insgesamt 15 Großbauten, zwischen denen repräsentative Bürgerhäuser Platz fanden.

Gebaut wurde im sogenannten Ringstraßenstil, einer Mischung aus Monumentalität, Eklektizismus und Nachahmung. Sie wurde schon von den Zeitgenossen kontrovers diskutiert, und auch ein Jahrhundert später darf man feststellen, dass der künstlerische Wert vieler Bauten bei aller Pracht- und Machtdemonstration überschaubar ist, die städtebauliche Leistung des Rings als Ensemble aber unbestritten. In den vielen historisierenden Hüllen befinden sich auch heute Einrichtungen von Rang, und so macht ein Bummel entlang der baumbestandenen Trottoirs mit einer nicht unbeträchtlichen Zahl von Sehenswürdigkeiten bekannt.

■ Zwischen Urania und Stadtpark

Der Weg beginnt am Julius-Raab-Platz unmittelbar am Donaukanal. Die **Urania**, 1909/10 erbaut, ist heute ebenso Sternwarte und Volkshochschule wie bei ihrer Einweihung, ein Kino hat auch darin seinen Platz gefunden. Der Architekt war Max Fabiani, ein Schüler Otto Wagners.

Die Urania ist nicht typisch für den Ringstraßenstil, er setzt überdeutlich beim gegenüberliegenden riesigen Gebäude ein. Es ist das **Kriegsministerium**, das erst 1913 fertiggestellt wurde. Heute haben darin gleich mehrere Ministerien und andere staatliche Einrichtungen ihren Sitz. Unter dem Doppeladler mit 16 Metern Spannweite sind allegorische Reliefdarstellungen von Krieg und Frieden angebracht. Vor dem Gebäude sitzt Feldmarschall Radetzky auf einem Pferd, der den Kaisern vor allem dadurch diente, dass er mit Härte Freiheitsbestrebungen in allen Gebieten der Monarchie unterdrückte. Gegenüber, etwas zurückgesetzt, findet sich die **Postsparkasse** (1904–1906), eines der besten Beispiele für die Überwindung des Ringstraßenstils durch die Moderne. Der Architekt Otto Wagner verzichtete im Innern wie bei

▲ *Das Kriegsministerium am Ring*

der Fassadengestaltung weitgehend auf Ornamentik und betonte die Oberflächen allein mittels der verwendeten Materialien. Die Fassade wird von Marmorplatten verkleidet, die von großen Nieten gehalten werden. Im Innern dominieren Wandverkleidungen aus Metall, an einigen Stellen wurde das für diese Zeit völlig neuartige Aluminium eingesetzt. Seit der Renovierung 2004 präsentiert sich der Bau so wie zu seiner Fertigstellung.

Als nächstes stößt man auf das **Museum für Angewandte Kunst (MAK)**, einen Bau aus den Jahren 1868 bis 1871, dessen Ziegelmauerwerk von hübschen Sgrafittos geschmückt wird. Hier sind die Sammlungen für europäisches und orientalisches Kunsthandwerk untergebracht. Gleich dahinter beginnt der schöne **Stadtpark**. Die Wien fließt hier entlang, einige Denkmale vornehmlich für Komponisten schmücken den Park, und der elegante Kursalon lädt zum Besuch. Das Denkmal für den ›Walzerkönig‹ Johann Strauß ist ein besonders beliebtes Fotomotiv.

An einigen repräsentativen Wohn- und Geschäftshäusern vorbei, stößt man auf das **Hotel Imperial**. Es ist mitsamt seinem vorzüglichen Restaurant seit seiner Eröffnung 1873 eine der nobelsten Adressen in der Stadt, in der noch heute Größen aus Politik, Kultur und Wirtschaft logieren.

■ **Zwischen Oper und Maria-Theresien-Platz**

Am Hotel ›Imperial‹ beginnt der Kärntner Ring, früher die Flaniermeile der guten Gesellschaft. Der nächste Monumentalbau auf der Ringtour ist die **Staatsoper**, mit 2200 Besucherplätzen eines der größten Häuser in Europa. Die Oper wurde im Stil der Hochre-

naissance zwischen 1861 und 1869 nach Plänen der Architekten Eduard van der Nüll und August Sicard von Sicardsburg errichtet und als k. u. k. Hofoper mit Mozarts ›Don Giovanni‹ eingeweiht. Seit 1918 ist das Haus in staatlicher Hand, es wurde 1945 stark beschädigt und konnte erst 1955 den Spielbetrieb wieder aufnehmen.

Den **Burggarten** findet man von der Oper aus jenseits des Goethe-Denkmals. Diese Grünanlage hieß bis 1919 Kaisergarten und war bis dahin den Mitgliedern der Kaiserfamilie vorbehalten. Angelegt wurde sie 1823 im Stil eines englischen Landschaftsgartens. Zwischen einem Teich, Wiesen und Palmenhaus sind Denk-mäler für Mozart und Kaiser Franz Joseph aufgestellt.

Schräg gegenüber beherrscht der **Maria-Theresien-Platz** die Szenerie. Überlebensgroß sitzt dort die Kaiserin, umgeben von wichtigen Männern ihrer Epoche – Feldherren, Beratern, Komponisten. Links und rechts sind in exakter Symmetrie Kunsthistorisches Museum und Naturhistorisches Museum angeordnet. Sie wurden zeitgleich nach Plänen der Architekten Carl Hasenauer und Gottfried Semper im Stil der italienischen Renaissance errichtet und ähneln sich sehr. Habsburgische Privatsammlungen bildeten für beide Häuser den Grundstock.

Das **Naturhistorische Museum** geht auf das von Kaiser Franz I. begründete Naturalien-Kabinett zurück; bereits Maria Theresia machte die Sammlung öffentlich. Sie wird ständig ergänzt und gehört heute zu den bedeutendsten naturwissenschaftlichen Sammlungen Europas. Auch das **Kunsthistorische Museum** auf der anderen Seite des Platzes

weist bedeutende Sammlungen auf, aus Platzgründen sind nicht alle im Haus selbst untergebracht. Hier werden die Ägyptisch-Orientalische Sammlung, die Antikensammlung, die Kunstkammer, die Gemäldegalerie mit einer großartigen Sammlung Alter Meister und das Münzkabinett gezeigt. Jede einzelne ist von Rang.

■ Museumsquartier

Seit 2001 besitzt Wien ein weiteres Kunstzentrum, das Museumsquartier. Es liegt südwestlich des Maria-Theresien-Platzes und bietet vor allem der Moderne ein Forum. Es gibt sechs Eingänge, und allein wegen seiner Größe mag es beim ersten Besuch etwas unübersichtlich wirken. Am mit weißem Kalkstein gepflasterten Haupthof (Hof 1) ist ein Besucherzentrum untergebracht, das Gäste informiert und leitet; dort gibt es auch Übersichtspläne.

Auf diesem Areal wurden nach Plänen von Fischer von Erlach zwischen 1713 und 1725 Hofstallungen erbaut, die später mehrmals erweitert und umgebaut wurden, dabei aber ihren barocken Charakter behielten. Seit 1918 nutzte man die Gebäude als Messehallen. Pläne für eine Umgestaltung hatte es schon lange gegeben, Traditionalisten fürchteten jedoch, die Umbauten könnten die historische Bausubstanz beeinträchtigen. So wurde der Umbau erst nach langen Diskussionen unter Federführung der Architekten Laurids und Manfred Ortner realisiert und nach einigen Verzögerungen seiner Bestimmung übergeben. Das Ergebnis ist überzeugend: Die neuen Teile fügen sich harmonisch in die historischen ein. Insgesamt sind hier rund zwei Dutzend Museen, Initiativen und Projekte beheimatet. Die wichtigsten Museen sind Leopold-Museum, das die größte Schiele-Sammlung und dazu Werke von Klimt, Kokoschka und weiteren Zeitgenossen in seinem 5000 Exponate umfassenden Bestand hat; das Museum Moderner Kunst Stiftung Ludwig Wien, kurz MUMOK, das eine große Sammlung moderner und zeitgenössischer Kunst aufweist; die Kunsthalle Wien, die Film, Foto und neue Medien präsentiert; das Zoom-Kindermuseum und das Architekturzentrum Wien.

■ Rathauspark

Das Zentrum des auf den Maria-Theresien-Parks folgenden Blocks ist der Rathauspark, der von Universität, Rathaus und Parlament flankiert wird. Nicht wenige halten das **Parlament** (1873–1883) wegen seiner Klarheit und der ausgewogenen Proportionen für den gelungensten Bau am Ring. Der Architekt Theophil Hansen zitierte bewusst die Akropolis, denn Griechenland galt als das Mutterland der Demokratie. Gebaut wurde das Parlament für den Reichsrat, heute tagen in dem übergroßen Bau National- und Bundesrat.

Die Geschicke Wiens werden im **Rathaus** bestimmt, das hinter einer Grünfläche liegt, die wiederum von einer Vielzahl von Denkmälern geschmückt wird. In dem großen neogotischen Gebäude sind das Wiener Stadt- und Landesparlament sowie die

Auf der Oberen Donau

Johann Strauß im Stadtpark

Hauptverwaltung der Stadtgemeinde untergebracht. Im Sommer bildet der Park eine schöne Kulisse für Konzerte, Kinovorführungen und Volksfeste.

Der Rathausplatz wird auf der nördlichen Seite von der **Universität** begrenzt. Der Architekt Heinrich Ferstel errichtete sie bewusst in der Formensprache der Renaissance, da man in dieser Zeit die Renaissance als das Zeitalter ansah, in der die modernen Wissenschaften ihren Anfang genommen hatten.

■ Volksgarten und Burgtheater

Gegenüber dem Parlament liegt der **Volksgarten**. Er entstand zeitgleich mit dem Kaiserpark an Stelle einer gesprengten Burgbastei. Die Anlage gehört zu den anmutigsten in Wien, und vor allem, wenn im Rosengarten unzählige Blüten erblühen, fühlt man sich fern der quirligen Hauptstadt. Neben einigen Skulpturen, dem Theseus-tempel und einer Brunnengruppe ist vor allem das schöne **Denkmal für Kaiserin Elisabeth** erwähnenswert. Nach ihrer Ermordung wurde es auf Initiative der Bevölkerung hier aufgestellt.

Das traditionsreiche Café Landtmann

Das Burgtheater

Östlich des Rings schließt sich das **Burgtheater** an, für viele Wiener noch vor Rathaus, Parlament und Börse die wichtigste Institution am Ring, wenn nicht in der Stadt. Seit der ersten Spielzeit 1883/84 gehört das Haus zu den renommiertesten Bühnen im deutschsprachigen Gebiet, noch heute gilt eine Berufung an die ›Burg‹ als Ritterschlag für Regisseure und Schauspieler. Gottfried Semper lieferte die Pläne für den Bau im Stil der italienischen Hochrenaissance, der von 1872 bis 1883 errichtet wurde. Das Burgtheater ist 136 Meter lang und bietet 1500 Zuschauern Platz, damit gehört es auch in seinen Ausmaßen zu den größeren Häusern.

Nördlich des Burgtheaters liegt das traditionsreiche **Café Landtmann**, ein beliebter Treffpunkt von Schauspielern, Schriftstellern und auch Politikern – die SPÖ-Zentrale liegt ganz in der Nähe.

An den hohen, markanten Doppeltürmen ist von hier die **Votivkirche** gut auszumachen. Als sie erbaut wurde

(1856–1879), ließ eine Vorschrift Bauten nur bis zu 100 Metern Höhe zu. Man hielt sich daran – und begrenzte die Türme auf 99 Meter. Ansonsten macht die Kirche Anleihen bei den gotischen Kathedralen Frankreichs, die Orgel ist in Teilen eine Nachbildung derer aus dem Kölner Dom. Die Kirche wurde zum Andenken an ein – missglücktes – Attentat auf Kaiser Franz Joseph I. von der Monarchie in Auftrag gegeben.

Den **Schottenring**, der den letzten Abschnitt des Rings bis zum Donaukanal bildet, bestimmen noble Fassaden, hinter denen heute zahlreiche Banken und Versicherungen residieren. Sie sind verglichen mit den anderen Bauten aber unspektakulär.

Rund um den Karlsplatz

Der Karlsplatz unweit der Oper ist kein Ort, an dem man sich gern aufhält: Verkehrsschneisen haben ihn fest im Griff, die Wien ist hier nicht nur kanalisiert, sondern in ein unterirdisches Bett gepresst, und überhaupt hat der Platz keine Form, kein Gesicht. Aber einige wichtige Phasen der Wiener und Habsburger Geschichte sind an diesem Platz und in seiner unmittelbaren Nähe durch einige herausragende Bauten repräsentiert, und so lohnt es sich, den Verkehr zu ignorieren und sich etwas Zeit zu nehmen.

Ein funktional-hässlicher Bau, unverkennbar aus der Nachkriegszeit, fasst den Platz an seiner Ostseite ein. So unansehnlich sein Äußeres ist, so sehr lohnen die zahlreichen Exponate im Innern einen Besuch: Hier ist das **Historische Museum der Stadt Wien** untergebracht, dessen Dauerausstellung einen guten Überblick der Stadtgeschichte bietet. Besonders interessant ist ein großes hölzernes Modell, das die Stadt Wien um 1900 zeigt.

Zwei traditionsreiche Einrichtungen stehen an der Nordseite des Platzes einträchtig nebeneinander: Musikverein und Künstlerhaus. Der **Musikverein** residiert in dem klassizistischen Bau an der rechten Seite, der nach Plänen von Theophil Hansen errichtet wurde (1867–1879). Hansen lieferte auch die Pläne für das Parlament am Ring. Hier hat die 1814 gegründete Gesellschaft der Musikfreunde ihren Sitz, und hier sind die weltberühmten Wiener Philharmoniker zu Hause. Sie treten ebenso regelmäßig auf wie die vielen anderen weltberühmten Solisten und Orchester – nicht zufällig, denn vor allem der Goldene Saal und der Brahmssaal weisen eine hervorragende Akustik auf. Viele Menschen haben den Goldenen Saal schon einmal gesehen, ohne je in Wien gewesen zu sein: Von hier wird das traditionsreiche und beliebte Neujahrskonzert in viele Länder der Welt übertragen.

Das 1868 fertiggestellte **Künstlerhaus** im Neorenaissancekleid dient der Genossenschaft der bildenden Künstler

Die Karlskirche

Auf der Oberen Donau

Wiens als Ausstellungsgebäude, in dem immer wieder wichtige Großausstellungen präsentiert werden.

Sehenswert allein für sich sind die beiden **Pavillons** in der Mitte des Platzes. Sie stammen von Otto Wagner, einem der bedeutendsten Architekten der Wiener Moderne. Wagner lehrte von 1894 bis 1912 an der Kunstakademie in Wien, im Verlauf seines Schaffens löste er sich mehr und mehr vom Historismus. Mit seinen Schülern wurde er prägend für das moderne Wien am Anfang des 20. Jahrhunderts. Die Pavillons stellen, ganz im Gegensatz zu den Prinzipien des Historismus, ihre Konstruktion offen zur Schau, indem das Eisenskelett nicht verkleidet wurde. Der eine der klar gegliederten Bauten wird funktional genutzt – als Zugang zur U-Bahn –, der andere als Caféhaus. Im Innern informiert eine kleine Dauerausstellung über Leben und Werk Otto Wagners.

■ Karlskirche

Die Karlskirche an der Südseite des Platzes ist für viele Kunsthistoriker die bedeutendste Barockkirche Wiens und einer der bedeutendsten Sakralbauten überhaupt. Letztmalig in der österreichischen Geschichte gingen kaiserlicher Herrschaftsanspruch und katholische Macht in einem Bauwerk eine so eindrucksvolle Symbiose ein, und beeindruckend ist allein, wie sich hier griechische, römische und byzantinische Formensprache zu einem harmonischen Gesamtwerk verbinden.

Kaiser Karl VI. initiierte den Bau im Pestjahr 1713 und widmete ihn seinem Namensvetter, dem Pestheiligen Karl Borromäus. Baumeister waren der berühmte Johann Bernhard Fischer von Erlach und nach seinem Tod sein Sohn Joseph Emanuel; die Weihung wurde 1737 vollzogen.

Über dem Hauptschiff wölbt sich die

Karte: vordere Umschlagklappe

▲ *Der Pavillon der Secession*

mächtige 72 Meter hohe Kuppel. Der Kuppelhalle ist ein Giebel im Stil eines griechischen Tempelportikus vorgelagert. Zwei schmale Türme, Minaretten nicht unähnlich, flankieren die Front. Es sind Triumphsäulen, die das Symbol der kaiserlichen Macht tragen: jeweils eine Krone, die von vier goldenen Adlern gestützt wird.

Die ursprüngliche städtebauliche Wirkung kann sich heute leider nicht mehr entfalten. Als die Kirche fertiggestellt war, fand sie sich nicht nur am Ufer der von Auenwäldchen gesäumten Wien, eine Sichtachse verband sie zudem mit der Hofburg, auf die auch der Haupteingang der Karlskirche ausgerichtet ist. Dafür geht heute die schlichte Skulptur ›Hill arches‹ von Henry Moore vor dem Bassin eine spannungsreiche Beziehung zu der ehrfurchtheischenden Karlskirche ein.

■ **Pavillon der Secession**

An der Friedrichstraße, Ecke Getreidemarkt, befindet sich der Pavillon der Secession, der ideelle Fixpunkt der Wiener Moderne. Der inseinen Proportionen und seiner Formensprache klare, fast streng wirkende Kubus wurde 1898/99 nach Plänen von Joseph Olbrich für die Secessionisten errichtet. Das war eine Gruppe von Malern, Architekten und Dekorateuren um Gustav Klimt und Otto Wagner, die sich dem damals vorherrschenden Zeitgeschmack nicht anschließen wollte und sich 1892 unter dem Motto ›Der Zeit ihre Kunst, der Kunst ihre Freiheit‹ zusammenschlossen. Die Mitglieder der Secession wollten mit der konservativen Dominanz in der bildenden Kunst brechen. Diese Haltung ist in dem Titel eines programmatischen Aufsatzes von Adolf Loos prägnant zusammengefasst: ›Ornament und Verbrechen‹.

Der Pavillon wurde eigens errichtet, um die Werke dieser Jungen Wilden zu zeigen. Der Industrielle Karl Wittgenstein, Vater des Philosophen Ludwig Wittgenstein, finanzierte ihn. Im Innern verblüffte er Zeitgenossen durch das System der flexiblen Wände, das darin Ausgestellte löste mindestens in konservativen Kreisen regelmäßig Skandale aus. Von Anfang an zeigte man hier moderne Kunst und öffnete Wien so für zeitgenössische Strömungen. Im Keller ist eines der wichtigsten Werke aus dieser Frühzeit vorhanden, der Beethovenfries von Gustav Klimt. Er versinnbildlicht die 9. Sinfonie des Komponisten. Die Darstellung stieß auf Unverständnis, der Fries wurde nach Ende der Ausstellung abgenommen und archiviert. Erst seit 1986 ist der – nun restaurierte – Fries wieder zu sehen.

Rechts neben der Secession befindet sich eine recht konventionelle Darstellung: Marcus Antonius lenkt einen Löwenwagen. Warum diese Gruppe, 1901 entworfen, ausgerechnet hier steht, ist auch den Wienern ein Rätsel. An der Secession nehmen die Rechte und die Linke Wienzeile ihren Anfang, auf der Fläche zwischen den beiden Straßen finden sich die Verkaufsstände und Restaurants des **Naschmarktes**.

Belvedere

Ein passenderer Name als Belvedere (Schöne Aussicht) ließe sich für das Barockensemble am südlichen Rand der Altstadt nicht finden: Sein besonders repräsentativer Teil erhebt sich auf dem höchsten Punkt eines Hügels, und von hier liegt die Stadt dem Betrachter zu Füßen. Seine Lage und seine prachtvolle Gestaltung, die

umgebenden Gartenanlagen sowie die präsentierten Sammlungen machen das Belvedere zu einem lohnenswerten Ziel für einen Halbtagesbesuch.

Nach Schloss Schönbrunn stellt das Belvedere die größte feudale Residenz Wiens dar. Prinz Eugen von Savoyen ließ es sich von den Summen errichten, die er von den Habsburgern wegen seiner in den Kriegen gegen die Türken erworbenen Verdienste um das Vaterland erhalten hatte. Das ehemalige Sommerschloss des Prinzen besteht aus zwei Gebäuden, die in einem weitläufigen, zur Stadt hin abfallenden Park liegen.

Dieser rund 500 Meter lange Garten bildet das Bindeglied zwischen den beiden Schlössern. Nach einigen Rekonstruktionsarbeiten weist er mittlerweile wieder sein ursprüngliches Aussehen auf. Er ist auf drei Terrassen angelegt. Die obere symbolisiert den Olymp (den Sitz der Götter), die mittlere den Parnass (Musenberg), die untere die vier Elemente und die vier Jahreszeiten.

■ Oberes Belvedere

Das Obere Belvedere, das von 1721 bis 1723 nach Plänen von Lukas von Hildebrandt errichtet wurde, diente Eugen vor allem als Ort für Gesellligkeit und Festivitäten und wurde entsprechend aufwendig gestaltet. Die Fassade ist streng symmetrisch, dabei reich gegliedert, die Dachkonstruktion originell: Man sagt, dass sie an ein türkisches Zelt und damit an die Heldentaten Eugens erinnern soll, der sich nicht zuletzt als Bezwinger der Osmanen einen Namen gemacht hat.

Unter den zahlreichen Prunksälen im Inneren ragen die Sala terrena – die Eingangshalle – und der Marmorsaal heraus. Hier unterzeichneten im Mai 1955 die vier Siegermächte des Zweiten Weltkrieges den Staatsvertrag, der Österreich die immerwährende Neutralität und gleichzeitig seine Souveränität einbrachte.

Eine grundlegende Renovierung war 1995 abgeschlossen. Seitdem ist hier die **Österreichische Galerie** beheimatet. Sie zeigt im Erdgeschoss die Sammlung des 20. Jahrhunderts, im ersten Stock Jugendstilwerke und im zweiten die Biedermeiersammlung. Besonders die Moderne um Klimt und Kokoschka lohnt wegen der großen Anzahl an Werken einen Besuch.

■ Unteres Belvedere

Das Untere Belvedere ist weniger prächtig und in den Ausmaßen auch etwas kleiner als das Obere, im Innern aber von ähnlicher Pracht. Hier ragen **Marmorgalerie** und **Goldkabinett** heraus. Auch für diese Anlage lieferte Lukas von Hildebrandt die Pläne, sie war 1716, ebenfalls nach nur zwei Jahren Bauzeit, fertiggestellt und diente Eugen als Wohnsitz. Seit den 1920er Jahren hat hier das Österreichische Barockmuseum seinen Sitz.

In der nahegelegenen Orangerie überwinterten früher die frostempfindlichen Pflanzen der Gartenanlagen. Heute lädt hier ganzjährig das **Museum mittelalterlicher österreichischer Kunst** ein, das den Überblick über die österreichische Kunst vom Mittelalter bis zur Moderne komplettiert, den das Belvedere seinen Besuchern bietet.

Auf der Oberen Donau

Das Obere Belvedere

Schönbrunn

Schönbrunn ist mit über 1,5 Millionen Besuchern jährlich Österreichs Touristenmagnet schlechthin. Die Gäste kommen wegen des beeindruckenden Schlosses, einem der herausragenden Barockbauten Österreichs, dem originellen Zoo und wegen der sich über 185 Hektar erstreckenden Parkanlagen, einem Höhepunkt europäischer Gartenbaukunst. Schloss und Gartenanlage wurden 1996 Anlage als barokkes Gesamtkunstwerk in die UNESCO-Weltkulturerbe aufgenommen.

Schloss Schönbrunn ist geradezu Sinnbild für Aufstieg und Ende der Habsburger Monarchie. Hier wurde Franz Joseph 1830 geboren, und hier starb er auch 1916. Seinen Tod in schweren Zeiten sahen viele Zeitgenossen bereits als das vorweggenom-mene symbolische Ende der Monarchie. Das kam dann zwei Jahre später: 1918 unterzeichnete Kaiser Karl I. in Schönbrunn seine Abdankungsurkunde, beendete mit einem Tintenstrich die

636-jährige Herrschaft der Habsburger und besiegelte damit gleichzeitig das Ende des Vielvölkerstaates.

Begonnen hatte die Geschichte Schönbrunns, als Kaiser Maximilian das einige Kilometer außerhalb der Stadt gelegene Gebiet Ende des 16. Jahrhunderts erwarb. Sein Sohn Matthias nannte es nach einer Quelle, die er einfassen ließ, Schönbrunn. Ein erstes Jagdschloss wurde bei der Belagerung Wiens durch die Türken zerstört. Zwischen 1696 und 1700 entstand nach Plänen von Bernhard Fischer von Erlach ein neues Schloss. Sein zweiter Entwurf wurde realisiert, der erste war noch weit pompöser, aber dafür reichten die finanziellen Mittel nicht aus.

Karl VI. hielt sich kaum in Schönbrunn auf, Maria Theresia aber machte es zum Mittelpunkt ihres privaten und höfischen Lebens. Nach Plänen ihres Lieblingsarchitekten Nicolaus Pacassi fanden 1743 und ein zweites Mal ab 1766 tiefgreifende Umbaumaßnahmen statt, und an ihrem Ende stand ein

▲ *Das Schloss von der Parkseite gesehen*

Schloss Schönbrunn von der Eingangsseite

Repräsentationsbau, der ein hervorragendes Beispiel des österreichischen Rokoko ist.

Nach dem Tod Leopolds II. geriet Schönbrunn ein wenig ins Abseits. Es wurde unter Franz Joseph erneut zum Regierungssitz. Er pflegte in seiner langen Amtszeit (1848–1916) mittags stets um die gleiche Stunde aus der Stadt hierher zu fahren, um seine Staatsgeschäfte zu erledigen: Empfänge, Gespräche, diplomatische Runden. Nach Ende der Monarchie fehlten lange zündende Ideen für die Nutzung der rund 1400 Zimmer. Seit 1992 vermarktet eine private Gesellschaft Schloss und Park Schönbrunn, und seitdem wurde viel unternommen, um das Gebäude zu erhalten und die Touristen anzulocken. So findet man neben den Museen und Sammlungen Cafés und Läden in dem Bau, und Kulturveranstaltungen und Festivals bringen zusätzlich Renommee und Einnahmen.

Schönbrunn bietet genug Sehenswürdigkeiten für einen Halbtagesausflug.

Wer die Anlage in ihrer Gänze erfahren und auch die oftmals sehr langen Schlangen vor dem Eingang zum Schloss vermeiden möchte, sollte daher sehr früh morgens kommen.

■ **Schloss Schönbrunn**

Die Wohn- und Repräsentationsräume der kaiserlichen Familie erstreckten sich über gut 350 Räume. Davon lassen sich heute 40 im ersten Stock im Rahmen von Führungen besichtigen. Unter ihnen ragen einige besonders heraus. Die **Große Galerie** – 40 Meter lang und 10 Meter breit – ist der wohl repräsentativste Raum Seine zahlreichen Kristallspiegel und großen Lüster machen ihn zur perfekten Kulisse für die Staatsempfänge und sonstigen Feiern der gehobenen Art, die der Staat hier ausrichtet. Kristallspiegel dominieren auch im **Spiegelsaal**, einem der Privaträume Maria Theresias. Das **Millionenzimmer** ist durchweg vertäfelt. In die Vertäfelung sind Miniaturen eingelassen, die Szenen aus dem

Im Tiergarten Schönbrunn

Karte: vordere Umschlagklappe ▲

Leben in Indien des 16. und 17. Jahrhunderts darstellen. Der Raum erhielt seinen Namen, weil angeblich das Rosenholz, das zur Vertäfelung gebraucht wurde, eine Million Gulden gekostet haben soll. Das **Napoleozimmer** ist vor allem bemerkenswert, weil der Franzose hier zwischen 1805 und 1809 wohnte. Der Blaue Salon, das Chinesische Rund-kabinett und das Porzellanzimmer werden ihrem Namen gerecht.

Manche Technikbegeisterte ziehen den genannten Räumen die **Wagenburg** vor. Damit ist das Museum gemeint, das in einem Seitentrakt rund 60 Staatskarossen aus verschiedenen Epochen präsentiert.

■ **Park Schönbrunn**

Der weitläufige Garten hinter dem Schloss ist ebenso einen Besuch wert wie der barocke Prachtbau. Er wurde nach dem Vorbild des Parks in Versailles gestaltet und präsentiert sich nach Renovierungen in weiten Teilen wie zu seiner Fertigstellung um 1755. Zwischen einigen Brunnen und Bassins, einer unter Bewuchs halb verborgenen künstlichen Römischen Ruine, einigen Denkmälern, dem großen verglasten Palmenhaus, dem Heckenirrgarten und anderen Schmuckstücken flaniert es sich recht angenehm. Einen fantastischen Blick auf die Anlage und die Stadt Wien haben Besucher von der Aussichtsterrasse der **Gloriette**, einem rundum verglasten, 1775 fertiggestellten Barockbau, der sich auf einer künstlichen Anhöhe erhebt und den triumphalen Abschluss der Gartenanlage bildet.

■ **Tiergarten**

Einen besonderen Anziehungspunkt bildet der Tiergarten, der im Jahr 2002 sein 250-jähriges Jubiläum feiern konnte. Kaiser Franz Stephan I. rief ihn als ›Menagerie Schönbrunn‹ ins Leben. Seitdem laufen die von einem Kreis umschlossenen Alleen auf ein rundes Gebäude in der Mitte zu. An diesem Kreis stehen ein Dutzend Häuser, die sogenannten Logen. Sie bilden noch heute den Mittelpunkt des Tiergartens, der seitdem einige Male, zuletzt 1992, nach außen erweitert worden ist. Viele Tierarten, die hier ausgestellt sind, kann man auch in anderen großen Tierparks und Zoos besuchen, einzigartig und besonders eindrucksvoll ist aber die Verbindung von barocker Parkanlage und den original erhaltenen Logen mit den neu eingerichteten Lebensräumen beispielsweise für Großkatzen und Menschenaffen.

Hundertwasserhaus

Das vielbesuchte Hundertwasserhaus liegt inmitten eines Wohnbezirks, der ansonsten nicht mit Sehenswürdigkeiten aufwarten kann. Um so stärker ist der Kontrast zwischen dem farbenfrohen Bau mit seinen verspielten Formen und den normalen Wohn- und Geschäftshäusern ringsherum.

Die Stadt Wien beauftragte den Maler und Architekten Friedensreich Hundertwasser (eigentlich Fritz Stowasser, 1928–2002) mit der Gestaltung des Hauses; 1985 war der Bau fertiggestellt. Bis heute ist das Haus in kommunaler Hand, und mit Rücksicht auf die Bewohner kann man die 52 Mietwohnungen nicht besichtigen.

Das Hundertwasserhaus

Der Blick auf Fassade und Umgebung zeigt aber bereits einiges von den Gestaltungsprinzipien und der Philosophie, die Hundertwasser leiteten.

Auffällig sind nicht nur die bunten Farben, sondern auch ihre Verteilung an der Fassade. Die Wohneinheiten sind farblich voneinander abgesetzt und durch Keramikbänder getrennt, so dass sich die Struktur des Hauses außen ablesen lässt. So wird nicht nur deutlich, dass es zahlreiche Maisonettewohnungen gibt, sondern auch durchgängig auf gerade Linien und rechte Winkel verzichtet wurde. Böden, Decken und Wände respektieren damit, dies die Intention Hundertwassers, die Schöpfung, in der gerade Linien auch nicht vorkommen. So könne der Mensch wieder zur Natur finden. Diesem Grundgedanken folgend, wurde auf den Einsatz von Beton und Kunststoffen verzichtet: Das Haus ist gemauert, mit Fliesen und Steinsäulen geschmückt. Auch die unterschiedliche Form, Größe und Farbgestaltung der Fenster folgt dem Vorbild der Schöpung, die das Serielle nicht kennt.

Dem ökologischen Gedanken folgt auch die Bauweise des Daches. Dabei handelt es sich um miteinander verbundene Dachgärten und -terrassen auf unterschiedlichen Niveaus, die ebenso begrünt sind wie die Balkone.

Seit 1991 liegt dem Hundertwasserhaus das kleine Einkaufszentrum **Kalke Village** gegenüber, das ebenfalls nach den Ideen Hundertwassers gestaltet wurde. Es trägt seinen Namen nach der Reifenwerkstatt Kalke, die bis zum Umbau hier beheimatet gewesen war. Die Passage nimmt die Bauweise des Hundertwasserhauses auf, die Läden selbst sind gänzlich unoriginell.

Auf der Oberen Donau

Prater

Das Wahrzeichen Wiens schlechthin ist das Riesenrad im Prater. Es bildet das Zentrum des **Volkspraters**, der wiederum nur einen kleinen Teil des eigentlichen Praters darstellt. Das ist ein großes, von Gewässern, Wiesen und Wäldern geprägtes Gelände, das sich vom Riesenrad nach Osten über fast 15 Kilometer erstreckt und im Norden von der Donau begrenzt wird. Der Prater bietet vielfältige Möglichkeiten für Sport und Business, Vergnügung und Zerstreuung. So finden sich im Prater die Messehallen, eine Galopp- und eine Trabrennbahn, Golfanlagen, ein Radstadion sowie das Ernst-Happel-Stadion, das nach dem legendären Fußballtrainer benannt wurde.

Ein Netz von Rad- und Spazierwegen durchzieht das Areal, Teile davon lassen sich auch mit einer **Schmalspurbahn** erkunden, deren vier Kilometer lange Strecke vom Volksprater bis in die Nähe des Fußballstadions führt. Im Planetarium ist außer dem, was man unter diesem Namen vermuten darf, auch ein kleines **Museum zur Geschichte des Praters** eingerichtet.

Ursprünglich bestimmten Donauauen das Gebiet, mit der Regulierung des Flusses bis 1855 sind davon nur einige Tümpel und Totarme geblieben. Seit 1560 befand sich hier ein königliches Jagdgebiet, Kaiser Joseph II. machte weite Teile 1766 für die Öffentlichkeit zugänglich. Ab etwa 1830 siedelten sich im westlichen, dem der Stadt nächstgelegenen Teil, Lokalitäten und Vergnügungsstätten an. Dieser Ort wurde und wird umgangssprachlich Wurstelprater genannt – nicht nach den Speisen, die zum Verkauf kamen, sondern nach einer Figur aus den Volksstücken, dem Hanswurst.

Die Attraktionen sind zum größeren Teil modern, es findet sich dazwischen aber auch noch Traditionelles wie eine Geisterbahn und ein Lachkabinett.

Karte: vordere Umschlagklappe

▲ *Das Riesenrad bei Nacht*

Hauptanziehungspunkt des ganzjährig geöffneten Praters ist aber nach wie vor das **Riesenrad**. Es wurde 1896/97 als Provisorium für die Feierlichkeiten ›50 Jahre Kaiser Franz Joseph‹ (1898) errichtet, blieb dann jedoch wegen des enormen Zuspruchs stehen. Im Zweiten Weltkrieg wurden alle Wagen beschädigt, bei der Renovierung brachte man aus Sicherheitsgründen nur jeden zweiten wieder an. Sie schweben bis auf 67 Meter Höhe, und von dort hat man einen schönen Blick auf die Stadt. Eine Fahrt dauert etwa 15 Minuten, im Sommer kann man das Vergnügen bis 23 Uhr genießen.

 Wien

Tourist-Info, Albertinaplatz, Ecke Maysedergasse. Neben Stadtplänen zahlreiche weitere kostenlose Broschüren zu vielen Themen.

Fast alle Schiffe machen in **Nußdorf** oder am **Handelskai** in der Nähe der Reichsbrücke fest. Vom Bahnhof Nußdorf in die Stadt entweder mit der S40 bis Spittelau und von dort mit der U4 bis ins Zentrum oder mit der Tramlinie D bis zum Ring.
Vom Handelskai ist die U-Bahn-Station Vorgartenstraße (U1) nur zehn Fußminuten entfernt.

Hat man einen ganzen Tag Aufenthalt in Wien und möchte an keiner geführten Stadtrundfahrt teilnehmen, ist der Kauf einer 24-Stunden-Karte sehr zu empfehlen. Sie kostet etwa 6 Euro und gilt für alle öffentlichen Verkehrsmittel in Wien. In allen U-Bahnstationen stehen Automaten.
Die **Vienna Ring Tram** fährt entlang der Ringstraße, hier müssen Extra-Tickets gelöst werden; es gibt auch Tages- und Kombifahrkarten.
Hinweise zu den Sehenswürdigkeiten außerhalb der Ringstraße:
Karlsplatz: An der gleichnamigen U-Bahnstation (Linien1, 2 und 4).

Belvedere: Vom U-Bahnhof Südbahnhof (U1) knapp zehn Minuten Fußweg. **Hundertwasserhaus**: Löwengasse/Ecke Kegelgasse: ab U-Bhf. Schwedenplatz mit der Tramlinie N bis zur Haltestelle Hetzgasse.
Prater: U-Bhf. Praterstern oder Prater-Messe (U1).
Schönbrunn: In unmittelbarer Nähe des U-Bhf. Schönbrunn (U4); Fahrtzeit vom Schwedenplatz ca. 15 Minuten.

Eine große Dichte an Lokalen findet sich nördlich des Stephansdomes. Klassiker: **Griechenbeisl** (Fleischmarkt 11), **Café im Haas-Haus** (Stephansplatz; toller Blick auf den Dom), **Trzesniewski** (Dorotheergasse 1; große und vielgerühmte Auswahl an belegten Broten).
Das **Wiener Kaffeehaus** ist eine Institution, ein Mythos. Zwar trifft man dort heute zumeist Touristen und keine Bohemien, die Qualität ist in vielen Lokalen aber seit vielen Jahren gleichbleibend gut. Einige Klassiker: **Central**, Herrengasse 14 (im Palais Ferstel); **Landtmann**, Dr.-Karl-Lueger-Ring 4; **Hawelka**, Dorotheergasse 6; **Imperial**, Kärntner Ring 16; **Schwarzenberg**, Kärntner Ring 17; **Demel**, Kohlmarkt 14; **Frauenhuber**, Himmelpfortgasse 6.

Zwischen Wien und Devín

In Schwechat, dem östlichsten Teil Wiens, kommen Donaukanal, Neue und Alte Donau wieder zusammen. Der Strom, bis dahin kanalisiert und geteilt, findet wieder in sein altes, unreguliertes Flussbett zurück.

Auf nördlicher Seite erstreckt sich das **Marchland**, ungefähr von Donau, March und der Bundesstraße 8 begrenzt. Diese Ebene wird oft als ›Korn- und Gemüsekammer‹ Wiens bezeichnet, ist aber auch unter touristischen Gesichtspunkten von Interesse. Mit den repräsentativen Schlössern in Orth, Eckartsau, Obersiebenbrunn, Schlosshof und Niederweiden liegen hier einige Solitäre aus dem 18. Jahrhundert, die den Besuchern viel von dem Aufblühen Österreichs nach Abwehr der Türkengefahr und der Jagdleidenschaft der Adligen in dieser Zeit erzählen. Die Häuser werden heute großteils museal genutzt, in Orth ist beispielsweise ein Fischerei- und Donaumuseum eingerichtet.

Zu beiden Ufern begleiten den Strom die **Auenwälder**, die ihn bis zur Mitte des 19. Jahrhunderts auch auf den anderen österreichischen Abschnitten prägten. Die Auenlandschaft zwischen Wien und österreichisch-slowakischer Grenze sollte für die Stromgewinnung genutzt und ein riesiges Wasserkraftwerk errichtet werden, das den 50 Kilometer langen Flussabschnitt radikal verändert hätte.

Dank der Hainburger Aubesetzung, an der sich 1984 Tausende von Menschen beteiligten, zogen Regierung und Stromwirtschaft in letzter Minute ihre Pläne zurück; so konnte eines der größten zusammenhängenden Auwaldgebiete Europas erhalten werden.

Seit 1996, pünktlich also zu den Feiern ›1000 Jahre Österreich‹, ist es als **Nationalpark Donau-Auen** ausgewiesen. Das Gewirr von Flussarmen, teils im Charakter eines versumpften Urwalds, bietet den Lebensraum für sonst nicht mehr anzutreffende Tier- und Pflanzenarten. Ein Informationszentrum ist im Schloss Eckartsau eingerichtet.

Bad Deutsch-Altenburg

Seit der Römerzeit ist Bad Deutsch-Altenburg ein bekannter Badeort, mittlerweile ist es offiziell als Kurort ausgewiesen. Zum Marktort erhoben ist es seit 1927.

In dem kleinen Städtchen leben zwar nur rund 1500 Einwohner, es wartet aber mit einer **tausendjährigen Kirche** und einem **Wasserschloss** aus dem 17. Jahrhundert auf, dem Schloss Ludwigstorff sowie zwei Kirchen aus dem 12. Jahrhundert, die zu den besterhaltenen ihrer Art in Österreich zählen.

■ Petronell-Carnuntum

In der Nähe der Einmündung der March in die Donau kreuzte sich in der Antike die Handelsstraße, die entlang der Donau verlief, mit der Bernsteinstraße, dem Handelsweg, der die Ostsee mit dem Mittelmeer verband. Noch die heutigen Fernstraßen folgen exakt dem Verlauf dieser alten Handelswege. Diese Lage wies dem Ort ganz automatisch auch eine militärstrategisch wichtige Funktion zu.

Daher bauten die Römer an dieser Stelle etwa ab der Zeitenwende ein großes Kastell, und es entwickelte sich daneben eine Bürgerstadt. Carnuntum war in ihrer Blüte im 3. und 4. Jahrhundert die zentrale Militär-, Ver-

Karte S. 91

waltungs- und Handelsstadt an der Donau, in der schätzungsweise 30 000 oder gar 50 000 Menschen lebten.

Im Jahr 395 wurde Carnuntum von den durchziehenden Goten und Awaren erobert, zerstört und geplündert, danach geriet der Ort in Vergessenheit. Erst die Ausgrabungen der Neuzeit ab etwa 1850 riefen ihn wieder in das Gedächtnis zurück. Sie förderten ein antikes Erbe zutage, das in seinem Reichtum nicht nur für Österreich als einzigartig gilt.

So lassen sich die Reste gleich zweier **Amphitheater** besuchen – sie waren für 8000 und 13 000 Zuschauer gebaut – wie auch die Fundamente einiger Häuser der Lagerstadt. Eines der Tore, das sogenannte **Heidentor**, ist als Ruine noch erhalten. Daneben findet sich die **Palastruine**, eine um eine große Therme errichtete große Freizeitanlage. Weiterhin sind Mosaike unterschiedlich vollständig erhalten wie auch Reste der Kanalisation und Fundamente einiger Bürgerhäuser. Teile der Lagerstadt sind mittlerweile im Fluss versunken, andere sind vermutlich unter Neubauten verborgen.

Die Funde werden seit vielen Jahren gesichert und von Wissenschaftlern untersucht. Der **Archäologische Park Carnuntum** und das **Archäologische Museum** in Bad Deutsch-Altenburg präsentieren sie didaktisch aufbereitet und zudem einige Rekonstruktionen.

Hainburg

Hainburg ist die östlichste Stadt Österreichs. Durch ihre Lage an der Thebener Pforte war sie geradezu zwangsläufig immer schon Grenzstadt. Bereits die Kelten errichteten hier ein Fort, um 900 gab es eine Burganlage, die im 12. Jahrhundert deutlich er–

weitert und verstärkt wurde. Unter anderem war der Ausbau dank des Lösegeldes für Richard Löwenherz möglich. Die Burg wurde im 15. Jahrhundert nochmals verstärkt.

Diese Bemühungen konnten aber nicht verhindern, dass die Türken den Ort 1683 eroberten und fast die gesamte Bevölkerung umbrachten.

Von diesem Rückschlag erholte sich die Stadt nur allmählich. Gezielte An-siedlungen von Neubürgern und die Gründung einer Tabakmanufaktur 1724 trugen maßgeblich dazu bei. Noch heute ist die Tabakverarbeitung ein wichtiger Wirtschaftszweig, ansonsten lebt die 6000 Einwohner zählende Stadt auch vom Tourismus.

Die Anlage des Ortes als Grenzfeste ist im Stadtbild noch deutlich auszumachen. Auf dem Schlossberg thront die in den vergangenen Jahren sanierte **Burgruine**; Mauerteile, Türme und einige der Stadttore, die früher die Stadt sicherten, sind heute noch erhalten. Insbesondere das Wienertor an der westlichen Seite und das Ungartor auf der anderen sind in einem guten Zustand. Im Ort selbst finden sich Relikte aus der Stadtgeschichte seit dem 12. Jahrhundert, manches ist nur noch in kleinen Überresten vorhanden, wie etwa **Burg Röthelstein** am nahe gelegenen Braunsberg. Hier erinnert seit einiger Zeit eine von der Donau gut sichtbare Turmkonstruktion aus Holz an die Kelten.

Auffällig ist die Präsenz des Namens Haydn im Stadtbild. **Joseph Haydn** wurde zwar im zehn Kilometer entfernten Rohrau geboren, ging aber in Hainburg zur Schule, wo man sein musikalisches Talent entdeckte und förderte. So trägt der Ort heute stolz den Beinamen ›Haydnstadt‹.

Auf der Oberen Donau

Mit Bratislava, Budapest und Belgrad liegen gleich drei Hauptstädte an dem Abschnitt zwischen Devín und Eisernem Tor. Zu den landschaftlichen Höhepunkten zählen die Passagen von Donauknie und Eisernem Tor.

Auf der Mittleren Donau

Ein Fluss, viele Länder

In ihrem Mittellauf berührt die Donau die Slowakei, Ungarn, Kroatien, Serbien und Rumänien. Auf dieser Strecke münden mit der Theiß, der Save und der Drave die drei wasserreichsten Nebenflüsse ein, und spürbar verändert sich der Charakter der Donau: Kurz vor dem Eingang in das Eiserne Tor ist sie zu einem mehrere Kilometer breiten Strom geworden.

Abgesehen von den mehrere hundert Meter aufragenden Bergen am Donauknie, fließt die Donau durch flache Landschaften. An den Ufern liegen immer wieder ausgedehnte Naturschutzgebiete.

In vielen Orten zwischen Thebener Pforte und Eisernem Tor haben sich bauliche Zeugnisse erhalten, die viel von dem jahrhundertewährenden Dualismus von Habsburger und Osmanischem Reich und von dem früheren bunten Völkergemisch in diesen Städten erzählen. Für die Kroaten ist die Donau von minderer, für die anderen Nationen seit Jahrhunderten jedoch von überragender Bedeutung. Sie teilt sich unter anderem in den Hauptstädten mit, die unterschiedlicher kaum sein können: Bratislava überrascht als barockes Kleinod, Budapest ist die weltläufigste Stadt an der Donau, und in Belgrad verbinden sich balkanische und mitteleuropäische Traditionen.

Die anderen besuchten Orte erlauben ebenso einen tiefen Einblick in die Geschichte und Gegenwart der Völker: die früheren ungarischen Hauptstädte Esztergom und Visegrad sowie die ›Paprikahauptstadt‹ Kalocsa, die habsburgisch geprägten Orte im kroatischen Slawonien, die mächtige Festung Petrovaradin sowie die Klöster in der Fruška Gora, die zu den bedeutendsten Serbiens zählen.

Devín

Die March (Morava) bildet auf über 60 Kilometern die Grenze zwischen Österreich und der Slowakei. An ihrer Einmündung in die Donau wird diese für rund 150 Kilometer zum slowakisch-

Karte S. 165

▲ *Die Burgruine Devín*

ungarischen Grenzfluss. Lediglich um Bratislava herum gehören Gebiete am südlichen Donauufer zur Slowakei.

Devín liegt direkt an der Marchmündung. Hauptsehenswürdigkeit des kleinen Ortes ist die **Burgruine**, die in Teilen auch vom Fluss auszumachen ist. Schon die Römer legten hier eine Befestigung mit dem Namen Divinium an, besiedelt war die Stelle auf den Felsen wegen ihrer günstigen strategischen Lage bereits seit der Jungsteinzeit. Die älteste urkundliche Erwähnung stammt aus den Fuldaer Annalen (864) und nennt den Ort Dowina. Er bestand zu diesem Zeitpunkt nur aus der Burg, eine der wichtigsten Festungen des Großmährischen Reiches. In den folgenden Jahrhunderten wurde die Anlage mehrmals verstärkt und umgebaut. Die Burg widerstand allen Eroberungsversuchen, auch denen der Türken 1683, und konnte erst von den napoleonischen Truppen 1809 eingenommen werden. Von ihnen wurde sie gesprengt.

Für die Slowaken ist der Ort von großer ideeller Bedeutung. Sie sehen in ihm eine der Keimzellen der slowakischen Nation, die schon bestand, bevor im 10. Jahrhundert die Fremdherrschaft der Ungarn begann.

Im Jahr 1932 übernahm der Staat die Anlage. Ausgrabungen begannen, denen wir die Erkenntnisse über die Siedlungsgeschichte verdanken und die teilweise die frühen Bauphasen wieder an das Tageslicht brachten; Teile der Anlage wurden sogar rekonstruiert.

Mit dem Jungfernturm am Ufer ist eine Legende von einem unglücklichen Liebespaar verbunden, das sich von dort in die Tiefe gestürzt haben soll.

Bratislava

Wie kaum eine andere mitteleuropäische Stadt hat Bratislava in wirtschaftlicher Hinsicht von der Öffnung der Grenzen nach 1990 profitiert. In den Hallen des riesigen Kombinats, das zuvor einer der größten Waffenproduzenten für den gesamten Ostblock war, werden heute Autos statt Kampfpanzer hergestellt: Eine Reihe von europäischen und japanischen Firmen produziert mittlerweile hier. Mit diesen Firmen kamen auch Zulieferbetriebe, und heute arbeiten mehr als 10 000 Menschen in der Autoindustrie; zudem haben sich jüngst auch Hightechfirmen angesiedelt. Dadurch ist das Pro-Kopf-Einkommen mittlerweile höher als im EU-Durchschnitt; Bratislava ist für slowakische Verhältnisse wohlhabend. Im historischen Zentrum macht sich die Industrie nicht bemerkbar. Auffällig ist aber, wie sehr sich Bratislava in den vergangenen Jahren zu seinem Vorteil verändert hat. Schien die Stadt in den ersten Jahren nach den gesellschaftlichen Umbrüchen noch in einer Art Dornröschenschlaf zu verharren, so ist seit einigen Jahren Auf-bruchstimmung spürbar, und die Renovierungen sind an vielen Stellen abgeschlossen.

Das reiche kulturelle Erbe erstrahlt in frischem Glanz. Es ist vor allem barock geprägt und entstand in weiten Teilen zu der Zeit, als die Stadt als Pozsony, wie die Ungarn sie nannten, Hauptstadt Ungarns war. In dieser Zeit bauten sich Adlige und Bürger die zahlreichen oft überraschend schönen Palais, die Bratislava bis heute ein unverwechselbares Gepräge geben. Sie

Auf der Mittleren Donau

Blick von der Burg über Bratislava

sind das vielleicht interessanteste Charakteristikum und befinden sich im kleinräumigen Zentrum. Oft lohnt ein Blick in die Innenhöfe, die wie in Wien Pawlatschen genannt werden.

Bratislava, im äußersten Südwesten der Slowakei gelegen, ist nur 4 Kilometer von Österreich und nur 13 von Ungarn entfernt, und über Jahrhunderte prägten die drei Volksgruppen die Stadt gleichermaßen. Heute besitzen nur wenige der rund 430 000 Einwohner nicht die slowakische Staatsangehörigkeit. Bratislava ist Sitz von Landesregierung und Parlament sowie der wichtigsten staatlichen Einrichtungen. Die zahlreichen Neubauten aus Glas und Stahl, die am östlichen Rand der Altstadt entstanden sind, zeigen die Bedeutung Bratislavas als wichtigsten Standort von Industrie und Handel, Versicherungswirtschaft und Finanzdienstleistungen.

Geschichte

Erste Besiedlungen sind seit der Steinzeit nachweisbar, ebenso ist die Besiedlung durch die Kelten im ersten vorchristlichen Jahrhundert gesichert. Die Römer errichteten an dieser Stelle eine Grenzbefestigung und hielten sie über Jahrhunderte.

■ **Das Großmährische Reich**

Im 5. und 6. Jahrhundert siedelten sich Slawen hier an, und im 9. Jahrhundert war das Gebiet der Slowakei Teil eines Großmährischen Reiches. Eine erste schriftliche Erwähnung als ›brezalausburc‹ liegt aus dem Jahr 907 vor. Zu dieser Zeit muß es bereits eine Burg oder eine burgähnliche Anlage gegeben haben. Unterhalb des Burgbergs entwickelte sich seit dem 10. Jahrhundert eine Stadt, 1030 gründete der ungarische König Stephan I. hier seinen Komitatssitz. Stephan I. förderte den Zuzug von Neubürgern, vor allem aus Franken und Sachsen. Im Jahr 1291 stattete Andreas III. den Ort mit Privilegien aus, Zeichen für die Bedeutung, die er als wichtige Grenzfestung des ungarischen Reiches besaß. 1241/42 musste die Region einen Tatareneinfall erdulden, Stadt und Burg hielten ihm aber stand.

Karte S. 156

Aus Angst vor weiteren Belagerungen wurden 1427 die Stadtmauern neu befestigt. Zu dieser Zeit war Bratislava ein bedeutendes Handelszentrum.

■ Hauptstadt Ungarns

Entscheidend für die weitere Entwicklung war die Niederlage der Ungarn gegen die Türken in der Schlacht von Mohács 1526. Ein weiteres Vordringen der Türken fürchtend, verlegten die Ungarn ihre Residenz von Buda nach Bratislava. Zwischen 1536 und 1784 war Bratislava die ungarische Hauptstadt, die Krönungen der ungarischen Könige fanden hier von 1563 bis 1830 statt. Die Slowaken sahen in den Ungarn ebenso wie in den Habsburgern zu Recht Besatzer, andererseits begann nun die glanzvollste Zeit Bratislavas. Viele habsburgische und ungarische Adlige kamen hierher und ließen sich standesgemäße Häuser errichten; Kirchen und Klöster entstanden, wurden erweitert oder umgebaut. Unter Maria Theresia erlebte Bratislava seine Blüte; in dieser Zeit wurde auch die Burg erneuert. Die Bauten aus dieser Epoche bestimmen noch heute ganze Straßenzüge in der Altstadt.

Nach der Rückverlegung der Residenz nach Buda war die glanzvolle Epoche Bratislavas vorbei. Im 19. Jahrhundert war der Handel bestimmend, der ab 1818 von der Anbindung an die Dampfschifffahrt auf der Donau profitierte. Im 19. Jahrhundert lebten mehr Deutsche und Österreicher als Ungarn in der Stadt und mehr Ungarn als Slowaken. Für die Österreicher war Bratislava, das sie Preßburg nannten, bis 1918 so etwas wie ein Vorort Wiens. Mit der ›Elektrischen‹ dauerte die Fahrt für die 60 Kilometer nur eine Stunde, und so kamen sie in Scharen, um vor allem den guten Wein zu genießen.

■ Tschechoslowakei und Unabhängigkeit

Nach dem Ersten Weltkrieg gehörte das vormalige Preßburg, nun in Bratislava umbenannt, zum Staatsgebiet der neu formierten Tschechoslowakei. Es erlebte einen deutlichen wirtschaftlichen Aufschwung, neue Wohnviertel wurden angelegt, die Hafenanlagen bedeutend erweitert. Für eine kurze Zeit, zwischen 1939 und 1945, war es die Hauptstadt der scheinbar unabhängigen Slowakei. Nach Ende des Zweiten Weltkriegs wurde die Tschechoslowakei in leicht geänderten Grenzen wiederhergestellt, Bratislava wurde Verwaltungssitz des slowakischen Teils. Fast alle Deutschen verließen die Stadt. Ab 1969 wurde Bratislava zur Hauptstadt der nun föderativ strukturierten ČSSR, viele Slowaken sahen sich dennoch nicht den Tschechen gleichberechtigt.

Aufgrund von Eingemeindungen war die Einwohnerzahl 1972 fast dreimal

Der Slowakische Löwe in Bratislava

Auf der Mittleren Donau

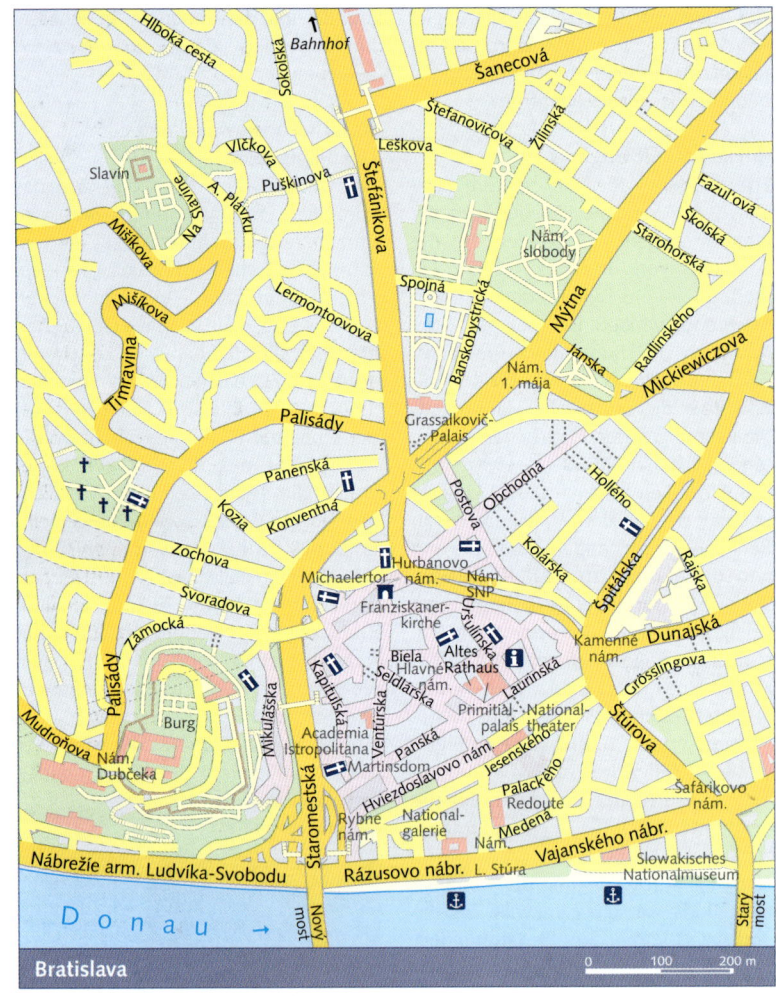

Bratislava

so hoch wie am Ende des Zweiten Weltkriegs. Zu den neu zur Stadt gehörenden Vierteln zählen auch zahlreiche Trabantenstädte, die wie ein Ring um die historische Stadt liegen. Während ihr Bau vorangetrieben wurde, ging man mit der Altstadt nachlässig um. So finden sich im Zentrum heute neben vielem Herausgeputzten noch einige deplaziert wirkende Betonblöcke und eine innerstädtische Magistrale (Staromestská), für deren Bau historisch gewachsene Viertel weichen mussten. Sie trennt heute das Burgareal von der Altstadt ab.

Seit der Unabhängigkeit der Slowakei im Jahr 1993 ist Bratislava die jüngste der europäischen Hauptstädte.

Ein Stadtrundgang

Auf der südlichen Donauseite liegen neben einem ausgedehnten Stadtpark hauptsächlich unansehnliche Neubaustädte. Alle Sehenswürdigkeiten konzentrieren sich auf der Nordseite. Sie lassen sich daher, zumal weite Teile der überschaubaren Altstadt als Fußgängerzone ausgewiesen sind, bequem zu Fuß erkunden.

■ Entlang der Donau

Direkt am Schiffsanleger dominiert der massige Baukörper des **Slowakischen Nationalmuseums** den kleinen Platz. Davor erhebt sich auf einer 20 Meter hohen Säule ein Löwe, Symbol des tschechoslowakischen Staates. Das Museum weist einen reichen Bestand an Exponaten vor allem aus dem Gebiet der Naturwissenschaften auf. Über den **Ľudovit-Štúr-Platz** etwas weiter gelangt man am schnellsten in das Zentrum. An der Ostseite befindet sich das Lafranconi-Palais, in dem das Umweltministerium untergebracht ist, an der Westseite die **Slowakische Nationalgalerie**. Das Äußere ist nicht sehr auffällig, im Inneren aber lohnen die Sammlungen einen Besuch. Sie

gehören zu den bedeutendsten des Landes und geben einen Überblick über alle Bereiche bildender Kunst slowakischer Herkunft. In der Mitte des Platzes erhebt sich seit 1972 das Denkmal für Ľudovit-Štúr (1815–1856), den Philologen und Schriftsteller, der an der Entwicklung der slowakischen Schriftsprache maßgeblich beteiligt war.

Von diesem Platz fällt der Blick auf die markante, 430 Meter lange **Neue Brücke**, die offiziell Brücke des Slowakischen Volksaufstands heißt. Sie wurde 1972 fertiggestellt und war damit die erste asymmetrische Seilbrückenkonstruktion in Europa. Ihre Verlängerung bildet die Staromestská, eine Art Stadtautobahn, deren Bau ein Teil der Altstadt geopfert wurde.

An der Mostavá, einige Schritte vom Donauufer entfernt, lädt die zwischen 1913 und 1919 als Ballhaus errichtete **Redoute** zum Besuch ein. Musikliebhaber kommen zu den Konzerten der Slowakischen Philharmonie, die hier ihren Stammsitz hat, Spieler gehen im Casino ihrer Leidenschaft nach, und Gourmets finden sich im stilvollen Restaurant im Souterrain ein.

Auf der Mittleren Donau

Blick über die Donau, links die Nationalgalerie

■ **Am Hviezdoslav-Platz**

Etwas weiter öffnet sich die Straße auf einen für Bratislavaer Verhältnisse recht großzügigen Platz, den Hviezdoslav-Platz (Hviezdoslavovo námestie). Mit dem **Slowakischen Nationaltheater** befindet sich hier eine weitere Kultureinrichtung von nationalem Rang. Der Neorenaissancebau wurde nach Plänen des bekannten Wiener Architektenduos Helmer und Fellner bis 1884 errichtet. Heute werden hier vor allem Opern- und Ballettaufführungen gezeigt. Vor dem Eingang setzt der Ganymed-Brunnen einen schmucken Tupfer.

Dem Namensgeber des Platzes ist zur anderen Seite ein Denkmal gewidmet. Pavol Országh (1849 – 1921), genannt Hviezdoslav (etwa ›Verehrer der Sterne‹), gilt als einer der Väter der Nationaldichtung, er war aber vor allem ein revolutionärer Patriot, und davon handeln auch seine Bücher. Nicht zufällig findet man heute in fast jedem größeren Ort in der Slowakei ein Denkmal für ihn. Die **Bronzeplastik**

Das Nationaltheater

wurde von den Bildhauern Ihrisky und Pospíšil im Jahr 1937 geschaffen.

Der schmucke Hviezdoslavovo námestie wird von Bäumen gesäumt und von kleinen Fontänen umspielt; im Sommer ist er oft Kulisse für Konzerte unter freiem Himmel.

■ **Martinsdom**

Der Martinsdom ist in idealer Hinsicht der wichtigste Sakralbau Bratislavas. Der Dom, in seiner glanzvollsten Zeit zwischen 1563 und 1830 Krönungskirche der ungarischen Könige, wurde an Stelle einer aus dem 13. Jahrhundert stammenden romanischen Basilika errichtet und 1452 geweiht. Anbauten kamen im 15. und 16. Jahrhundert hinzu, unter anderem der 85 Meter hohe Turm. Der Dom weist eine **wertvolle Innenausstattung** auf, darunter ein gotisches Bronzetaufbecken von 1403, ein Epitaph von 1470, die Orgel von 1452 sowie Tafelgemälde vom Anfang des 16. Jahrhunderts. Bemerkenswert sind auch die Gewölbedecken aus dem 15. Jahrhundert und vor allem die Kapelle des heiligen Johannes, die der be-rühmte Bildhauer Georg Raphael Donner um 1730 schuf. Von ihm stammt auch die Reiterstatue des namensgebenden heiligen Martin (1734). Donner arbeitete im Auftrag des Erzbischofs Imrich Eszterházy, der einen repräsentativen Rahmen für die Krönungsfeierlichkeiten schaffen wollte, und angeblich trägt der heilige Martin die Züge des Erzbischofs. Ende des 19. Jahrhunderts wurde die barocke Inneneinrichtung jedoch zum Teil zugunsten einer neogotischen Ausstattung wieder entfernt. Heute ist der Dom oft Schauplatz für Konzerte. Auf dem Platz vor dem Dom erinnert das **Holocaustdenkmal** an die 60 000 slowakischen Juden, die während des Zweiten Weltkriegs ermordet wurden. Weiter sind hier drei Statuen aufgestellt, eine für Franz Liszt, eine für Georg Raphael Donner und eine für Anton Bernolák, der das Schriftslawisch am Anfang des 19. Jahrhunderts kodifizierte. Ein letzter Rest der **Wehranlage** ist entlang der Staromestská noch sichtbar. An ihr wird deutlich, dass der Dom nicht nur eine sakrale und eine repräsentative Funktion besaß, sondern auch Teil der Befestigungsanlagen war.

■ **Zwischen Martinsdom und Michaelertor**
Östlich des Doms nimmt die Panská ihren Anfang. Folgt man ihr bis zur übernächsten Straßenkreuzung, trifft man auf den **Čumil**, der grinsend aus der Kanalisation zu den Passanten aufschaut. Man sagt, er habe stets versucht, den Frauen unter die Röcke zu schauen. In der Altstadt finden sich weitere wunderliche Figuren: Der Gehrockträger, der an anderem Ort so höflich den Hut lüftet, ist der ›Schöne Náci‹. Er wurde dem Bratislavaer Bürger Ignaz Lamar nachempfunden, der zwar ärmlich, dabei aber fein gekleidet gewesen sein und die Rolle eines gutmütigen Nobelstadtstreichers gespielt haben soll – wenn auch mit Melone statt Zylinder. Der dritte schließlich ist der mit einem Fernrohr ausgestattete ›Paparazzi‹.
Die Panská mit ihrer Verlängerung Laurinská ist ebenso eine belebte und beliebte Einkaufsstraße wie die von ihr abzweigende Ventúrska, die in ihrem Verlauf ihren Namen in Michalská ändert. Diese Straßen sind durch die zahlreichen **Adelspalais** geprägt.

Das Michaelertor

Zu nennen sind hier vor allem der Barockpalast des Grafen Esterházy (Panská Nr. 13), der der Familie Balass (Nr. 15), und der der Familie Pálffy (Nr. 19), heute eine Galerie, in der neben slowakischer Malerei und Bildhauerkunst auch italienische und flämische Meister gezeigt werden. Weiter finden sich in unmittelbarer Nachbarschaft das Palais der Familie Keglevich (Nr. 27), in dem Ludwig van Beethoven konzertierte, und der Palast des Grafen Csáky (Nr. 33).
In der Ventúrska tritt zunächst das Zichy-Palais hervor (Nr. 9). Hinter der klassizistischen Fassade werden heute vor allem Hochzeitsfeiern abgehalten. Gleich daneben liegt die **Academia Istropolitana** (Nr. 3), die von Matthias Corvinus 1465 gegründete Universität, von der nur ein Teil erhalten ist. Heute beherbergt das Gebäude die Hochschule für Musik.

Zwei weitere ehemalige Adelspalais sind sehenswert. Das ist zum einen, der Hochschule direkt gegenüber (Nr. 10), das **Palais des Grafen Pálffy**, in dem Mozart als Zehnjähriger konzertierte. Pállfy war zeitweise Burghauptmann Bratislavas. Und da ist zum anderen, ebenfalls im Rokokostil, der **Palast des Grafen Erdödy** (Nr. 1).

Nun ist die **Michalská** erreicht, traditionell eine der belebtesten Straßen der Stadt. Ein weiteres **Palais im Spätbarock** ragt an der linken Seite heraus (Nr. 1). In der Mitte des 18. Jahrhunderts für die Königliche Ungarische Kammer erbaut, die damals oberste Finanzbehörde des Staates, ist es heute Teil der Universitätsbibliothek. Auf den wenigen Metern bis zum schon sichtbaren Stadttor folgen weitere Palais. Kurz vor dem Tor liegt auf der rechten Seite die **Apotheke Zum Roten Krebs**. Es ist die älteste Apotheke der Stadt, in der heute das Pharmazeutische Museum untergebracht ist, eine ungewöhnliche Ausstellung über gut 700 Jahre Heilkundegeschichte mit rund 5000 Exponaten. Das Interieur besteht aus dem Originalmobiliar mehrerer Apotheken.

Das **Michaelertor** (Michalská brána) ist das einzig erhaltene Tor der Stadtbefestigung. Er stammt aus dem 13. Jahrhundert, der achteckige Turmaufsatz von 1513, die weitere Verlängerung nach oben, der Barockaufsatz, kam bis 1758 hinzu. Damals wurde auf die Spitze eine Kupferplastik des Erzengels Michael aufgesetzt, der dem Turm seinen Namen gab. Der Turm wirkt nicht gerade filigran, von seiner umlaufenden Plattform hat man jedoch einen schönen Blick über die Dächer der Altstadt. Im Inneren ist das Waffen- und Befestigungsmuseum

untergebracht. Neben dem Tor finden sich Reste der alten Stadtmauer und des ehemaligen Befestigungsgrabens, direkt am Tor verläuft die schmalste Gasse der Stadt, die **Basteigasse** (Baštová), einst Henkergassl, mit ihren charakteristischen drei Schwibbögen.

■ Hauptplatz

Seit jeher ist der Hauptplatz (Hlavné námestie) das Zentrum des städtischen Lebens. Er liegt am Schnittpunkt der wichtigen Straßen, und mit dem Rathaus befindet sich hier auch das wichtigste Bauwerk des Bürgertums. Hier trifft man sich und flaniert, Lokale, Märkte und manchmal auch Freilichtaufführungen ziehen die Menschen an. Besonders beliebt ist der traditionsreiche Weihnachtsmarkt. Der Platz ist von hübschen, bisweilen beeindruckenden Häusern aus den unterschiedlichsten Epochen gesäumt, von Gotik bis Jugendstil. Sie stechen

Das Alte Rathaus ist Sitz des Stadtmuseums

Karte S. 156

sich nicht aus und reiben sich nicht aneinander, sondern bilden eine zugleich harmonische und spannende Kulisse für das öffentliche Leben. Der große **Rolandsbrunnen** von 1572 wurde ursprünglich zum Gedenken an Maximilian II. errichtet, der sich als erster Kaiser 1563 in Bratislava zum ungarischen König krönen ließ. Das Denkmal blieb, wird seit der Ersten Republik aber, politisch neutral, Rolandsbrunnen genannt.

■ Altes Rathaus

Herausragendes Baudenkmal am Platz ist das Alte Rathaus. Das ist ein Komplex aus mehreren Gebäuden unterschiedlicher Stilepochen, die im 15. Jahrhundert zusammengefasst wurden. Bedingt durch Erdbeben und Brand, wurden 1590 und 1773 Umbauten vorgenommen. Der älteste Teil ist gotisch und stammt aus dem 13. Jahrhundert. Es ist die frühere Wohnung des Bürgermeisters mit einem Turm für den Scharfrichter. Seit dem Mittelalter saß hier die Stadtverwaltung der freien königlichen Stadt, seit 1868 ist es Sitz des **Städtischen Museums**. Ein Rundgang durch die Innenräume lohnt, denn im Unterschied zur Außenfassade, die mehrmals im jeweiligen Geschmack der Zeit verändert wurde, ist dort noch einiges aus der ersten Bauphase erhalten. Und mit dem **Museum der Feudaljustiz** hat das Gebäude eine ungewöhnliche Sammlung aufzuweisen. Konsequenterweise sind vor allem Folterinstrumente und Henkerswerkzeuge ausgestellt. Freundlicher ist der **Innenhof** mit seinen teilweise erhaltenen **Arkadengängen**. Er ist im Sommer Ort für Konzerte und Theateraufführungen.

Das eindrucksvolle Primitialpalais

■ Primitialpalais

Verlässt man den Innenhof über den östlichen Ausgang, steht man vor dem wohl eindrucksvollsten Palais in Bratislava, dem Primitialpalais, das zwischen 1778 und 1781 nach Plänen von Melchior Hefele für die Esztergomer Erzbischöfe errichtet wurde. Die Stadt kaufte es Anfang des 20. Jahrhunderts und ließ es um historisierende Flügel erweitern. Seitdem ist es ein Teil des Städtischen Museums. Im ersten Stock befinden sich wertvolle englische Gobelins aus dem 17. Jahrhundert. Sie stellen die griechische Sage von Hero und Leander dar und sind als Zyklus eine Besonderheit. Historische Bedeutung erlangte das Palais 1805, als in seinen Innenräumen der sogenannte **Preßburger Frieden** zwischen Napoleon und Kaiser Franz I. unterzeichnet wurde.

Auf der Mittleren Donau

■ Franziskanerplatz

Nach Norden geht der Hlavné námestie in den Franziskanerplatz (Františkánske námestie) über. Er wird durch die **Franziskanerkirche mit Kloster** dominiert, dem ältesten erhaltenen Bauwerk in der Innenstadt. Die Kirche wurde 1297 eingeweiht, das Kloster im 14. und 15. Jahrhundert errichtet und später, auch bedingt durch Brände und Erdbeben, mehrfach umgestaltet. Nach der Schlacht von Mohács wählten die ungarischen Adligen hier den Habsburger Ferdinand I. zum ungarischen König und begründeten damit die jahrhundertelange Herrschaft der Österreicher in Ungarn. Teil der Anlage ist die Kapelle des heiligen Johannes des Evangelisten aus der Mitte des 14. Jahrhunderts, das viele als das schönste gotische Bauwerk der Slowakei ansehen.

Ebenfalls am Platz liegt die **Jesuitenkirche**. Ursprünglich für die Protestanten deutscher Herkunft in den Jahren zwischen 1636 und 1638 erbaut, ging der dreischiffige Hallenbau später in den Besitz der Jesuiten über. Ungewöhnlicherweise kommt die Kirche ganz ohne Turm aus. Vor der Kirche erhebt sich die Siegessäule, die 1675 zum Gedenken an den kurz zuvor errungenen Sieg über die Türken aufgestellt wurde.

Dem Franziskanerkloster gegenüber liegt das **Mirbach-Palais** (Františkánske námestie 11). Das Rokokopalais ist nach seinem letzten Besitzer benannt, Dr. Emil Mirbach. Erbaut wurde es bis 1770 für einen wohlhabenden Bierbrauer namens Spech anstelle eines abgebrannten Theaters. Heute ist hier die Galerie der Stadt Bratislava untergebracht. Neben bildhauerischen Arbeiten von Georg Raphael Donner

und Franz Xaver Messerschmidt können zwei historische Zimmerinterieurs besichtigt werden. Im Erdgeschoss werden Sonderausstellungen gezeigt. Sehenswert ist auch das Haus selbst, denn vieles von der originalen Ausstattung – Stuckarbeiten, Kassettendecken – ist erhalten und ermöglicht einen Einblick in die wohlhabende Bürgerwelt des 18. Jahrhunderts.

■ Námestie SNP und Grassalkovich-Palais

Die Františkánska läuft auf den **Námestie SNP** (Platz des Slowakischen Volksaufstands) zu; er liegt bereits außerhalb der Fußgängerzone. Früher befanden sich an dieser Stelle drei Plätze: Barmherzigenplatz, Tändlerzeile und Getreidemarkt. Sie wurden im Laufe der Zeit zusammengelegt und bildeten dann den historischen Marktplatz. Aus Anlass des 30. Jahrestages dieses Aufstands gegen die deutsche Besatzung wurde auf dem Platz 1974 eine **Skulpturengruppe** aufgestellt. Seinem Namen wurde der Platz auch in der Umbruchzeit 1989/90 gerecht, denn hier fanden die wichtigen Demonstrationen statt, die mit dazu beitrugen, das kommunistische System zu überwinden.

Das Grassalkovič-Palais

Das nicht nur wegen seiner Größe beeindruckendste Palais Bratislavas liegt etwas außerhalb des Zentrums. Es ist das **Grassalkovich-Palais**, das sich Graf Anton Grassalkovich in den 1760er Jahren errichten ließ. Er gehörte zu den einflussreichsten Adligen in der Stadt, und in der Herrschaftszeit Maria Theresias war sein Palais ein Zentrum des gesellschaftlichen Lebens. Heute ist es ein Ort wichtiger politischer Entscheidungen, denn der Staatspräsident residiert in dem repräsentativen Gebäude. Es liegt in einer geschmackvollen Grünanlage. Besonders sehenswert ist der Gartenbereich, in dem sich unter anderem ein Skulpturenpark befindet.

Wahrzeichen der Stadt: die Burg

■ Burgberg

Auf einem Hügel 80 Meter oberhalb der Donau erhebt sich die **Burg**, das Wahrzeichen der Stadt, das aufgrund seiner charakteristischen Silhouette umgangssprachlich oft ›Der umgedrehte Tisch‹ genannt wird. Die Burg war lange Zeit vor allem Festungswerk und weniger Repräsentationsobjekt. Diese Funktion teilt sich auch heute noch in dem trutzig wirkenden Äußeren mit.

Ein Besuch lohnt wegen der bedeutenden musealen Sammlungen und der fantastischen Aussicht. Die Stadt und der Fluss liegen dem Betrachter zu Füßen, weite Blicke ergeben sich an schönen Tagen bis zu den Alpen.

Die älteste Besiedlung Bratislavas – in der Altsteinzeit – ist für den Burgberg nachweisbar. Im 12. Jahrhundert befand sich hier eine steinerne Burg, die unter Sigismund von Luxemburg ab 1427 befestigt wurde und dabei ihren heutigen Grundriss erhielt. In den Jahren bis 1562 wurde sie erneut

umgebaut und verstärkt, nun erhielt sie auch die Funktion der königlichen Schatzkammer. Mitte des 17. Jahrhunderts wurden die vier Ecktürme angebaut und der gesamten Anlage ein drittes Stockwerk aufgesetzt. Die Insignien des ungarischen Reichs wurden nun für Jahrhunderte im südwestlichen Turm, dem größten der vier Türme, untergebracht. Unter Maria Theresia, zwischen 1761 und 1766, fanden Umbauten statt, die vor allem den Repräsentationszwecken der Habsburger dienten. Bereits in der Regierungszeit ihres Nachfolgers, Joseph II., verlor die Burg aber wichtige Funktionen. Im Zuge der Verwaltungsreformen, die er durchführte, wurden sowohl die Regierungsstellen wie auch die Kunstsammlungen, die dort untergebracht waren, teils nach Buda, teils nach Wien verlegt. Als Folge setzte ein allmählicher Verfall ein.

Ein verheerender Brand im Jahr 1811 ruinierte die Burg nahezu vollständig. Anderthalb Jahrhunderte wurden keine erhaltenden Arbeiten vorgenommen, erst 1953 begann man mit systematischen Grabungs-, Sicherungs- und Rekonstruktionsarbeiten. Sie waren aufwendig und zogen sich über Jahrzehnte hin. In weiten Teilen wurde die Burg in den Zustand nach dem letzten Umbau unter Maria Theresia zurückversetzt, aber nicht durchgängig. Ältere Schichten wurden freigelegt und teils belassen. So kann man heute bei genauerer Betrachtung Details aus verschiedenen Bauphasen erkennen.

Drei Tore führen zur Burg. An der westlichen Seite liegt das **Wiener Tor**, an der östlichen das **Siegmundstor**, an der nordöstlichen das kleine **Nikolaustor**. Alle Wege münden im barocken **Ehrenhof**. Südlich schließt sich der **Leopoldhof** mit Bastionen an, östlich davon sind Reste der Burganlage aus dem frühen Mittelalter freigelegt. Dahinter findet sich die **Aussichtsterrasse**, die den schönsten Blick über die Stadt ermöglicht.

Die Burg dient heute vor allem musealen Zwecken. Die verschiedenen Ausstellungstrakte erschließen sich über den Haupteingang. Am attrak-

tivsten ist die Ausstellung mit dem Namen **Schatzkammer**. Sie zeigt Exponate von der ersten Besiedlung der Gegend bis zum 13. Jahrhundert. Beeindruckend ist die numismatische Sammlung mit Münzen aller Epochen, darunter sehr rare römische Stücke.

Die **Sammlung der bildenden und angewandten Kunst** weist graphische Blätter, Porzellan aus der ersten Hälfte des 18. Jahrhunderts ebenso auf wie Fayencen, Möbel und Uhren aus dem 17. bis 19. Jahrhundert. Darunter sind einige Unikate wie etwa gotische Kirchenbänke, Renaissancetruhen aus dem 16. Jahrhundert sowie flämische und deutsche Gobelins aus dem 16. und 17. Jahrhundert.

Im Souterrain sind Fundstücke ausgestellt, die bei den archäologischen Untersuchungen ab 1953 entdeckt worden sind. Auf dem nordöstlichen Areal, nicht mehr im Burggebäude, befindet sich ein **Musikmuseum**.

 Bratislava

Seit Januar 2009 ist auch in der Slowakei der Euro die offizielle Währung..

Das Hauptbüro der Touristeninformation befindet sich neben dem Primitialpalais, Klobučnicka 1, ein kleiner Schalter in dem Abfertigungsgebäude am Schiffsanleger.

Alle Sehenswürdigkeiten sind vom Schiff aus bequem zu Fuß zu erreichen, so dass eine Benutzung öffentlicher Verkehrsmittel nicht nötig ist.

An Cafés und Restaurants herrscht wahrlich kein Mangel. Besonders dicht gedrängt finden sie sich in der

Ventúrska, der Michalská und der Sedlárska. Tipps:

Das **Café Mayer** und das **Roland Café und Restaurant** am Hauptplatz sind zwei stilvolle Institutionen, am **Franziskanerplatz** geht es etwas ruhiger zu als in den genannten Gassen, und vom **Restaurant UFO** im Pfeiler der Neuen Brücke (Nový most) hat man einen wunderbaren Blick auf die Stadt.

Am Kámenné nám. findet sich der riesige **TESCO-Markt** (tägl. 24 Stunden), am Nám. SNP der **Bratislava-Shop** mit einer breiten Auswahl an Souvenirs. Der kleine Shop an der Burg bietet viel historische Literatur.

Karte S. 156

Zwischen Bratislava und Donauknie

Die Donau vollzieht am östlichen Stadtrand von Bratislava eine scharfe Rechtskurve und geht in eine seenartige Ausbuchtung über. Am Scheitelpunkt dieser Kurve zweigt links der Malý Dunaj ab, ein Seitenarm der Donau. Er mündet nordwestlich von Komárno in den Fluss Váh ein, der wiederum bei Komárno in die Donau mündet. Zwischen der Donau und diesem Seitenarm liegt der Große Schütt, der auch Schüttinsel genannt wird, Zitný ostrov. Die Insel ist 84 Kilometer lang und bis zu 30 Kilometer breit und gilt als das wärmste und trockenste Gebiet der Slowakei und gleichzeitig als das mit der größten Anzahl an Sonnenstunden im Jahr: 2200 (Bratislava: 1900). Die Schüttinsel ist bei Ausflüglern beliebt, denn hier finden sich eine ganze Anzahl von Thermalquellen und Hinterlassenschaften aus der Römerzeit sowie einige sehenswerte Schlösser und Kirchen. Derzeit ist man dabei, das Radwegenetz weiter auszubauen.

Zentrum der Schüttinsel ist die Kreisstadt Dunajská Streda mit rund 24 000 Einwohnern.

Wenige Kilometer hinter Bratislava markiert am rechten Ufer der kaum auszumachende Ort Čunovo die Stelle, an der die ungarisch-slowakische Landgrenze auf die Donau trifft. Ab hier – und bis kurz hinter Esztergom – bildet der Strom die Grenze zwischen den beiden Staaten. Bei Čunovo beginnt ein weiterer Nebenarm, der Mosoni Duna. Er mündet nordöstlich von Győr wieder in den Hauptstrom, zwischen beiden liegt der Kleine Schütt.

Großer und Kleiner Schütt sind zwei dünnbesiedelte und von zahlreichen Auen, Wasser-, Alt- und Totarmen durchzogene Inseln, die als Rückzugs- und Lebensraum für eine Reihe seltener Tier- und Pflanzenarten wichtig sind, gerade auch für einige in Mitteleuropa seltene Vogelarten wie Seeadler, Trappe und Eisvogel. Charakteristisch auf slowakischer Seite sind die Wassermühlen.

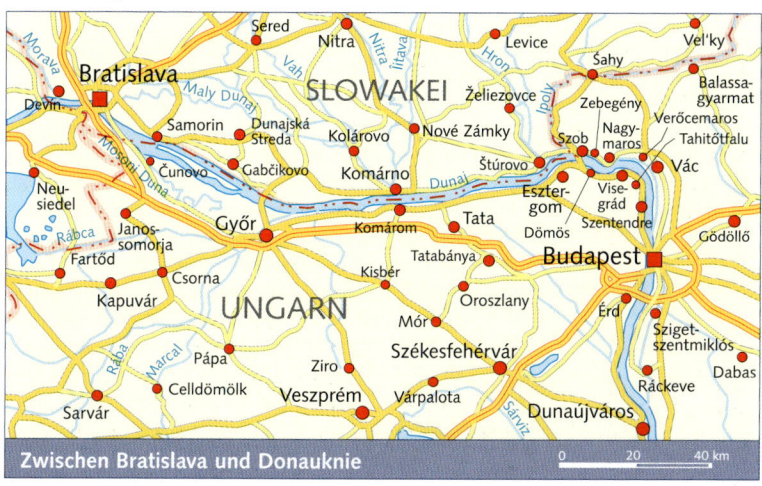

Zwischen Bratislava und Donauknie

Gabčikovo

Bekanntester Ort dieses Flussabschnitts ist Gabčikovo, rund 20 Kilometer hinter Bratislava. Der Ort liegt vom Fluss entfernt und hat zudem keine historische Bedeutung; erwähnenswert ist er aber als Namensgeber für das riesige **Wasserkraftwerk**. Bis 1948 hieß der Ort Beš. Er wurde nach Jozef Gabčik benannt, einem der beiden Männer, die 1942 in Prag das Attentat auf Reinhard Heydrich verübten. Gabčik stammt aus der Nordostslowakei.

Im Ort selbst ist neben dem Thermalbad und der römisch-katholischen Kirche die alte gotische Wasserburg aus dem 17. Jahrhundert die Hauptattraktion. Sie wurde durch Umbauten etwa hundert Jahre später zu einem Renaissanceschloss. Auftraggeber war der Komponist Thaddäus Amadé, weswegen man heute auch allgemein vom Amadé-Schloss spricht.

Die Donau wird bei Gabčikovo angestaut und ihre Kraft von einem Wasserkraftwerk genutzt. Die Schiffe werden bei ihrer Durchfahrt mittels einer Schleusenkammer gehoben und gesenkt. Die Donau hatte an dieser Stelle immer wieder Überschwemmungen verursacht, und so wurde bereits 1845 der ›Schüttinselverein zur Gewässerregulierung‹ gegründet. Realisiert wurde das diesem Zweck dienende Bauwerk aber erst 1993; 1977 hatten Ungarn und die Slowakei einen Vertrag über das Vorhaben unterzeichnet. Er sah vor, die Donau von Gabčikovo bis Nagymaros, unmittelbar vor Visegrád, als Energiespender zu nutzen und mittels eines zweiten Kraftwerks bei Nagymaros aufzustauen. 1990 kündigte Ungarn mit Hinweis auf die Gefährdungen der Umwelt den Vertrag auf, und so wurde nur das Kraftwerk Gabčikovo realisiert.

Es liegt an einem Kanal, der einige Kilometer hinter Čunovo beginnt und rund vier Fünftel der Wassermengen aufnimmt. Umweltschützer sahen darin eine große Gefahr für die Auenwälder, bis heute ist selbst unter Fachleuten umstritten, wie groß die ökologischen Folgen dieser Maßnahme letztlich waren und sind. Unumstritten ist, dass der Grundwasserspiegel bereits deutlich gesunken ist.

Der Standort ist für ein Wasserkraftwerk ungewöhnlich. Es befindet sich inmitten einer Ebene und nicht, wie zumeist, am Ende einer Schlucht oder wenigstens zwischen zwei Hügeln. Die Staumauer ragt daher weit über die umliegende Landschaft heraus, und auch der Kanal erhebt sich sanft, aber stetig über das Niveau der flachen Landschaft.

Die Kreuzfahrtschiffe benutzen ausschließlich diesen Kanal, und so blicken die Passagiere auf einer knapp 40 Kilometer langen Strecke auf Betonwände und allmählich darunter verschwindende Felder und Dörfer und selbst Kirchtürme herab – ein durchaus skurriler Anblick.

Karte S. 165

Einfahrt in die Schleuse Gabčikovo

Komárno/Komárom

Das slowakische Komárno und das ungarische Komárom sind Schwesterstädte, die bis 1920 eine Einheit bildeten und zu Ungarn gehörten. Eine Eisenbahn- und eine Autobrücke verbinden sie. Seit dem Inkrafttreten der Pariser Vorortverträge markiert die Donau zwar die Staatsgrenze, nicht aber die zwischen den Völkern.

Zweisprachiges Straßenschild in Komárno

In der Südslowakei bezeichnen sich rund zehn Prozent der Bevölkerung als Ungarn, in Komárno aber rund zwei Drittel. Die Stadt mit rund 35 000 Einwohnern ist das Zentrum der Ungarn in der Slowakei. So erklärt sich auch die durchgängig zweisprachige Beschriftung im Stadtbild, die die Besucher zunächst irritieren mag. Die Ungarn haben eigene Schulen, seit 2004 eine eigene Universität, und zwei der berühmtesten Ungarn sind mit dem Ort verbunden: Hier wurden der Komponist Franz (ung. Ferenc) Lehár (1870–1948) und der Schriftsteller Mór Jókai (1825–1904) geboren. Jedes Jahr im April findet das überregional bekannte Lehár-Festival statt, ein Sangeswettbewerb, und im Mai ein Amateurtheatertreffen, die sogenannten Jókai-Tage. Ein großes Stadtfest wird jährlich im April/Mai von den Schwesterstädten gemeinsam durchgeführt.

Komárom (20 000 Einwohner) ist unter touristischen Gesichtspunkten aber keinen Abstecher wert. Auch in Komárno halten die Kreuzfahrtschiffe nur sehr selten und dann nur, weil hier die Bustouren nach Bratislava ihren Ausgang nehmen. Nur wenige Touristen finden den Weg hierher, fast alle werden aber angenehm überrascht. In der engräumigen Innenstadt gibt es einiges Sehenswertes: das Neorenaissance-Rathaus, ein halbes Dutzend Kirchen, einige Museen und den ungewöhnlichen Europaplatz. Die Straßen sind baumbestanden, die Bebauung relativ einheitlich; insgesamt macht Komárno den Eindruck eines etwas verschlafenen, aber gepflegten k. u. k. Provinzstädtchens.

Die Stelle am Zusammenfluss von Váh (der alte deutsche Name ist Waag) und Donau war seit der Bronzezeit besiedelt, die Römer unterhielten hier ein Lager. Die erste urkundliche Erwähnung liegt uns für das Jahr 1037 vor, die Erwähnung als Marktgemeinde Camarum datiert von 1075. 1218 erhielt der Ort das Stadtrecht, 1244 das Stapelrecht für Waren, die auf der Donau transportiert wurden. Eine erste Blütezeit erlebte er im 15. Jahrhundert, als sich die ungarischen Herrscher mitsamt Hofstaat bevorzugt hier aufhielten. Nach den Ereignissen von Mohács und der darauffolgenden Besetzung Ungarns durch die Türken besaß die Festung eine Schlüsselposition im Kampf gegen die Osmanen. In der Mitte des 18. Jahrhunderts war Komárno die mit 10 000 Einwohnern fünftgrößte Stadt im ungarischen Teil der Habsburger Monarchie und hatte einen wichtigen Hafen. Nicht die Erdbeben am Ende des 18. Jahrhunderts und auch nicht die große

Auf der Mittleren Donau

Komárno

0   150   300 m

Legende

1 Franz-Lehár-Denkmal
2 Serbisch-orthodoxe Kirche
3 Benediktinerkollegium
4 Kulturpalast (Museum)

5 Palais Zichy (Donaumuseum)
6 Ehemalige Spitalskapelle
7 Ehemalige Franziskanerkirche

Feuersbrunst von 1848 leiteten den Bedeutungsverlust ein; Komárno verlor vielmehr nach dem Rückzug der Osmanen seine strategisch wichtige Funktion. Heute lebt die Stadt vorrangig vom Donauhafen, dem Maschinenbau und den Werften.

Ein Stadtrundgang

Von der Anlegestelle an der Donau ist über die Klappbrücke das Zentrum schnell erreicht. An der Záhradnícka ist das kleine **Denkmal für Ferenc (Franz) Lehár** leicht zu übersehen. Es findet sich in der gepflegten Grünanlage. Das kleinräumige Zentrum erstreckt sich von hier in östlicher und nördlicher

Richtung. Ein kleiner Umweg nach Westen könnte zur **Alten Synagoge** und zur **serbisch-orthodoxen Kirche** führen, die beide an der ul. Palatínova liegen. Die Kirche ist ein Spätbarockbau von 1754, der nach dem Brand 1848 originalgetreu aufgebaut wurde. Das Innere ist wegen der Sammlung orthodoxer Ikonen aus dem 17. und 18. Jahrhundert und der prunkvollen Ikonostase von 1770 sehenswert. Folgt man der ul. Palatínova, einer ruhigen baumbestandenen Straße, in die andere Richtung, gelangt man in das Zentrum. Rechter Hand ziehen das ehemalige **Benediktinerkollegium**, ein aus der ersten Hälfte des 18. Jahrhunderts stammendes Barockgebäude, und vor allem die römisch-katholische **Kirche des heiligen Andreas** die Blicke auf sich. Sie wurde 1738 fertiggestellt und bis 1756 umgebaut; seitdem ist ihr Gewand spätbarock. Nach dem Erdbeben 1768 und dem grossen Brand 1850 wurde die Kirche wiederhergestellt, die beiden markanten Türme stammen von 1896. Gegenüber ist neben dem früheren **Kulturpalast** im Stil der Neoromanik vor allem das **Mór-Jókai-Denkmal** erwähnenswert. Es stammt von 1936 und befindet sich auf der Freifläche vor dem Museum. Das Haus beherbergt Exponate zur Stadtgeschichte und eine Gemäldesammlung; ihm angeschlossen ist auch die Ausstellung für Mór Jókai und Franz Lehár in der gleichen Straße.

■ **Klapka-Platz**

Die ul. Palatínova mündet auf den zentralen Platz der Altstadt, den nám. Gen. Klapka. Die Statue für diesen Herrn (1896) dominiert den Platz. Juraj Klapka war der Kommandierende der Festung, stand 1848/49 auf Seiten der ungarischen Revolutionäre und musste sich im Oktober 1849 der Übermacht der Habsburger Truppen beugen und die Festung an sie übergeben. Der Platz wird auf seiner nördlichen Seite durch das **Rathaus** begrenzt. Das dreistöckige pastellfarbene Gebäude mit dem auffallend hohen Turm stammt von 1875 und steht auf den Mauern eines Vorgängerbaus von 1725.

Die westliche Seite des Platzes nimmt das ehemalige **Palais Zichy** ein. Im 17. Jahrhundert für diese Familie errichtet, erfuhr es eine grundlegende bauliche Veränderung im 19. Jahrhundert. Seitdem ist es um zwei Flügel erweitert worden und seine Fassade klassizistisch. Seit der durchgreifenden Sanierung im Jahr 1989 dient ein Flügel dem Donaumuseum und einer Dauerausstellung zur Stadtgeschichte als Heimstatt. Die Dreifaltigkeitssäule direkt davor stammt von 1715. Sie wurde zum Gedenken an die Kriege und Pestepidemien errichtet, die 1709 und 1711 in der Stadt wüteten.

An der Südseite des Platzes ist ein schönes **Bürgerhaus** erhalten, das typisch ist für die klassizistischen Bürgerbauten aus dem zweiten Drittel des 19. Jahrhunderts. Neben diesen Bauten verleihen vor allem die schönen Blumenrabatten, Bänke und einige kleinere Skulpturen dem Platz ein sehr angenehmes Flair.

Einige Schritte weiter nach Osten stößt man auf den ehemaligen **Offizierspavillon**. Das Gebäude ist unverkennbar von der englischen Gotik beeinflusst; es wurde 1863 fertiggestellt. Die ockerfarbene Fassade ist sehenswert, vor allem aber lohnt

Bürgerhaus im Zentrum von Komárno

Auf der Mittleren Donau

ein Besuch des Innenhofs, wo Historie und moderne Glasarchitektur einen reizvollen Kontrast bilden. Teile der Stadtverwaltung sind heute in dem Bau untergebracht, unter anderem das Standesamt.

■ **Franziskanerstraße**
Die ul. Františkánov führt vom nám. Gen. Klapka nach Norden. An ihr finden sich gleich mehrere Sakralbauten. Am Anfang der Straße liegt rechts die ehemalige **Spitalskapelle**. Sie wurde ursprünglich im Rokokostil ausgeführt, später klassizistisch umgebaut. Ihr Inneres ist wegen des wertvollen geschnitzten Hochaltars aus den 1760er Jahren einen Besuch wert. Die **evangelische Kirche** auf der gleichen Seite kann mit ähnlichen Kostbarkeiten nicht aufwarten, dafür mit ausgewogenen Proportionen. Sie wurde zwischen 1795 und 1797 im Stil des Barock ausgeführt; ihr Turm kam erst 1899 dazu. Etwas weiter setzt die **ehemalige Franziskanerkirche** die Reihe fort. Ursprünglich wurde an dieser Stelle eine erste Kirche von den Kalvinisten am Ende des 17. Jahrhunderts errichtet. Kirche und Kloster stürzten beim Erdbeben 1763 ein. Danach errichtete man erneut eine Kirche – spätbarock mit klassizistischen Elementen –; sie blieb erhalten. Die Fundamente des Franziskanerklosters wurden bei Ausgrabungen im 20. Jahrhundert freigelegt. Schräg gegenüber komplettiert die **reformierte Kirche** die kleine Reihe. Sie stammt aus den Jahren 1784 bis 1788, ihr Turm von 1832.

■ **Europaplatz**
Ein unauffälliger Durchgang an der ul. Františkánova führt zum Europaplatz, der wörtlich ›Hofraum Europas‹ heißt

Am Europaplatz

(›Nádvorie Európy‹). Ungewöhnlich ist der Name, und ungewöhnlich der Platz selbst. Dort wo sich einst ein unansehnlicher Marktplatz befand, ist um das Jahr 2000 herum Europa en miniature entstanden. Die Mitte dieses nicht sehr großen rechteckigen Platzes zieren Millenniumsfontäne und Musikpavillon. An den vier umliegenden Seiten erheben sich in einer wilden Mischung Bauten, die alt aussehen, aber durchgängig neu sind, manche sind erst 2005 fertiggestellt worden. 45 Bauten sind es insgesamt, und ein jedes steht für eine andere Region oder ein anderes Land Europas. Sie sollen durch einen für dieses Land charakteristischen Baustil dargestellt werden. So ist Deutschland mit einem Fachwerkbau vertreten, Italien mit einem Renaissancebau, Rumänien in traditioneller Holzbauweise. Irland präsentiert sich in Grün, und die Kuppel des Gebäudes, das für den Vatikan steht, zitiert die Kuppel des Petersdomes. Als Gesamtensemble sollen die Häuser die gemeinsame Kultur der europäischen Länder symbolisieren.
Das geschieht auf unangestrengte Weise. In den Erdgeschossen der

schmalen Häuser sind Läden und Cafés beheimatet, der Platz hat sich zu einem lebendigen Mittelpunkt des Ortes entwickelt – die Generationen kommen hier so zwanglos zusammen, wie man es sich für die Nationen Europas auch wünscht.

■ Die Festungsanlagen

Komárno ist von ausgedehnten Festungsanlagen umgeben. Das davon eingeschlossene Gebiet umfasst ein Mehrfaches der Fläche, die die historische Altstadt einnimmt. Bis zu 200 000 Soldaten hätten hier Platz finden können. Die Anlagen stammen aus verschiedenen Epochen. Eine schon vorhandene Festung wurde nach der Schlacht bei Mohács, als 1526 die Türken über die Ungarn siegten, zwischen 1546 und 1557 sowie 1572 und 1592 nach Plänen italienischer Fortifikationsexperten erheblich ausgebaut. Diese sogenannte **Alte Festung** galt als die modernste ihrer Zeit und befindet sich direkt am Zusammenfluss von Váh und Donau. Zwischen 1663 und 1673 entstand die **Neue Festung**. Sie schließt sich unmittelbar westlich der Alten Festung an und ist mir ihr verbunden. Diese Festungsanlagen wurden um 1820 nochmals verstärkt. Sie mussten ihre Wehrhaftigkeit über die Jahrhunderte ebensowenig unter Beweis stellen wie die sogenannte Palatinlinie, die zwischen 1839 und 1847 entstand. Sie zog sich von der Donau nach Norden. Ihr Verlauf ist heute an vielen Stellen noch erkennbar, bis auf das **Preßburger Tor** an der Straße nach Bratislava sind jedoch nur noch wenige Reste erhalten. An die Palatinlinie schloss sich östlich die Waaglinie an, die in den 1870er Jahren entstand und sich entlang der Váh bis zur Alten Festung zog.

Dieses System war die größte zusammenhängende Festungsanlage der Habsburger Monarchie und ist die einzige Anlage dieser Art in der Slowakei; seit der Renovierung der vorhandenen Teile in den 1990er Jahren sind die Reste gesichert. Die Festung ist heute als Kulturdenkmal ausgewiesen.

Die Elisabethbrücke zwischen Komárno und Komárom

Auf der Mittleren Donau

Štúrovo

Štúrovo ist die östlichste Stadt des slowakischen Donaulandes, wenige Kilometer östlich markiert das Flüßchen Ipoly (Ipel) die slowakisch-ungarische Landgrenze.

Die Stadt geht auf die beiden Niederlassungen Kakath und Nána zurück; die eine wurde 1075 erstmals erwähnt, die andere im Jahr 1157. 1543 besetzten die Türken Kakath. An Stelle dieses in den Kampfbehandlungen zerstörten Ortes errichteten sie eine Festung, der sie den Namen Dschigerdelen Parkani gaben; daraus leitete sich später der ungarische Name Párkány ab; Gockern nannten ihn die Habsburger, die ihm 1740 die Stadtprivilegien erteilten. Der heutige Name der Stadt existiert erst seit 1948. Benannt ist sie nach Ľudovít Velislav Štúr (1815–1856), der 1846 sein Werk ›Lehre der slowakischen Sprache‹ veröffentlichte und allgemein als Begründer der slowakischen Schriftsprache gilt. Er war, wie alle slowakischen Schriftsteller seiner Zeit, Patriot und kämpfte für einen unabhängigen slowakischen Staat. Wirkungsmächtig wurde vor allem seine 1868 postum veröffentlichte Schrift ›Das Slawentum und die Welt der Zukunft‹, in der er den Zerfall der Doppelmonarchie und die Errichtung eines slowakischen Staates beschwor.

In Štúrovo wohnen rund 10 000 Menschen; der Ort besitzt eine römisch-katholische Kirche, ein sehr großes Thermalbad und darüber hinaus kaum nennenswerte Sehenswürdigkeiten. Die **Maria-Valeria-Brücke**, benannt nach der Tochter Franz Josephs I., verbindet Štúrovo mit dem ungarischen Esztergom am anderen Donauufer. Sie wurde 1895 eingeweiht und Ende 1944 von den sich zurückziehenden deutschen Truppen gesprengt. Erst im Oktober 2001 ist eine Rekonstruktion dem Verkehr übergeben worden.

Dorfkirche zwischen Komárno und Esztergom

Karte S. 165

Das Donauknie

Der rund 60 Kilometer lange Flussabschnitt, der ungefähr zwischen den
Orten Esztergom und Szentendre verläuft, wird allgemein als ›Donauknie‹
bezeichnet. Er macht nur etwa ein
Siebtel der Gesamtlänge des Stromes
auf ungarischem Gebiet aus, ist aber
zweifellos der reizvollste Teil. Geogra-
phen nennen nur den etwa 20 Kilometer langen Durchbruch des Flusses
durch das Börzsönygebirge und das
Visegráder Bergland Donauknie, die
eher touristisch orientierte großzügi-
gere Einteilung hat sich aber durchgesetzt.

Die Donau bei Visegrád

Die Donau ist hier beidseitig von Mit-
telgebirgshöhen gesäumt und nimmt
zwei dramatische Richtungsänderun-
gen vor, bis sie hinter Visegrád scharf
nach Süden in Richtung Budapest
abknickt. Dabei teilt sie sich in zwei
Arme, zwischen denen sich eine lang-
gezogene Insel befindet. Auf Budapester Stadtgebiet vereinigen sich die
beiden Arme wieder zu einem Strom.
Die Hügel sind von tiefen Einschnitten
geprägt, am rechten Ufer erhebt sich
das Visegráder, auf der anderen Seite
das Piliser Bergland. Hinter dem eigentlichen Knie werden die Hügel am linken Ufer flacher, am rechten gehen sie
in das Budaer Bergland über, das in der
Hauptstadt ausläuft.

Die Region ist seit etwa 5000 vor Christus durchgängig besiedelt. Entscheidenden Einfluss übten die Römer aus,
die im 1. Jahrhundert bis hierher vor-
drangen. Im 10. Jahrhundert befand
sich unter dem ungarischen Fürsten
Géza mit Esztergom das Zentrum
des ungarischen Einflussbereiches am
Donauknie. Während dieser Zeit entstanden zahlreiche Siedlungen rechts
und links der Donau. Die jahrhundertelangen Auseinandersetzungen zwischen Türken, Ungarn und Österreichern um die Vorherrschaft entvölkerten jedoch ganze Landstriche wieder.
Unter den Habsburgern wurden gezielt
Siedler angeworben und die Städte
wieder aufgebaut, deswegen sind
viele Ortskerne überwiegend barock
geprägt. In Esztergom finden sich die
Überreste der ältesten königlichen
Burg und die größte Kirche Ungarns,
in Visegrád die Reste des alten Königs-
schlosses aus der Renaissancezeit,
Szentendre ist als Stadt der Kunst und
Künstler weltberühmt, und Vác auf der
linken Donauseite ist als städtisches
Ensemble geradezu ein Paradebeispiel
für den ungarischen Barock.

Die Schönheiten des Donaukniés sind
am eindrücklichsten an Bord eines
Schiffes erlebbar. Esztergom und Visegrád werden passiert, nicht aber Szentendre, das westlich der Donauinsel
am kleineren Arm liegt. Dieser Ort
wird zumeist im Rahmen eines Busaus-
fluges angefahren.

Die **Donauinsel** ist im Durchschnitt
2,3 Kilometer breit, in Nord-Süd-
Richtung erstreckt sie sich über
31 Kilometer. Ihre Fläche beträgt rund
56 Quadratkilometer. Das auf ihr vor-
herrschende Sedimentgestein filtert
das Donauwasser, das über Brunnen-
systeme gewonnen und nach Budapest
geleitet wird. Das Obst und Gemüse,
das auf der Insel angebaut wird, ist für
seine Qualität bekannt und wird ebenfalls größtenteils in die Hauptstadt
geliefert.
Die bis zu 1000 Meter hohen Berge
sind das Ziel von Wanderern, für Was-
sersportler gibt es vielfältige Möglichkeiten, und in die Landschaft sind kleinere und größere malerische und sehr
unterschiedliche Orte eingebettet. Einige von ihnen haben eine sehr bewegte
Vergangenheit hinter sich, sind eng mit
der ungarischen Geschichte verwoben
und weisen zudem einen erstaunlichen
kulturellen Reichtum auf, so dass das
Donauknie auch zuweilen als ›Brenn-
spiegel ungarischer Geschichte und
Kultur‹ bezeichnet wird.
Seit vielen Jahren prägt der Tourismus
vor allem die Orte auf der rechten
Uferseite. Seit einigen Jahren fallen die
zahlreichen Neubauten ins Auge, die
an den Hügeln zwischen Budapest und
Esztergom entstanden sind. Das sind
Ferienanlagen und Wochenendhäuser,
in der Mehrzahl aber Einfamilienhäu-
ser, die von den den besserverdienen-
den Ungarn in dieser privilegierten
Lage gebaut wurden.

Esztergom

Von weitem ist die Kuppel der Kathedrale auszumachen. Sie bestimmt das
Stadtbild Esztergoms, und ihre Dominanz verrät auch, worin die Bedeutung
des Ortes liegt: Esztergom war und ist

Blick vom Fluss auf die Kathedrale

Sitz des Erzbischofs und das Zentrum
der katholischen Kirche in Ungarn.
Die Stadt ist mit gut 30 000 Einwohnern nicht sehr groß, dabei auch recht
kleinräumig, aber reich an Sehenswürdigkeiten und die älteste Stadt am
Donauknie. Die Kelten siedelten an
dieser Stelle, und die Römer errichteten
hier ihre wichtigsten Anlagen innerhalb
der Verteidigungslinie, die entlang des
Donauufers verlief. Nach der Niederlage der Ungarn 955 gegen die Truppen
Ottos des Großen entschied sich Fürst
Géza, mit seinem Volk sesshaft zu werden. Er nahm den christlichen Glauben
an und wählte Esztergom zur Residenzstadt. So wurde der Ort bereits im
10. Jahrhundert zum Sitz des ungarischen Königs, kurz darauf auch zum
geistlichen Zentrum Ungarns, in dem
der Erzbischof residierte. Im Jahr 1000
wurde hier der Sohn Gézas, Stephan,
als Stephan I. zum ersten ungarischen
König gekrönt.
Auch nachdem Budapest zur Hauptstadt Ungarns wurde, blieb Esztergom

Karte S. 175

bedeutend. Während der Türkenzeit wurde die Stadt weitgehend zerstört. Seit 1715 ist Esztergom das Zentrum der ungarischen katholischen Kirche und Sitz des Erzbischofs. Im Ort wird auch heute noch der Priesternachwuchs des Landes ausgebildet.

Die beiden wichtigsten Wirtschaftszweige sind heute die Industrie und der Tourismus. Der Ort ist zudem als

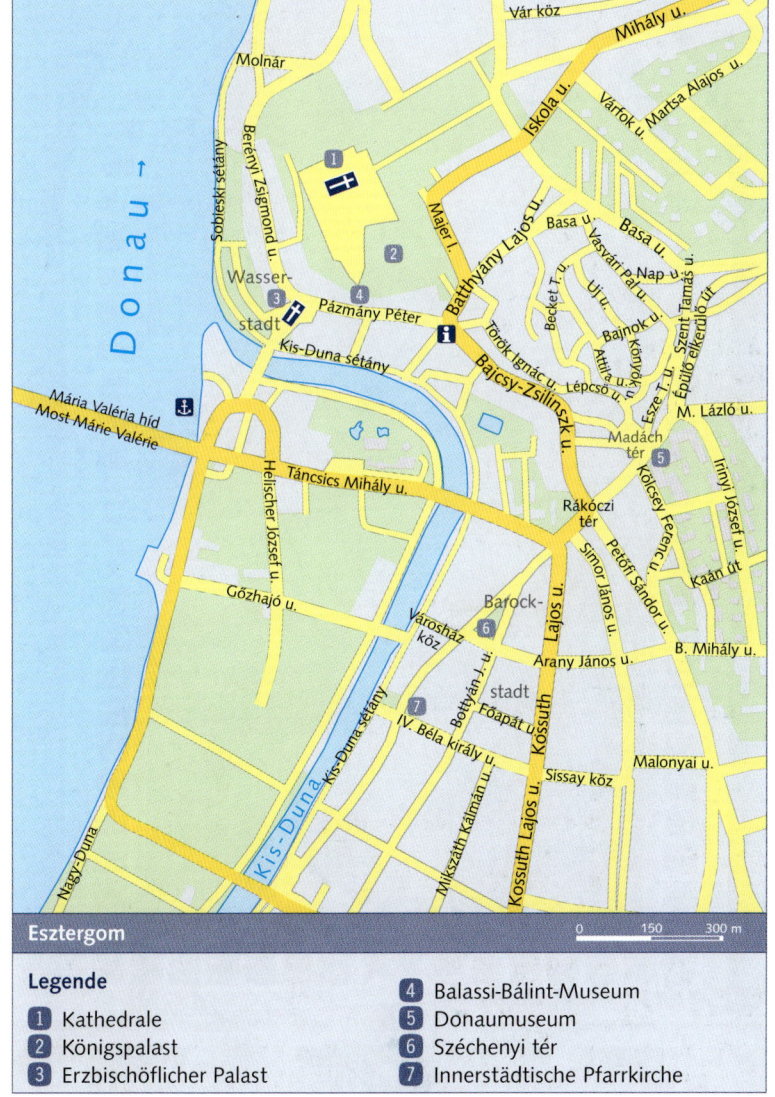

Esztergom

Legende

1 Kathedrale
2 Königspalast
3 Erzbischöflicher Palast
4 Balassi-Bálint-Museum
5 Donaumuseum
6 Széchenyi tér
7 Innerstädtische Pfarrkirche

Ausgangspunkt für Ausflüge in die umliegenden Berge beliebt, auch weil er von Budapest aus mit regelmäßig verkehrenden Schiffen erreichbar ist und weil er über einige Strände und Heilbäder verfügt.

Hauptsehenswürdigkeiten sind zweifellos die Basilika und der Königspalast; die Wasserstadt und die Barockstadt sind ebenso sehenswert, wenngleich deutlicher weniger von Touristen besucht.

■ Basilika

Die Basilika steht auf dem höchsten Punkt des Stadtgebietes, wenn auch der Hügel für den Bau um rund elf Meter abgetragen wurde. Die Vorderfront ist der Stadt zugewandt, der Chor der Donau. Wenn man sich von der Stadt über den leicht ansteigenden Stephansplatz (Istvan tér) der Basilika nähert, nimmt man sie aus leichter Froschperspektive wahr. Dadurch wird die imposante Erscheinung noch verstärkt.

Einige Zahlen verdeutlichen die Ausmaße: Der 107 Meter lange Bau ist 100 Meter hoch und fasst bis zu 8000 Gläubige, die Kuppel weist einen Durchmesser von 33,5 Metern auf, und das Altarbild soll das größte auf Leinwald gemalte Altarbild der Welt sein. Der Hauptfassade ist ein 22 Meter langer offener Säulenportikus vorgelagert, der von acht Säulen getragen wird. Flankiert wird der Bau durch zwei Türme, die Aussicht vom Glockenturm ist grandios. Vorbild für die Basilika war der Petersdom in Rom. Sie wurde 1856 in Anwesenheit Kaiser Franz Josephs I. eingeweiht, Franz

Liszt komponierte eigens die ›Graner Messe‹ – der alte deutsche Name für Esztergom ist Gran – und dirigierte sie am Weihungstag selbst. An dieser Stelle hatte es seit dem 11. Jahrhundert eine Vorgängerkirche gegeben, die in den Türkenkriegen schwer beschädigt wurde. Die an ihrer Stelle Mitte des 18. Jahrhunderts errichtete Barockkirche wurde schnell als nicht standesgemäß angesehen und daher ein Neubau in Angriff genommen.

Die Basilika ist nicht nur von außen eindrucksvoll, im Innern finden sich einige Kostbarkeiten von Rang. Im Hauptschiff ist neben einigen anderen bildlichen Darstellungen vor allem das **Altarbild** von Interesse, eine – vergrößerte – freie Kopie der Assunta von Tizian, ausgeführt vom Maler Grigoletti aus Venedig. Von dort aus erschließt sich die **Bakócz-Kapelle**. Sie stammt aus der Zeit um 1510 und wurde in die Basilika integriert, wenn auch um einige Meter von ihrem urspünglichen Ort versetzt. Sie gilt als eine der bedeutendsten Renaissancearbeiten Ungarns, eine beeindruckende Raumkomposition als verschwenderisches Nebeneinander von rotem und weißem Marmor. Auf der anderen Seite des Hauptschiffs befindet sich eine weitere Kapelle. Sie ist dem **Märtyrer Stephan** geweiht und weist ebenso Kostbarkeiten auf. In der **Krypta** unterhalb des Hauptschiffs finden sich vor allem einige steinerne Grabplatten Esztergomer Bischöfe. Sie vermitteln ein anschauliches Bild der ungarischen Grabmalplastik des Mittelalters.

Ebenfalls von der Haupthalle aus erreicht man die **Schatzkammer**, die

Auf der Mittleren Donau

Das Altarbild in der Kathedrale

größte Sammlung sakraler Kunst in Ungarn, obwohl sie durch die Jahrhunderte, vor allem während der Türkenzeit, empfindliche Verluste hinnehmen musste. Messgewänder, Reliquien, liturgische Gefäße und vieles andere aus rund 1000 Jahren Kirchengeschichte wird hier präsentiert. Rund 400 Kunstgegenstände sind ausgestellt, unter ihnen das Prunkkreuz des Corvinus, das sogenannte Apostolische Kreuz und eine byzantinische Festtagsikone aus dem 13. Jahrhundert.

■ Königspalast

Seit dem Jahr 2000 präsentiert sich der Königspalast in altem und vor allem neuem Glanz. Vieles wurde restauriert, manches auch rekonstruiert, und die Unterschiede sind auf den ersten Blick nicht erkennbar. In einem Teil der Räume ist eine Ausstellung untergebracht, die über die Geschichte der Anlage informiert und somit auch über die Umstände ihrer Wiederentdeckung und Wiederherstellung; der Eingang zum Museum befindet sich neben der Basilika.

Skulptur am Eingang zum Königspalast

Jahrhundertelang war der Palast in Vergessenheit geraten; zerstört und unter meterhohen Schichten begraben. Eher per Zufall, als ein durch heftige Regenfälle ausgelöster Erdrutsch einige Teile freilegte, erinnerte man sich der Anlage, die während der Türkenzeit mit Schutt bedeckt und beim Bau der Basilika unter einer weiteren Schuttschicht begraben worden war. Ab 1934 fanden systematische Grabungen statt.

Die Burg, Residenz der ungarischen Könige seit Géza, wurde im 10. Jahrhundert begründet, in der Folgezeit umund ausgebaut, bis sie als uneinnehmbar galt. Ab 1249, als Béla IV. seine Residenz nach Buda verlegte, war der Palast von den Bischöfen bewohnt. Sie nahmen weitere Umbauten vor. Im Süden und Wesen des Burgpalastes sind noch **Wehranlagen** aus dem 14. und 15. Jahrhundert erkennbar. In der Burg sind Elemente aus Romanik, Gotik, Barock und Renaissance erhalten, der Einfluss von Byzanz und des französischen Adels ist ebenfalls erkennbar: Béla II. (1173–1196) war in Byzanz erzogen worden und nacheinander mit zwei französischen Prinzessinnen verheiratet.

Heute werden die wiederentdeckten Räume zum Teil als **Museum** genutzt, sie präsentieren unter anderem Gebrauchsgegenstände, Schmuck, Waffen, Siegel und Wappen. Daneben ist allein der noch vorhandene Decken- und Wandschmuck einen Besuch wert. Darunter befinden sich Fresken der vier Kardinaltugenden Justitia, Prudentia, Fortitudo und Temperentia (Gerechtigkeit, Klugheit, Tapferkeit und Mäßigkeit). Herzstück der Anlage ist die **Burgkapelle** aus dem 12. Jahrhundert, die den Übergang von der Romanik zur Gotik markiert. Zwar ist von

Karte S. 175

der ursprünglichen Farbgestaltung fast nichts erhalten, dank der sorgfältigen Rekonstruktionsarbeiten eröffnet sich dem Besucher jedoch in aller Nachdrücklichkeit das Raumerlebnis eines durch zahlreiche Bauplastiken und Seitenkapellen reich ornamentierten Gesamtkunstwerks. Die **Mauern**, die den Burgberg umgeben, stammen aus dem 14. und 15. Jahrhundert, ebenso die in sie eingelassenen **Basteien**.

■ Wasserstadt

Zwischen Burgberg und Donau liegt die Wasserstadt, ein überschaubares und beschauliches Viertel entlang einiger weniger kopfsteingepflasterter Straßen. Es ist barock geprägt, sein Wahrzeichen ist die **Franziskanerkirche** mit ihren beiden Türmen. Große Teile des Viertels stehen unter Denkmalschutz.

Die Wasserstädtische Kirche

Herausragend ist sicherlich der **Erzbischöfliche Palais** von 1882 (Berényi Zsigmond utca 2), nicht aber wegen seiner eklektizistischen Fassaden, sondern weil in ihm das **Christliche Museum** untergebracht ist, das eine der bedeutendsten Sammlungen insgesamt in Ungarn aufweist und eine wichtige Sammlung alter italienischer Malerei. Im Kern geht der große Bestand auf die Sammelleidenschaft des Graner Erzbischofs János Simor zurück, der in der zweiten Hälte des 19. Jahrhunderts viele Exponate erwarb. Die Sammlung wurde in der Folgezeit immer wieder ergänzt. Im Haus ist eine Textil- und Kunstgewerbeausstellung untergebracht, es finden sich auch einige Skulpturen ungarischer und deutscher Herkunft aus der Zeit vom 14. bis zum 18. Jahrhundert. Herzstück des Museums ist aber die **Gemäldegalerie**. Das älteste Exponat entstand um 1400 und ist ein Altarbild

des Meisters von Bát. Daneben sind einige Werke der sogenannten ungarischen Tafelmalerei zu besichtigen, die zum großen Teil aus der zweiten Hälfte des 15. Jahrhunderts stammen. Ferner sind einige Bilder ungarischer Meister aus dem 18. und 19. Jahrhundert vertreten. Die italienische Malerei, die den Großteil der Stücke ausmacht, ist mit Werken vom 13. bis zum 18. Jahrhundert zu sehen.

Nur wenige Schritte entfernt liegt in der Baycsy-Zsilinszky utca 63 das **Balassi-Bálint-Museum**. In ihm sind zahlreiche Zeugnisse ausgestellt, die Einblicke in das Leben der Römer und Kelten und der Siedlungsgeschichte des Mittelalters geben. Balassi gilt als der erste ungarische Dichter von Rang. Er starb 1594 in Esztergom, als die Ungarn die zu dieser Zeit von den Türken gehaltene Stadt belagerten.

Unmittelbar an den Erzbischöflichen

Denkmal für den Dichter Bálint Balassi

Palast schließt sich die **Wasserstädtische Kirche** (Franziskanerkirche) an, ein hübscher zweitürmiger Bau im Barockstil, dessen Türme erst am Ende des 18. Jahrhunderts, mehrere Jahrzehnte nach dem Bau des Kirchenschiffs, angefügt wurden.

Ein weiteres Museum ist erwähnenswert, schon etwas außerhalb der Wasserstadt gelegen. Das **Donaumuseum** in der Kölcsey Ferenc utca 2 stellt den Strom, die Geschichte seiner Besiedlung und die des Schiffsverkehrs sowie den Fluss als Lebensraum dar. In der Nähe des Museums finden sich auch die **frühere Synagoge** und die **Stephanskapelle**. Der Weg auf den Hügel, auf dem diese drei Einrichtungen liegen, ist etwas beschwerlich, man wird aber mit einem schönen Blick auf die Stadt belohnt.

■ Barockstadt

Von der Wasserstadt führt ein kurzer Spaziergang entlang der Kleinen Donau (Kis-Duna) zur Barockstadt, dem historischen Zentrum des bürgerlichen Esztergom. Das Viertel ist um zwei zentrale Plätze angeordnet, den Rákóczi tér und den Széchenyi tér, sein Rückgrat ist die diese beiden Plätze verbindende Bottyán János utca, die in ihrem Verlauf den Namen in Jókai Mór utka ändert.

Insbesondere der dreieckige **Széchenyi tér** hat sich weitgehend sein Erscheinungsbild aus dem 18. Jahrhundert bewahren können. Hier finden sich zahlreiche geschmackvolle Häuser hauptsächlich im Stil des Barock, des Rokoko und des Klassizismus, die sich zu einem harmonischen Geamtbild zusammenschließen. Die südliche Seite des Széchenyi tér nimmt das Bürgermeisterhaus ein. Eingebettet in diese Szenerie sind mit der griechisch-orthodoxen Kirche, der St. Annen-Kirche und vor allem der **Innerstädtischen Pfarrkirche** (Poór Antal tér) einige sehenswerte Sakralbauten. Insbesondere die letztgenannte Kirche ist einen Besuch wert. An ihrer Stelle befanden sich einst eine mittelalterliche Kirche und ein Franziskanerkloster, die während der Türkenherrschaft zerstört wurden.

Zwischen Esztergom und Visegrád

Szob ist der westlichste Ort Ungarns auf der linken Uferseite. Sehenswert sind die spätbarocke katholische Kirche aus dem 18. Jahrhundert, das Schloss aus der zweiten Hälfte des 19. Jahrhunderts und das Börzsöny-Museum, das den Besuchern die Siedlungsgeschichte und die Volkskultur der Region näherbringt.

Zebegény liegt malerisch am Westtor der Donauenge. Der Ort ist ein gutes Beispiel für die Entwicklung der Region

Karte S. 175

nach der Türkenzeit. Hier siedelten sich slowakische und süddeutsche Einwanderer an. Auf sie soll der Name des Ortes zurückgehen. Es wird erzählt, dass die deutschen Siedler beim Anblick des Flusses, der sich vor den Bergen zu stauen scheint, ›Hier See beginnt!‹ riefen.

Von dieser Vergangenheit zeugen die typisch slowakischen Holzhäuser, die sich vor allem im östlichen Ortsteil befinden, und die Bauten im barocken und klassizistischen Stil. Neben der katholischen Kirche im Jugendstil (um 1910), die von Károly Kós entworfen wurde, dem führenden Vertreter des ungarischen Jugendstils, und der alten Mühle (um 1800) ist vor allem das Museum sehenswert, das an István Szönyi (1894–1960) erinnert. Er ließ sich zwischen den beiden Weltkriegen im Ort nieder und wurde zu dem wohl bedeutendsten ungarischen Maler der Donaulandschaft. Ein weiteres Museum, das Schifffahrtsmuseum, enthält Modelle und andere Erinnerungsstücke aus dem Lebensweg eines hier ansässigen Kapitäns.

Dömös am rechten Ufer gilt als Pforte in das Piliser Bergland und ist daher vor allem bei Wandertouristen beliebt. Sie zieht es unter anderem zum wohl schönsten Aussichtspunkt des Donauknies, dem sogenannten Prédikálószék (Predigerknie). Lange Zeit war hier, am Südende der Enge von Visegrad, die beste Überquerungsstelle der Donau. Im Ort selbst finden sich Reste eines Klosters aus dem 12. Jahrhundert und eine Barockkirche.

Nagymaros

Nagymaros, ein großes Dorf mit rund 5000 Einwohnern, liegt Visegrád unmittelbar gegenüber und ermöglicht den wohl beeindruckendsten Blick auf die Burganlage. Im Mittelalter war die Verbindung zwischen beiden Orten recht eng, da nicht wenige der am Hof Bediensteten hier wohnten; heute verkehrt hier eine Fähre.

Heute ist Nagymaros vor allem das Ziel von Erholungssuchenden, die von hier aus in die Berge wandern, daneben seit langem ein Zentrum des Rudersports auf der Donau. Die malerische Lage und die guten Erholungsmöglichkeiten in der unmittelbaren Nähe haben auch einige Künstler veranlasst, sich hier niederzulassen.

Das Interesse der wenigen Touristen gilt zumeist dem kleinen **Museum** und der **katholischen Kirche** aus dem 16. Jahrhundert im gotischen Stil. In anderer Hinsicht ist Nagymaros erwähnenswert. Hier war, als Korrespondenzobjekt zu der Schleusen- und Kraftwerksanlage im slowakischen Gabčikovo, als slowakisch-ungarisches Gemeinschaftsprojekt ein Staudamm geplant. Es hätte wohl eine der reizvollsten Stellen im Flusslauf zerstört, dort wo die Donau die Berge des Pilis- und des Börzsöny-Gebirges durchschneidet und eine Richtungsänderung von 90 Grad vollzieht.

Nach großen Protesten seitens der Bevölkerung und von Umweltgruppen nahm die ungarische Regierung nach 1990 endgültig Abschied von den Plänen.

Visegrád

Ausgangs einer Schlinge, die die Donau zu einem Richtungswechsel um 180 Grad zwingt, liegt Visegrád. Der Ort selbst ist mit seinen etwa 1600 Einwohnern eher ein großes Dorf, für die Ungarn ist er aber von großer historischer Bedeutung. Sie zeigt sich in den

Auf der Hochburg

Resten einer Burganlage, die sich vom Ufer bis auf den an dieser Stelle steil aufragenden Berg hinaufzieht.

Die Slawen, die hier ansässig waren, waren nicht die ersten Siedler, aber sie gaben ihrem Ort den bis heute gültigen Namen, der auf Deutsch ›Hohe Burg‹ bedeutet. Die Slawen siedelten dort, wo bereits die Römer ein Militärlager angelegt hatten. Die Ungarn errichteten eine Burg, die während der Einfälle der Mongolen zerstört wurde. Nach 1250 wurden daher die neuen Befestigungsanlagen ungleich stärker angelegt; es entstanden die Oberburg auf dem Berg und die Unterburg nahe der Donau, die durch Mauern miteinander verbunden waren. Ab 1316, unter Karl Robert von Anjou, kam eine königliche Residenz hinzu, und in der Folgezeit zählte Visegrád zu den politischen Zentren des Landes. Unter Matthias Corvinus und seiner Frau Beatrix erlebte der Palast seine Blütezeit, er war das politische und künstlerische Zentrum des Landes, seine Größe und Pracht Gesprächsthema an den europäischen Höfen.

Die Türken eroberten die Burg um 1530, und in den folgenden Auseinandersetzungen wurden große Teile des Befestigungssystems beschädigt. 1702 schließlich ließen die Habsburger die Reste sprengen, da sie fürchteten, Aufständische könnten sie nutzen. Später benutzten die verbliebenen Einwohner wie auch die deutschen Neusiedler Steine der Festung zum Bau ihrer Häuser, in den folgenden Jahrhunderten wurde der königliche Palast gar von Erdrutschen begraben und verschwand damit aus dem Ortsbild. Erst Ausgrabungen ab 1934 legten Teile wieder frei.

Im Grunde hat der Ort heute zwei touristische Zentren. Da ist zum einen die Oberburg, und da ist der Ort selbst, in dem vor allem die Wasserbastei, der Salomonturm und der Königspalast die Attraktionen darstellen.

■ Wasserbastei und Salomonturm

Die Wasserbastei, Teil der unteren Burg, diente ursprünglich zur Wasserversorgung der Palastanlagen und war

Karte S. 165 ▲

mit ihnen durch eine Steinmauer verbunden. Der mehrstöckige Bau wurde Anfang des 19. Jahrhunderts abgetragen, als eine Landstraße in der Nähe des Ufers angelegt wurde. Die heutige Wasserbastei ist eine Nachbildung von 1937.

Vorbei an der König-Matthias-Statue gelangt man nach wenigen Schritten zum Salomonturm. Das Gebäude auf sechseckigem Grundriss war ursprünglich 31 Meter hoch, die Dicke seiner Mauern variiert zwischen 3,5 und 8 Metern. Der Bau diente zur Bewachung der Uferstraße und auch als Zollstation. Der mittelalterliche Bau hatte auf fünf Stockwerken Wohnräume und auf den anderen Versorgungsräume, Speicher sowie Aufenthaltsräume für die Wachen. Während der Türkenkriege wurde er beschädigt, heute ist er restauriert und beherbergt das **König-Matthias-Museum** (Mátyás Király).

Im Erdgeschoss ist ein rekonstruierter gotischer Brunnen aus dem 14. Jahrhundert ausgestellt, dem man am besten von der umlaufenden Galerie aus bewundern kann. Er befand sich ursprünglich im königlichen Palast, bis er von König Matthias durch einen anderen Brunnen ersetzt wurde. Das Ausstellungsstück beeindruckt durch seine ungewöhnliche achteckige Form und die meisterhafte Zusammenfügung kostbarer Materialien. In den darüberliegenden Stockwerken sind weitere Skulpturen und Reliefs aus dem Königspalast ausgestellt. Vom obersten Stock aus hat man einen wunderbaren Blick auf die Donau und die Berghügel.

■ **Königspalast und Umgebung**
Der Palast umfasste ursprünglich ein Areal von 600 Metern Länge und 300 Metern Breite. Mit seinem Bau

wurde unter Karl I. 1316 begonnen, im 15. Jahrhundert ließ ihn König Matthias von italienischen Künstlern erweitern und umgestalten. Zusammen sollen der **Nordpalast** (Matthiaspalast), die **Kapelle** und der **Südpalast** (Palast der Königin Beatrix), in die sich die gewaltige Anlage einteilen lässt, mehr als 350 Räume gehabt haben. Zeitgenossen schwärmten nicht nur von den Ausmaßen, sondern auch von der prunkvollen Ausgestaltung und der Ausstattung. So soll der Palast nicht nur mit reichlich Marmor und vergoldeten Säulen verziert gewesen sein, sondern neben Fischteichen und Bassins auch eine eigene Pferderennbahn aufgewiesen haben. Der päpstliche Legat nannte das Gesamtkunstwerk 1483 ein ›Paradies auf Erden‹, und Mikós Oláh, Erzbischof von Esztergom und humanistischer Gelehrter, berichtet um 1530 unter anderem von reichlich Alabaster und Gold, von Gärten voller Weinreben und Ostbäumen: »Wer durch das Tor eintritt, sieht eine weite, mit Blumen übersäte Rasenfläche vor sich. Nach mehr als hundert Schritten stößt man auf eine Treppe, die sieben oder acht Ellen breit, aus viereckigen Steinen zusammengefügt und ungefähr vierzig Schritt hoch ist. In der Mitte [des Hofes] bricht eine Quelle aus einem kunstvoll gemeißelten rotmarmornen Brunnen hervor, den Reliefs der Musen schmücken. Oben auf dem Brunnen sitzt Cupido, er hält einen Schlauch aus Marmor, aus dem das wohlschmeckende, kalte Wasser kommt, das aus einem nahegelegenen Bergquell durch Röhren hierher geleitet wird und mit angenehmen Geplätscher in die Marmorschale und von hier in das Becken fällt. Auf Befehl des Königs Matthias Corvinus, dessen Werk dieser herrliche

Auf der Mittleren Donau

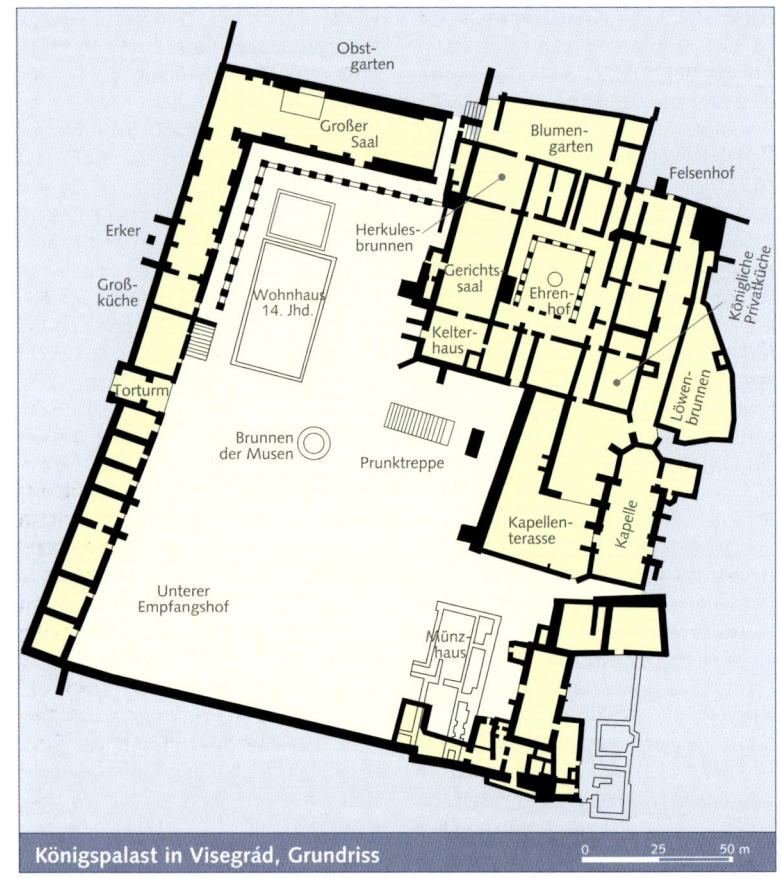

Königspalast in Visegrád, Grundriss

Obst-garten

Großer Saal

Blumen-garten

Felsenhof

Erker

Herkules-brunnen

Groß-küche

Gerichts-saal

Ehren-hof

Königliche Privatküche

Wohnhaus 14. Jhd.

Kelter-haus

Torturm

Löwen-brunnen

Brunnen der Musen

Prunktreppe

Kapellen-terasse

Kapelle

Unterer Empfangshof

Münz-haus

0   25   50 m

Bau ist, führte die Quelleitung bei Siegesfeiern Wein, und zwar abwechselnd Rot- und Weißwein, der weiter oben in die Rohre gefüllt wurde.«

Ab 1971 wurde die Freilegung mit größerer Energie betrieben. Die heute sichtbaren Teile sind teils ausgegraben, teils rekonstruiert worden; einige Trakte liegen noch immer unter Gestrüpp und Erdmassen begraben.

Man betritt die Anlage über die unterste der insgesamt vier Terrassen. Von dort führt der Weg über den Empfangs-hof in den **Prunkhof**, den Mittelpunkt des Komplexes. In seiner Mitte ist der **Herkules-Springbrunnen** aus rotem Marmor aufgestellt, eine Kopie des Originals aus der Renaissezeit. Um den Hof herum sind die eigentlichen **Palasträume**, dahinter weitere Terrassen und Gärten angeordnet. Teile der Originalausstattung sind erhalten, andere sind mittlerweile im Salomonturm untergebracht. Sicherlich sind einzelne erhaltene kostbare Materialien beeindruckend oder die ausgeklügelte Wasserver- und entsorgung, imponierend ist aber vor allem die schiere Größe der Anlage, zumal wenn man bedenkt, dass nach wie vor nur ein Teil zugänglich ist. Weiter am Ufer entlang, außerhalb des Palastes, finden sich noch der barocke **Adelshof**, die **Marienkapelle** und eine weitere **römisch-katholische Kirche** aus dem 18. Jahrhundert. Sie liegen in unmittelbarer Nähe des **Fő tér**, der, etwas von der Hauptstraße zurückgesetzt, in etwa im Zentrum des kleinen Ortes liegt. Wendet man sich von diesem Platz zum Flussufer, erreicht man den **Fähranleger**. Einige Schritte davon entfernt finden sich eine **Kapelle** von 1770 und ein rekonstruierter **römischer Wachturm**. Die Inschrift besagt, dass er 372 erbaut wurde.

■ **Die Hochburg**
Die Donau befindet sich bei Visegrád auf etwa 100 Meter Höhe über dem Meer, die Hochburg – oft als Zitadelle bezeichnet – immerhin auf 375 Meter. Daher ist es angeraten, sich ihr über die Panoramastraße zu nähern. Vom Parkplatz ist dann nur noch ein geringer Höhenunterschied zu überwinden. Bevor man die Anlage betritt, erreicht man einen unmittelbar am Abhang liegenden **Aussichtspunkt**. Von hier bietet sich eine beeindruckende Sicht auf die gegenüberliegenden Bergzüge, den U-förmigen Verlauf der Donau und die Nordspitze der Donauinsel. Allein dieser Anblick lohnt den Aufstieg.
Die Hochburg entstand zwischen 1245 und 1255. Die Wohnanlagen im Zentrum waren durch ein System von mehreren Mauern und Gräben umgeben, die Höfe miteinander durch enge Pforten oder Zugbrücken verbunden, so dass ein äußerst wehrhafter Komplex entstand.

Die wichtigsten Gebäude der inneren Burg waren urspünglich in Dreiecksform um den oberen Burghof angeordnet. Heute stehen hier größtenteils nur noch Ruinen – fast alle scheinbar erhaltenen Teile entpuppen sich bei genauem Hinsehen als moderne Rekonstruktionen –, aber auch sie wirken überaus malerisch. Im wesentlichen erhalten sind **vier Tortürme**, **Teile des inneren Palasttraktes** und **Teile der Mauern**. An manchen Details, etwa an Fensterlaibungen, ist noch zu erkennen, dass die Burg im Kern gotisch war.
Der östliche Turm beherbergt heute neben einigen Kupferstichen und Wappen eine **Ausstellung zur Geschichte der Burganlag.** Hier ist unter anderem in Modell ausgestellt, das die Burg in ihrem Zustand vor den Zerstörungen zeigt. Weitere kleinere Ausstellungen thematisieren die herrschaftliche Jagd und Rüstung und Ausrüstung eines Ritters im Mittelalter. Das ebenfalls kleine Wachsfigurenkabinett, das – vermeintliche – Alltagsszenen aus dem Burgalltag darstellt, kostet einen Extra-Eintritt. Er lohnt sich nicht.
Unter- wie Oberburg sind seit einigen Jahren Schauplatz für die auch in Ungarn beliebten **Mittelalterfeste**. Dazu zählen auch Schaukämpfe, Reitbogenschießen und Falknerattraktionen.

Verőcemaros

Der Name ist Produkt einer Verwaltungsreform, als die zuvor selbständigen Orte Verőce und Kismaros in den 1960er Jahren zusammengelegt wurden. Kismaros geht auf die Römer zurück und wurde im 18. Jahrhundert durch deutsche Neusiedler ein zweites Mal gegründet, der andere Ortsteil war bereits im Mittelalter besiedelt.

Fähre bei Vác

In beiden Ortsteilen befindet sich die obligatorische katholische Kirche, interessant ist aber vor allem das Schloss, das etwas abseits der Durchgangsstraße liegt. Er wird nach seinem Auftraggeber **Migazzi-Schloss** genannt. Kristóf Migazzi, zu dieser Zeit Stellvertreter des Erzbischofs von Vác, ließ das Gebäude zwischen 1766 und 1784 nach Plänen des italienischen Architekten Isidore Canevale als Sommerschloss errichten. Ursprünglich im Spätbarock, präsentiert es sich seit einigen Umbauten in klassizistischen Formen. Das Schloss liegt zwischen beiden historischen Zentren in einem Tal, etwas abseits der Durchgangsstraße. Im **Gorka-Géza-Museum** in Verőce sind Werke des bekannten ungarischen Keramikers Géza Gorka (1894–1971) und seiner Tochter Livia ausgestellt.

Verőce war bereits Anfang des 20. Jahrhunderts ein beliebter Erholungs- und Ferienort, heute darf sich der vereinigte Ort desselben Rangs rühmen. Er hat außerdem eine gewisse historische Bedeutung, denn 1597,

zur Zeit der Türkenkriege, besiegten in einer großen Schlacht die Truppen des österreichischen Erzherzogs Maximilian hier das Heer der Türken.

Vác

Dort wo sich die Donau in eine langgestreckte Rechtskurve aus dem Donauknie herauswindet und die Ausläufer des Börzsöny-Gebirges in die Ebene übergehen, liegt Vác. Die von den Türmen zweier Kirchen dominierte Silhoutte passt sich harmonisch in die malerische Landschaft ein. Tatsächlich ist Vác (der alte deutsche Name ist Waitzen) wegen seiner zahlreichen Baudenkmäler und des geschlossenen barocken Stadtbilds sehenswert.

Sein günstige Lage zog bereits Menschen in der Kupferzeit an, später siedelten die Römer hier, ab 1010 wurde der Ort als Bischofssitz bedeutend. 1241 wurde er durch die Mongolen in Brand gesetzt, erholte sich danach aber wieder. Dank dem günstigen Donauübergang und dem Schutz durch eine Burg erblühte Vác im Hochmittel-

Karte S. 165

alter als regionales Handelszentrum. Nach den schweren Verwüstungen im 16. und 17. Jahrhundert wurde Vác neu aufgebaut. Ende des 17. Jahrhunderts ließen sich erneut die Bischöfe hier nieder, und nördlich der alten Burg entstand in ihrem Gefolge die Barockstadt, die so gut wie vollständig erhalten ist und dem Ort noch heute seinen besonderen Charme verleiht.

Die Industrie bestimmt die Randbezirke, das barocke Vác, im wesentlichen zwischen Durchgangsstraße und Donau gelegen, ist davon aber unberührt. Es ist lange nicht so überlaufen wie die Orte am rechten Donauufer und wirkt auch im Sommer trotz seiner immerhin 33 000 Einwohner sehr beschaulich. Beliebt bei Einheimischen sind die sogenannten Vácer Belustigungen mit Barockkonzerten, Ausstellungen und Handwerkermarkt.

Die Sehenswürdigkeiten der Stadt liegen relativ dicht beieinander und gruppieren sich fast vollständig um die drei zentralen Plätze Márcinus 15. tér, Konstantin tér und Géza király tér. Sie unterscheiden sich deutlich voneinander und bieten daher eine gute Orientierung.

Der **Márcinus 15. tér,** ein dreieckiger Platz, ist der Mittelpunkt der Bürgerstadt. Er ist von niedrigen Bauten im Barock- und Zopfstil ausgeführt. Inmitten dieses sehr harmonisch wirkenden Ensembles befinden sich das **Rathaus** von 1769 und an der Südseite des Platzes die 1745 geweihte **Oberstädtische Pfarrkirche**.

Bedeutendstes Bauwerk am kleinen **Szentháromság tér** (Dreifaltigkeitsplatz) ist die ehemalige, 1745 geweihte **Piaristenkirche** mit ihren beiden charakteristischen schlanken, spitzenbehelmten Türmen, am **Konstantin tér** erhebt sich mit dem **Dom Mariä Himmelfahrt und St. Michael** der wichtigste Sakralbau der Stadt. Auch diesen Platz säumen Bürgerhäuser im Zopfstil. Im Ort finden sich weitere Kirchen, einige interessante Museen, Reste der Stadtmauer und sogar ein Triumphbogen, der eigens anlässlich eines Besuchs von Maria Theresia erbaut worden ist.

Auf der Mittleren Donau

Am Márcinus 15. tér, links das helle Rathaus

Szentendre

Je nachdem, aus welcher Richtung man sich Szentendre nähert, markiert es für den Besucher das Eingangs- oder das Ausgangstor zum Donauknie. Da die Stadt nicht an dem Hauptstrom der Donau, sondern am kleineren westlichen Donauarm liegt, kann man sie vom Schiff aus nicht sehen.

Den besten Eindruck von der Schönheit ihrer Lage erhält man, wenn man von der Insel auf Szentendre schaut. Die Stadt wird im Osten durch das Halbrund der Donau begrenzt und auf der anderen Seite durch Berge, die zum Fluss hin terrassenförmig abfallen.

Im Zentrum finden sich einige schöne Kirchen und vor allem eine Vielzahl von schmalen pastellfarbenen Wohn- und Geschäftshäusern, die zum großen Teil aus der Barockzeit stammen und dem Ort ein geschlossenes, anheimelndes Aussehen geben. Berühmt ist Szentendre für seine zahlreichen Ateliers und Museen, die darin untergebracht sind. Sie haben dem Ort den Rang einer Künstlerstadt verliehen. Daneben finden sich überall Andenkenläden und Lokalitäten.

Szentendre ist mit der Vorortbahn HÉV und auch mit regelmäßigem Dampferverkehr bequem vom Budapester Zentrum zu erreichen. Das malerische Stadtbild, das reiche Angebot an Kunst und Kunsthandwerk sowie die gute Verkehrsanbindung haben dazu geführt, dass Szentendre insbesondere an Wochenenden von den Touristen beherrscht wird. Aber auch zu diesen Zeiten ist dem Ort ein besonderer liebenswerter Charme eigen, den zu entdecken lohnt.

Geschichte

An der Stelle einer keltischen Siedlung legten die Römer eine Festung mit dem Namen Ulcisia Castra an,

Am Fő tér

Teil des Limes, der entlang der Donau verlief. Um 1009 kam der Ort in den Besitz des Bischofs von Veszprém, als Sanct Andreas wurde er erstmals 1146 erwähnt. Der heutige Name ist die ungarische Version davon: Szent Endre heißt heiliger Andreas.

Nach der Niederlage der Serben gegen die Türken auf dem Amselfeld folgte eine erste Zuwanderungswelle serbischer Siedler. Unter den Osmanen war der Ort nahezu entvölkert, nur die Pfarrkirche und das Straßenraster in der Altstadt haben diese Zeiten überdauert. Prägend für Szentendre waren die Zuwanderer, die ab 1690 kamen. Belgrad war erneut an die Osmanen gefallen, und etwa 36 000 Familien aus Serbien, Albanien, Bosnien, Dama-tien und Montenegro flohen vor ihnen aus ihrer Heimat und siedelten sich weiter nördlich an, 1000 Familien – rund 6000 Menschen – davon in Szentendre. Dazu kamen einige Ungarn, Deutsche, Slowaken und Griechen. Die österreichischen Kaiser räumten den Neubürgern Privilegien ein, so dass Handel und Handwerk bald florierten und die Stadt wohlhabend wurde. Da die Neuankömmlinge ihre Baustile aus der Heimat mitbrachten, entstand ein Stadtbild, das sich von den Nachbarorten deutlich abhebt und sehr an balkanische Kleinstädte erinnert.

Zum Wohlstand trug auch der Donauhafen bei. Er verlor aber mit dem Bau der Eisenbahn erheblich an Bedeutung. Szentendre fand sich nun abseits der modernen Verkehrsverbindungen und fiel in eine Art Dämmerzustand. Anfang des 20. Jahrhunderts entdeckten Maler den pittoresk-mediterranen Charme und ließen sich in größerer Zahl hier nieder, mit der Anbindung an Budapest wurde Szentendre zur beliebten Sommerfrische. Heute ist es nach Budapest die meistbesuchte Stadt Ungarns.

Ein Stadtrundgang

Die zum großen Teil als Fußgängerzone ausgewiesene Innenstadt ist von unregelmäßig verlaufenden kopfsteingepflasterten und teils baumbeschatteten Gassen geprägt, die sich immer wieder auf kleinere Plätze öffnen.

■ Fő tér

Als Ausgangspunkt für eine Besichtigung bietet sich der Fő tér an. Dieser dreieckige Platz ist das Zentrum des Ortes und diente lange Zeit als Marktplatz. In seiner Mitte steht das **Andreaskreuz**. Es ist das Schutzzeichen und Symbol der Kaufleute und wurde von ihnen aus Dankbarkeit darüber gestiftet, dass Szentendre von einer grassierenden Pestepidemie verschont worden war. Der Platz ist von **Wohn- und Handelshäusern** in verschiedenen Stilen gesäumt, die nun Galerien und Lokale beherbergen, und steht als Gesamtensemble unter Denkmalschutz. Typisch für einige Häuser an diesem Platz wie auch entlang vieler anderen Straßen sind die hohen Erdgeschosse, die geräumigen Dachböden – früher als Warenlager genutzt –, und die breiten Tordurchfahrten, die mit Fuhrwerken passierbar waren. An manchen Fassaden sind noch die Ladenfenster auszumachen, deren Holzladen zur Geschäftszeit heruntergeklappt werden konnten, schmiedeeiserne Gitter, eingemauerte Steinkreuze, Kruzifixe oder Reste von Hebevorrichtungen, mit deren Hilfe die Waren auf die Dachböden gehievt wurden. Zum malerischen Bild tragen auch die Fiaker bei, die hier auf Kundschaft warten.

Auf der Mittleren Donau

In unmittelbarer Nähe des Platzes befinden sich einige der sprichwörtlichen sieben Kirchen. Sie sind durchweg von bescheidenen äußeren Ausmaßen, und man muß ein wenig aufpassen, um sie zu finden. Äußerlich sind sie durchweg barock, die Unterschiede zwischen Katholizismus und Orthodoxie werden nur in den – zum Teil kostbaren – Innenausstattungen sichtbar.

Szentendre

■ Blagovesztenska-Kirche

Die Blagovesztenska-Kirche ragt unter den Kirchen der Stadt zweifellos heraus. Diese serbisch-othodoxe Kiche wurde nach Entwürfen von Andreas Mayerhoffer 1754 fertiggestellt und ist von außen bis auf das Portal schlicht. Im Inneren sind vor allem die 1790 vom serbischen Künstler Michael Živkovič geschaffene Ikonostase und das kostbar geschmückte Evangeliar sehenswert, die Arbeit eines Moskauer Goldschmieds aus dem 17. Jahrhundert. Umgangssprachlich wird die Kirche auch ›Griechische Kirche‹ genannt, da eine Grabplatte am Eingang in griechischer Schrift vom Tod eines griechischen Kaufmanns berichtet. Die Blagovesztenska-Kirche ist als eines der wenigen Gotteshäuser auch an Werktagen zur Besichtigung geöffnet.

Die Blagovesztenska-Kirche

■ Templom tér

Am Templom tér liegt die **katholische Pfarrkirche** des heiligen Johannes des Täufers, nur wenige Schritte von der Blagovesztenska-Kirche entfernt. Ihr Kern stammt – als einziges erhaltenes Gebäude in Szentendre – aus dem 15. Jahrhundert, nach Umbauten präsentiert auch sie sich barock. An ihr zeigt die älteste erhaltene Sonnenuhr des Landes zuverlässig die Zeit an.

Der Templom tér liegt auf dem alten Burghügel, der im Mittelalter Mittelpunkt des Ortes war. Der Platz ist einen Besuch wert, weil von hier die Altstadt geradezu unter dem Betrachter zu liegen scheint. Im Sommer finden auf ihm Märkte statt, deren Produkte vor allem auf die Touristen zielen.

■ Belgrad-Kirche

Wiederum nur wenige Meter weiter stößt man auf die serbisch-orthodoxe Bischofskirche, auch ›Belgrad-Kirche‹ genannt. Dieser 1754 geweihte Bau im markanten Rot-Gelb ist die eleganteste der Barockkirchen und war lange Zeit das geistliche und kulturelle Zentrum der in Ungarn ansässigen Serben, da

Auf der Mittleren Donau

Legende

1 Blagovesztenska-Kirche	6 Lapidarium
2 katholische Pfarrkirche	7 Margit-Kovács-Museum
3 Bichofspalais (Sammlung der serbischen Kirchenkunst)	8 Ferency-Károly-Museum
4 Belgrad-Kirche	9 Marzipanmuseum
5 Preobraženska-Kirche	10 Freilandmuseum (Skansen)
	11 Weinmuseum

im Nachbargebäude die Bischöfe residierten. Sie wurden in der Krypta der Kirche bestattet. Im Kircheninnern ist noch der Bischofsthron mitsamt Baldachin erhalten, daneben ist vor allem die prachtvolle Ikonostase beeindruckend. Neben Szenen aus dem Neuen Testament werden auf ihr die Heiligen der slawischen Kirche dargestellt: Demetrius, Nikolaus, Georg und Johannes der Täufer.

Im ehemaligen **Bischofspalais**, schräg gegenüber, ist heute die Sammlung der serbischen Kirchenkunst beheimatet: liturgische Geräte, Messgewänder, Ikonen. Der reiche Bestand weist auch Gegenstände auf, die die Serben aus ihrer alten Heimat mitbrachten. Später kamen Stücke aus ganz Ungarn dazu, als viele Serben wieder in die Heimat ihrer Vorfahren zurückgingen.

■ Rund um die Bogdányi út

Etwas östlich der serbisch-orthodoxen Kirche verläuft in sanftem Schwung die Bogdányi út, die touristische Haupteinkaufsstraße des Ortes. Im wesentlichen von ihr begrenzt, zieht sich nach Norden ein etwas dünner besiedeltes Stadtviertel dahin. Es unterscheidet sich vom Zentrum durch die einstöckigen und vereinzelt stehenden Häuser, die ursprünglich von Bauern bewohnt waren. Vor allem einige Kreuze weisen noch auf die urspünglichen Siedler und ihre Berufe hin, so das **Winzerkreuz** an der Ecke Endre út und Dezsma utca, das serbische **Gerberkreuz** an der Bartók Béla út und das **Kreuz des Zaren Lazar** an der Bogdányi út. Lazar war im 14. Jahrhundert Anführer der Serben. Geistlicher Mittelpunkt dieses Viertels ist die 1746 geweihte **Preobraženska-Kirche**, deren Auftraggeber die am Ort ansässigen Tabakbauern und Gerber

waren. Auch das Innere dieser Kirche ist reich geschmückt.

■ Weitere Kirchen und Lapidarium

Die anderen Kirchen des Ortes sind in ihrer Gestaltung nicht so auffällig und denoch sehenswert. Die 1791 fertiggestellte **Čiprovačka-Kirche**, ebenfalls ursprünglich eine orthodoxe Kirche und heute von den Katholiken benutzt, findet sich südlich des Fő tér; die ebenfalls barocke **Požareváka-Kirche** liegt noch weiter südlich, am Vuk Karadzics tér.

Noch weiter südlich, an der Római sánc utca, liegt das sogenannte **Lapidarium**. Hier finden sich hauptsächlich Grabmäler römischer Bewohner. Genau an dieser Stelle hatten die Römer vom 1. bis zum 4. Jahrhundert ein Lager eingerichtet, das Ulcisia Castra. Das Tor war zum Fluss hin ausgerichtet und von zwei Wachtürmen flankiert, westlich des Lagers erstreckte sich die Siedlung der Zivilbevölkerung.

■ Museen und Galerien

Im Jahr 1926 wurde die ›Gesellschaft der Maler von Szentendre‹ ins Leben gerufen, die seither durch die Organisation von Ausstellungen das Gesicht

In der Bogdányi út

Karte S. 190

Kulinarische Souvenirs

des Ortes maßgeblich prägt. Sie stellt in der **Bildergalerie von Szentendre** (Szentendrei Képtár, am Fő tér 2–5) und im Haus eines serbischen Kaufmanns aus dem 18. Jahrhundert aus, in der **Galerie der Künstlersiedlung** (Bogdányi út 51).

Insgesamt gibt es etwa anderthalb Dutzend Museen und Galerien; einige von ihnen haben sich dauerhaft als Häuser von überregionalem Rang etabliert. Das **Margit-Kovács-Museum** in der Görög utca ist als erstes zu nennen. Es ist in einem sorgsam renovierten früheren Salzhaus, einem der schönsten Barockbauten im Ort, auf der Ecke zur Vastagh György utca untergebracht. In zehn Räumen werden Werke der vielfach ausgezeichneten und landesweit berühmten Bildhauerin und Keramikkünstlerin Margit Kovács (1902–1977) ausgestellt. Ihr Stil ist von der Verbindung von volkstümlichen mit modernen Elementen geprägt, die Künstlerin

wurde besonders durch ihre figürlichen Darstellungen bekannt. Das Museum ist eines der meistbesuchten am Ort.

Das **Ferency-Károly-Museum** am Fö tér 6 bewahrt in einem Haus aus dem späten 18. Jahrhundert das künstlerische Erbe der Familie Ferency. Károly Ferency (1862–1917) zählt zu den bedeutendsten ungarischen Malern des Impressionismus. Neben seinen Werken sind auch einige seiner Frau Olga und ihrer Kinder vertreten. Dazu gehören Gemälde, Gobelins, Plastiken und Graphiken.

Im **Kmetty-Museum** am Fő tér macht eine ständige Ausstellung mit den Werken des von französischen Vorbildern beeinflussten Kubisten János Kmetty (1889–1975) bekannt, das **Anna-Ámos-Museum** in der Bogdányi út 10–12 mit den so gegensätzlichen symbolischen Arbeiten des Künstler-Ehepaares Margit Anna und Imre Ámos.

Am nördlichen Ende der Bogdányi út befindet sich die jüngste Einrichtung, die **Kunstmühle**. In diesem Fabrikgebäude aus dem 19. Jahrhundert werden verschiedene Genres mit aktuellen Werken und gleichzeitig die für Szentendre wichtigsten Arbeiten aus dem ersten Drittel des 20. Jahrhunderts in repräsentativer Auswahl vorgestellt.

Die Museen in Szentendre machen aber nicht nur mit Werken bildender Kunst bekannt. Sehenswert sind auch das **Konditoreimuseum Dobos**, das **Szabó-Marzipanmuseum**, zu dessen Attraktionen unter anderem Michael Jackson, Sisi oder auch das Budapester Parlamentsgebäude in Marzipan gehören, sowie das **Weinmuseum**. Es stellt alle 22 Weinregionen Ungarns mit herausragenden Tropfen vor und bietet wie auch das Marzipan- und das Konditoreimuseum die Möglichkeit zur Verkostung.

Etwas außerhalb, am Bahnhof der HÉV, präsentiert das **Verkehrsmuseum** Fahrzeuge des öffentlichen Nahverkehrs aus allen Epochen. Drei Kilometer außerhalb, an der Strecke Richtung Visegrád, liegt das **Szabadtéri Néprajzi Múzeum (Freiland-Volkskunde-Museum)**, das nach seinen skandinavischem Vorbild auch ›Skansen‹ genannt wird. Hier werden seit 1967 volkstümliche Bauten mit originaler Inneneinrichtung aus allen Landesteilen zusammengetragen.

Gödöllő

Gödöllő, rund 30 Kilometer nordöstlich des Pester Stadtzentrums und damit ein ganzes Stück abseits des Donauknies gelegen, hat rund 30 000 Einwohner. Der Ort weist einige Barockbauten auf und ein sehenswertes **Museum**, das über die früher hier ansässige **Künstlerkolonie** informiert.

Schloss Gödöllő, Ehrenhof

Bekannt ist Gödöllő aber vor allem durch sein **Schloss**. Es gilt neben dem Schloss in Fertőd – in der Nähe von Sopron – als das schönste des Landes. Seine Anziehungskraft liegt in seiner baulichen Vollkommenheit und vor allem in der Person der Kaiserin Elisabeth: Neben dem Sisi-Museum in Wien ist Gödöllő sicherlich der bedeutendste Ort zur Pflege des Sisi-Mythos, und die Kaiserin-Elisabeth-Gedenkausstellung ist das Ziel fast aller Gäste.

Das Schloss entstand nach Plänen des vielbeschäftigten Andreas Mayerhoffer in mehreren Bauphasen zwischen 1741 und 1759 für Antal I. Grassalkovich. Er war einer der einflussreichsten ungarischen Adligen und ein enger politischer Vertrauter von Maria Theresia. Die Kaiserin hatte ihm das Dorf Gödöllő als Anerkennung seiner Verdienste für die Habsburger Monarchie geschenkt. In den 1760er Jahren wurden vor allem die Gärten umgestaltet und erwei-

Karte S. 190

tert. Antal II. ließ 1780 einige Wohnräume im südlichen Flügel zu einem
Saisontheater umbauen: Es wurde nur
bespielt, wenn sich der Hof in Gödöllő
aufhielt. Hier traten Preßburger und
Budaer Theatertruppen und ab und
an auch das schlosseigene 26-köpfige
Orchester auf. In den Jahren bis 1785
ließ Antal II. weitere Umbauten vor
nehmen, die dem Schloss seine heutige Form gaben; seitdem hat sich
sein Äußeres kaum verändert. Um
1817 wurde, durch Stauung des Rákos-
Baches, der Schwanenteich angelegt.
Mit dem Tod von Antal III. starb das
Geschlecht Grassalkovich aus, das
Schloss gehörte nun wechselnden
Besitzern, ein langsamer Verfall setzte
ein. Nach dem sogenannten Ausgleich
1867 kaufte der ungarische Staat das
Schloss und schenkte es dem Kaiserpaar; bis zum Ende des Ersten Weltkriegs blieb es im Besitz der Habsburger. Grund für diese Entscheidung
waren nicht zuletzt die Nähe zu Buda,
dem politischen Zentrum des Landes,
und die hervorragenden Bedingungen
für die Jagd, die die umliegenden Wälder boten. Franz Joseph I. und Elisabeth (›Sisi‹) beauftragten den berühmten
ungarischen Architekten Miklós Ybl mit
den Umbauten und Renovierungen.
Gödöllő diente in der Folgezeit dem
Kaiserpaar, das regelmäßig im Frühjahr
und Herbst mehrere Wochen hier verbrachte, zu Wohn- und Repräsentationszwecken. Vor allem Elisabeth kam
gern hierher, und immer mehr war
Gödöllő für sie auch ein Zufluchtsort
vor der starren Wiener Etikette. Nach
ihrem Tod 1898 wurde es deutlich
ruhiger im Schloss, wenn es auch nach
wie vor von der kaiserlichen Familie
genutzt wurde. In den Nachkriegswir-
ren ging einiges der Innenausstattung

verloren, danach fiel das Schloss an
den ungarischen Staat. Der Reichsverweser, Admiral Miklós Horthy, machte
es zu einem seiner offiziellen Amtssit-
ze, in dem er bevorzugt ausländische
Staatsgäste empfing und wo er seiner
Jagdleidenschaft frönte. Am Ende des
Zweiten Weltkrieges entstanden durch
plündernde Soldaten der deutschen
Armee empfindliche Verluste, mög-
licherweise bedienten sich auch die
Dorfbewohner ein wenig; vandalieren-
de Soldaten der Roten Armee richteten
nach ihrem Einzug großen Schaden an.
Danach waren hier die Rote Armee, ein
Kindergarten und ein Altenheim untergebracht, das Schloss verfiel allmählich. Größere Teile des unteren Gartens
mitsamt Schwanenteich fielen in den
70er Jahren Zweckbauten zum Opfer.
Nach der Wende ließ der ungarische
Staat Renovierungen vornehmen, und
seit 1996 stehen die restaurierten
Räume des Haupttrakts den Besuchern
offen. Die Renovierung des Theaters
begann gar erst im Jahr 2002, seit
August 2003 wird es wieder für Konzerte, Theateraufführungen und allerlei
festliche Anlässe genutzt. Die Rekonstruktionen von Nordflügel und Parkanlagen sind zwar geplant, aber noch
nicht begonnen worden.

■ Die Räumlichkeiten

Man erreicht das Schloss vom unteren
Garten. Eine Mauer und Löwenfiguren
scheinen es zu bewachen. Das schöne und repräsentative Treppenhaus
führt in den ersten Stock zu den Aus-
stellungsräumen. 26 Räume sind den
Besuchern zugänglich. Grob gesagt,
beinhaltet ein Rundgang drei voneinander getrennte Bereiche: die königlichen Gemächer, der Prunksaal und die
Königin-Elisabeth-Ausstellung.

Auf der Mittleren Donau

In den königlichen Gemächern

Die rekonstruierten **königlichen Gemächer** sollen eine Vorstellung vom Alltag des Kaiserpaares vermitteln und einen Enblick in das Ungarn der k. u. k.-Zeit ermöglichen. Man hat sich bemüht, dem Zustand vom Ende des 19. Jahrhunderts möglichst nahe zu kommen; Teile der Originalausstattung, die in den unruhigen Zeiten verloren gegangen sind, konnten bei Auktionen sogar wieder zurückerworben werden. Die Räume des Kaisers sind in den ›männlichen‹ Grau- und Goldtönen gehalten, die der Kaiserin sind zumeist lavendelfarben.

Besonders eindrucksvoll mit seinen 160 Quadratmetern und der Höhe von neun Metern ist der **Prunksaal**. Er hat stuckmarmorne Wände und Blumendekor in vergoldeter Stuckarbeit und bietet sich somit für besonders festliche oder exclusive Feierlichkeiten an. Auch Privatpersonen können diesen wie auch andere Säle für private Feste mieten und nicht nur gutes Essen dazu bestellen, sondern Barock- oder Operettenmusik gleich dazu.

Die **Kaiserin-Elisabeth-Gedenkausstellung** kann einige interessante Originalexponate wie Briefe, Fotos und Kleidungsstücke aufweisen. Hier wird sicherlich keine kritische Auseinandersetzung mit der Monarchin versucht; es ist eher eine leichte Verbeugung von der Kaiserin, die wie keine andere Habsburgerin von den Ungarn verehrt wurde und wird.

Auf der rückwärtigen Seite liegen der von den drei Innenflügeln umschlossenen **Ehrenhof**, heute eine stimmungsvolle Kulisse für Hofkonzerte, und der obere Garten. Wer eine Erholung benötigt, ist in dem stilvollen **Café** im Erdgeschoss gut aufgehoben, wer seine Auseinandersetzung mit Sisi vertiefen möchte, im **Souvenirgeschäft**. Hier gibt es ein reiches Angebot, und am erstaunlichsten ist, auf wie wenigen Produkten das Portrait Elisabeths nicht abgedruckt ist.

Donauknie/Gödöllő

Die Tagesausflüge führen stets nur zu den Orten am rechten Donauufer, nicht aber nach Vác. Kreuzfahrtreisende haben durchgängig nur in Szentendre die Möglichkeit zur individuellen Freizeitgestaltung, selten auch in Esztergom. In Visegrád wird zumeist nur die Hochburg besucht.

Tourinformbüro Szentendre: Dumtsa Jenő u. 22. Die freundlichen Mitarbeiter dieser gut ausgestatteten Tourismusbüros informieren auch über die zahlreichen Galerien und aktuelle Ausstellungen; es gibt dort u.a. Broschüren zu verschiedenen Themen. Der hier ebenfalls erhältliche Stadtplan führt die wichtigsten Einrichtungen auf.

Esztergom: Das kleine Büro unterhalb des Burgbergs bietet nur wenige Informationen und Broschüren.

Gödöllő: Da Besichtigungen der Innenräume nur im Rahmen von Führungen möglich sind und bei der Anfahrt mit öffentlichen Verkehrsmitteln beim Umsteigen von Metro auf die Vorortbahn u.U. viel Zeit verloren gehen kann, ist es ratsam, sich ab Budapest einer organisierten Tour anzuschließen. Sie ist nicht viel teurer als die Summe, die man individuell für die Bahnkarten und den Eingang in das Schloss aufzubringen hat.

Szentendre: Oft wird in den Souvenirgeschäften und den Lokalen der Euro akzeptiert, aber nicht immer – vorher nach dem angebotenen Wechselkurs fragen!

Gleich mehrere **Wechselstuben** finden sich z.B. an der Bogdáyi út, ein **Bankautomat** z.B. an der Dumtsa Jenő ut südlich des Fő tér.

Vác ist vom Budapester Westbahnhof gut zu erreichen. Die Züge verkehren mindestens halbstündlich, die Fahrtzeit beträgt 25 bis 45 Minuten. Vom Bahnhof nur ein kurzer Fußweg bis ins Zentrum.

Szentendre ist von Budapest mit der HÉV vom Batthyány tér gut zu erreichen; die Taktfolge ist dicht, die Fahrtzeit beträgt rund 40 Minuten. Der Bahnhof in Szentendre liegt etwa 500 Meter südlich des Zentrums.

Gödöllő: Von Budapest mit der Metro M2 bis zur Endstation Örs vezér tere, dann mit der HÉV bis Gödöllő, Station Szabadság tér. Fahrtzeit ab Örs vezér tere rund 40 Minuten, nur halbstündliche Verbindung.

In allen Orten befinden sich zahlreiche Lokale.

Szentendre: Am Fő tér kann man am besten den Touristenmassen zuschauen, in den Cafés an der Dumsta Jenő ut sitzt man sehr angenehm unter schattigen Bäumen und hat weniger Trubel, am hübsch geschwungenen Duna korzó (Donaukorso) reihen sich ebenfalls die Lokale. Allerdings schaut man hier nicht auf den Donauarm, sondern nur auf die aufgeschüttete Uferpromenade.

Esztergom: Gegenüber dem Informationsbüro liegen zwei nette Lokale, die bei gutem Wetter auch Plätze im Freien anbieten.

Szentendre: An der Bogdáyi út und dem kleinen zur Donau gewandten Platz in ihrer Mitte reihen sich die Läden und Stände mit Souvenirs und Landestypischem.

Auf der Mittleren Donau

Sisi – Leben und Mythos

Die Trauung, die am 24. April 1854 in der Wiener Augustinerkirche vollzogen wird, ist nicht nur eine besonders prächtige Hochzeit. Es ist ein ungemein wichtiger Staatsakt und gleichzeitig das gesellschaftliche Ereignis des Jahres, Abschluss und Höhepunkt achttägiger Feiern. Vor mehreren dutzend kirchlichen Würdenträgern und zahlreichen Vertretern der herrschenden Stände geben sich Franz Joseph, Kaiser von Österreich, und Elisabeth, Tochter des Wittelsbacher Herzogs Max, das Ja-Wort. Von außen gesehen, ist es eine Traumhochzeit. Doch schon zwei Wochen nach der Hochzeit vertraut die Braut ihrem Tagebuch an: »Ich bin erwacht in einem Kerker / Und Fesseln sind an meiner Hand / Und meine Sehnsucht immer stärker / Und Freiheit! Du mir abgewandt.«

Die Verfasserin dieser Zeilen wird am Heiligen Abend 1837 in München geboren und auf den Namen Elisabeth Amalie Eugenie getauft. Ihre Familie gehört eine Nebenlinie der Wittelsbacher an, hat keine höfischen Verpflichtungen, und so wächst Elisabeth, meist Sisi gerufen, mit ihren sieben Geschwistern unbeschwert heran, in München und Possenhofen am Starnberger See, wo ihre Familie ein Sommerhaus besitzt.

Die Mutter Elisabeths ist die Schwester der Mutter Franz Josephs, und die beiden kommen überein, dass sich der Habsburger Herrscher mit Néné, der älteren Schwester Elisabeths, verheiraten soll. Um die Vermählung in die Wege zu leiten, wird im Sommer 1853 ein Treffen in Bad Ischl arrangiert, an dem auch Sisi teilnimmt – und der 23-jährige Kaiser verliebt sich Hals über Kopf in die 15-jährige und hält um ihre Hand an. Bereits am 19. August wird Verlobung gefeiert, die Hochzeit dann ein Dreivierteljahr später. Das junge Glück scheint vollkommen, bereits 1855 bringt Elisabeth das erste Kind zu Welt – ihre Tochter Friederike Sophie –, der 1856 Gisela und 1858 der vor allem von der Schwiegermutter Sophie ersehnte Thronfolger Rudolph folgen.

Doch der Schein trügt. Die herrische und strenge Sophie versucht seit der Verlobung aus dem jungen Mädchen eine würdige Kaiserin zu formen, deren Tagesablauf vor allem aus Repräsentationspflichten bestehen soll, und sie traut ihrer Schwiegertochter nicht zu, ihre Kinder zu erziehen: Elisabeth darf ihre Kinder nie allein sehen, ein Zusammensein ist nur im Beisein Sophies möglich. Franz Joseph liebt seine Frau aufrichtig, ist aber dennoch vor allem von seinen Kriegen und amourösen Abenteuern in Anspruch genommen, und der besorgte, aber pedantische und unsensible Mann und seine lebenslustige Frau entfremden sich rasch. Zudem stoßen das strenge Zeremoniell und die Intrigen am Hof Sisi ab. Sie fühlt sich einsam und leidet bald an Schlaflosigkeit und Husten.

Auf Anraten der Ärzte und wohl auch, um der Hofetikette und den Gerüchten um die Affären ihres Mannes zu entfliehen, tritt Elisabeth 1860 eine Reise nach Korfu und Madeira an. Als offizielle Begründung für die Notwendigkeit der Kur gibt der Hof Lungenschwindsucht an, die unter Zensur stehende Presse folgt ihm,

Portrait der Kaiserin von Franz Xaver Winterhalter (Schloss Schönbrunn)

der Adel aber zeigt sich pikiert: Eine Kaiserin, die sich ihren Pflichten entzieht, ist für diese Kreise unvorstellbar.

Erst nach zwei Jahren kehrt Elisabeth an den Hof zurück, und sie hat sich sehr verändert. Aus dem jungen Mädchen ist eine selbstbewusste Frau geworden; sie ist sich ihrer Schönheit bewusst und setzt sie zur Durchsetzung ihrer Vorstellungen ein, und sie ist eigensinnig bis zur Egozentrik. Mit Ausdauer und unbeeindruckt von den Anstandsregeln ihrer Zeit widmet sie sich von nun an ganz ihren Leidenschaften: Reisen, Sport und der eigenen Schönheit.

Seit ihrer Jugend ist Elisabeth eine begeisterte Reiterin gewesen, und nun ist sie regelmäßig Gast in der Hofreitschule, in den 1870er Jahren nimmt sie sogar an Porfarcejagden in England teil. Daneben unternimmt sie stundenlange Märsche und trainiert täglich eine Stunde an den eigens für sie in der Hofburg installierten Turngeräten. Mit dem exzessiven Sport und den zahlreichen Diäten, denen sie sich unterwirft, will Elisabeth ihre Figur halten. Sie ist 1,72 Meter groß, stolz auf ihren Taillenumfang von 50 Zentimetern und ihre schlanke Figur und achtet penibel darauf, dass ihr Gewicht nie über 47 Kilo liegt. Dreimal am Tag wiegt sie sich und lässt die Daten in eine Tabelle eintragen.

Die Pflege ihres knöchellangen Haares, auf das sie so stolz ist, nimmt jeden Tag zwei Stunden in Anspruch. Eigens dafür ist eine Friseurin vom Wiener Burgtheater engagiert, und Sisi nutzt die Zeit und lernt Sprachen oder tauscht sich mit ihren Vertrauten aus. Komplettiert wird die Körperpflege durch mehrere Bäder täglich und die Verwendung immer neuer Schönheitscremes.

Elisabeth treibt einen selbst für ihre Zeit und für eine Monarchin ungewöhnlichen Schönheitskult, berauscht sich an sich selbst und genießt es, als eine der schönsten Frauen Europas gerühmt zu werden. Dabei ist sie nicht nur tatsächlich schön, sondern auch intelligent, kultiviert, musisch interessiert und gebildet. Immer wieder werden neben ihrer Schönheit auch ihre Anmut und Ausstrahlung gerühmt.

Die Eheleute sehen sich nur noch wenige Wochen im Jahr, ansonsten ist Elisabeth auf Reisen, nach England und Irland, Spanien, Frankreich und Italien. Besonders oft und gern hält sie sich auf Korfu in ihrer Villa Achilleion und auf Schloss Gödöllő in Ungarn auf. In Ofen – heute ein Teil Budapests – bringt Elisabeth auch 1868 ihr viertes Kind zur Welt, Marie Valerie Mathilde Amalie, das daher oft als ›das ungarische Kind‹ bezeichnet wird. Allein zu ihr baut Elisabeth eine innige mütterliche Beziehung auf.

Elisabeth fühlt sich zu den Ungarn hingezogen, sie spricht gut Ungarisch, ihre Bediensteten und Vertrauten sind teils Ungarn, und über sie lernt sie ungarische Künstler und Politiker kennen, darunter Graf Gyula Andrássy und Ferenc Deák. Deren politische Forderungen und Anregungen finden bei Elisabeth eine engagierte Fürsprecherin. So geht der ›Ausgleich‹ zwischen Österreich und Ungarn, der den Ungarn eine deutliche Besserstellung in der Monarchie bringt, wesentlich auf das Drängen Elisabeths zurück, dem ihr Mann letztlich nachgibt. Eigentlich hatte er den Tschechen eine größere Autonomie innerhalb der Vielvölkermonarchie zugestehen wollen.

Daher ist Elisabeth bei den Ungarn noch heute sehr angesehen; und vielleicht sahen und sehen sie in der Kaiserin auch eine Seelenverwandte, die wie sie gegen den Hof in Wien rebellierte. In Ungarn ist sie bereits zu Lebzeiten eine Legende. In der Wiener Bevölkerung allerdings hat Elisabeth – ganz im Gegensatz zu ihrem Mann – keinen guten Ruf. Zu selten hält sie sich hier auf, und nur anlässlich zweier großer Feierlichkeiten kommt sie ihren Repräsentationspflichten uneingeschränkt nach. 1873 wird das 25-jährige Dienstjubiläum ihres Mannes begangen, 1879 die Silberhochzeit des Paares. Diese Festlichkeiten dauern mehrere Tage, allein an dem ›historisch-illustrirten Festzug‹, der sich entlang der Ringstraße vor einer Viertelmillion Zuschauern abspielt, wirken rund 14 000 Statisten mit. Franz Joseph ist tief ergriffen, Elisabeth dagegen erklärt ihrer Hofdame, dass 25 Jahre genug seien und keine Feier verdienten.

Danach zieht sich Elisabeth fast vollständig aus der Öffentlichkeit zurück. Sie hadert mit ihrer nachlassenden Schönheit, die unvermeidlichen Alterserscheinungen verursachen bei ihr depressive Anwandlungen. Vielleicht hat auch ihre Haut durch die ständigen Diäten gelitten. Schirm, Schleier und der berühmte Lederfächer werden ihre ständigen Begleiter, die sie vor den Blicken schützen sollen. 1868 lässt sie sich zum letzten Mal fotografieren, nach 1879 darf auch kein Portraitbild mehr angefertigt werden.

Im Jahr 1889 begeht ihr Sohn Rudolph Selbstmord. Seitdem trägt Elisabeth nur noch schwarz, ist, getrieben von Todesängsten und -sehnsucht, pausenlos auf Reisen – sie wirke gehetzt und wie auf der Flucht, notieren Vertraute – und nimmt nur noch einen offiziellen Termin wahr, anlässlich der ungarischen Millenniumsfeierlichkeiten im Juni 1896. Ein Chronist schreibt erschüttert von einer ›marmorbleichen Statue‹ in Schwarz, in deren Gesichtszüge sich der Schmerz tief eingegraben habe.

Am 10. September 1898 verübt der italienische Anarchist Luigi Lucheni in Genf ein Attentat auf Elisabeth, an dessen Folgen sie am gleichen Tag stirbt. Lucheni hatte eigentlich einen französischen Aristokraten umbringen wollen, diesen aber verpasst.

Bezeichnenderweise wird ihr Tod in Österreich vor allem als erneuter Schicksalsschlag für den Kaiser angesehen; »es wurden ihr nur wenige Tränen nachgeweint«, notiert etwa ein Adliger etwas despektierlich. Diese Reaktion zeigt, dass sich die Untertanen mit der Kaiserin zu ihren Lebzeiten nicht hatten anfreunden können. Der tragische Tod aber ist die Grundlage für die rasch einsetzende Verklärung, Verkitschung und Vermarktung der unglücklichen, schönen und geheimnisvollen Kaiserin.

Bis heute am populärsten unter den künstlerischen Verarbeitungen des Stoffes ist die Sisi-Trilogie (1955–1957) mit Romy Schneider in der Rolle der jungen Kaiserin. Diese österreichischen Kinoproduktionen gehen sehr frei mit den historischen Ereignissen um, bieten dafür aber prächtige Kulissen und eine schlichte Handlung, die nach allerlei Irrungen und Verwirrungen jeweils in gefühlsbetonter Glückseligkeit ihren Höhepunkt findet. Diese Mischung aus Heimatfilm, Melodram, Märchen und prachtvoller Biedermeieridylle wurde von der Kritik als ›fürstlicher Seelenkitsch am Höhepunkt‹, oder schlicht ›Kaiserschmarrn‹ verrissen, und wohl gerade deshalb gehören die drei Filme bis heute zu den erfolgreichsten deutschsprachigen Produktionen aller Zeiten. Einen vierten Teil lehnte Romy Schneider ab: »Das pappt mein

Leben lang wie Grießbrei an mir.« In der Tat kam sie trotz der vielen künstlerisch anspruchsvollen Filme, die sie in den folgenden Jahrzehnten drehte, in ihrer Heimat nie ganz von ihrem Sisi-Image los.

Spätestens seit dieser Zeit ist die Kaiserin Elisabeth hinter dem Sisi-Bild nahezu verschwunden. Kaum eine Monarchin ist so stilisiert, zur Legende verklärt worden wie sie, und einen ähnlichen postumen Imagewandel hat wohl nur Diana Spencer erfahren, die erst nach ihrem Unfalltod zur ›Königin der Herzen‹ wurde.

Wer heute versucht, hinter dem Image die ›echte‹ Elisabeth zu entdecken, sich die Frage zu beantworten, ob wir es mit einer unkonventionellen, unverstandenen und betrogenen Herrscherin zu tun haben oder doch eher mit einer eitlen, narzistischen Egozentrikerin, sollte einen Großteil der Literatur, der Filme und auch das seit seinem Start im Jahr 1992 sehr erfolgreiche Musical außer acht lassen.

Auch nicht viel näher kommt man der Person Elisabeth bei einem Besuch der zahlreichen Stätten, die ihr gewidmet sind. Sie sind vor wenigen Jahren zur Sisi-Straße (www.sisi-strasse.info) zusammengefasst worden, die sich auf einigen Stationen ihres Lebens von Augsburg und München, Bad Ischl und Wien, Budapest und Herend bis nach Meran und Triest erstreckt. Hier und in den vielen anderen Städten an der Route vor allem in Österreich und Ungarn sind erstaunlich viele Plätze, Straßen und Brücken nach ihr benannt, man logiert im Hotel ›Sissi‹, dem Hotel ›Kaiserin Elisabeth‹ oder im ›Resort & Spa Principessa Sissi‹ oder wenigstens im ›Sissi-Zimmer‹ eines größeren Hotels, spaziert durch ›Sissi-Parks‹ und auf ›Sissi-Wegen‹ unentwegt an Sisi-Büsten, -Statuen und -Bildern vorbei.

Eine etwas realistischere, dabei sehr kunstvolle Auseinandersetzung leistet das Sisi-Museum in der Wiener Hofburg. Hier wenigstens wird der Versuch unternommen, Elisabeth von ihren postumen Fesseln zu befreien.

Im Sisisaal von Schloss Gödöllő

Budapest

»Budapest bildet mit der Donau eine
der schönsten Fluss-Stadt-Landschaf-
ten, die es gibt, vielleicht die schöns
te in Europa.« Dem Urteil des französischen Schriftsteller Jules Romains
(1885–1972) kann man immer noch
uneingeschränkt zustimmen. Wie sonst
keine Stadt zwischen Passau und dem
Schwarzen Meer integriert Budapest
die Donau in ihr Stadtbild. Auf der
einen Seite ragt der Burgberg mit seinen bekannten Wahrzeichen auf, auf
der anderen prägen Parlament und
andere zur Donau gewandte Repräsentationsbauten das Ufer. Verbunden sind
sie durch ein weiteres Wahrzeichen der
Stadt, die Kettenbrücke. Die Ufer fas-
sen die Donau wie einen Prachtboulevard ein und machen ihn zum Zentrum
der Metropole. Am eindrücklichsten
zeigt sich dieser Charakter den Schiffs-
passagieren, die von Norden in die
Stadt kommen.

Schon bei dieser Art der Annäherung
sind wesentliche Unterschiede der beiden Stadtteile deutlich auszumachen:
Buda am rechten Ufer erstreckt sich
auf Hügeln, Pest auf der anderen Seite
in einer Ebene. Buda umfasst etwa
ein Drittel der Fläche, seine Hauptsehenswürdigkeiten sind der Burgberg
mit Burgpalast, Matthiaskirche und
Fischerbastei sowie Gellértbad und
Gellértberg. In Pest konzentrieren sich
die politischen Institutionen, Theater
und die Geschäftsstraßen.

In Budapest lassen sich Zeugnisse aus
der Zeit der Römer, der Osmanen und
der Habsburger besichtigen, gleichzeitig hat sich im Stadtbild das zunehmende Selbstbewusstsein Ungarns
seit dem Ausgleich von 1867 niedergeschlagen, und die Stadt kann für sich

Der Budapester Burgberg bei Nacht

in Anspruch nehmen, eine der bedeu-
tendsten Jugendstilmetropolen zu sein.
Dieses Erbe wird gepflegt, und es steht
Besuchern nicht zuletzt in den rund 80
Museen und den mehreren Dutzend
Kirchen offen.

Dabei gleicht Budapest mitnichten
einem großen Museum. Von den zehn
Millionen Ungarn lebt jeder sechste
hier. Die Stadt ist die mit Abstand
größte des Landes und seine einzige
wirkliche Großstadt, das politische,
wirtschaftliche, kulturelle und ideelle
Zentrum. Musik- und Bühnenliebhaber
kommen hier ebenso auf ihre Kosten
wie Nachtschwärmer. Budapest präsentiert sich als elegante und weltof-
fene Metropole, die seit 1990 eine
dynamische Entwicklung genommen
hat und längst nicht allein wegen der
einzigartigen   Stadt-Fluss-Landschaft
einen längeren Besuch lohnt.

Geschichte

Die erste Besiedlung auf dem Gebiet
des heutigen Budapest fand bereits in
der Steinzeit statt. Die Römer legten

Auf der Mittleren Donau

hier ihre Militär- und Bürgerstadt an, in der am Ende des 2. Jahrhunderts bis zu 30 000 Menschen lebten. Die Hauptstadt der Provinz Pannonia Inferior befand sich auf dem Gebiet des heutigen Stadtteils Óbuda. Wie überall entlang der Donau, wurden die Römer im Rahmen der sogenannten Völkerwanderung vertrieben, und nach ihnen kamen die Hunnen, dann die Langobarden, dann die Ostgoten, dann die Awaren.

■ Die Zeit der Ungarn
Seit der ›Landnahme‹ von 896 blieben die Ungarn für rund 600 Jahre die Herrscher von Buda und Pest. Béla IV. ließ 1275 eine erste Burg errichten, und Sigismund von Luxemburg wertete Buda um die Wende zum 15. Jahrhundert zur Residenzstadt auf. Sie entwickelte sich unter Matthias Corvinus am Ende des Jahrhunderts zu einem Zentrum der Renaissancekultur. In der Nähe der Burg breitete sich die Stadt Buda allmählich aus, am anderen Ufer lag das unbedeutendere Städtchen Pest. Nach der verlorenen Schlacht von 1526

bei Mohács wurden die Ungarn von den Türken vertrieben. Pozsony (Bratislava) war nun bis 1848 die ungarische Hauptstadt, Buda Sitz eines türkischen Verwaltungspaschas. Die Türken bauten Kirchen zu Moscheen um und legten Bäder und Festungsanlagen an, allerdings ist von ihrer rund 150-jährigen Herrschaft wie auch in Belgrad oder Bukarest kaum etwas erhalten.

■ Die Habsburger Zeit
Die Habsburger vertrieben die Türken 1686 vom Gebiet des heutigen Budapest und zogen selbst als neue Herrscher ein. Auch durch die gezielte Ansiedlungspolitik deutscher und anderer Kolonisten wurden in den nächsten Jahrzehnten aus Buda und Pest deutsch geprägte Orte. Die Ungarn empfanden die Österreicher ebenso als Besatzer wie zuvor die Türken; so kam es immer wieder zu Aufständen. Auf der anderen Seite trieben die Habsburger die Entwicklung Budas voran. Maria Theresia ließ die zerstörte Burg wieder aufbauen und erheblich erweitern, ihr Sohn und Nachfolger Joseph II.

Karte: hintere Umschlagklappe

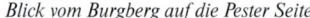

Blick vom Burgberg auf die Pester Seite

verlegte staatliche Einrichtungen aus Bratislava nach Wien und Budapest. In dieser Zeit wurde auch eine Universität gegründet, 1825 die ungarische Akademie der Wissenschaften. Das noch getrennte Budapest wurde mehr und mehr – nicht offiziell, aber de facto – neben Wien zur zweiten Hauptstadt der Habsburger Monarchie. Die beiden Hälften Buda und Pest erlebten seit der ersten Hälfte des 19. Jahrhunderts einen wirtschaftlichen Aufschwung, durch die Einweihung der Kettenbrücke im Jahr 1849 rückten sie auch enger zusammen.

■ Budapest entsteht

Budapest entstand 1873 durch den Zusammenschluss der Orte Buda, Pest und Óbuda (Alt-Buda). Damit wurden zwei sehr unterschiedliche Orte miteinander verschmolzen. Buda war in seinem Habitus königlich und in seinem Äußeren barock geprägt, Pest die bürgerliche Stadt der Kaufleute und Handwerker. Daraus wurde die Hauptstadt Ungarns, sein seit dem Ausgleich von 1867 unbestrittenes politisches, kulturelles und wirtschaftliches Zentrum, das sich in den nächsten Jahrzehnten explosionsartig erweiterte. Vor allem in Pest wurden ganze Stadtviertel in rascher Folge neu angelegt und umgestaltet und durch ein systematisches Straßennetz erschlossen. Entlang der Straßen enstanden neben den Repräsentations- und Funktionsbauten des jungen Staates die prachtvollen Wohnhäuser des sich formierenden Bürgertums. Zur Millenniumsfeier 1896 wurden ganze Straßenzüge neu angelegt und viele der Bauten errichtet oder tiefgreifend umgebaut, die heute noch zu den Wahrzeichen der Stadt zählen. Einige Zahlen verdeutlichen das Wachs-tum: Buda und Pest hatten zusammen vor 1848 keine 100 000 Einwohner, 1873 waren es bereits 300 000, 1890 500 000, 1910 eine Million.

■ Das 20. Jahrhundert

Das Stadtbild änderte sich seit 1918 kaum, auch der Zweite Weltkrieg brachte zunächst keine tiefgreifenden äußerlichen Folgen mit sich. Nach dem Sturz des Horthy-Regimes 1944 besetzten deutsche Truppen das Land, Adolf Eichmann, in offizieller Sprache ›Leiter des Judenreferats im Reichssicherheitshauptamt‹ und damit Chefbürokrat der Judenvernichtung, richtete in Budapest sein Büro ein. Innerhalb weniger Monate wurden 500 000 der 800 000 ungarischen Juden deportiert und ermordet. Schwere Verwüstungen erlitt Budapest im Frühjahr 1945 bei der Eroberung durch die Rote Armee. Die Niederschlagung der Aufstandes 1956 durch die Rote Armee richtete erneut schwere Zerstörungen im Zentrum an. In den folgenden Jahrzehnten konzentrierte sich die Politik auf Reparaturarbeiten, den Ausbau der Industrie und des Metronetzes und die Anlage von Neubauvierteln an der Peripherie.

Seit Mitte der 1970er Jahre öffnete sich Ungarn auch den westlichen Touristen. Für sie entstanden zahlreiche Großhotels in der Stadt. Überhaupt präsentierte sich Budapest spätestens seit dieser Zeit weitaus weltoffener als die anderen Großstädte in der sozialistischen Gemeinschaft. Seit dem Fall des Eisernen Vorhangs hat sich Budapest zu einem wichtigen Wirtschafts-, Handels- und Bankenzentrum Mitteleuropas entwickelt – so wurde bereits 1990 die Börse eröffnet –, und zu einem Touristenmagneten.

Der Budaer Burgberg

Burgpalast, Matthiaskirche und Fischerbastei bilden eine eindrucksvolle, weithin sichtbare Kulisse. Hinter und neben
diesen beherrschenden Wahrzeichen
liegen zahlreiche weitere Sehenswürdigkeiten. Auf dem Burghügel bilden
die Bauten an den schmalen Gassen
ein geschlossenes Viertel. Es ist das
älteste der Stadt, und Zeugnisse aus
Mittelalter, Renaissance und Barock
überwiegen.

Die wichtigsten Zugänge bilden das
Wiener Tor an der Nordseite und die
Wege, die vom Clark-Adam-tér herauf-
führen. An diesem Platz ist übrigens
der Nullpunkt des Landes definiert, alle
Entfernungsangaben beziehen sich auf
ihn. Den bequemsten Zugang ermöglicht die ›Sikló‹ genannte Standseil-
bahn, deren untere Station hier liegt.

■ **Burgpalast**

Der Burgpalast nimmt den gesamten
Südteil des Burgberges ein und beeindruckt vor allem durch seine Ausmaße,
schön ist er nicht. Umgeben ist der
Komplex von einem Garten und, an
der Südseite, einigen mittelalterlichen
Resten der ursprünglichen Burg.

Der ungarische König Belá IV. ließ im
13. Jahrhundert an dieser strategisch
günstigen Stelle eine erste Burg errichten, die bald zur Residenz der ungarischen Könige wurde. In den Türkenkriegen wurde die zwischenzeitlich erwei-

terte Anlage zerstört, die Habsburger
setzten aber nach der Eroberung der
Stadt rasch einen Neubau an diese
Stelle, den heutigen Südflügel. Anfang
des 20. Jahrhunderts kamen die drei
anderen Flügel hinzu. Nach schweren
Zerstörungen im Zweiten Weltkrieg
wurde der Palast seit den 50er Jahren schrittweise restauriert. Von Rang
ist er heute vor allem wegen der hier
ausgestellten Sammlungen, die zu den
wichtigsten des Landes zählen.

Im nördlichen Flügel ist seit 1990 das
Museum für Zeitgenössische Kunst
untergebracht, im Hauptflügel der Anlage, der Donau zugewandt, die **Ungarische Nationalgalerie**, die wohl bedeutendste Kunstsammlung in Ungarn. Sie
weist rund 70 000 Exponate auf, die
einen repräsentativen Querschnitt der
ungarischen Kunst vom Mittelalter bis
zur Moderne bieten. Darunter befinden sich Holzskulpturen und Tafelbilder
sowie gotische Flügelaltäre. Malerei-
en und Skulpturen aus dem 19. und
20. Jahrhundert sind besonders reich
vertreten. Die Sammlung barocker
Kunst ist einzigartig. Weiter gehören
eine graphische Sammlung und eine
Medailliensammlung zum Museum.

Der Südflügel beherbergt das **Historische Museum** und das **Burgmuseum**.
Hier werden vor allem Alltagsgegen-
stände gezeigt, die das Leben in den
Siedlungen Buda, Pest und Óbuda der
letzten 2000 Jahre illustrieren, von der

Legende

1. Clark-Adam-tér
2. Burgpalast mit Historischem Museum und Nationalgalerie
3. Matthiaskirche
4. Fischerbastei
5. Altes Rathaus
6. Apothekenmuseum
7. Gastgewerbemuseum
8. Kriegshistorisches Museum
9. Corvin tér
10. Batthyány tér
11. St. Annenkirche
12. Königbad
13. Türbe des Gül Baba

Karte: S. 207

Budapest, Budaer Seite

Auf der Mittleren Donau

0   200   400 m

Der Burgpalast ist Sitz bedeutender Museen

Römerzeit bis zum Zweiten Weltkrieg. Im Südwestflügel ist seit 1985 die **Széchenyi-Nationalbibliothek** untergebracht. Sie erhielt den Namen nach ihrem Gründer, Graf Ferenc Széchenyi, der sie 1802 ins Leben rief. Unter den rund sechs Millionen Dokumenten befinden sich kostbare Handschriften, darunter mittelalterliche Werke, die sogenannten Budapester Blätter.

Das große **Reiterstandbild für Prinz Eugen von Savoyen** feiert den Bezwinger der Türken und kam im Jahr 1900 an diesen Platz, der übergroße Matthiasbrunnen im Durchgang zum südlichen Flügel erinnert seit 1904 an Matthias Corvinus, einen der bedeutendsten ungarischen Herrscher, den Eingang zur Burg bewacht schließlich ein ›Turul‹ genannter Greifvogel. Eine Legende berichtet, dass der Vogel den Urvater der Árpáden, Fürst Álmos, gezeugt und dessen Sohn Árpád den Weg vom Karpatenbecken ins heutige Ungarn gewiesen haben soll. Der Turul gilt als das Wappentier der Dynastie, die die ersten ungarischen Könige hervorbrachte. Von der Balustrade vor dem Standbild des Prinz Eugen hat man einen beeindruckend weiten Blick über das gegenüber liegende Buda.

Karte: S. 207

■ Matthiaskirche

Über den Dísz tér, früher Marktplatz, Paradeplatz und auch Hinrichtungsstätte, führt der Weg zur Matthiaskirche, dem zweiten Hauptanziehungspunkt auf dem Burgberg.

Ausmaße und Aussehen des mächtigen neogotischen Baus gehen auf den tiefgreifenden Umbau zurück, der unter Leitung des Architekten Frigyes Schulek zwischen 1874 und 1896 vorgenommen wurde. Béla IV. initiierte Mitte des 13. Jahrhunderts den Kirchenbau, und in der Folgezeit ließen viele Herrscher Umbauten und Erweiterungen vornehmen oder sich in ihr krönen. König Matthias Corvinus heiratete hier gleich zweimal, Franz Joseph I. und seine Frau Elisabeth wurden hier zum ungarischen Königspaar gekrönt. Eigens zu diesem Anlaß hatte das Herrscherhaus Franz Liszt mit der Komposition der ›Krönungsmesse‹ beauftragt.

Die neogotische Matthiaskirche

Charakteristisch und weithin sichtbar sind die bunten Majolikaziegel, die das Dach schmücken. Im Inneren sind die früheren Bauphasen an einigen Stellen noch auszumachen, weitaus auffälliger ist jedoch die Dichte an Schmuck und Kunstwerken, Fresken und Ornamenten. Aus der überreichen Ausstattung ragen das **Marienportal** an der Südseite und die **Sarkophage ungarischer Könige** heraus. In der Krypta ist das **Kirchenmuseum** untergebracht. Neben allgemeiner Sakralkunst, Reliquien und Krönungsdokumenten findet sich hier auch eine Kopie der ungarischen Königskrone. Das Original befindet sich auf der anderen Uferseite, im ungarischen Nationalmuseum.

Auf dem Dreifaltigkeitsplatz

■ Fischerbastei

Umrahmt wird die Matthiaskirche zur Uferseite von der Fischerbastei. Die putzigen Türmchen und Erker, Zinnen und Wehrgänge und die Treppen verraten nichts vom Mittelalter, aber viel davon, wie sehr man diese Epoche am Ende des 19. Jahrhunderts verkitschte. Schulek lieferte für die Pseudofestung ebenfalls die Pläne, sie entstand zwischen 1895 und 1902. Ihren Namen erhielt die Festung nach dem früheren Fischermarkt, der etwas unterhalb lag. Die Fischerbastei ist als solche eine Attraktion, und von hier aus hat man einen fantastischen Blick auf das gegenüberliegende Uferpanorama. Besonders eindrucksvoll ist die Wirkung abends und nachts, wenn die Stadt und die Brücken beleuchtet sind. Dann ist es hier auch ungleich romantischer, denn so belebt es hier tagsüber zugeht, so ruhig ist es spätabends. Die Fischerbastei spiegelt sich nach Norden in eloxierten Glasfassaden. Die gehören zum **Hotel Hilton**, das in

den 1970er Jahren unmittelbar neben Bastei und Kirche gesetzt wurde. Manche halten dieses Aufeinandertreffen von Historie und Moderne für eine geniale Idee, andere nennen die Kombination eine katastrophale städtebauliche Sünde. Bis heute scheiden sich an dem Nebeneinander die Geister.

Vor der Bastei befindet sich ein **Reiterstandbild für König Stephan** (997–1038) aus dem Jahr 1906, etwas weiter stößt man auf eine Nachbildung der ursprünglich 1714 aufgestellten **Pestsäule**, zur Erinnerung an eine Pestepidemie, die einige Jahre zuvor gewütet hatte. An der Südwestseite des Szentháromság tér sticht der markante Erker des **Alten Rathauses** hervor, ein Barockbau aus der ersten Hälfte des 18. Jahrhunderts.

■ Burgviertel

Die meisten Besucher des Burgberges bewegen sich zwischen Burgpalast und Matthiaskirche und lassen das Wohnviertel links liegen. Es lohnt jedoch, sich dafür auch ein wenig Zeit zu nehmen. Am **Dreifaltigkeitsplatz** (Szentháromság tér) befinden sich mit einer Wechselstube, dem Touristenbüro, der traditionsreichen **Konditorei**

Auf der Mittleren Donau

Ruszwurm und dem **Haus der Ungarischen Weine**, das gleichermaßen zu Verkostung und Kauf einlädt, gleich mehrere unter touristischen Gesichtspunkten besonders wertvolle Einrichtungen. Hier kann man sich also für einen kleinen Rundgang durch die Gassen vorbereiten und stärken.

An den Gassen befinden sich einige liebevoll eingerichtete Museen, zahlreiche Lokale, Boutiquen und Kunsthandwerk- und Andenkenläden; die Häuser selbst sind jedoch die Hauptattraktion. Nach dem Zweiten Weltkrieg war das Viertel zu großen Teilen zerstört. Es wurde danach sorgfältig rekonstruiert, und heute präsentiert es sich weitgehend in seiner ursprünglichen Anmutung.

In der Úri utca, der wohl eindrucksvollsten Gasse, und auch in der Tárnok utca, früher die Straße der Kaufleute, herrschen barocke und klassizistische Bauten vor, einige gotische aus dem 13. Jahrhundert sind noch erhalten. Erwähnenswert in der Tárnok utca sind vor allem das **Apothekenmuseum** (Nr. 18) und das **Figurenkabinett** (Nr. 9). Es zeigt in seinen ausgedehnten unterirdischen Gewölben in der Art eines Wachsfigurenkabinetts in zwei Dutzend Darstellungen die ungarische Geschichte von der Landnahme der Ungarn bis zum Zeitalter des Matthias Corvinus.

Die Fortuna utca, die vom Dreifaltigkeitsplatz nach Norden führt, ist von Barock- und Zopfstilbauten geprägt, die parallel verlaufende Országház utca von Barock und Klassizismus. Hier findet man auch das ehemalige **Klarissenkloster** und das **Ungarische Handels- und Gastgewerbemuseum** (Nr. 4), das sich im Innern viel liebevoller und skurriler präsentiert, als es die nüchterne Bezeichnung nahelegt.

Die Táncsis Mihály utca war im Mittelalter das Zentrum der jüdischen Gemeinde, das Haus Nr. 26 weist Reste des früheren Gebetshauses auf. Im Innern informiert eine **Ausstellung über das Leben der Juden im alten Buda**. In dieser Straße steht auch eines der schönsten Budapester Barockgebäude, das **Palais Erdődy-Hatvany** (Nr. 7). Darin sind heute das Musikwissenschaftliche Institut und das Museum für Musikgeschichte untergebracht. Es präsentiert seltene Musikinstrumente und Autographe des ungarischen Komponisten Béla Bartók (1881–1945).

Beide Straßen münden auf den Kapisztrán tér im Nordwesten des Areals. Auf der einen Seite steht das **Kriegshistorische Museum**, auf der anderen Seite ein **gotischer Kirchturm**, letzter Rest der im Zweiten Weltkrieg zerstörten mittelalterlichen Maria-Magdalenen-Kirche. Im Musem befindet sich unter anderem die Bilderchronik der Árpádenkönige.

Die Wasserstadt

Zwischen Burgberg und Donau erstreckt sich die Wasserstadt (Víziváros). Im Mittelalter war sie vor allem von Fischern, Handwerkern und Kaufleuten besiedelt, nachhaltig geprägt wurde sie nach der Türkenzeit. Da entstanden an den verwinkelten, kurvigen und hügeligen Gassen zahlreiche zweistöckige Bürgerhäuser. Zwar kamen im ausgehenden 19. Jahrhundert einige wenige Mietskasernen hinzu, und der

Auf der Mittleren Donau

Die Fischerbastei ist ein beliebtes Fotomotiv

Zweite Weltkrieg hinterließ seine bis heute sichtbaren Spuren, dennoch ist die Wasserstadt an vielen Ecken auch heute noch barock und nobel geprägt und bildet einen deutlichen Kontrast zum bürgerlichen Pest.

Rückgrat des Viertels ist die **Fő utca**. Ihr Verlauf folgt der Handelsstraße, die bereits die Römer anlegten und die nach Aquincum, dem späteren Buda, führte. Es finden sich einige hübsche Fassaden und auch nette Lokale. Da die Straße aber stets stark befahren ist, bietet es sich an, sie zu verlassen und ohne festes Ziel durch die teils steilen Gassen zu schlendern. Besonders schön ist der **Corvin tér**. Bäume und ein Brunnen schmücken, eine geschlossene Bebauung eindrucksvoller Barockbauten säumt ihn.

Die Annenkirche am Batthyány tér

■ Batthyány tér

Der Batthyány tér ist der andere wichtige Platz des Viertels, nicht zuletzt weil hier die Umsteigemöglichkeiten zur Vorortbahn HÉV, zu Tram-, U-Bahn und Buslinien bestehen. Hier finden sich ebenso einige sehenswerte Häuser im Stil des Rokoko und Spätbarock. Der Batthyány tér hat eine lange Tradition als Handelsplatz, leider ist schon vor Jahren einer der üblichen langweiligen Supermärkte in die alte **Markthalle** an der Westseite eingezogen.

Die Nordseite des Platzes wird vom ehemaligen **Franziskanerkloster** sowie Kirche, Klostergebäude und Spital der Elisabethinerinnen begrenzt.

Der schönste Sakralbau am Platz und einer der anmutigsten in Budapest überhaupt ist die zweitürmige barocke **St. Annenkirche**, die 1762 geweiht wurde. Ungewöhnlich ist der ovale Kuppelraum, sehenswert sind Hauptaltar und Kanzel sowie die Seitenaltäre

und die Bilder des Wiener Meisters Franz Wagenschön.

Vom Batthyány tér hat man den wohl besten Blick auf das Parlamentsgebäude am anderen Donauufer, und selbst aus mehreren hundert Metern Entfernung wirkt es ausgesprochen voluminös.

■ Nördlich des Batthyány tér

Wer lieber noch etwas spazieren möchte, kann weiter nordwärts einige der raren Überreste aus osmanischer Zeit in Augenschein nehmen. An der Fő utca liegt das **Königbad** (királyfürdő). Sein Name geht auf die Familie König zurück, in deren Besitz es sich im 19. Jahrhundert befand. Das Bad wurde bereits um 1570 von den Türken angelegt, Teile der originalen Innenausstattung sind erhalten. Damit ist es eine Besonderheit unter den Bädern in

Karte:S. 207

Budapest. Der zentrale Baderaum liegt unter einer achteckigen Kuppel mit farbigen Fenstern, die eine geheimnisvolle Stimmung erzeugen.

Noch etwas weiter nördlich, an der Gül Baba utca, ist eine achteckige **Türbe** aus der Mitte des 16. Jahrhunderts erhalten. In ihr ist der Baba Gül begraben, der nach 1526 in Budapest missionierte und dort 1541 auch starb.

Margareteninsel

Abgesehen vom Stadtwäldchen sind größere innerstädtische Parks in Budapest eher rar. Zwar schmücken zahlreiche begrünte Plätze das Zentrum, sie dienen aber meist mehr der Zierde der Stadt als der sportlichen Betätigung und Erholung ihrer Bewohner. Die Budapester werden aber mit der rund 2,5 Kilometer langen und bis zu 500 Meter breiten Margareteninsel mehr als nur entschädigt. Sie hat sowohl den Freizeitsportlern als auch den Erholungssuchenden und den Kulturinteressierten eine Menge zu bieten.

Die **Margaretenbrücke** (Margit híd) ermöglicht seit 1901 den Zugang zur Insel. Ungewöhnlich ist ihre Form: Die beiden Teile stoßen dort, wo sie die Insel berühren, in einem Winkel von 150 Grad aufeinander. So stehen sie senkrecht zur Strömung der beiden Donauarme, die sich unmittelbar hier wieder in einem Flussbett zusammenfinden.

Die Insel wird durch die beiden Arme der Donau gebildet. Schon die Römer wussten die auf ihr sprudelnden Heilquellen zu schätzen und zu nutzen. In der ersten Hälfte des 19. Jahrhunderts war sie im Besitz von Erzherzog Joseph, der eine Umgestaltung im Stil der englischen Landschaftsgärtnerei vornehmen ließ. Ihr heutiger Name geht auf die Prinzessin Margarete zurück, Tochter des ungarischen Königs Béla IV. Sie kam 1251 als Kind in eines der Klöster auf die Insel und blieb dort bis zu ihrem Tod.

Die Insel weist einige Freizeitanlagen und Überreste vor allem von Klosteranlagen auf. So finden sich – ungefähr im mittleren Teil, etwas nach Osten hin – die **Ruine der Franziskanerkirche** aus dem 13./14. Jahrhundert, die des **Dominikanerklosters** (13. Jahrhundert) sowie Reste des **Prämonstratenserklosters** (12. Jahrhundert).

Die **Freizeit- und Sportanlagen** liegen auf der westlichen Seite. Dazu zählen vor allem ein Leichtathletikstadion, das Alfréd-Hajós-Strandbad, das Palatinus-Strandbad sowie das 1978 eingeweihte Kurhotel ›Thermal‹ ganz im Norden. In unmittelbarer Nachbarschaft dazu liegt das **Grandhotel Ramada**. Es wirkt heute ebenso nobel wie bei seiner Einweihung 1873 und ist dank seiner einzigartigen Lage – inmitten einer Parklandschaft und gleichzeitig zentrumsnah – seit fast 140 Jahren ebenso beliebt wie teuer.

Eingebettet sind die Bauten und Sportstätten in eine abwechslungsreiche und in Jahrhunderten entstandene Gartenlandschaft, zu der unter anderem ein Rosengarten, ein Wasserfall, ein Wildpark und ein Japanischer Garten zählen.

Gellértberg

Der Gellértberg bildet den südlichsten Ausläufer des Höhenzugs, der die Donau seit dem Donauknie begleitet hat. Südlich davon geht die Stadtlandschaft allmählich in die Ungarische Tiefebene über.

Das gleichnamige **Hotel Gellért** am Fuße dieses Höhenzugs, gleich neben

Das Hotel Gellért am Fuß des gleichnamigen Hügels

der Freiheitsbrücke gelegen, ist nicht mehr das luxuriöseste Hotel der Stadt, aber sicherlich das berühmteste – diese Einschätzung trifft sicherlich auch auf das Bad zu, das man über einen Seiteneingang des Komplexes betritt. Die Thermalquellen des Berges speisen Thermal-, Wannen-, Sprudel-, Wellen-, Schwimm- und Freibad. Seit der Fertigstellung 1918 hat das **Géllertbad** unzählige Besucher angezogen, und dank der steten Modernisierungen verbinden sich hier aufs Trefflichste Jugendstilinterieur, Komfort und moderne Technik.

Der Berg liegt 235 Meter über dem Meer und damit rund 140 Meter über dem Donauspiegel. Ein Aufstieg zur **Zitadelle** – möglich vom Gellértbad wie auch von der Elisabethbrücke aus – auf den Bergrücken dauert eine knappe halbe Stunde und lohnt sich vor allem wegen der hervorragenden Sicht. Der Burgberg liegt dem Betrach-

ter gleichsam zu Füßen, das Panorama der Pester Uferseite bis zur Margareteninsel entfaltet sich auf einmalige Art. Die Österreicher legten die Zitadelle nach der Niederschlagung der Aufstände 1848/49 an, zur Abschrekkung weiterer Freiheitsbestrebungen und zur Demonstration ihrer Macht. Heute ist hier ein Hotel der gehobenen Klasse untergebracht.

In der Nähe, zum Ufer hin ausgerichtet, steht die weithin sichtbare, 14 Meter hohe **Frauenfigur mit dem Palmzweig**. Sie wurde im Jahr 1947 zur Erinnerung an die Befreiung vom Faschismus aufgestellt.

Ihren heutigen Namen tragen Berg und Hotelanlage nach dem heiligen Gerhard (ungarisch Gellért). Er wollte die Ungarn im 10. Jahrhundert missionieren. Der Legende nach wurde er aber von ihnen in ein Fass gesteckt, in die Donau geworfen wurde und starb so den Märtyrertod. Ein Denkmal erinnert an ihn.

Karte: S. 207

Die Pester Uferpromenade

Ein Spaziergang entlang der Pester Uferseite erlaubt Einblicke in wichtige Phasen der Stadtgeschichte und ist zugleich ein sehr angenehmes Erlebnis: Teile der Promenade sind als Fußgängerzone gestaltet, und von ihr hat man den wohl schönsten Blick auf den alles überragenden Burgberg.

■ Freiheitsbrücke und Markthalle

Der Anleger für die Kreuzfahrtschiffe befindet sich zwischen Freiheitsbrücke (Szabadság híd) und Petöfi-Brücke (Petöfi híd) auf Pester Seite. Die Freiheitsbrücke wurde im Rahmen der Millenniumsfeierlichkeiten dem Verkehr übergeben, die Petöfi-Brücke – benannt nach dem Nationaldichter schlechthin, Sándor Petöfi (1823–1849) – ist jünger; sie stammt von 1952.

Unmittelbar an der Auffahrt zur Freiheitsbrücke, an der Vámhaz krt, ist der markante Backsteinbau der zentralen **Markthalle** unschwer auszumachen. Die 150 Meter lange Eisenkonstruktion wirkt im Innern ungemein luftig, ist in Querschiffe unterteilt und einer Kathedrale nicht unähnlich. Seit ihrer Eröffnung am Ende des 19. Jahrhunderts ist sie eine Budapester Institution und seit langem auch eine für die Touristen. Um sie einigermaßen unverfälscht erleben zu können, muß man daher früh aufstehen. Schwerpunkt des Treibens bildet das Erdgeschoss mit seinen zahlreichen kleinen Verkaufsbuden, die vor allem Obst und Gemüse, Fleisch und Getränke anbieten. Frischen und auch noch lebenden Fisch gibt es im Untergeschoss, auf der umlaufenden Galerie im ersten Stock sind die Angebote an Kunsthandwerk und Kleidung konzentriert. An den Imbissständen dominiert die deftige Kost, und von dort hat man bei einem Glas Bier an einem der Stehtische einen guten Blick auf das Treiben eine Etage tiefer.

■ Rund um die Elisabethbrücke

Man kann nun wählen, ob man den Weg entlang des Ufers fortsetzt oder durch die parallel verlaufende **Váci utca** schlendert, die bekannteste Einkaufsmeile Budapests. Bis weit in die 90er Jahre hinein war der südliche Teil, verglichen mit dem nördlichen, recht ruhig. Er hat sich in den vergangenen Jahren deutlich belebt, zahlreiche Modeläden und Cafés haben sich angesiedelt. Unübersehbar ist in jedem Fall etwas weiter die **Elisabethbrücke** (Erzsébet híd). Dieser funktionalistische Bau wurde 1964 dem Verkehr übergeben; den Vorgängerbau hatten die deutschen Truppen 1945 gesprengt. Die Elisabethbrücke ist als Kabelhängebrücke konzipiert, 378 Meter lang und 27,5 Meter breit.

Jenseits der Elisabethbrücke zeigt sich mit der **Innerstädtischen Pfarrkirche**

Die Váci utca ist eine beliebte Einkaufsmeile

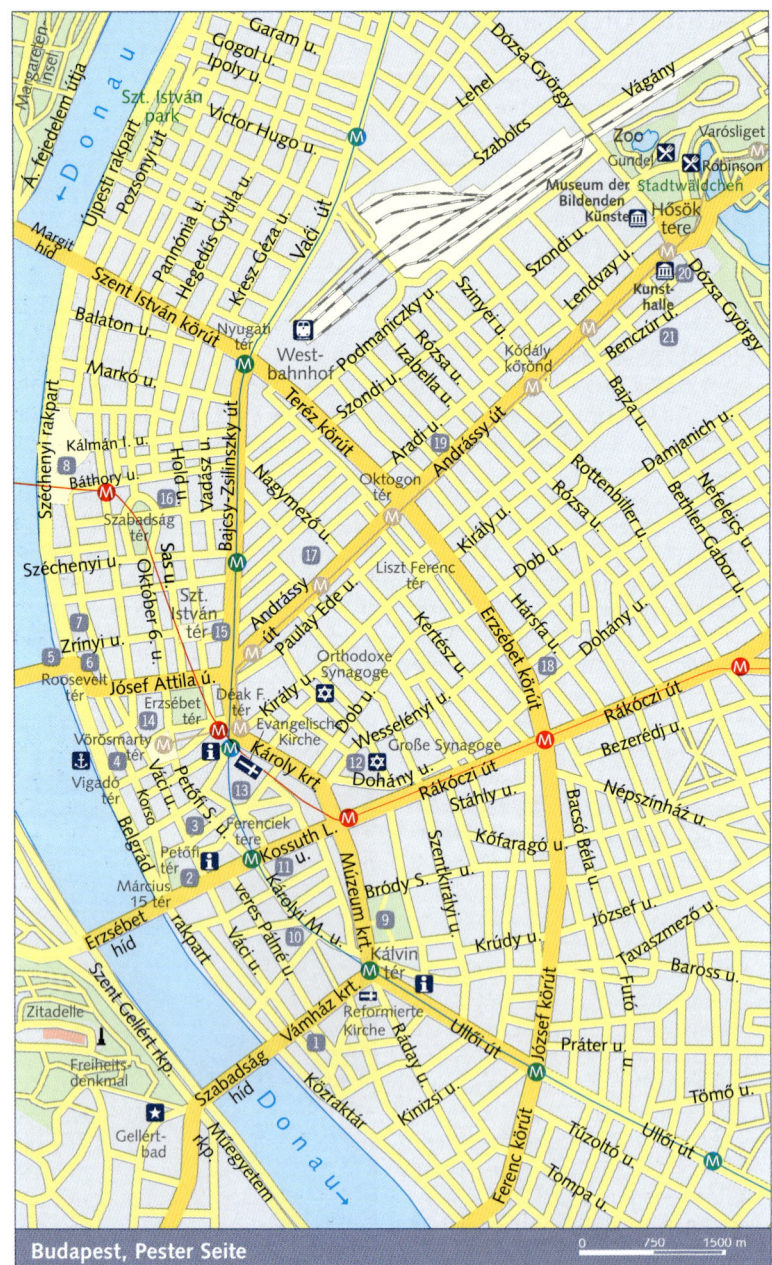

Budapest, Pester Seite

0   750   1500 m

ein Wahrzeichen des alten Pest. Die Kirche liegt am Platz des 15. März (Március 15 tér), dessen Name an die Revolution von 1848 erinnert, die an diesem Datum begann. Die älteste Kirche und gleichzeitig das einzige erhaltene mittelalterliche Gebäude im Stadtteil Pest wirkt trotz ihrer zwei Türme eher unspektakulär, auffällig ist vielmehr das Nebeneinander von barocken und gotischen Stilelementen. Es geht auf die zahlreichen Um- und Ausbauten und auch die Zerstörungen zurück, die die Kirche im Laufe der Zeit erfuhr. Erbaut wurde sie als romanische Basilika im 12. Jahrhundert, die letzten durchgreifenden Rekonstruktionsmaßnahmen erfolgten nach den Zerstörungen im Zweiten Weltkrieg. Die Kirche steht auf Fundamenten eines römischen Kastells, das an dieser Stelle die Funktion eines Brückenkopfs hatte und den Namen Contra-Aquincum trug. Im angrenzenden **Ruinengarten** sind einige Überreste dieses Lagers ausgestellt. Ganz in der Nähe findet sich das letzte erhaltene **barocke Bürgerhaus** auf Pester Seite (Pesti Barnabas utca 2, Ecke Galamb utca). Es liegt mittlerweile etwas unter Straßenniveau, zudem ist nur der Mittelteil der ehemals dreiflügeligen Anlage erhalten. Dennoch

vermittelt das zierliche Häuschen, 1755 nach Plänen des vielbeschäftigten Architekten Andreas Mayerhoffer errichtet, einen Eindruck vom Pest des 18. Jahrhunderts. In dem ockerfarbenen Gebäude ist ein Touristenlokal untergebracht, das ›Százéves étterem‹ (Hundert Jahre), das als ältestes erhaltenes Lokal von Pest gilt.

Inmitten einer kleinen Grünanlage ist ein schönes **Denkmal für den Dichter Sándor Petőfi** (1823–1849) aufgestellt. Petőfi stammte aus der Provinz, ging in Budapest aufs Gymnasium und war 1848 einer der Wortführer ungarischer Intellektueller. Ihr Drängen trug mit dazu bei, dass die Habsburger Monarchie erste Zugeständnisse machte und erstmals eine unabhängige ungarische Regierung gebildet wurde. Petőfi starb 1849 im Kampf gegen die russischen Truppen. Er wird heute als einer der wichtigsten Patrioten des 19. Jahrhunderts verehrt.

Auf der Mittleren Donau

■ Korso

Ganz in der Nähe der Innerstädtischen Pfarrkirche beginnt der Korso, eine vielbesuchte autofreie Flaniermeile. Ihre Hauptattraktion ist neben dem fantastischen Blick auf den Burgberg die strahlende, da frisch renovierte **Pester**

Legende

1 Markthalle
2 Innerstädtische Pfarrkirche
3 Barockhaus
4 Pester Redoute
5 Kettenbrücke
6 Gresham-Palais
7 Ungarische Akademie der Wissenschaften
8 Parlament
9 Ungarisches Nationalmuseum
10 Universitätskirche
11 Franziskanerkirche
12 Jüdisches Museum
13 Rathaus
14 Konditorei Gerbeaud
15 Stephansbasilika
16 Ehemalige Postsparkasse
17 Staatsoper
18 Café New York
19 Haus des Terrors
20 Heldenplatz

Redoute. Die Fassade vereint romanische und maurisch-orientalische Stilelemente, auffällig ist die Betonung der Eckteile. Sehenswert ist zudem der figurale Schmuck an der Vorderseite. Der eigentümliche Stil ist vom Architekten, Frigyes Feszl, bewusst kreiert worden. Einer weitverbreiteten Theorie jener Zeit folgend, vermutete er die Ursprünge des ungarischen Volkes im Orient und sah in seinem Bau die architektonische Verkörperung dieser Wurzeln, sprach ganz bewusst von einem ungarischen Nationalstil, den er mit der Redoute hervorbringen wolle. Die Redoute, als Ballhaus bis 1865 errichtet und nach schweren Zerstörungen im Zweiten Weltkrieg detailgetreu restauriert, wird seit 1980 wieder als Aufführungsort genutzt, wegen der guten Akustik vor allem für Konzerte und Chorkonzerte, daneben auch für Ausstellungen.

Am Vigadó tér befindet sich auch die **Abfahrtsstelle für die Ausflugsboo**te nach Visegrád und Esztergom (via Szentendre) sowie der Wasserbusse zur Margareteninsel.

Der Fußgängerbereich endet am Roosevelt tér, einem stark frequentierten Platz, der die Auffahrt zur **Kettenbrücke** (Széchenyi lánchíd) bildet, einem weiteren Wahrzeichen Budapests. Ihr ungarischer Name verweist auf den Initiator des Bauwerks, Graf István Széchenyi, der seit den 1820er Jahren die Errichtung einer festen Brücke zwischen Buda und Pest angeregt hatte und schließlich der Initiator des Brückenvereins war, der maßgeblich die Realisierung des damals kühnen Plans vorantrieb. Széchenyi gehörte über Jahrzehnte zu einer der wichtigsten Figuren auf Ungarns diplomatischem Parkett und wird heute von nicht wenigen als der größte Ungar angesehen. Das Bauwerk konnte 1849 als erste feste Brücke über den Fluss seiner Bestimmung übergeben werden und wurde zu einem Motor für das Zusammen-

Die Redoute dient als Konzertsaal

Karte: S. 216

wachsen der beiden Städte Buda und Pest. Die Kettenbrücke ist 375 Meter lang und 16 Meter breit. Die Fahrbahn wird von Ketten gehalten, die an den beiden 48 Meter hohen Pfeilern verankert sind. Diese wirken wie Triumphbögen. Beidseits wird die Brücke von zwei steinernen, zungenlosen Löwen bewacht.

Zwei Bauten beherrschen den **Roosevelt tér**. Die denkmalgeschützte Fassade des eleganten **Gresham-Palais** dominiert die Ostseite des Platzes. Vor einigen Jahren übernahm die Hotelgruppe ›Four Seasons‹ das Haus und eröffnete es 2004 nach umfangreicher Sanierung. Es gilt derzeit mit seiner Kombination aus höchstem Komfort und sorgfältiger originalgetreuer Renovierung als das stilvollste Hotel der Stadt. Seinen Namen trägt das Haus nach der englischen Gresham-Versicherungsgesellschaft, die den Jugendstilbau 1906 errichten ließ.

An der Nordseite des Platzes liegt ein weitaus weniger auffälliger, wenngleich massiger Neorenaissancebau, der nach Plänen des Berliner Architekten Friedrich August Stüler errichtet wurde. Hier residiert die **Ungarische Akademie der Wissenschaften**.

■ **Parlament**

Wenngleich sich die Dimensionen des Parlamentsgebäudes am besten vom gegenüberliegenden Ufer würdigen lassen, so wirkt der Bau auch auf die Besucher, die direkt vor ihm stehen und seine Ausmaße – 268 Meter lang und 118 Meter breit, 96 Meter hohe Kuppel – nicht überblicken können, sehr eindrucksvoll. Es gilt als das größte Parlamentsgebäude Europas. Seine Fassaden sind überreich geschmückt und vermischen dabei verschiedene Stilele-

Beeindruckend: das Parlament

mente. Vorherrschend ist die englische Tudorgotik, wie der Bau überhaupt recht eindeutig eine Kopie des Londoner Parlaments darstellt.

Bis zu 1000 Menschen arbeiteten nach Plänen des Architekten Imre Steindl an seiner Errichtung, nach 17 Jahren Bauzeit wurde das Gebäude 1902 seiner Bestimmung übergeben. Heute beherbergen die 691 Räume neben dem Parlament auch Büros für die Kanzlei des Staatspräsidenten und des Ministerpräsidenten. Zwar ist das Parlament eines der Wahrzeichen Budapests und eines der beliebtesten Fotomotive, sein Inneres ist jedoch nur im Rahmen von Führungen zugänglich.

Östlich des Parlaments erinnert auf dem **Kossuth Lajos tér** ein Denkmal an die gescheiterte Revolution von 1848. Einer der führenden Köpfe des Aufstands war Lajos Kossuth (1802–1894), Publizist und Politiker. Er trat vehement für eine Selbständigkeit Ungarns ein. Nach der Niederschlagung des Aufstands ging er ins Exil, wo er 1894 starb.

Die sich vom Parlament nach Norden anschließenden Viertel sind unter touristischen Gesichtspunkten relativ unergiebig. Daher bietet es sich an, von hier entweder die Margareteninsel anzusteuern, mit der U-Bahn vom Bahnhof Kossuth Lajos tér aus in interessantere Viertel zu fahren oder nach Süden, dabei über andere Straßen und Plätze, den Weg zurück einzuschlagen.

Der Kleine Ring

Zwischen Freiheitsbrücke und Kettenbrücke verläuft der rund anderthalb Kilometer lange, etwa halbkreisförmige Kleine Ring. Der Straßenzug entstand dort, wo sich zuvor die Pester Stadtmauer befunden hatte. Innerhalb des Kleinen Rings lag ursprünglich das barocke Pest, von dem allerdings nur noch wenige Zeugnisse erhalten sind. Innerhalb des Rings und an ihm befinden sich einige der Hauptsehenswürdigkeiten Budapests sowie einige schöne Plätze, die dazu einladen, sich ein wenig von all den kunst- und architekturhistorischen Schätzen zu erholen.

■ Ungarisches Nationalmuseum und Universitätskirche

In der Nähe des Kálvin tér liegt in einer schönen Grünanlage mit dem Ungarischen Nationalmuseum eines der bedeutendsten ungarischen Museen. Mittelpunkt des Ungarischen Nationalmuseums sind die beiden Dauerausstellungen zur Geschichte Ungarns von der Urzeit bis zur Landnahme und zur Geschichte des ungarischen Volkes von der Landnahme bis 1848. Unter den vielen Exponaten ragen die ungarische Krone und die Krönungsinsignien heraus. Der mächtige klassizistische Bau ist von 1847, durch die beeindruckende Vorhalle mit korinthischen Säulen

Das Ungarische Nationalmuseum

erreicht man die Innenräume. Das Denkmal in der Grünanlage (1893) ist dem ungarischen Dichter János Arany gewidmet.

Weitaus weniger aufmerksamkeitsheischend präsentiert sich die **Universitätskirche**, die zwischen 1725 und 1742 nach Plänen von Andreas Mayer-hoffer für das benachbarte Paulinerkloster anstelle einer Moschee errichtet wurde. Sie ist leicht zu übersehen, zählt aber zu den schönsten Barockdenkmälern der Stadt und weist eine reiche Innenausstattung auf.

■ Rákóczi út

Etwas weiter kreuzt die Rákóczi út, eine der wichtigen Ausfallstraße, den Kleinen Ring. Sie bildete das Rückgrat der neuen Viertel, die um die Wende zum 20. Jahrhundert entstanden. Hier finden sich noch zahlreiche Häuser aus dieser Epoche, deren stolze Fassaden noch immer etwas von der Aufbruchsstimmung vermitteln, die während der ungarischen Gründerzeit herrschte.

Karte S. 216

Ferenciek tér

Von diesem Abschnitt der Rákóczi út bietet sich ein kurzer Abstecher zum Ferenciek tér an. Sehenswert ist die **Franziskanerkirche**, dominierend der **Pariser Hof** schräg gegenüber. Im Erdgeschoss dieses 1909 errichteten neogotischen Wohn- und Bürohauses ist eine Geschäftspassage untergebracht. Die Originaleinrichtung ist bis heute erhalten erhalten, gedämpftes Licht fällt von oben und erzeugt eine romantisch-unwirkliche Stimmung.

Große Synagoge

Jenseits der Rákóczi út stößt man alsbald auf die Große Synagoge an der Dohány út. Sie ist eine von 22 Synagogen in der Stadt und dabei die mit Abstand größte: 4000 Gläubige finden in ihr Platz. Der Bau im zu dieser Zeit beliebten maurischen Stil wurde 1859 fertiggestellt und konnte vor einigen Jahren renoviert werden, nicht zuletzt dank Geldern einer Stiftung des Schauspielers Tony Curtis, dessen Eltern aus Budapest stammen.

Zum Komplex gehören ein **Jüdisches Museum** und ein **Forschungszentrum für Jüdische Kultur**. Im Innenhof – Zugang über die Wesselényi út – erinnert seit 1992 ein **Mahnmal** des Künstlers Imre Varga an die im Zweiten Weltkrieg von den Faschisten ermordeten Juden. Seine stilisierte Trauerweide besteht aus Tausenden von silbrig-metallenen Plättchen, in die jeweils der Name eines Toten eingraviert ist. Neben der Synagoge steht das **Geburtshaus Theodor Herzls**, dem Begründer der Zionismus, oder dem, wie es die Tafel auf ungarisch sagt, »Erträumer des jüdischen Staates«.

Die Synagoge bildet den Mittelpunkt des historischen Judenviertels, das in etwa von Kiralý út, Erzsébet krt, Rakóczi út und Károly körút begrenzt wird, und sie ist auch wieder Mittelpunkt des jüdischen Lebens in Budapest. Nach jüngeren Zahlen leben rund 85 000 Juden in Budapest, in ganz Ungarn rund 100 000. Die Nazis richteten im Viertel ein Getto ein und planten seinen Abriss. Dazu kam es glücklicherweise nicht mehr, und so kann man heute noch in ein Budapest mit schmalen stillen Gassen eintauchen, das einen spürbaren Kontrast zu den umgebenden quirligen Vierteln bildet.

Rathaus und Vörösmarty tér

Eine ungewöhnlich breite Barockfassade (189 Meter!) nimmt die Nordseite der Városház utca ein. Das Gebäude entstand bis 1747 und wurde als Invalidenheim für die Opfer der Türkenkriege geplant, seit 1894 beherbergt es das **Budapester Rathaus**. Zwar sind die ursprünglich an der Fassade angebrachten Skulpturen nicht mehr vorhanden, dennoch gehört das Rathaus zu den eindrucksvollsten Barockbauten Budapests.

Denkmal im Innenhof der Großen Synagoge

Auf der Mittleren Donau

Der **Vörösmarty tér** ist sicher einer der lebendigsten Plätze der Stadt; zu jeder Tageszeit versuchen Straßenmusiker, Pantomimen und Portraitmaler von den Touristenmassen zu profitieren. Hier nimmt die Váci utca, die berühmte Einkaufsmeile, ihren Anfang, die seit Jahren unter den zahlreichen mobilen Nippesständen leidet. Der Platz ist von schönen Bürgerhäusern gesäumt, in der Mitte steht ein großes **Denkmal** für den romantischen Schriftsteller Mihály Vörösmarty (1800–1855). Berühmt ist die **Konditorei Gerbeaud** an der Nordseite, seit 1858 ein gesellschaftlicher Treffpunkt. Eine Konditorei bestand schon einige Jahre, bevor sie der Schweizer Emile Gerbeaud übernahm. Er sicherte sich einen Platz in den Geschichtsbüchern, indem er die Weinbrandkirsche kreierte.

■ Erzsébet tér

Von ganz anderer Stimmung ist der nahegelegene, immerhin zwei Hektar große Erzsébet tér. Er erfreut mit gepflegtem Grün und einigen verteilten Plastiken. In der Mitte steht ein Brun-

nen, dessen Figuren die vier großen ungarischen Flüsse Donau, Drau, Theiß und Save symbolisieren. Den Platz suchen vor allem junge Hauptstädter auf, die hier lesen, dösen und flirten. Um ihn herum rauscht der Verkehr, und ganz in der Nähe, am sich nach Osten anschließenden Déak tér, befindet sich der zentrale Busbahnhof. An dieser Stelle kreuzen sich auch die drei Metrolinien. Im Untergeschoss des Bahnhofs informiert das **U-Bahn-Museum** über Geschichte und Gegenwart dieses Verkehrssystems.

■ Stephansbasilika

Auf den Déak tér mündet die Andrássy út, die vielleicht weltläufigste Budapester Straße, etwas weiter links ist an ihrer hohen kupfernen Kuppel und den beiden flankierenden schlanken Türmen schon die Stephansbasilika auszumachen. Sie ist mit Platz für 8500 Gläubige nicht nur die größte Kirche Budapests, sondern auch in ideeller Sicht bedeutsam, da Sitz eines Erzbischofs. Die Bauarbeiten dauerten fast 54 Jahre, und so konnte die Kirche erst 1901 geweiht werden; 2004 wurde eine umfassende Renovierung abgeschlossen. Ebenso wie das Äußere lohnen die Innenräume einen Blick; es gibt **wertvolle Gemälde und Glasmalereien** namhafter ungarischer Künstler zu besichtigen sowie in der Kapelle die einbalsamierte rechte Hand des ersten ungarischen Königs Stephan zu sehen. Viele, die die Basilika besuchen, werden nicht von den Details der Geschichte angezogen, sondern vom imposanten Blick, der sich von der **Aussichtsplattform** eröffnet, manche kommen zu den Sommerkonzerten, die auf dem Platz hinter der Basilika regelmäßig abgehalten werden. Der Kirchenbau bildet

Pause auf dem Erzsébet tér

Karte S. 216

Die Stephansbasilika

An der Rückseite der früheren Postsparkasse bildet der schöne **Szabadság tér** einen grünen Tupfer. Er liegt etwas von den großen Verkehrsadern zurückgesetzt und ist daher vergleichsweise ruhig. Bis zum Ende des 19. Jahrhunderts standen hier die bei den Ungarn verhassten Kasernen der österreichischen Truppen; nach ihrem Abriss wurde der Platz angelegt. Er ist von einheitlicher Bebauung im Jugendstil gefasst, aus der zwei Gebäude herausragen: die **Börse** und die **Ungarische Nationalbank**, die beide um die Jahrhundertwende errichtet wurden. Der Szabadság tér gehört zu den schönsten Plätzen der Stadt und ist dafür erstaunlich wenig bevölkert.

dafür eine stimmungsvolle Kulisse, und von diesem Hof ist besonders gut zu erkennen, dass der Haupteingang im Stil eines Triumphbogens gestaltet wurde.

■ **Ehemalige Postsparkasse und Szabadság tér**

Eines der schönsten Beispiele für den ungarischen Jugendstil ist die ehemalige Postsparkasse, die ihre Hauptfassade zur Hold utca öffnet. Mit einem beeindruckenden Detailreichtum gelang Ödön Lechner eines seiner Hauptwerke (1900/01). Riesenschlangen, Bienen und Stierköpfe lassen die hohe, fünfstöckige Fassade sehr abwechslungsreich erscheinen. Die Ornamente auf dem Dach schuf Lechner, wie er sagte, nur »für die Vögel«. Da dies ein kostspieliger Luxus war, der sich herumsprach, war der Architekt in Fachkreisen zwar hoch angesehen, erhielt aber lange Zeit keine Aufträge mehr. Der Bau ist heute Teil der Nationalbank und kann daher nicht besichtigt werden.

Andrássy út

Keine andere Straße zeigt die Weltläufigkeit und das Selbstbewusstsein Budapests so deutlich wie der Andrássy út. Er wurde als wichtigste Repräsentationsstraße ab 1872 angelegt und war 1896, zu den Tausendjahrfeierlichkeiten, fertiggestellt. Um die Eleganz des Boulevards nicht zu stören, waren Pferdebahnen verboten, und pünktlich zur Millenniumsfeier konnte auch die unter ihr verlaufende U-Bahn in Betrieb gehen – die erste auf dem europäischen Kontinent.

Das urspüngliche Aussehen des Andrássy út ist fast vollständig erhalten, und so präsentiert er sich seit über hundert Jahren als wahrhaft großstädtischer Boulevard, der Grandezza und Baukunst vereint und zahlreiche würdevolle Bauten aufweist. In ihnen befinden sich einige Museen und andere Kultureinrichtungen sowie zahlreiche Lokale. Als Gesamtensemble ist der 2,5 Kilometer lange Boulevard seit 2002 als UNESCO-Weltkulturerbe ausgewiesen.

Haus des Terrors

le Einrichtungen, so die **Staatliche Ballettschule** (schräg gegenüber), ein **Marionettentheater**, ein **Puppentheater** (Nr. 69), ein **Operettentheater** und das **Thália** an der Nagymező utca sowie die **Liszt-Musikhochschule** (Nr. 67). Hierin ist neben dem großen und kleinen Aufführungssaal auch ein **Museum für Liszt** untergebracht.

Franz Liszt ist etwas weiter ein kleiner Platz gewidmet. Hier steht ein Denkmal für den Lyriker Endre Edy, der seinen Blick auf den Dichter Mór Jókai (1825–1904) gerichtet hält, dem die gleiche Auszeichnung auf der anderen Straßenseite zuteil geworden ist. An diesem Platz ist die Kneipendichte besonders hoch, vor allem junge Besucher zieht es zu allen Tageszeiten hierher.

■ Rund um die Staatsoper

Das dominierende Gebäude des ersten baumbestandenen Abschnitts zwischen dem Anfang des Andrássy út und dem Oktogon ist die **Staatsoper** (Nr. 22). Miklós Ybl, der zu den namhaftesten ungarischen Architekten Ungarns zählt, entwarf die Pläne für das 1884 im Stil der Neorenaissance fertiggestellte Gebäude. Die lebhaft gegliederte Fassade passt sich harmonisch in die Straße ein, Standfiguren einiger Komponisten schmücken die Balustrade des zweiten Stocks. Da die Staatsoper mit ihrer Schmalseite zur Straßenfront ausgerichtet ist, wird man der Ausmaße erst gewahr, wenn man den Andrássy út verlässt und die Seiten abgeht. Im plüschigen Inneren ist Platz für 1200 Besucher, und die Oper ist für ihre hervorragende Akustik bekannt.

Die Staatsoper ist der bekannteste Musentempel dieser Gegend, drumherum finden sich weitere kulturel-

■ Zwischen Oktogon und Heldenplatz

Etwas weiter ist mit dem Oktogon ein markanter Platz erreicht, an dem der Große Ring kreuzt. Auch die übergroßen Reklamen für Fast food haben seine Ausstrahlung nur unwesentlich beeinträchtigen können. Hier endet der quirlige Teil der Straße. Der Andrássy út wird nun breiter und ist durch doppelte Baumreihen gesäumt.

Ein kurzer Abstecher bietet sich von hier nach Osten entlang der Teréz körút an, die ihren Namen bald in Erzsébet krt ändert. Berühmt ist hier vor allem das **Café New York** (Nr. 9–11, ungefähr auf der Ecke zum Dohány út), ein prachtvolles Jugendstilwerk, das seinen legendenbehafteten Ruf in den 1920er Jahren erhielt, als es das Wohnzimmer zahlreicher Literaten und Publizisten war. Seinen Namen erhielt es von der Versicherungsgesellschaft New York, die das Gebäude errichten ließ. Nach einer langwierigen Renovierung ist es vor einigen Jahren wieder eröffnet worden.

In dem Abschnitt östlich des Oktogon wurde vor kurzem das **Haus des Terrors** (Nr. 60) eröffnet. Es informiert über die faschistische und die kommunistische Gewaltherrschaft und wurde in dem Gebäude eingerichtet, das in den 30er Jahren den ungarischen Faschisten als ›Haus der Loyalität‹ diente und später der ungarischen Geheimpolizei. Das Museum war bei seiner Eröffnung sehr umstritten. Kritiker monierten, dass das kommunistische Unrechtsregime angeprangert würde, die Herrschaft der faschistischen ›Pfeilkreuzler‹ dagegen zu kurz komme. Der Protest gegen die einseitige Darstellung der jüngeren ungarischen Geschichte war so groß, dass er die Einrichtung des am Stadtrand gelegenen Holocaustmuseums erheblich beschleunigte.

Der Andrássy út stößt auf einen weiteren markanten, von hohen Bäumen bestandenen Platz, das **Rondell**. Es heißt offiziell eigentlich Kodály köröND (Kodály-Platz) und ist nach dem ungarischen Komponisten Zoltan Kodály (1882–1967) benannt, der eine Zeitlang in der Nr. 89 wohnte. Seine frühere Wohnung steht Besuchern offen. Vier prachtvolle Bürgerhäuser im Stil der Neo-Renaissance auf den vier Teilstücken des Platzes nehmen elegant die Krümmung des Platzes auf.

Jenseits des Rondells stehen die Häuser nicht mehr Wand an Wand, zurückgesetzte schmucke Villen mit Vorgärten bestimmen das Bild. Die Straße wirkt gerade hier ausgesprochen vornehm, und in den gediegenen Villen sind einige diplomatische Vertretungen beheimatet. Wiederum einige Querstraßen weiter mündet der Boulevard schließlich auf den Heldenplatz.

Auf der Mittleren Donau

Typische Villa am östlichen Andrássy út

Heldenplatz und Stadtwäldchen

Der große halbkreisförmige Heldenplatz (Hősök tere) wurde wie der Andrássy út zu den Feierlichkeiten 1896 fertiggestellt. Mittelpunkt dieser beeindrukkenden Anlage ist die 36 Meter hohe **Säule**, auf deren Spitze der Erzengel Gabriel steht. Auf dem Sockel findet sich eine **Reitergruppe**. Dargestellt ist Fürst Árpád mit sechs seiner Getreuen. Die Figurengruppe soll an die Landnahme der Ungarn 896 erinnern.

Links und rechts der Säule komplettieren **Kolonnaden** die Anlage. Zwischen ihren Säulen sind Statuen berühmter Herrscher und ungarischer Freiheitskämpfer aufgestellt. Sie stehen teils erst seit 1945 dort und ersetzten die Habsburger Herrscher, die dort vorher plaziert waren. So war die Aussage des Platzes von Epoche zu Epoche unterschiedlich, und daher konnte seine monumentale Gestaltung bis 1990 für Aufmärsche und Paraden aller Regierungen die Kulisse abgeben.

Gesäumt ist der Platz von Museen. An der nordwestlichen Seite des Heldenplatzes befindet sich das **Museum der Bildenden Künste**. Es weist eine kostbare Sammlung Alter Meister auf. Neben den Sammlungen, die die Burg beherbergt, ist dies zweifellos die wertvollste in der Stadt. Unter den Exponaten finden sich unter anderem Werke von Raffael und Tizian, Breughel, Rubens und Rembrandt, El Greco, Velasquez und Goya, Delacroix, Monet und Renoir. Daneben ist im Haus eine Ägyptische Abteilung und eine Sammlung barocker Skulpturen untergebracht. Gegenüber liegt die **Kunsthalle**, Ungarns größte Ausstellungshalle, in der bedeutende Wechselausstellungen gezeigt werden.

In scharfem Kontrast zur Monumentalität des Heldenplatzes steht das verspielte **Stadtwäldchen**, das sich gleich dahinter anschließt. In der rund einen Quadratkilometer großen Grünanlage finden sich zahlreiche Freizeit- und Vergnügungseinrichtungen. Sie ist neben der Margareteninsel die größte innerstädtische Grünfläche und entsprechend gut besucht.

Skurril ist die auf einer Insel inmitten eines künstlichen Teichs gelegene **Burg Vajdahunyad**, 1896 begonnen und ein Dutzend Jahre später fertiggestellt. Sie ist aus nachgebildeten Gebäudeteilen zusammengesetzt, die sich in verschiedenen Gebieten Ungarns zu dieser Zeit befanden. Der gewagte Mix aus Romanik und Gotik, Renaissance und Barock sollte gleichzeitig alle wichtigen ungarischen Baustile wie auch die Ausdehnung Ungarns am Ende des 19. Jahr-

Karte S. 216

Am Heldenplatz

Das Széchenyi-Heilbad liegt im Stadtwäldchen

Auf der Mittleren Donau

hunderts darstellen. In der Nähe gibt es einen weiteren See. Er ist deutlich größer, hier kann man je nach Jahreszeit Boot fahren oder Schlittschuh laufen.

An der Nordwestseite des Parks liegt das **Széchenyi-Heilbad**, eines der großen Bäder Budapests mit Thermal- und Schwimmbecken, Wannen und Dampfbad sowie Freigelände. Die Fassade wirkt von außen eher unscheinbar, innen präsentiert sich das Bad dagegen erstaunlich geräumig und als schöne Jugendstilkomposition. Gespeist wird es von einer 70 Grad warmen Thermalquelle.

Jenseits der Straße laden weitere Vergnügungseinrichtungen zum Besuch ein: ein **Pflanzengarten**, ein **Rummelplatz** mit Achterbahn und Riesenrad und der ebenfalls vor allem bei Kindern sehr beliebte **Zoo**. Einen ungewöhnlichen Anblick bieten einige Tierhäuser, die im Jugendstil ausgeformt sind.

Technikbegeisterte können das **Verkehrsmuseum** an der Nordostecke des Wäldchens aufsuchen, Hungrige wird es eher ins **Restaurant Robinson** ziehen, dessen Terrasse auf den künstlichen Teich ragt, oder zum **Restaurant Gundel**, das sich wenige Meter neben dem Museum der Bildenden Künste findet. Es ist ebenso traditionsreich wie empfehlenswert und bietet sich für den Ausklang eines Tages nach einer anstrengenden Stadtbesichtigung an.

 Budapest

Fast alle Kreuzfahrtschiffe ankern am Pester Ufer, südlich der Freiheitsbrücke. Von hier lässt sich die Stadt problemlos zu Fuß und mit öffentlichen Verkehrsmitteln erkunden.

ℹ

Das städtische Tourismusamt **Budapest Tourinform** unterhält verschiedene Büros, u.a. in der Sütö u. 2 (direkt am Deák tér), im Westbahnhof und am Szentháromság tér (Burgviertel, gegenüber dem Alten Rathaus, nahe der Matthiaskirche). Professionell, viele Informationen und Broschüren. Die **Budapest Card** ermöglicht kostenloses Fahren mit allen öffentlichen Verkehrsmitteln, freien oder ermäßigten Eintritt in viele Museen und Preisnachlässe in vielen Lokalen und Geschäften. Sie gilt für zwei oder drei Tage (6300 bzw. 7500 HUF, etwa 25 bzw. 31 Euro), erhältlich z.B. in den Büros der Tourinform.

Die teuren Geschäfte und gehobenen Restaurants akzeptieren die üblichen Kreditkarten, in den kleineren Geschäften und auch in der Markthalle werden jedoch fast nie Karten oder Euro akzeptiert. Es gibt zahlreiche **Wechselstuben** und **Bankautomaten** in den von den Touristen üblicherweise aufgesuchten Vierteln. Vor Geldwechsel auf der Straße wird ausdrücklich gewarnt.

Die öffentlichen Verkehrsmittel sind so teuer wie in Wien oder Berlin, für Vielfahrer lohnt sich die Tageskarte (derzeit rund 1400 HUF) oder die Budapest Card (s.o.). Einige Strecken sind unter touristischen Gesichtspunkten besonders attraktiv:

Die Straßenbahnlinie 2/2A fährt vom Palast der Künste südlich des Pester Zentrums immer am Pester Ufer entlang und endet bei der Margaretenbrücke.

Die Straßenbahnlinien 4 und 6 folgen zwischen Petőfi-Brücke und Margaretenbrücke immer dem Großen Ring.

Die Straßenbahnlinie 19 verkehrt zwischen Batthyány tér und Freiheitsbrücke stets am Budaer Ufer entlang.

Die Straßenbahnlinien 47 und 49 fahren vom Deák tér immer den kleinen Ring entlang und über die Freiheitsbrücke zum Gellértkomplex.

Besonders viele Lokale finden sich in der südlichen **Váci utca** und am **Liszt Ferenc tér** (viel junges Publikum) sowie an der verkehrsberuhigten **Raday u.** östlich der großen Markthalle. Sehr stimmungsvoll besonders am Abend sind die Lokale am **Donaukorso**; oft hat man hier einen zauberhaften Blick auf die beleuchteten Brücken und den ebenso angestrahlten Burgberg.

Traditionalisten sei ein Besuch der Café-Konditoreien **Gerbeaud** (am Vörösmarty tér) und **Ruszwurm** (Szentháromság tér auf dem Burgberg) empfohlen.

Alles Landestypische aus dem kulinarischen Bereich und auch Stickereien, Trachten u. dgl. findet man in der großen **Markthalle** an der Freiheitsbrücke, ebenso in der Váci utca, so z.B. im **Folkart Centrum** (Nr. 58). Auf dem Burgberg hat **Hungaricum** (Fortuna utca 1) ein ähnliches Angebot.

Einige der in jüngerer Zeit eröffneten Museen und Gedenkstätten liegen deutlich außerhalb des Zentrums: der **Skulpturenpark**, das **Holocaust-Museum**, der **Palast der Künste** mit der Sammlung Ludwig und dem Nationaltheater. Anfahrt vom Pester Zentrum mit der Tram 2/2A, weitere Informationen zu Öffnungszeiten und Fahrverbindungen über das Touristenbüro.

Zwischen Budapest und kroatischer Grenze

Nach Süden hin, jenseits der letzten innerstädtischen Brücke, geht die Budapester Stadtlandschaft rasch in ein schmuckloses Nebeneinander von Wohnvierteln und ausgedehnten Gewerbe- und Industrieanlagen über.

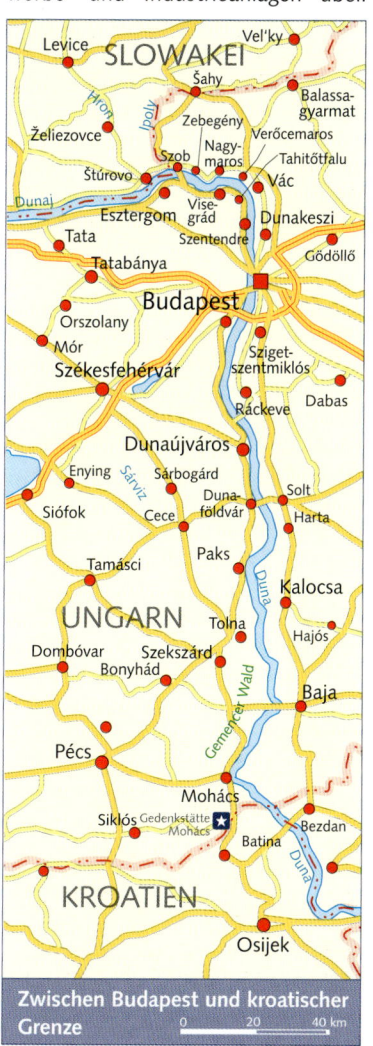

Zwischen Budapest und kroatischer Grenze

0   20   40 km

Noch im Stadtgebiet zweigt östlich des Hauptstroms ein kleiner Seitenarm ab, diese beiden Arme bilden die Insel Csepel. Sie ist vor allem wegen der Eisen- und Metallwerke von Bedeutung und wegen des modernen Freihafens, der zu den größten Häfen an der Donau zählt. Die nördliche Spitze der Insel gehört noch zum Stadtgebiet, der größere Teil liegt außerhalb.

Die Donau fließt nun ruhig als breiter, behäbiger Strom fast genau nach Süden und behält diese Richtung bis zur kroatischen Grenze bei. An den Flussufern sind zwischen Budapest und Mohács ab und an einzelne Häuser oder kleine Häusergruppen auszumachen, mittelgroße Orte sind selten und werden schnell passiert.

Zwar wurden die früher prägenden Auen zu großen Teilen in landwirtschaftliches Nutzland umgewandelt, die Donau durchmisst aber durchgängig unbegradigt in sanften Schwüngen die Ungarische Tiefebene. Die Landschaft auf beiden Seiten ist flach, ab und an säumen niedrige Hügel die Ufer – die Strecke südlich von Budapest bildet einen deutlichen Kontrast zur dramatischen Kulisse des Donauknies.

Dunaújváros

Kurz nachdem Csepel passiert ist, etwa 70 Kilometer hinter Budapest, ist am rechten Ufer Dunaújváros auszumachen. Auch diese Ortschaft war bereits seit der Römerzeit besiedelt und vor 1949 ein Dorf.

Dunaújváros sollte wenige Jahre nach Ende des Zweiten Weltkriegs die ›erste sozialistische Stadt Ungarns‹ werden. Und so entstand, wie etwa Eisenhüttenstadt in der DDR, eine Siedlung

Beschaulichkeit zwischen Budapest und Dunaújváros

vom Reißbrett nach sowjetischem Vorbild. Ihr Herzstück war ein riesiges Stahl- und Eisenkombinat, um das herum die Wohnsiedlungen gruppiert wurden. Die Architektur der Wohnblocks orientierte sich am sogenannten Zuckerbäckerstil, der heute im Gegensatz etwa zu den später entstandenen anspruchslosen Plattenbauten nicht nur von Architekturinteressierten als qualitätsvolle städtebauliche Variante empfunden wird. Der erste Name der Stadt war Sztalinváros (Stalinstadt), in der Chruschtschow-Ära wurde dann die Umbenennung zu dem noch heute gültigen Namen vorgenommen: Dunaújváros (Donauneustadt). Als Treppenwitz der Geschichte darf gelten, dass ausgerechnet in der Vorzeigestadt nach Vorbild des großen Bruders der Widerstand gegen die sowjetischen Panzer 1956 am erbittertsten war.

Jahrzehntelang war die Stadt allein auf das Stahlwerk ausgerichtet; längst aber haben sich moderne Industrie-

werke angesiedelt, die neben der 1953 gegründeten Hochschule stadtbildprägend sind. Anfangs konnten die Studierenden nur Abschlüsse in Metalltechnik und verwandten Fächern ablegen, heute auch in sozial- und geisteswissenschaftlichen Studiengängen.

Die elegante Brücke über die Donau wurde 2007 dem Verkehr übergeben.

Dunaföldvár, Harta und Paks

Hauptsehenswürdigkeit in **Dunaföldvár**, am rechten Ufer der Donau gelegen und vom Fluss aus sichtbar, ist der quadratische Festungsturm. Er entstand in der Türkenzeit und wird umgangssprachlich auch **Türkenturm** genannt. Ihm angegliedert ist ein kleines **Waffenmuseum**. Die Besucher haben von dort einen weiten Blick über die Donau. Sehenswert sind ebenfalls zwei **Barockkirchen**. Der Ort war bereits von den Kelten und den Römern besiedelt. Heute liegt seine Bedeutung im Obst- und Weinanbau und in der vielbefahrenen Autobrücke, die hier die Donau quert.

Karte S. 229

Auf der anderen Seite, etwas vom Ufer entfernt, liegt **Solt**. Der kleine Ort ist nicht von Bedeutung und kann auch kein touristisches Interesse für sich beanspruchen. Manche Kreuzfahrttouristen machen aber Bekanntschaft mit ihm, weil hier manchmal die Ausflüge in die Puszta starten.

Harta, rund 20 Kilometer weiter, liegt etwas vom linken Ufer zurückgesetzt und ist vor allem wegen des aufragenden Kirchturms auszumachen. Der Ort ist ein typisches Beispiel für die zahlreichen Dörfer, die von Donauschwaben nach Ende der Türkenzeit gegründet wurden. Maria Theresia initiierte zahlreiche Neugründungen, um das ausgezehrte Land wiederzubeleben. Heute gilt Harta als das Gegenstück zum industriellen Dunaújváros.

Paks, etwas weiter stromabwärts am rechten Ufer gelegen, ist erwähnenswert wegen einer ungewöhnlichen Kombination. Hier stehen das einzige **Atomkraftwerk** Ungarns und zugleich die 1990 eingeweihte dreitürmige **Heiliggeistkirche** des Architekten Imre Makovecz. Er war lange Zeit sehr umstritten, gilt heute aber als der wohl angesehenste zeitgenössische Architekt Ungarns, der eine ganze Reihe von jungen Architekten beeinflusste.

Kalocsa

Kalocsa ist von der Donau aus nicht zu sehen, lediglich der recht groß dimensionierte Schiffsanleger verweist auf die Existenz einer Ortschaft. Sie wurde bei ihrer Gründung im 11. Jahrhundert zwar am Strom angelegt, der aber änderte infolge von Regulierungsarbeiten seinen Lauf erheblich, und so liegt die Kleinstadt heute etwa sechs Kilometer von der Donau entfernt leicht erhöht auf einem Plateau.

Hier ist die Landwirtschaft noch von großer wirtschaftlicher Bedeutung, und da in der Gegend seit dem 19. Jahrhundert ausgedehnte Paprikafelder vorherrschen, wird Kalocsa auch oft die ›Paprikahauptstadt‹ Ungarns genannt. Die Paprikamühle ist der mit Abstand wichtigste Arbeitgeber am Ort. Von den 4500 Tonnen, die hier jährlich verarbeitet werden, geht die Hälfte in den Export. Die Früchte kommen aus den Dörfern in der Region. Dort wird der empfindliche Paprika fast durchgängig noch immer von Hand geerntet. Wer im Spätsommer über das Land fährt, erlebt geradezu glühende Felder und zum Ende der Paprikaernte in vielen Dörfern farbenfrohe Umzüge, Konzerte und Kochwettbewerbe für Paprikaspeisen.

Berühmt ist Kalocsa wegen seiner ›malenden Frauen‹. Seit gut einem Jahrhundert werden die Stickereien und Wandmalereien angefertigt, die vor allem florale Motive variieren. Sie finden sich auf Haushaltsgegenständen, Innen- und Außenwänden und sind in dieser Form einzigartig. Die Keramiken,

Eingang zum Erzbischöflichen Palais

Möbel und anderen Gegenstände sind weit über die Grenzen der Stadt hinaus bekannt, und einige Vertreterinnen dieser Volkskunst wurden beispielsweise zur EXPO 2000 nach Hannover eingeladen.

Im Rahmen einer Besichtigung Kalocsas wird fast immer ein etwas außerhalb gelegenes Bauerngehöft aufgesucht, wo dann eine Reiterdarbietung stattfindet. Sie hat mit heutigen Lebensformen nichts mehr zu tun, verweist aber auf die Traditionen der Pußta, in der Kalocsa liegt.

Sehenswürdigkeiten

Kalocsa hat einen gepflegten barocken Siedlungskern, eine Hauptstraße und eine kleine Fußgängerzone mit einigen Geschäften, ein Rathaus, Galerien und Museen. Trotz seiner rund 18 000 Einwohner wirkt es eher wie ein großes Dorf.

Umso augenfälliger ist der Kontrast zu den beiden Bauten, die einige Gehminuten entfernt am westlichen Ende der Hauptstraße zu finden sind, dort wo sie auf den Szentháromság tér (Dreifaltigkeitsplatz) mündet. Die Ka-

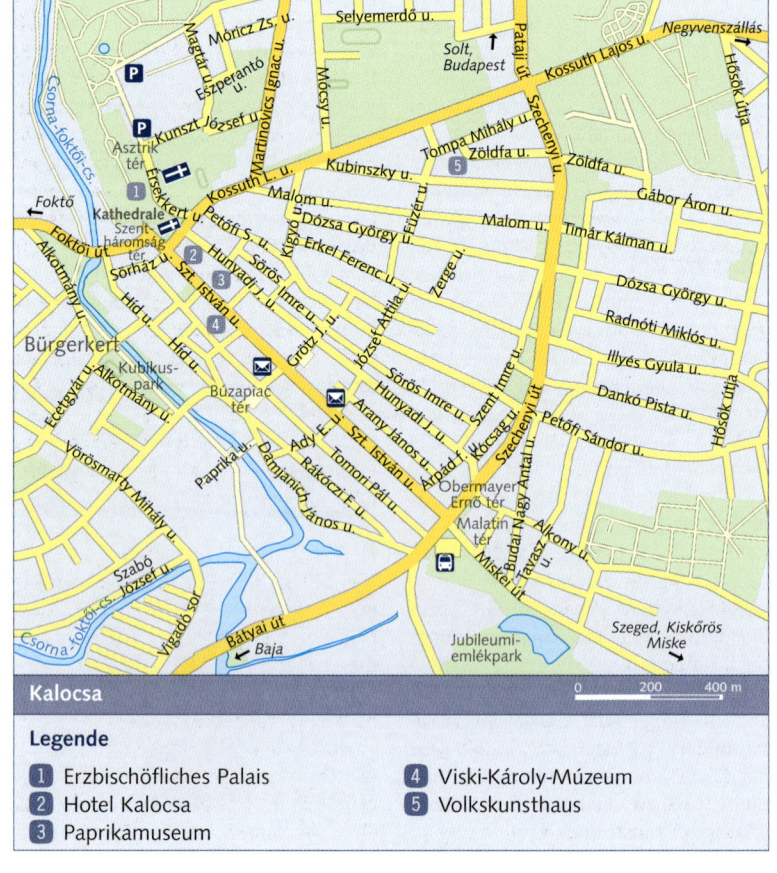

Kalocsa

Legende

1. Erzbischöfliches Palais
2. Hotel Kalocsa
3. Paprikamuseum
4. Viski-Károly-Múzeum
5. Volkskunsthaus

thedrale und das dahinterliegende Gebäude wirken überaus weltläufig.

■ Am Szentháromság tér

Die **Kathedrale**, eine ausgewogene Komposition in Ocker und Beige, wurde 1754 geweiht, war aber bereits der vierte Sakralbau an dieser Stelle. Bereits seit 1040 zierte den Platz eine romanische Basilika. Sie wurde im 13. Jahrhundert zerstört, ebenso wie ihre beiden Nachfolgerbauten. Auch der jetzige Bau kam nicht unbeschädigt über die Zeiten, ein Brand im Jahr 1816 richtete ernste Schäden an.

Der Eingang befindet sich auf der zweitürmigen Westseite. Eindrucksvoller noch als das Äußere ist das Innere. Eine grundlegende Renovierung fand in den 1980er Jahren statt, dabei versuchte man dem Zustand von 1179 möglichst nahe zu kommen. Das Innere folgt zweifellos den Vorstellungen, wie sie das italienische Barock entwickelt hat. Beeindruckend ist aber, wie filigran, fast dezent, die Inneneinrichtung wirkt. Anders als in vielen anderen Barockkirchen aus dieser Zeit verzichteten die Baumeister auf überbordende Schmuckelemente und die Zurschaustellung wertvoller Materialien. Die klangstarke Orgel wurde im 19. Jahrhundert von Franz Liszt eingeweiht, der sich öfter in Kalocsa aufhielt. Ein kleines Denkmal für ihn steht außerhalb der Kathedrale.

In der **Krypta** finden sich einige Bischofsgräber – das älteste aus dem 13. Jahrhundert –, von einem Seiteneingang aus erreicht man eine kleine, aber wertvolle **Ausstellung der Erzbischöflichen Schatzkammer** mit gut hundert Exponaten. Hier werden vor allem Messgewänder, Kelche und andere liturgische Instrumente aufbewahrt.

Neben der Kirche befinden sich die **Dreifaltigkeitssäule** und das **Erzbischöfliche Palais**. Das Erzbistum wurde in Kalocsa im Jahr 1002 begründet, seitdem besteht es durchgängig. Das heutige Palais ist auf den Grundmauern der mittelalterlichen Bischofsburg errichtet und 1776 fertiggestellt worden. Es ist ebenfalls ein gutes Beispiel für einen nicht allzu ausladenden italienischen Barockstil, und auch hier ist das Innere beeindruckender als die Außenfassade. Sehenswert sind die Deckenmalereien und die Fresken, von großem Wert und weltberühmt die **Bibliothek**. Sie umfasst rund 140 000 Bände, darunter zahlreiche Codices und Wiegendrucke, zu denen rund 500 Erstlingsdrucke gehören, sowie eine von Martin Luther handsignierte Bibel von 1519. Kalocsa ist noch heute Sitz eines Bischofs, das Nonnenkloster und das Priesterseminar in der Nähe des Palais werden aber nicht mehr im urspünglichen Sinn genutzt.

Ein weiterer Prachtbau komplettiert das barocke Ensemble am Platz. Er entstand um 1750 als Haus der Verwalters der erzbischöflichen Güter. Das Gebäude wurde 2005 sehr sorgsam restauriert, und so ist das **Hotel Kalocsa**, das vornehmste Haus der Stadt, hier angemessen untergebracht.

■ Entlang der Hauptstraße

Das bestbesuchte Museum der Stadt liegt im zweiten Stock eines Barockhauses in der Szent István király utca, der Hauptstraße (Nr. 6). Es ist das **Paprikamuseum**, das mit seinen historischen Gerätschaften unter dem Dach einen Hauch von Bauernhof verbreitet. Dort erfährt man alles Wissenswerte über Anbau und Verarbeitung, über die verschiedenen Sorten, den grundlegenden Unterschied zwischen Gemüse- und Gewürzpaprika und die Tradition. Erwähnt wird der Paprika erstmals 1729 in einer Urkunde des Erzbischöflichen Archivs, von 1748 an steht er regelmäßig in Rechnungen des Erzbischöflichen Herrschaftsguts, seit dem 19. Jahrhundert wird er in großem Stil angebaut. Da von Anfang an Kalocsa das Zentrum des ungarischen Paprikaanbaus war, richtete das Landwirtschaftsministerium konsequenterweise auch 1917 die Anstalt für Paprikaforschung und chemische Analyse in Kalocsa ein.

Das **Viski-Károly-Múzeum** in der gleichen Straße (Nr. 25), benannt nach dem Ethnographen Károly Viski, präsentiert Volkskunst, frühgeschichtliche Funde, bäuerliche Arbeitsgeräte, eine numismatische sowie eine Gesteinssammlung.

Folgt man der Hauptstraße weiter nach Süden, gelangt man in den Teil, der seit dem Jahr 2000 als **Fußgängerzone** gestaltet ist. Ein kleiner Brunnen, Blumenrabatten und Bäume schmücken ihn, hier finden sich auf den gut 100 Metern einige schöne Bürgerhäuser und sieben Skulpturen, die die wichtigsten der bislang 99 Bischöfe darstellen. Einige Lokale in diesem Abschnitt bieten sich für eine Einkehr an.

■ **Volkskunsthaus**

Etwas außerhalb des Zentrums liegt das Volkskunsthaus. Das ist ein schilfgedecktes Bauernhaus mit Laubengang, das unter Verwendung von Originalinterieurs als Museumshaus eingerichtet wurde. Im Nachbargebäude ist ein Laden untergebracht, in dem Keramik und mit den typischen Stickereiarbeiten geschmückte Kleidung, Bett- und Tischwäsche angeboten wird. Im Museumshaus selbst ist zu sehen, dass dies keinesfalls Kunsthandwerk nur für Touristen ist. Dort finden sich die typisch floralen Muster nicht nur auf den Möbeln, sondern auch auf den Wänden. Man versteht, warum die Folklorekunst als ›Kunst des Lichts‹ gerühmt wird. Eindrucksvoll ist dieses Formen- und Farbenspiel auch im klei-

Karte S. 232

▲ *Florale Malerei im Volkskunsthaus*

nen Bahnhof zu erleben, der allerdings einige Kilometer entfernt liegt, und in einer Csarda direkt neben dem Schiffsanleger.

Hajós

Der keine Ort Hajós liegt rund 20 Kilometer südlich von Kalocsa und auch einige Kilometer von der Donau entfernt. Dennoch führen Landausflüge ab und zu Kreuzfahrttouristen hierher. Sie kommen nicht wegen der früheren erzbischöflichen Sommerresidenz – das Dorf gehörte lange zum Besitz des Erzbischofs in Kalocsa –, sondern wegen des hier angebauten Rotweins.

Die Entwicklung des Dorfes ist wie die so vieler Orte in dieser Region mit den deutschen Zuwanderern verknüpft, die unter Maria Theresia ins Land kamen. Sie brachten aus ihrer schwäbischen Heimat den Weinanbau mit, für den Hajós heute so berühmt ist. Entlang der wenigen Gassen reihen sich über 1000 **Weinkeller** aneinander – eine einzigartige Dichte.

Die Besucher zieht es dorthin, zu Verkostung und Direktverkauf – und womöglich auch in das **Weinmuseum** des Ortes.

Weinkeller in Hajós

Baja und der Gemencer Wald

Die kleine Stadt Baja am linken Donauufer ist als lokaler Verkehrsknotenpunkt und Standort von Möbel- und Lebensmittelindustrie von Bedeutung. Auch die Landwirtschaft und der Weinanbau spielen eine Rolle.

Prägend ist die Lage an verschiedenen Armen der Donau, und es ist wohl kein Zufall, dass die ansonsten recht unbekannte Stadt einen skurrilen Rekord hält, der ihr einen dauerhaften Platz im Guinness-Buch der Rekorde beschert: Jedes Jahr, stets am zweiten Samstag im Juli, wird im Rahmen eines Stadtfestes Fischsuppe gleichzeitig in über 2000 Kesseln auf offenem Feuer gekocht – eine beachtliche Leistung bei nur 40 000 Einwohnern. Passend dazu gibt es im Ort ein **Fischereimuseum**, das sich allein der Donaufischerei widmet.

Das heutige Bild des Stadtkerns, dem eine gewisse nostalgische Kleinstadtatmosphäre innewohnt, stammt aus der zweiten Hälfte des 19. Jahrhunderts. Baja kam im 19. Jahrhundert als Handelsstadt zu einigem Wohlstand. Davon zeugen die reichverzierten Gebäude im Zentrum, darunter viele Bürgerhäuser. Sein Hauptplatz orientiert sich zum Nebenfluss der Donau, der Sugovica, am Hauptstrom liegen die Kai- und Verladeanlagen.

Baja gegenüber erstreckt sich der **Gemencer Wald**, seit 1996 Teil des Nationalparks Donau-Drava, der sich bis zur kroatischen Grenze zieht. Hier verästelt sich die Donau in ein Gewirr von Seiten- und Totarmen und schafft ein Überschwemmungsgebiet mit einer Fläche von etwa hundert Quadratkilometern, das den größten Auenwald Ungarns bildet. Er gibt eine Vorstellung davon, welchen Charakter die Landschaften entlang der Donau ursprünglich hatten. Wenn der Fluss im südlichen Ungarn auch nicht so sichtbar kanalisiert ist wie auf anderen Teilabschnitten, so hat doch der Mensch fast überall eingegriffen und vor allem die Seitenarme und Auwälder reguliert, der landwirtschaftlichen Nutzung zugeführt und damit weitgehend zum Verschwinden gebracht.

Der Gemencer Wald ist das größte ungarische Wildreservat und dient vielen, auch seltenen, Tierarten als Rückzugsgebiet. Nur bestimmte Teile des Nationalparks sind für Besichtigungen freigegeben, man unternimmt sie am besten per Boot oder mit der Kleinspurbahn. Der Startpunkt für die Bahntour liegt nahe der Kleinstadt Szekszárd am Nordrand des Naturschutzgebietes, hier befindet sich auch ein Informationszentrum.

Mohács

Der Name des Ortes steht für den schwärzesten Tag der ungarischen Geschichte. Am 29. August 1526 erlitt in der Schlacht von Mohács das zahlen-

Die Kirche zum Gedenken an die Schlacht

Schilder am Bürgermeisteramt in Mohács

mäßig hoffnungslos unterlegene und zudem schlecht ausgerüstete und hastig zusammengewürfelte ungarische Heer gegen die nach Norden drängenden Osmanen eine vernichtende Niederlage. 20 000 Soldaten fielen allein auf ungarischer Seite, der Großteil der Adligen und auch König Ludwig II. Er starb auf der Flucht, als er in dem kleinen Bach Csele mit seinem Pferd stürzte und von ihm zerquetscht wurde. Der Weg nach Norden war für die Türken frei. 150 Jahre herrschten nun die Osmanen, und erst fast 400 Jahre später erhielt Ungarn seine völlige Souveränität zurück.

Nach dem Ende der Türkenherrschaft war das südliche Ungarn verwüstet und weitgehend entvölkert. Durch gezielte Ansiedlungen kamen vor allem Deutsche, Kroaten und Serben, die seitdem recht friedlich mit den Ungarn in dieser Region lebten. Die mehrsprachigen Ortsschilder zeigen, dass dieses Neben- und Miteinander auch heute noch funktioniert. Dabei hat sich die Zusammensetzung der Bevölkerung stark verändert. Mohács hieß lange Mohatsch und war von den Donauschwaben geprägt. Lebten bis 1945 etwa 800 000 Deutschstämmige in Ungarn, waren es wenige Jahre später nur noch 200 000. Mohács selbst hat rund 20 000 Einwohner, wovon sich noch rund 3000 als Deutsche bezeichnen.

Überregional bekannt ist die Stadt auch wegen des Faschingsumzugs Busójárás, der stets im Februar abgehalten wird. Mit furchteinflößenden Masken vertreiben die Teilnehmer den Winter und die bösen Geister. Man nimmt an, dass mit diesem Brauch ursprünglich die Türken symbolisch vertrieben wurden.

Mohács ist der südlichste ungarische Donauhafen, er liegt am Flusskilometer 1447 und damit fast in der geographischen Mitte der 2888 Kilometer langen Donau. Die Kreuzfahrtschiffe legen zur Erledigung der Grenzformalitäten hier an oder um die Passagiere auf den Landausflug nach Pécs zu entlassen.

■ **Sehenswürdigkeiten**

Die Stadt wirkt stets etwas verschlafen, ist überschaubar und touristisch nicht sonderlich attraktiv. Einige Profan- und Sakralbauten aber verraten etwas von der multiethnischen Zusammensetzung der Bevölkerung, die prägend für die Stadt war und ist. Die Orientierung ist einfach: Vom Schiffsanleger verläuft die Szabadság u., die Hauptstraße, schnurgerade nach Westen, bis sie am Deak tér auf das Kriegerdenkmal stößt. Die Sehenswürdigkeiten befinden sich direkt an dieser Straße oder in fußläufiger Nähe.

Am Hauptplatz (Széchenyi tér) wurde 1926, zum 400. Jahrestag der denkwürdigen Schlacht, die **Gedächtniskirche** (Votivkirche) errichtet. Sie ist nicht nur erstaunlich groß – 3600 Gläubige finden Platz –, sondern vor allem als symbolische Leistung des ganzes Landes bemerkenswert. Um den nationalen Zusammenhalt zu bezeugen, gaben für ihren Bau die 3000 Gemeinden, 52 Städte und 25 Höfe der einzelnen Komitate je ein Kilogramm Erde, das für das Fundament verbaut wurde. Bemerkenswert ist die Gestaltung der katholischen Kirche in Anlehnung an die maurisch-byzantinische Formensprache. Dazu passend präsentiert sich das 1927 fertiggestellte **Rathaus** schräg gegenüber ebenfalls im maurischen Stil.

Die Synagoge an der Eötvös u. ist nicht mehr erhalten. An ihrer Stelle steht ein **Denkmal** mit Inschriften in ungarischer und hebräischer Sprache, das an die jüdischen Opfer des Faschismus erinnert.

Der höchste Kirchturm der Stadt gehört zur 1732 bis 1738 errichteten **serbisch-orthodoxen Kirche**. Sie ist außen schlicht, bemerkenswert sind die Ikone der Gottesmutter und die schöne hölzerne Ikonostas im Innern. Die Kirche ist meist verschlossen, den Schlüssel können sich Besucher bei der Familie leihen, die im an den Kirchhof angrenzenden Haus lebt. Ebenso von schlichter Schönheit ist die **katholische Stadtkirche** (1776), besonders sehenswert ihre Kanzel.

Das **Dorottya-Kanizsai-Museum** ist auf zwei Standorte verteilt. In dem einen thematisiert es die Volkskunst der Region, in dem anderen die Schlacht von 1526.

■ **Gedenkstätte Mohács**

Weitaus eindrucksvoller als der Ort ist ein Besuch der etwa sieben Kilometer außerhalb in Richtung Sátorhely gele-

Mohács

0   75   150 m

Legende

1 Gedächtniskirche
2 Rathaus
3 Denkmal im Hof der ehemaligen Synagoge

4 Serbisch-orthodoxe Kirche
5 Katholische Stadtkirche
6 a/b Dorottya-Kanizsai-Museum

genen Gedenkstätte. Die Gittertore des Eisentores am Eingang erinnern an die Knochen der Gefallenen, die Steinrose symbolisiert das nach der Niederlage in drei Teile zerlegte Land, zahlreiche Künstler schufen die 120 Holzpfähle, die an die Toten erinnern. 10 000 Eiben sind auf den Massengräbern gepflanzt, eine kriegsgeschichtliche und eine archäologische Ausstellung gehören auch zum weitläufigen Areal. Der sogenannte ›Gedächtnispark‹ wurde im Jahr 1976, zum 450. Jahrestag der in Ungarn bis heute unvergessenen Schlacht, eingeweiht.

Für die Teilnehmer einer Kreuzfahrt, die am Busausflug nach Pécs nicht teilnehmen wollen und die einen halben Tag in Mohács – berechtigterweise – für zu langweilig halten, ist der Besuch dieser Gedenkstätte unbedingt empfehlenswert. Der einfachste Weg dorthin ist der mit einem Taxi; weitere Informationen kann man im Touristenbüro der Stadt Mohács am Szentháromság tér bekommen.

Pécs

Pécs liegt an den Südhängen des Mecsek-Gebirges, wird dadurch vor den kalten Nordwinden geschützt und besitzt ein sonnenreiches, mildes Klima. Die Region eignet sich vorzüglich für den Wein- und Obstanbau, selbst Feigen und Mandeln gedeihen hier. Das historische Zentrum ist von den vielen schmalen, unregelmäßigen Gassen geprägt, die sich auf einige Plätze öffnen. Das Leben spielt sich in Pécs viel im Freien ab. Bei all diesen Vorzügen ist es kein Wunder, dass als Hauptcharakteristikum der Stadt immer wieder ihr mediterranes Flair genannt wird. Gleichzeitig ist es eine sehr lebendige Stadt, wozu nicht zuletzt die Studenten unter den rund 160 000 Einwohnern beitragen.

Pécs hat zahlreiche Zeugnisse seiner bewegten Geschichte aufzuweisen. Einzigartig ist die Fülle frühchristlicher Grabstätten, und nirgendwo sonst in Ungarn haben sich so viele Bauwerke aus osmanischer Zeit erhalten. Dazu kommt die pittoreske Hanglage der Stadt, die eindrucksvolle Kulisse der dahinter aufragenden Berge und die große Zahl an gut ausgestatteten Museen – Pécs gehört zu den sehenswertesten Städten in Ungarn.

Geschichte

Schon die Kelten legten an dieser Stelle ein Dorf an, die kontinuierliche Siedlungsgeschichte begann dann mit den Römern. Sie gründeten 107 vor unserer Zeitrechnung eine Siedlung und nannten sie Sopianae. Der Ort avancierte später zum Handels- und Verwaltungszentrum Unterpannoniens, und die Römer brachten auch das Christentum in diese Region.

Nach der Vertreibung der Römer waren die Hunnen hier, dann die Ostgoten, Langobarden und Awaren. Die ersten

Wahrzeichen der Stadt Pécs: der Petersdom

Auf der Mittleren Donau

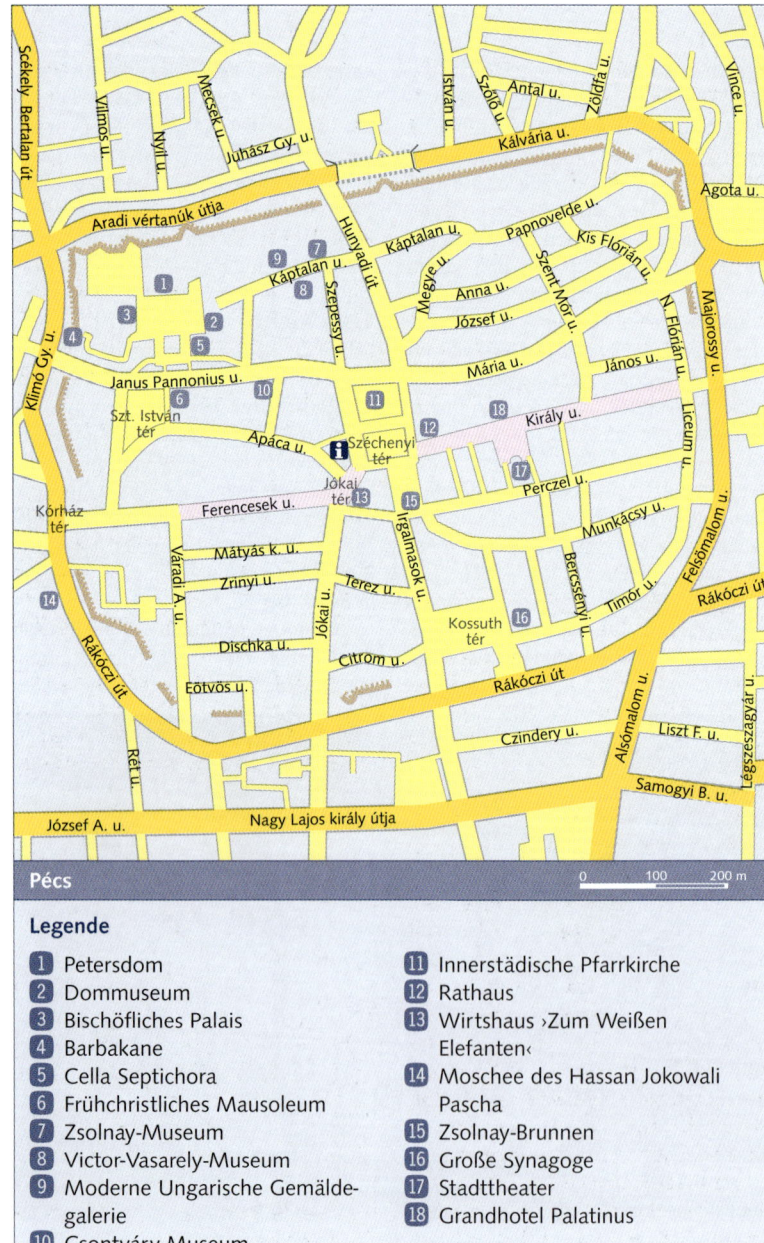

Pécs

0   100   200 m

Legende

1 Petersdom
2 Dommuseum
3 Bischöfliches Palais
4 Barbakane
5 Cella Septichora
6 Frühchristliches Mausoleum
7 Zsolnay-Museum
8 Victor-Vasarely-Museum
9 Moderne Ungarische Gemäldegalerie
10 Csontváry-Museum

11 Innerstädische Pfarrkirche
12 Rathaus
13 Wirtshaus ›Zum Weißen
   Elefanten‹
14 Moschee des Hassan Jokowali
   Pascha
15 Zsolnay-Brunnen
16 Große Synagoge
17 Stadttheater
18 Grandhotel Palatinus

Ungarn kamen um 899 in die Region. Im Jahr 1009 begründete der ungarische König Stephan das Bistum Pécs. In dieser Zeit besaß der Ort fünf christliche Kirchen und wurde in einer Urkunde Quinque Basilicae genannt. Der alte deutsche Name Fünfkirchen rührt daher.

Nach dem Einfall der Mongolen im 13. Jahrhundert wurde die Stadt wieder aufgebaut, und im Jahr 1367 die erste Universität Ungarns – und erst die fünfte in Europa – hier eingerichtet. Pécs wurde zu einem geistigen und kulturellen Zentrum weit über die Grenzen Ungarns hinaus.

In osmanischer Zeit – zwischen 1543 und 1686 – war Pécs Verwaltungszentrum und Sitz eines Militärdistrikts, eine lebendige Stadt mit zehn Moscheen und vielen anderen öffentlichen Gebäuden. Die meisten von ihnen sind allerdings nach der Rückeroberung durch die Christen zerstört worden. Nach Vertreibung der Osmanen wohnten nur wenige Menschen hier, weitere Opfer forderte um 1710 eine Pestwelle.

Durch gezielte Anwanderung kamen danach in großer Zahl deutschsprachige Siedler, die nun mit Ungarn, Slawen, einigen Griechen und einigen wenigen verbliebenen Osmanen zusammen lebten; bis 1945 war Pécs ein Zentrum der sogenannten Donauschwaben. Ein erster wirtschaftlicher Aufschwung setzte dank einiger Privilegien unter Maria Theresia ein, ein zweiter im 19. Jahrhundert, als in der Nähe die – mittlerweile stillgelegte – Kohleförderung begann. Pécs wurde auch zu einem wichtigen Industriestandort.

Heute prägen daneben die Studenten der Universität, die Zsolnay-Manufaktur, die Winzer und Obstbauern das Leben in der Stadt. Unter anderem wegen des reichen kulturellen Erbes wurde Pécs, neben Essen und Istanbul, zur Kulturhauptstadt Europas 2010 gewählt.

Ein Stadtrundgang

Ein Spaziergang durch Pécs ist eine angenehme Sache. Das in etwa quadratische, von einem Stadtring begrenzte Zentrum ist überschaubar und weitgehend als Fußgängerzone gestaltet. An den Gassen finden sich zahlreiche Lokale, und die stimmungsvollen Plätze fungieren als Treffpunkte und Mittelpunkte des öffentlichen Lebens.

■ Petersdom

Herausragendes Bauwerk im Wortsinn ist der Petersdom. Er erhebt sich am höchsten Punkt der Altstadt über die Dächer von Pécs, und seine vier auffälligen Ecktürme recken sich gen Himmel.

Nicht nur die Ausmaße des Doms – 77 Meter lang und 23 Meter breit – sind beeindruckend, sondern auch seine Geschichte, die sich bei genauerem Hin-

In der Krypta des Doms

schauen noch an einzelnen Details ablesen lässt. 1064 vernichtete ein Brand eine christliche Kirche an dieser Stelle. Vermutungen besagen, dass hier wohl schon in spätrömischer Zeit eine erste christliche Kirche gestanden hat. Nach der Brandkatastrophe wurde mit dem Bau einer neuen Kirche begonnen, die Arbeiten dauerten mehrere Jahrzehnte. In den kommenden Jahrhunderten gab es immer wieder Um- und Anbauten, aber wohl von Anfang an besaß der Bau seine auffälligen vier Ecktürme. Das heutige Aussehen geht einerseits auf die Zeit zwischen 1800 und 1830 zurück, als eine zweite Fassade vorgesetzt wurde, andererseits auf die Jahre zwischen 1882 und 1891, als der Dom unter der Leitung des Wiener Baumeisters Friedrich Schmidt neobarock umgestaltet wurde. An der Innengestaltung waren namhafte ungarische Künstler beteiligt, unter anderem Bertalan Szekely und Károly Kotz.

Besonders sehenswert sind die romanische, fünfschiffige **Krypta** – der älteste erhaltene Teil des Doms – und der **Renaissance-Altar** von 1507, der aus rotem Marmor gearbeitet ist. Er steht in der Corpus-Christi-Kapelle, die sich unter dem südwestlichen Turm befindet. Überhaupt sind besonders die **vier Kapellen** unterhalb der vier Türme sehenswert. Das **Hauptschiff** beeindruckt mit reichen Verzierungen und einem erhöhten Hochaltar.

■ Domplatz

Die östliche Seite des Domplatzes (Dóm tér) schmückt das frühere Domstift, heute das **Dommuseum** und Pfarramt, die westliche das **Bischöfliche Palais** im Neorenaissancekleid. Von einem Balkon dieses Palais blickt – als Statue – Franz Liszt (Imre Varga, 1983) auf den Platz, etwas weiter ist der bronzene János Pannonius im Garten (1972) zu sehen. Pannonius (1434–1472) ist der wohl bekannteste Bischof in der langen Reihe der Bischöfe, ein berühmter Humanist, der neben theologischen auch eine Reihe von weltlichen Dichtungen verfasste, die noch heute in Ungarn gelesen werden.

Ganz in der Nähe befindet sich die in den 1970er Jahren restaurierte **Barbakane** (Rundbastei). Das ist ein Rest der alten Befestigung, die im 15. Jahrhundert angelegt wurde, um den Dombezirk zu schützen. Die nördlichen und westlichen Teile der Stadtmauer sind noch erhalten, die südlichen wurden in der Neuzeit abgetragen; sie verliefen etwa entlang der heutigen Janus Pannonius utca.

An und in der Nähe von Dóm tér und Szent István tér befindet sich ein Komplex aus Grabkapellen und **Grabkammern aus spätrömischer Zeit**, der zu den bedeutendsten Zeugnissen der frühchristlichen Kultur in Ungarn gehört und seit dem Jahr 2000 auf der UNESCO-Liste des Weltkulturerbes steht. Seit dem Frühjahr 2007 sind einige dieser unterirdischen archäologischen Ausgrabungen zum **Besucherzentrum Cella Septichora** zusammengeschlossen und können in einem Rundgang besichtigt werden. Beeindruckend sind die erhaltenen Wandmalereien, die etwa zur Namensgebung ›Grabkammer mit dem Krug‹ führten. Der Eingang zum Komplex liegt an der südöstlichen Seite des Dóm tér.

An der südlichen Seite des Platzes befindet sich das **frühchristliche Mausoleum**. Die Grundmauern der Basilika sind erhalten, eine Treppe erlaubt den Zugang zu den darunter liegenden Grabkammern. Weitere Funde dieser

Art können ganz in der Nähe, in der Apáca utca 8 und 14, besichtigt werden: Friedhofskapelle, Doppelgrab und Grabkammer.

Dóm tér und Szent István ér sind aber nicht nur wegen der Funde einen Besuch wert. Sie werden von alten Bäumen begrünt und bieten sich für einen Aufenthalt im Schatten gerade im Hochsommer an.

■ Káptalan utca

Ein Durchgang an der Ostseite des Dóm tér führt zur Káptalan utca. An dieser schönen Straße haben sich die niedrigen ehemaligen **Domherrenhäuser** erhalten, und heute ist die Straße die Museumsmeile von Pécs.

Das Haus Nr. 2 wurde 1324 erstmals urkundlich erwähnt und ist damit das älteste erhaltene Wohnhaus der Stadt. Gotische Elemente aus dieser Zeit haben sich ebenso erhalten wie Details aus Renaissance und Barock aus spä-

teren Um- und Anbauphasen. In dem Haus sind zwei ständige Ausstellungen untergebracht: die **Kunstgewerbliche Abteilung des Janus-Pannonius-Museums** im Erdgeschoss und im Obergeschoss das bekannte **Zsolnay-Museum** mit Beispielen aus der hiesigen Keramik- und Porzellanmanufaktur. Die Firma Zsolnay wurde 1853 in Pécs gegründet und war jahrzehntelang führend in der Verarbeitung von Keramik. Die bunten Majolikafliesen findet man an vielen Gebäuden in Ungarn. Diese Tradition wurde während des Kommunismus unterbrochen, und heute wird längst nicht mehr so viel produziert wir früher.

In der Nr. 3 lädt die ständige Ausstellung mit Werken des in Ungarn berühmten und sehr geschätzten Künstlers **Victor Vasarely** zum Besuch ein. Insgesamt sind hier die rund 150 Werke ausgestellt, die der 1920 nach Frankreich emigrierte Künstler seiner

Auf der Mittleren Donau

Diese Kirche war einst eine Moschee

Heimatstadt vermachte. Vasarely gilt als Begründer der Op-Art.

In der Nr. 4 ist die **Moderne Ungarische Gemäldegalerie** untergebracht, die verschiedene Künstler aus dem späten 19. und dem 20. Jahrhundert präsentiert, in der Nr. 5 eine Ausstellung mit Werken des **Surrealisten Endre Nemes**. Das Museum in der Nr. 6 zeigt Werke von **Ferenc Martyn**, einem Vertreter der abstrakten Malerei. Es ist sein früheres Wohnhaus.

Eines besonders sehenswerte Museen liegt einige Schritte entfernt, in der Janus Pannonius utca 11. Das **Csontváry-Museum** zeigt Gemälde von Tivadar Csontváry Kosztka (1853–1919). Csontváry war eigentlich Apotheker und begann spät mit dem Malen. Er gilt als einer der wichtigsten Vertreter des Symbolismus, und seine großformatigen, farbenfrohen Werke bezaubern noch heute.

■ Széchenyi tér

Der Széchenyi tér ist der Mittelpunkt der Stadt. Der langgestreckte und nach Norden ansteigende Platz war schon im Mittelalter der Marktplatz, und er gilt heute als einer der schönsten des Landes.

Beherrschendes Bauwerk ist die **Innerstädtische Pfarrkirche** an der Nordseite. Es ist unschwer zu erkennen, dass dieser recht schlichte Bau als Moschee errichtet wurde: Auf einem quadratischen Grundriss erhebt sich ein achteckiger Tambour, der wiederum von einer 28 Meter hohen Halbkuppel bekrönt wird. An dieser Stelle stand ursprünglich eine gotische Kirche. Die Türken legten sie nach ihrem Einzug nieder und bauten um 1590 die Moschee. Man kann noch einige Steine der gotischen Kirche in der Außenmauer aus-

machen. Diese Moschee war während der Türkenzeit die Hauptmoschee der Stadt und die größte auf ungarischem Gebiet. Nach der Vertreibung der Osmanen wurde das Minarett durch einen Kirchenturm ersetzt und die Moschee selbst barock umgestaltet, aber von 1938 bis 1942 wiederum teilweise in ihren ursprünglichen Zustand zurückversetzt. Später kam noch ein halbkreisförmiger Anbau hinzu. Das Ergebnis all dieser Um- und Anbauten ist eine eigentümliche Mischung aus Moschee und Kirche. Aus osmanischer Zeit sind die charakteristischen Fenster und im Inneren einige Fresken sowie an der südöstlichen Seite die Gebetsnische (Mihrab) erhalten.

Dort wo sich in der Mitte des Platzes zur Türkenzeit ein Reinigungsbad und ein öffentlicher Brunnen befunden haben, stehen das **Reiterstandbild des János Hunyadi** (1939) und die **Pestsäule** von 1908, eine Kopie des Originals von 1714. Der Széchenyi tér wird von einigen schönen Bauten gesäumt. Besondere Beachtung verdienen an der Südwest-ecke ein sorgsam renoviertes neobarockes Gebäude, in dem heute unter anderem das **Touristenbüro** untergebracht ist, das rechts anschließende frühere **Jesuitenkolleg**, heute ein Gymnasium, sowie das **Rathaus** an der Ecke zur Kiraly utca. Dieses selbstbewusste Jugendstilgebäude von 1907 ist dank seines hohen Turmes unübersehbar und steht dort, wo sich früher die wichtige West-Ost- und die ebenso wichtige Nord-Süd-Handelsstraße getroffen haben.

■ Jókai tér

Der Jókai tér gehört zu den anmutigsten Plätzen der Stadt. Sorgfältig restaurierte, zweistöckige Häuser säu-

Bürgerhäuser am Jókai tér

1760 fertiggestellt wurde. Sie gehört zum Franziskanerkloster, in dem während der Osmanenzeit eine Moschee eingerichtet war.

Noch etwas weiter, südlich des Kórház tér, liegt mit der **Moschee des Hassan Jokowali Pascha** die einzige mitsamt Minarett erhaltene Moschee Ungarns. Sie stammt aus dem 16. Jahrhundert, heute ist im Inneren eine ständige Ausstellung osmanischer Kunst und Kultur untergebracht.

Ganz in der Nähe des Jókai tér plätschert der **Zsolnay-Brunnen**. Auffällig sind weniger seine Stierkopf-Wasserspeier als vielmehr die schimmernde grünliche Farbe. Der Brunnen ist eine Stiftung der Zsolnay-Manufaktur zum Andenken an Vilmos Zsolnay, den Gründer der Fabrik. Der Brunnen ist ein Werk von Andor Pilch von 1912.

men ihn, in seiner Mitte plätschert ein künstliches Bächlein den sanften Abhang hinab, und gerade im Sommer bieten sich die Cafés für eine Pause an. Mit diesem Platz löst Pécs seinen Ruf, ein mediterranes Flair zu besitzen, ganz besonders ein. Überhaupt finden sich im südwestlichen Teil der Altstadt einige nette Lokale und Geschäfte.

Die **Mohrenapotheke** an der Nordostecke des Jókai tér trägt ihren Namen nach den kleinen Mohrenfiguren in der Fassade. Sie ist die älteste Apotheke des Ortes und seit ihrer Gründung 1697 ununterbrochen in Betrieb. Die Innenausstattung im Neorokoko lohnt einen Blick. Sie ist von 1897 und stammt aus der Zsolnay-Manufaktur. Gegenüber der Apotheke liegt das **Wirthaus Zum Weißen Elefanten**, ebenfalls eine Institution in Pécs.

■ Weitere Sehenswürdigkeiten

Folgt man vom Jókai tér der Ferencesek utcája nach Westen, stößt man auf die barocke **Franziskanerkirche**, die um

Die Schritte zum **Kossuth tér** mit dem Denkmal für den Publizisten und Freiheitskämpfer Lajos Kossuth lohnen sich vor allem wegen der **Großen Synagoge** an der Ostseite des Platzes. Sie wurde 1869 nach Plänen von Frigyes Feszel im damals in ganz Europa beliebten maurischen Stil für die große jüdische Gemeinde der Stadt errichtet; 1000 Gläubige fanden in ihr Platz. Eine Tafel an der Außenwand erinnert an die während des Faschismus ermordeten Juden.

Zum Abschluss des Spaziergangs bietet sich ein Bummel durch die **Kiraly utca** an. Auffälligste Gebäude an der Straße sind das würdevolle **Stadttheater** (1895) und das stattliche **Grandhotel Palatinus** (1913), das vor allem mit seinem Jugendstilinterieur beeindruckt. Dazwischen findet sich eine Reihe von Cafés, und weil auch diese Straße als Fußgängerzone gestaltet ist, sitzt es sich hier sehr entspannt.

Auf der Mittleren Donau

Die Zsolnay-Manufaktur

Budapest ist die Stadt der bunten Dächer. Viele Wahrzeichen der Stadt werden von bunten Ziegeln geschmückt, und bei genauem Hinsehen offenbaren auch zahlreiche Fassaden eine in Europa einzigartige Farbigkeit und ornamentale Gestaltung.

Diese Wirkung wird fast immer von Produkten der Firma Zsolnay aus Pécs hervorgerufen, und die Geschichte dieser Manufaktur ist untrennbar mit der Entwicklung Ungarns seit den 1870er Jahren verbunden: eine ungewöhnliche Familiengeschichte und Nationalgeschichte zugleich.

Pécs ist von Tonfeldern umgeben, und so war es kein Zufall, dass Miklós Zsolnay 1853 eine Steingutmanufaktur gründete, die im Folgejahr an seinen Sohn Ignác überging. Der kleine Familienbetrieb produzierte Terrakotta-Keramik und Haushaltsgefäße.

Einen deutlichen Sprung machte die Manufaktur, nachdem Ignác Bruder Vilmos 1865 die Leitung der Firma übernommen hatte. Er galt schon unter seinen Zeitgenossen als größter Töpfer Ungarns, baute nicht nur die Produktion aus – nun wurde auch Industrieporzellan hergestellt –, sondern experimentierte pausenlos an neuen Materialien und Herstellungsverfahren.

Erste Auszeichnungen errang die Firma bei der Wiener Weltausstellung 1873, den Durchbruch brachte die Pariser Weltausstellung 1878, auf der sie ihre neu entwickelte Porzellanfayence und die damit verbundene Scharffeuer-Email-Technik vorstellte. Vilmos Zsolnay wurde für seine Innovationen mit der Goldmedaille und sogar der Aufnahme in die französische Ehrenlegion belohnt.

Die Manufaktur nahm weiteren Aufschwung durch den Ausbau ihrer Produktpalette, die nun auch Zierkeramiken, Majolikabilder, Möbeleinsatzfliesen, Wandverkleidungen und vor allem Baukeramik umfasste; durch die Inspirationen, die sich Miklós Zsolnay auf ausgedehnten Reisen durch arabische Länder geholt hatte; und durch die Mitarbeit der Töchter, die Muster und Formen entwarfen, die auf ungarischen Volkskunsttraditionen beruhten.

Entscheidend aber war die Entwicklung des Pyrogranits, einen neuen Werkstoffs, und der Eosin-Technik, einer speziellen Glasurform. Gleichzeitig lud die Firma junge Künstler des Secessionismus zur Zusammenarbeit ein.

Deren Entwürfe und die neuen, sehr haltbaren und gut verarbeitbaren und dabei preisgünstigen Materialien wurden nun in großer Zahl verwendet, denn in dieser Zeit bildete sich eine spezifisch ungarische Form des Jugendstils heraus, in der diese Keramiken Verwendung fanden. Der junge ungarische Staat wollte ganz bewusst die Ausbildung eines Nationalbewusstseins fördern und gab eine ganze Reihe von repräsentativen Bauten vor allem in Budapest in Auftrag, deren Fassaden mit den Produkten aus Pécs verziert wurden, darunter das Parlament, die Matthiaskirche und die Postsparkasse. Auch private Bauherren beauftragten die Firma Zsolnay. Ein schönes Beispiel dafür ist das sehr repräsentative Passagenhaus ›Pariser Hof‹.

Auch der ›Pariser Hof‹ in Budapest wurde mit den berühmten Kacheln aus Pécs verkleidet

Bis zum Beginn des Ersten Weltkriegs war die Zsolnay-Manufaktur an über 200 privaten und öffentlichen Bauten allein in Budapest beteiligt. Sie arbeitete mit einigen der berühmtesten Architekten dieser Zeit zusammen, mit Aladár Árkay, Miklós Ybl und Frigyes Schulek und oft mit Ödön Lechner, allesamt herausragende Vertreter des ungarischen Jugendstils. In dieser Zeit erreichte die Firma ihren wirtschaftlichen und künstlerischen Zenit und errang gerade mit den Ziergegenständen für Wohnungsinterieurs zahlreiche Preise.

Die Firma blieb auch nach dem Tod von Miklós im Jahr 1922 in Familienbesitz, hatte allerdings mit erheblichen Schwierigkeiten zu kämpfen. Ungarn hatte durch die Versailler Verträge rund zwei Drittel seines Territoriums verloren, und die Zsolnay-Manufaktur war nun von großen Teilen ihrer traditionellen Märkte abgeschnitten. Dazu kam die Weltwirtschaftskrise. Zsolnay überlebte dank der Umstellung auf Tischgeschirr und Dekorgegenstände aus Porzellan.

Zsolnay-Kacheln an der zentralen Markthalle

Die Kommunisten verstaatlichten den Betrieb 1948 und drängten die Familie hinaus. Zwar wurde die Eigenständigkeit des Betriebes 1982 wieder erlangt, aber auch nach der Wende erhielt die Familie Zsolnay keine Entschädigung. Seit 1991 ist die Firma Zsolnay eine Aktiengesellschaft – den größten Anteil hält ein Finanzinvestor – und stellt Zierporzellan, Ziergegenstände aus Eosin und Geschirr her. Die einstige Größe bleibt unerreicht, wenn auch immer wieder die Produktpalette ergänzt wird. Vor einigen Jahren wurde das Angebot um Kachelöfen erweitert.

Viele Gebäude in Budapest tragen noch heute die leuchtende Keramik aus Pécs, so die Zentrale Markthalle, das Staatliche Ungarische Geologische Institut in der Stefánia ut oder das Eingangsportal des Zoos. Besonders passend sind die grünen Dachziegel und die farbenfrohen floralen Motive an der Außenhaut des Kunstgewerbemuseums, das auch im Innern Schätze dieses Gewerbes präsentiert.

Der Name Zsolnay ist längst Teil der kulturellen Identität der Stadt Pécs geworden, und so ist es kein Wunder, dass im Rahmen der Planungen ›Pécs 2010‹ die Revitalisierung des Werksgeländes in Angriff genommen wurde. Manche Bauten wurden grundlegend renoviert, die großen Grünanlagen nach historischem Vorbild umgestaltet, und in einige der traditionsreichen Gebäude sind neue Mieter eingezogen, unter anderem ein industriegeschichtlicher Themenpark, die Designstudiengänge der Universität, ein industrielles Kreativzentrum und das Zentrum für Zeitgenössische Kunst. Gelebte Geschichte – und ein Blick nach vorn.

Entlang der serbisch-kroatischen Grenze

Kurz hinter Mohács verlässt die Donau Ungarn. Sie behält ihre südliche Richtung bei, vollzieht kleinere und größere Kehren. Deutlich stärker als in Ungarn sind die Ufer nun von Wäldern gesäumt, ausgedehnte Flächen stehen auf beiden Seiten unter Naturschutz; einige kleinere Ortschaften sind auszumachen.

Bis 1992 war die Donau jenseits der ungarischen Grenze eine innerjugoslawische Angelegenheit, heute markiert sie bis Vukovar die Grenze zwischen den seitdem selbständigen Staaten Kroatien und Serbien.

Bei **Bezdan**, dem ersten serbischen Ort, der passiert wird, mündet der **Veliki-Bački-Kanal** in die Donau. Diese 123 Kilometer lange Verbindung verbindet die Donau mit der Theiß und wurde 1801 eingeweiht; heute wird der Kanal kaum noch als Handelsweg genutzt, da er zu schmal und zu flach für moderne Frachtschiffe ist. Eine wichtige wirtschaftliche Funktion als Bewässerungs-

kanal nimmt er aber noch immer wahr. Zwischen Donau und Theiß durchzieht ein verzweigtes Netz von schiffbaren Kanälen die Ebenen. Zu diesem Netz gehören Pumpstationen, Dämme, Schleusen und Brücken. Seit Fertigstellung dieses Systems ist in dem Gebiet, das im Sommer immer wieder durch extreme Trockenheit gekennzeichnet ist, die Landwirtschaft nicht mehr durch Dürren bedroht. Bezdan selbst liegt einige Kilometer landeinwärts und ist vom Fluss nicht zu sehen, nur die Zollstation gleichen Namens verweist auf die Existenz dieses Ortes. Gegenüber, auf kroatischer Seite, ist der kleine Ort Batina auszumachen, in dem viele Ungarn leben.

Apatin

Etwa 25 Kilometer hinter Batina bilden auf der linken Seite eine Brauerei, eine Kirche und ein Hotel eine eigenartig anmutende Mischung. Das ist der sichtbare Teil der Stadt Apatin. Sie ist

An der Donau kurz vor Apatin

Auf der Mittleren Donau

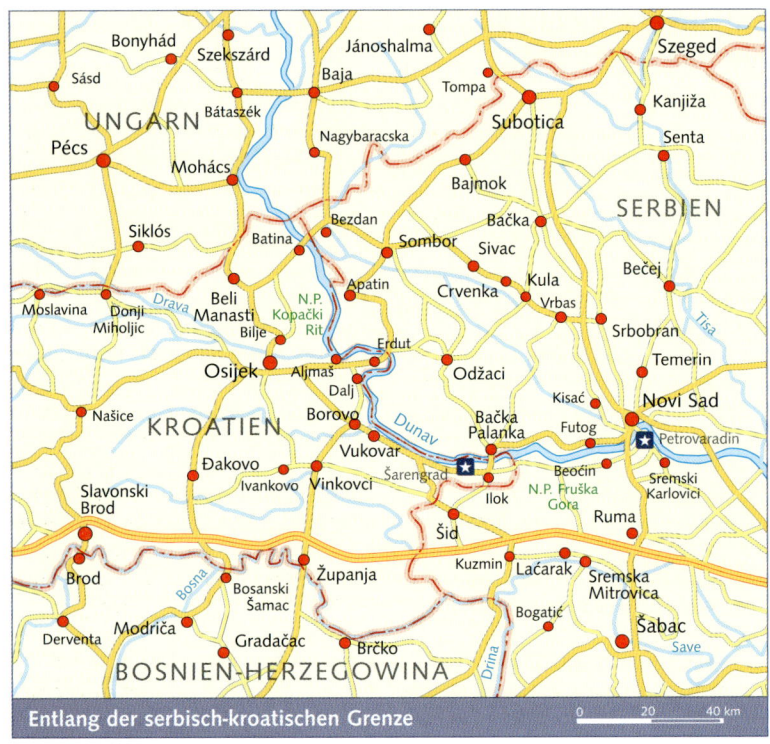

Entlang der serbisch-kroatischen Grenze

typisch für die Siedlungen in diesem ungarisch-serbischen Grenzgebiet, die Region zwischen Theiß und Donau, die Banat genannt wird. Zentrum des Banat ist Sombor, etwa 20 Kilometer östlich von Apatin. Die Region war nach der Befreiung von der Türkenherrschaft geradezu menschenleer, und die Habsburger, besonders Maria Theresia, förderten die Ansiedlung von Kolonisten. Die sogenannten Banater Schwaben kamen im 18. Jahrhundert und prägten die Region bis 1945 entscheidend. Apatin war bis dahin vor allem für seine seit 1756 produzierende **Brauerei** und die Hanfseilproduktion bekannt.

Vom Fluss ist nicht zu sehen, dass Apatin – der alte deutsche Name für den Ort ist Abthausen – ein gepflegtes Städtchen ist. Aus der Wiederaufbauzeit finden sich einige **barocke Kirchen** und eine **Synagoge**, sehenswert ist auch das **Rathaus im Jugendstil**.

Die Kirche am Ufer ist die **Kirche der heiligen Apostel**. Diese serbisch-orthodoxe Kirche wurde Anfang des 20. Jahrhunderts im damals beliebten orientalisierenden Stil errichtet und steht am westlichen Stadtrand. Bereits im 14. Jahrhundert war Apatin Bischofssitz. Diese Bedeutung ging mit der osmanischen Eroberung verloren und konnte danach nicht wiedergewonnen werden. So steht der Name heute vor allem für das Bier, das landesweit Zuspruch findet.

Die Völker der Vojvodina

Die Region entlang der Donau heißt auf kroatischer Seite Slawonien, auf der serbischen Vojvodina. Beides sind im heutigen Gebrauch administrative Benennungen, die eine eindeutige Unterscheidbarkeit suggerieren. Eine nur oberflächliche Beschäftigung mit diesen Regionen führt einem jedoch vor Augen, wie zufällig staatliche Grenzen sein können. Gerade im ungarisch-kroatisch-serbischen Grenzgebiet sind die heutigen Grenzen mit den historischen nicht deckungsgleich, und weder aktuelle noch historische Karten, die die politische Gliederung zeigen, sagen etwas über die Menschen aus, die diese Gebiete bewohnten und heute bewohnen.

Bis zum Ende des 17. Jahrhunderts befanden sich das heutige Südungarn ebenso wie die südlich anschließenden Gebiete unter osmanischer Herrschaft. Mit dem Friedensschlüssen von Karlowitz (heute Sremski Karlovci) und Passarowitz (Pozarevac) kamen sie in den Besitz Österreichs, Save und Donau bildeten etwa bis Belgrad die Grenze zwischen Habsburger und Osmanischem Reich. Österreich reichte nun im Osten auch über die Theiß hinaus, das Banat mit seinem Zentrum Temeswar gehörte zu ihm wie auch das noch weiter östlich gelegene Siebenbürgen.

Die Kriege hatten die Landstriche weitgehend entvölkert und verwüstet zurückgelassen, und so bemühten sich die Habsburger Regenten durch eine gezielte Ansiedlungspolitik, das Land auch vor dem Hintergrund seiner geostrategischen Bedeutung als Grenzland zu dem potentiellen Hauptfeind wirtschaftlich, politisch und militärisch zu integrieren.

So zogen durch gezielte Förderung Kroaten, Serben, Slowaken, Österreicher und Deutsche zu. Die Bevölkerung in dem Gebiet um Donau, Save und Theiß war spätestens seit der Mitte des 18. Jahrhunderts also buntgemischt. Zwar bildeten sich einzelne lokale Zentren für die verschiedenen Völker aus, charakteristisch war aber das unmittelbare Neben- und Miteinander.

Mit dem sogenannten Ausgleich zwischen Ungarn und Österreich 1867 veränderten sich die Herrschaftsverhältnisse erneut. Ungarn umfasste neben seinem Kernland in etwa die heutige Slowakei, das heutige westliche Rumänien, Teile Slawoniens und eben die Vojvodina. Auf ihrem Gebiet lebten in der Mitte des 19. Jahrhunderts etwa 1,5 Millionen Menschen. Der Anteil der Deutschen, Serben und Rumänien war etwa gleich groß und machte zusammen rund drei Viertel der Bevölkerung aus, der der Ungarn rund 15 Prozent; daneben gab es weitere Minderheiten wie Griechen und Juden.

Dieses Verhältnis bestand, nur jetzt unter anderen Vorzeichen, auch nach den Verträgen weiter, die nach 1918 die Friedensordnung in Europa regelten. Das große Gebiet der Pannonischen Tiefebene, zu der die Vojvodina geographisch gehört und dem sie politisch rund 200 Jahre zugehört hatte, wurde geteilt. Die in den Pariser Vororteverträgen festgelegte Grenze zwischen Ungarn und Rumänien entspricht der heutigen, die Außengrenzen des neu gebildeten Königreichs der Serben, Kroaten und Slowenen stimmten zu großen Teilen mit den heutigen Grenzen der jugoslawischen Nachfolgestaaten überein. Ungarn verlor rund zwei Drittel seines Gebietes, darunter die Vojvodina, Siebenbürgen und das nördliche Slawonien.

Diese Neuordnung bewirkte, dass ungarische Minderheiten im neuen Königreich und vor allem in Rumänien lebten. In der Vojvodina, nun ein Teil Serbiens innerhalb dieses Königreichs, bildeten sie neben den Deutschen, die etwa ein Viertel der Bevölkerung ausmachten, die zweite große Minderheit.

Die Deutschen flohen 1944/45 oder wurden unmittelbar danach vertrieben, nur wenige blieben. Zwar gab es nach dem Krieg auch Repressionen gegen die Ungarn; sie aber blieben zumeist im Land.

In Titos Jugoslawien hatte die Vojvodina den Status einer autonomen Republik inne, konnte also einige Bereiche, etwa kulturelle Angelegenheiten, unabhängig gestalten. In der Verfassung von 1974 wurden fünf Volksgruppen ausdrücklich genannt: Serben, Ungarn,

Kroatin in typischer Tracht

Slowaken, Rumänen und Ruthenen. Für sie gab es muttersprachlichen Unterricht, ihre Sprachen galten als offizielle Amtssprachen. Im Zuge einer zunehmend nationalistisch orientierten Politik hob die Belgrader Regierung unter Milošević 1988 diesen Status wieder auf – er ist im Jahr 2002 wiederhergestellt worden –; 1991 begann der Krieg zwischen Kroatien und Rest-Jugoslawien. Dies führte dazu, dass viele Ungarn und Kroaten die Vojvodina verließen; umgekehrt zogen Serben zu, die zuvor in Kroatien gelebt hatten. Bei einer Volkszählung in der Vojvodina im Jahr 2002 bezeichneten sich rund zwei Drittel als Serben, 15 Prozent als Ungarn, jeweils gut zwei Prozent als Kroaten und Slowaken. Seitdem liegen keine neuen Zahlen vor, allgemein wird aber beobachtet, dass vor allem jungen Ungarn nach Ungarn ziehen und der Anteil dieser Volksgruppe an der Gesamtbevölkerung allmählich sinkt.

Im von Donau und Save begrenzten kroatischen Slawonien verlief die Entwicklung teils parallel. Die Kroaten siedelten hier, später kamen die Osmanen, nach deren Abzug ließen sich Deutsche, Ungarn, Slowaken und auch Albaner und Juden nieder. Den Deutschen, die nach dem Ersten und vor allem dem Zweiten Weltkrieg geflüchtet oder vertrieben worden waren, folgten Serben und Montenegriner nach.

Bei Beginn des Krieges 1990 lebte in dem zur Republik Kroatien gehörenden Gebiet eine große serbische Minderheit, weshalb die Belgrader Regierung, die dem Traum eines neuen großserbischen Reichs nachhing, auf die Idee verfiel, Slawonien dem eigenen Staat einzuverleiben. An der Grenzziehung hat sich durch die Friedensverträge nichts geändert, die Serben aber sind fast alle geflohen, und lediglich die Ungarn stellen in dem nördlichsten Teil Slawoniens noch eine nennenswerte Minderheit.

Nationalpark Kopački Rit

Das Gebiet zwischen Donau, Drava und der Grenze zu Ungarn ist ein Teil Slawoniens und trägt den Namen Baranja. Bis zum Ersten Weltkrieg war es im Privatbesitz österreichischer Adliger. Einer der ersten Besitzer war Prinz Eugen von Savoyen, der sich in **Bilje** zwischen 1707 und 1712 nach Plänen des renommierten Wiener Architekten Johann Lukas von Hildebrandt ein Jagdschloss bauen ließ. Die Summe dafür wie auch den Grundbeseitz hatte Eugen als Anerkennung seiner Verdienste im Kampf gegen die Osmanen von den Habsburgern erhalten. Im Schloss ist heute das **Informationsbüro des Naturparks Kopački Rit** untergebracht. Der Naturpark umfasst rund 17 000 Hektar und wird im Süden durch die Drava und im Osten durch die Donau begrenzt. Vor allem die Donau bildet hier zahlreiche Seiten- und Totarme, und im Frühjahr treten beide Flüsse regelmäßig über die Ufer und überschwemmen weite Gebiete, die dann den Charakter eines Marschlandes einnehmen. Zu den anderen Zeiten ist es ein Grünland, in dem zahlreiche Gewässer liegen, die teils über unterirdische Verbindungen mit der Donau verbunden sind. Dazwischen erstrekken sich Trocken- und Sumpfgebiete.

Das Gebiet ist für seinen Wildreichtum bekannt. Es war daher seit den Zeiten Prinz Eugens ein beliebtes Jagdrevier, zunächst für den Adel, später für Tito und die Spitzen seines Systems, heute auch für andere Stände. Bemerkenswert ist die Vielfalt an Vogelarten. Man hat über 270 gezählt, von denen rund 100 hier brüten. Viele Wandervögel machen im Frühjahr und Herbst hier Rast. In Kopački Rit sind in Europa sonst sehr seltene Arten zu Hause wie Wasserhuhn, Schwarzstorch, Großer Silberreiher und vor allem der Weißschwanzadler, der als der seltenste Adler Europas gilt. Der Seeadler ist das Wappentier des Nationalparks.

Seit 1967 steht das Gebiet unter Naturschutz, 1976 wurde es zum Reservat

Besucher im Nationalpark Kopački Rit

Auf der Mittleren Donau

erklärt, um es als Rückzugsort für die seltenen Tier- und Pflanzenarten zu erhalten, und ist zu Teilen für Menschen gesperrt. Andere sind für Fischer und Jäger freigegeben. Ausflüge für Touristen werden vom Büro in Bilje organisiert, und es ist angeraten, sich an die dort gegebenen Empfehlungen zu halten, auch weil noch nicht alle Minen aus dem letzten Krieg geräumt sind.

Osijek

Osijek mit seinen 115 000 Einwohnern ist die viertgrößte Stadt des Landes, das kulturelle, wirtschaftliche und politische Zentrum Ostslawoniens. Es hat eine Universität, einen für Kroatien einzigartigen barocken Stadtkern und ein reizvolles Umland. Wegen der Randlage zu Serbien und der recht großen Entfernung zum Mittelmeer finden aber nur wenige Touristen den Weg hierher.

Auch die Kreuzfahrtschiffe legen hier nur selten einen Stop ein, nicht zuletzt weil Osijek an der Drava (Drau) und rund 25 Kilometer von deren Mündung in die Donau entfernt liegt; zumeist wird ein Besuch mit einem Ausflug in den Nationalpark Kopački Rit kombiniert. Die wenigen Touristen, die die Stadt besuchen, werden angenehm überrascht: Osijek ist eine ebenso lebendige wie grüne Stadt, in der ein reiches architektonisches Erbe zu Entdeckungen einlädt.

Geschichte

An der Stelle des heutigen Osijek bestand von alters her eine Möglichkeit, die Drava zu überqueren, und diese Lage hat die Geschicke der Stadt immer wieder entscheidend beeinflusst.

Die Römer richteten hier im Jahr 133 eine Zivil- und Militärstadt ein, die sie Mursar nannten und dabei offenbar eine Bezeichnung übernahmen, den zuvor schon die Kelten gebraucht hatten. Über die Zeit nach ihrem Abzug wissen wir wenig, Historiker gehen aber von einer dauerhaften Besiedlung aus.

Die Region gehörte seit dem 9. Jahrhundert zu Kroatien, das ab 1102 durch eine Personalunion mit Ungarn verbunden war, und für das Jahr 1196 gibt es eine erste urkundliche Nennung des Ortes als ›Eszeg‹. Der alte deutsche Name Esseg ist eine Variante davon. Im Mittelalter war Osijek im Besitz feudaler Familien, und in dieser Zeit wurde wohl eine erste Festung am südlichen Drava-Ufer angelegt.

Die Osmanen eroberten Eszeg 1526, machten den strategisch wichtigen Ort zu einem Verwaltungszentrum und befestigten ihn. Er wurde durch

Die Peter- und Paulskirche

Karte S. 255

den Bau einer acht (!) Kilometer langen Holzrücke über die Drava und die sie säumenden Überschwemmungsgebiete berühmt. Die Brücke war mit Wachtürmen und Räumen für Mannschaften ausgestattet und wurde zu ihrer Zeit als ingenieurtechnische Meisterleistung bewundert.

Die Österreicher eroberten die osmanische Festung 1687, dabei wurde der Ort, wie schon 1526, nahezu vollständig zerstört. Osijek wurde zu einer wichtigen Garnisonsstadt, und die Österreicher legten an der Stelle, an der sich zuvor die osmanische Festung befunden hatte, eine neue, moderne an. Ab dieser Zeit entwickelten sich auch Unter- und Oberstadt (Dorji Grad und Gornji Grad). Sie vereinigten sich erst 1786. Um 1900 bestand die Einwohnerschaft zur Hälfte aus deutschsprechenden Bürgern, zu einem Drittel aus Südslawen, die übrigen Bewohner waren Ungarn. Heute bilden die Ungarn die einzige nennenswerte Minderheit.

In den 1920er Jahren wurden große Teile der noch vorhandenen Festungsanlagen abgetragen, an ihre Stelle traten Parks, die das Stadtbild in sehr angenehmer Weise prägen, in den 1950er Jahren erfolgte die Industrialisierung nach Plan.

Osijek nahm 1991 erheblichen Schaden, da es von den Serben monatelang beschossen wurde. Die äußerlichen Schäden sind zwar fast zur Gänze behoben, wirtschaftlich aber hat sich die Stadt noch nicht ganz vom Krieg erholen können.

Auf der Mittleren Donau

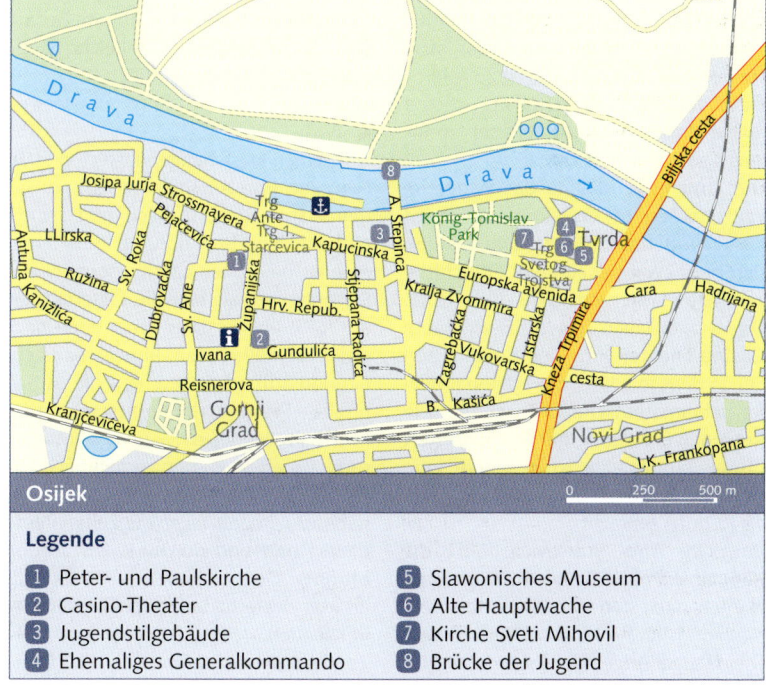

Osijek

Legende

1. Peter- und Paulskirche
2. Casino-Theater
3. Jugendstilgebäude
4. Ehemaliges Generalkommando
5. Slawonisches Museum
6. Alte Hauptwache
7. Kirche Sveti Mihovil
8. Brücke der Jugend

Sehenswürdigkeiten

Osijek hat zwei touristische Zentren, die frühere Oberstadt (Gornji Grad) und die alte Festung (Tvrda), zwischen denen der reizvolle König-Tomislav-Park liegt. Sie sind nicht weit voneinander entfernt; eine Besichtigung beider Stadtteile ist zu Fuß problemlos möglich.

■ Gornji Grad

Zentrum der alten Oberstadt ist der **Trg Ante Starčevića**. Hier erhebt sich auch das Wahrzeichen der Stadt, die durch ihren 90 Meter hohen Turm weithin sichtbare **Pfarrkirche Petra i Pavla** (Peter- und Paulskirche). Sie entstand anstelle eines Vorgängerbaus zwischen 1894 und 1898 auf Initiative des Bischofs Josip Juraj Strossmayer, der unter anderem auch den Bau der Kathedrale im nahegelegenen Đakovo veranlasste. Von außen wirkt der Backsteinbau einfach nur groß – tatsächlich bietet er 3000 Gläubigen Platz –, seine reiche Innenausstattung aber lohnt einen genauen Blick.

Die **Županjska** ist eine der Haupteinkaufsstraßen in Osijek, auch einige Cafés und das Touristenbüro finden sich hier. Zwei bedeutende Einrichtungen haben hier ebenfalls ihren Sitz. Da ist zum einen das 1866 errichtete **Casino-Theater** im neoromanischen Stil, in dem seit 1907 das Nationaltheater beheimatet ist, und gegenüber die **Regionalverwaltung der Gespanschaft Osijek-Baranja**. Sie ist in einem würdevollen klassizistischen Gebäude von 1842 untergebracht.

Vom Trg Ante Starčevića führt die **Kapucinska** nach Osten. Sie trägt ihren Namen nach den Kapuzinermönchen, die hier 1710 ein Kloster begründeten. Die dazugehörige Kirche wurde im Jahr 1727 fertiggestellt. Die Verlängerung der Kapucinska ist die ebenso breite, baumbestandene **Europska Avenija**. Hier finden sich in einer ungewöhnlichen Häufung einige schöne **Jugendstilbauten**. Sie konzentrieren sich an der Nordseite der Allee. Die Hauptpost gegenüber, an der Ecke zur Stjepana Radića, komplettiert das Ensemble.

Ebenso sehenswert sind zwei Kinos ganz in der Nähe. Die **Urania-Lichtspiele** erinnern an eine geschwungene Kirchenorgel, das **Kino Europa** ist ein funktionalistischer Bau aus den 1930er Jahren, der seine Raffinesse erst bei genauerer Betrachtung offenbart.

Zwischen dem Mittelteil der Europska Avenija und der Drava erstrecken sich die **König-Tomislav-Gärten**. Diese Grünanlage wurde im 18. Jahrhundert von den Österreichern angelegt. Es spaziert sich hier sehr schön im Schatten, und Kinder finden zahlreiche Möglichkeiten, sich zu vergnügen.

■ Tvrda

Mit seinen kopfsteingepflasterten Straßen auf unregelmäßigem Grundriss, den klaren Begrenzungen und seiner einheitlichen Bebauung bildet Tvrda eine kleine, in sich geschlossene Welt. Sie entstand, als hier die Österreicher ab 1692 ihre Festung errichteten und dabei in Teilen den unregelmäßigen Grundriss übernahmen, den die osmanische Festung hinterlassen hatte. Innerhalb der neuen Mauern wurden in rund 20 Jahren Bauten vornehmlich für Militär und Verwaltung errichtet. Sie haben zu großen Teilen die Zeiten überdauert und sind durchweg im Schönbrunner Gelb gehalten – Tvrda gilt als das besterhaltene Barockensemble in Kroatien.

Zentrum dieses Stadtteiles ist der **Drei-**

Die ehemalige Hauptwache am Dreifaltigkeitsplatz

Auf der Mittleren Donau

faltigkeitsplatz (Trg. Sv. Trojstva), in dessen Mitte sich die **Pestsäule** von 1729 erhebt. Beherrschendes Gebäude ist das **ehemalige Generalkommando** des Esseger Bezirks an der Nordseite. Der dreigeschossige Bau (1724) ist im Barock-Renaissance-Stil ausgeführt; hier sitzt heute das Rektorat der Strossmayer-Universität. Imposant ist unter anderem das Eingangsportal, das Atlanten schmücken.

Das älteste Gebäude am Platz ist das 1702 errichtete **frühere Rathaus** an der Ostseite. Darin präsentiert das sehr sehenswerte **Slawonische Museum** die Geschichte der Region seit den Römern, aber auch Zeugnisse der Volkskultur. Auffällig an der Westseite ist vor allem die **frühere Hauptwache** (1709) mit ihren Arkaden und dem charakteristischen Turm. Die Südseite nehmen mehrere Lokale ein, und da der Platz vom Autoverkehr befreit ist, sitzt es sich, mit Blick auf die historischen Gebäude, sehr angenehm. So

kann man auch die Doppeltürme ausmachen, die über der alten Wache hervorlugen. Sie gehören zur **Kirche Sveti Mihovil** am Trg. Križnića. Der Sakralbau gehört wegen seiner Größe und der erhalten gebliebenen reichen spätbarocken Innenausstattung zu den bedeutendsten Kirchen der Region. Im Viertel finden sich mit dem Franziskanerkloster und der Kirche des Heiligen Kreuzes, die von den Einheimischen zumeist Kirche des heiligen Anton genannt wird, weitere Sakralbauten. Auch sie sind barock ausgeführt.

Die Mauern, die ursprünglich das Viertel umschlossen, wurden in den 1920er Jahren fast vollständig zugunsten von Parks abgetragen. Folgt man der Fakultetska nach Norden, so gelangt man zu einem der wenigen erhaltenen Reste der Befestigungsanlagen, dem **Wassertor**.

Jenseits davon eröffnet sich der Blick auf die Drava, und von hier bietet es sich an, dem Beispiel der vielen Spazier-

Die Brücke der Jugend über die Drava

gänger, Fahrradfahrer und Skater zu folgen und entlang der **Promenade** zu schlendern. Sie führt nach Westen zum jüngsten Wahrzeichen der Stadt, der 1979 fertiggestellten, eleganten **Brükke der Jugend**, die den Fußgängern vorbehalten ist.

Etwas weiter westlich davon befindet sich ein **kleiner Hafen** für Sportboote, um den sich gleich mehrere empfehlenswerte Cafés gruppieren – ein schöner Ort, um einen Besuch in Osijek ausklingen zu lassen.

Zwischen Drava-Zufluss und Vukovar

Bei Flusskilometer 1382 mündet die Drava und führt der Donau erhebliche Wassermassen zu. Diese fließt in großen Kurven und Bögen dahin, ihre Ufer sind von zahlreichen Seitenarmen und Feuchtgebieten gesäumt, sie ist weder kanalisiert noch im Sinne einer Fahrrinne ausgebaggert, so dass die Schiffahrt

hier immer noch mit sehr viel Aufmerksamkeit betrieben werden muß.

Aljmaš, ganz in der Nähe des Zusammenflusses von Drava und Donau gelegen, ist ein kleiner Ort und wäre trotz der **Marienkirche**, die seit dem 19. Jahrhundert eine Wallfahrtsstätte ist, nicht der Erwähnung wert, wenn nicht das **Schloss** im 18. und 19. Jahrhundert der Stammsitz der Familie Adamovič gewesen wäre. Ihr gehörten ausgedehnte Flächen in der Region, und sie ließ viele davon, die zuvor weithin unzugängliches Sumpfland gewesen waren, trockenlegen und in Nutz- und Kulturflächen umwandeln.

Erdut liegt in einer Flussschleife; von der Donau sind lediglich die Reste seiner Burg auszumachen, die sich rund hundert Meter über dem Strom erhebt. Eine erste Festung errichteten die Römer, und bis zu den Habsburgern existierte eine Anlage zur Sicherung des Verkehrs auf der Donau. Der kleine und ansonsten vor allem wegen seiner Weingüter bekannte Ort erlangte historische Bedeutung, als hier im November 1995 ein Abkommen zwischen Serbien und Kroatien unterzeichnet wurde, das die Rückgabe der serbisch kontrollierten Gebiete Slawoniens an Kroatien beinhaltete. Dieser Vertrag beendete die Besetzung Ostslawoniens und indirekt auch die multiethnische Zusammensetzung dieses Gebiets, denn mit den Truppen verließen zahlreiche Serben ihre Heimat Richtung Osten.

Dalj in der nächsten Flussschleife hat eine Kirche und einen Patriarchenpalast aufzuweisen. Charakteristisch für diesen Ort war seine lange **Weinbautradition** und die mehrheitlich serbische Bevölkerung. Das eine ist geblieben, das andere seit 1995 Geschichte.

Karte S. 250

Đakovo

Bei der Annäherung an Đakovo ist die Hauptsehenswürdigkeit des Ortes schon von weitem zu erkennen: die Kathedrale mit ihren beiden 84 Meter hohen, steil aufragenden Türmen. Sie ist das Wahrzeichen des Ortes, der als zweite Attraktion ein Lipizzanergestüt aufweisen kann. Ansonsten besteht er aus einigen Barockbauten und Beschaulichkeit und wirkt trotz seiner über 20 000 Einwohner wie ein großes Dorf.

Đakovo wird erstmals 1239 urkundlich erwähnt, und seit dem 13. Jahrhundert, unterbrochen nur von der türkischen Zeit, ist die Stadt Bischofssitz, das Zentrum der Diözese Đakovo und Srijem. Die Kathedrale ist also Symbol für dieses kirchliche Zentrum. Bischof Josip Juraj Strossmayer veranlasste ihren Bau. Strossmayer (1815–1905) war gleichzeitig ein großer Kunstmäzen und einflussreicher Politiker, zeitweilig Vorsitzender der Kroatischen Volkspartei im Ungarischen Landtag. Er setzte sich zeitlebens für die Unabhängigkeit von Ungarn und eine Union aller Südslawen ein. Strossmayer gilt heute in Kroatien als ein wichtiger Freiheitskämpfer, und in vielen Städten Kroatiens sind zentrale Straßen, Plätze und öffentliche Einrichtungen nach ihm benannt. In Đakovo tragen ein Museum, ein Park und einen Platz seinen Namen, und gegenüber der Kathedrale erinnert eine Statue an ihn.

■ Sehenswürdigkeiten

Der Backsteinbau der **Kathedrale** wurde von 1866 bis 1892 in neoromanisch-gotischer Mischform nach Plänen der Wiener Architekten Karl Roesner und Friedrich von Schmidt errichtet, die Gestaltung der Innenräume vollzog sich unter der Leitung der Deutschen Alexander-Maximilian Seitz und Ludwig Seitz, Vater und Sohn. Man rühmt allgemein die sehr qualitätsvolle Art, und viele Details gerade der Innenausstattung sind sehenswert. Interessant ist ein Besuch der Krypta, in der die Bischöfe begraben sind. Das Grab für Strossmayer ist besonders aufwendig gestaltet, und hier wird deutlich, dass er in Kroatien geradezu wie ein Heiliger verehrt wird.

Die Bedeutung Đakovos als religiöses Zentrum Kroatiens verdeutlichen zwei Gebäude ganz in der Nähe. An die Kathedrale schmiegt sich links ein weißer, schlossähnlicher Bau im Spätbarock an. Es ist der im 18. Jahrhundert errichtete **Bichofspalais**, nach wie vor Sitz des Bischofs. Schräg gegenüber befindet sich das **Theologische Seminar**. Es wurde 1773 ins Leben gerufen und war damit die älteste akademische Institution in dieser Region. Bis heute

Die Kathedrale ist von weitem zu sehen

Auf der Mittleren Donau

Kutschfahrt im Lipizzanergestüt

wird hier der Priesternachwuchs ausgebildet.

Von der Kathedrale führt der **Korso** zur Allerheiligenkirche. Der Korso ist die Fußgängerzone und das Zentrum des kleinen Ortes. In den hübschen, zumeist zweistöckigen Gebäuden sind einige Cafés und Eisdielen untergebracht.

Hinter der Fassade der klassizistischen **Allerheiligenkirche** ist eine Kuppel zu sehen, und daran wird deutlich, dass der Bau zeitweilig als Moschee diente. Im Kern stammt die Kirche aus dem 14. Jahrhundert. Die Osmanen bauten sie für ihre Zwecke um, und die Christen veränderten sie im 18. Jahrhundert erneut. Dennoch gilt die frühere Ibrahim-Pascha-Moschee als einziger erhaltener osmanischer Bau dieser Art in Slawonien.

Etwas außerhalb liegt das **Lipizzanergestüt**. Das Gestüt selbst besteht bereits seit 1506, Lipizzaner werden hier aber erst seit 1806 gezüchtet. Im Jahr 1580 wurde die Gründung einer Pferdezucht in Lipica (Slowenien) durch Anordnung des österreichischen Erzherzogs Karl begonnen. 1806 wurde die Pferdezucht von dort unter anderem wegen der Sorge nach Đakovo verlegt, der Bestand könne in die Hände der vorrückenden napoleonischen Armee fallen.

Die Lipizzaner sind vornehmlich Dressur- und Paradepferde, und sie werden meist mit der Spanischen Hofreitschule in Wien assoziiert, wo sie auch ausgebildet werden. Ein Training findet in Đakovo nicht statt, und so können Besucher die weißen und stets etwas aristokratisch wirkenden Pferde nur beim Ausgang oder in den Stallungen beobachten.

Vukovar

Bis 1990 war Vukovar eine elegante Stadt mit schönen Kirchen und zahlreichen überregional bekannten Museen. Charakteristisch waren die vielen schönen barocken Wohn- und Handelshäuser mit ihren Arkadengängen, die vom Bürgerstolz und Wohlstand ihrer Bewohner kündeten. Den Mittelpunkt dieses geschlossenen Ensembles bildete das Schloss derer von Eltz, ein Barockbau von Rang.

Auch 15 Jahre nach Ende des Krieges ist Vukovar eine in weiten Teilen zerstörte Stadt. Zwar wurden einige Solitäre und öffentliche Gebäude wiederhergestellt, entstanden einige moderne Zweck- und Wohngebäude, aber ganze Viertel Vukovars liegen immer noch in Trümmern, und das Zentrum gleicht in Teilen einer Geisterstadt. Geradezu zum Wahrzeichen für die Tragödie ist der große, zerschossene Wasserturm am Donauufer geworden. In der Nähe der Anlegestelle erinnert ein kleines Denkmal in Form fallender, übereinander stürzender Hausfassaden an die Zerstörungen.

Vukovar wurde von Juli bis November 1991 von der serbischen Armee belagert und dabei fast völlig zerstört. Die Kämpfe forderten mehrere tausend Tote, mehrere hundert Menschen wurden von den serbischen Truppen nach der Eroberung erschossen. Bis 1995 war die Stadt von serbischen Truppen besetzt, 1998 wurde sie in das kroatische Gebiet reintegriert.

Die Menschen kamen danach nur zögerlich zurück, auch weil wirtschaftliche Perspektiven fehlen. Vor dem Krieg lebten fast 60 000 Menschen hier, mehrheitlich Serben, allein 20 000 von ihnen arbeiteten in der Textilindustrie. Heute hat Vukovar knapp 35 000 Einwohner, von denen über 85 Prozent Kroaten sind. Man lebt strikt getrennt voneinander.

Im Mittelalter gab es hier bereits eine Stadt, sie hieß Vakovo, unter den Türken war sie Garnisonsstadt und Handelszentrum. Der Ort wurde nachhaltig durch die deutschstämmige Familie von Eltz geprägt, die ab 1736 die Herrschaft im Ort ausübte. Sie baute sich bis 1751 ein **Barockpalais**, in dessen wiederhergestelltem Trakt wieder das **Stadtmuseum** untergebracht ist. Zu nennen sind daneben das restaurierte **Franziskanerkloster** auf einem Hügel am Stadtrand und die **Kirchen**

Auf der Mittleren Donau

Denkmal zur Erinnerung an die Kriegszerstörungen

Sveti Filip i Jakov und **Sveti Nikola**, die beide aus der Mitte des 18. Jahrhunderts stammen.

Ilok

Mit Ilok ist die östlichste Stadt Kroatiens erreicht. Die Grenze zu Serbien verläuft unmittelbar östlich von Ilok, und landschaftlich gesehen gehört der Ort bereits zu dem Gebiet, das auf serbischer Seite als Fruška Gora bezeichnet wird.

Ilok ist das Zentrum des Weinanbaugebiets in der Region Srijem und berühmt für seine Produkte, und diese Tradition geht bis auf die Römer zurück. In dem kleinen Ort mit gerade mal 8000 Einwohnern gibt es Dutzende von **Weinkellern** und Restaurants, in der die Produkte der Region probiert werden können. Im 14. Jahrhundert entstand auf dem Hügel rund 150 Meter über der Donau eine erste **Festung**, die Herrscher wechselten seitdem, typisch für diesen Landstrich, häufig.

In der ersten Hälfte des 15. Jahrhunderts war die Festung in Ilok die Wahlheimat des Franziskanerpaters Johannes Capristan, der sich sehr im Kampf gegen die Türken engagierte und es sogar schaffte, ein Heer auf die Beine zu stellen und das von den Türken belagerte Belgrad für kurze Zeit zu befreien. Capristan starb hier, wurde heilig gesprochen und Ilok somit zum Wallfahrtsort. 1526 schließlich eroberten die Türken dann doch die Anlage und blieben bis 1691. In ihrer Zeit war Ilok ein wichtiges Verwaltungs- und Militärzentrum, und es entstanden mehrere **Moscheen** und **Bäder** innerhalb der Festungsmauern, die in Teilen erhalten sind.

Unter den Ungarn im 14. Jahrhundert entstand in dem Komplex die Franzis-

kanerkirche, der heute noch am besten erhaltene Teil der Anlage. Sehenswert ist die backsteinerne **Mauer**, die den ältesten Teil des Ortes umschließt, und schön ist der Blick vom erhöht liegenden Ort auf die Tiefebene nach Westen, die Hügel der Fruška Gora nach Osten und über die Donau nach Norden.

 Osijek/Đakovo/Vukovar

Bei den Landausflügen in Kroatien haben die Teilnehmer meist nur wenig Zeit zur freien Verfügung, Geldwechsel lohnt also nicht. Manche Lokale – nicht alle – in Osijek, Đakovo und Vukovar akzeptieren den Euro. Vorher nach dem Wechselkurs fragen!
Touristeninformationen:
Osijek: Županijska 2.
Đakovo: Kralja Tomislava 3 (in einer Seitenstraße des Korso).
Vukovar: J. J. Strossmayera 15.

Im Schiffsanleger in Vukovar ist ein kleiner Souvenirladen integriert; hier gibt es auch deutsch- und englischsprachiges Informationsmaterial zur Region.

Bačka Palanka

Eine Brücke und ein Grenzübergang verbinden das kroatische Ilok und das serbische Bačka Palanka. Dieser Ort mit heute 30 000 Einwohnern hat eine lange Geschichte, er profitierte immer schon von der günstigen Lage an einem Donauübergang. Die heutige Gestalt geht größtenteils auf den planmäßigen Ausbau nach Ende der Osmanenherrschaft zurück. Neben einem **Erdwall aus der Eisenzeit** hat der Ort vor allem

Karte S. 250

die **serbisch-orthodoxe Kirche Johannes des Täufers** (1783) und das **Stadtmuseum** zu bieten. Westlich des Ortes erstreckt sich das **Naturschutzgebiet Karađorđevo**. Es ist ein großes Jagdrevier, in dem Fasane, Mufflons und Weißwedelhirsche beheimatet sind.

Nationalpark Fruška Gora

Ab Ilok säumen recht steil abfallende Hügel das rechte Donauufer. Das sind die Ausläufer des Nationalparks Fruška Gora, der sich, von der Donau begrenzt, bis etwa Sremski Karlovci erstreckt. Mit knapp 80 Kilometern Länge und durchschnittlich 12,5 Kilometern Breite – insgesamt rund 500 Quadratkilometer – handelt es sich um ein ausgesprochen großes Naturschutzgebiet. Durchgängig bestimmen sanfte Hügel das Bild, die höchste Erhebung bildet mit seinen 539 Metern der Crevničot. Die Fruška Gora ist dünn besiedelt und wird von nur wenigen Straßen durchzogen. Landwirtschaft wird kaum betrieben, auch die Wälder werden nicht bewirtschaftet, sondern sind weitgehend sich selbst überlassen. Laubwald überwiegt, und hier findet sich unter anderem das größte Lindenbaumgebiet Europas. 1500 verschiedene Pflanzenarten, davon rund 12 Prozent endemische, konnten nachgewiesen werden, darunter allein 670 Heilkräuter. Ungewöhnlich sind auch die Orchideenwiesen. Dazwischen liegen einige kleinere Seen und Orte, in denen Weinanbau betrieben wird. Sie haben sich auch als Ausflugsziele etabliert, und dank der Kombination von Abgeschiedenheit und Einkehrmöglichkeiten ist die Fruška Gora ein beliebtes Wandergebiet. Vergleichbar mit dem Nationalpark Kopački Rit in Kroatien sind auch hier zahlreiche seltene Vogelarten heimisch, daneben Baummarder, Wildkatze und verschiedenes Damwild.

■ Klöster

Für die Serben war die Fruška Gora über Jahrhunderte, gerade auch während der osmanischen Herrschaft, das Zentrum ihrer Orthodoxie, die Klö-

Das Kloster Krušedol in der Fruška Gora

Auf der Mittleren Donau

Kloster Novo Hopovo

ster die Bewahrer serbischer Traditionen und Sitten. Nicht selten wird von dem ›serbischen Athos‹ gesprochen. Ursprünglich gab es 30 Klöster in diesem Gebiet, 16 Anlagen sind bis heute erhalten oder nach Kriegszerstörungen rekonstruiert worden, einige wenige ruinös. Wegen der enormen Dichte der Anlagen, der einzigartigen kulturhistorischen Einheit, die sie bilden, sowie der überragenden Bedeutung, die sie für die Baukunst und Malerei, die Geschichte und Religion der Serben haben, wurden sie 1990 zum ›Kulturgut von außerordentlicher Bedeutung für die Republik Serbien‹ erklärt.

Die Klöster entstanden zwischen dem 15. und dem 18. Jahrhundert als Stiftungen serbischer Herrscher. Es sind nicht nur viele Klosterkomplexe, sondern auch solche von besonderem Kulturwert. Nicht alle sind in architekturhistorischer Sicht bedeutend, aber eine Handvoll von ihnen hat besonders schöne Innenausstattungen zu bieten und lohnt daher einen Besuch. Die Anlagen sind heute zum großen

Teil Museen und weniger ein Abbild einer alltäglichen Religiosität. Eine lebendige Klosterkultur findet kaum noch statt; daher ist auch der Erhalt der Baudenkmäler mit Schwierigkeiten verbunden. Die bedeutendsten Klöster sind die in Grgeteg, Jazak, Novo Hopovo und Krušedol. Die Tagesausflüge führen fast immer zum letztgenannten Komplex.

Das **Kloster Krušedol** entstand ursprünglich zwischen 1509 und 1516 im Auftrag gleich dreier Fürsten. Beim Rückzug der Türken um 1716 wurde die Anlage erheblich beschädigt. Der Wiederaufbau konnte erst 1753 fertiggestellt werden, seitdem ist am barocken Erscheinungsbild kaum etwas verändert worden.

Die meisten Malereien stammen ebenso aus dem 18. Jahrhundert, nur einzelne Ikonen in der Kirche sind älteren Datums. Kirche und Nebengebäude sind hell getüncht, bescheiden in ihren Ausmaßen und in eine schöne Landschaft gebettet: Krušedol ist ein ausgesprochen freundlicher Ort.

Novi Sad

Novi Sad ist mit rund 250 000 Einwohnern das wirtschaftliche, administrative und kulturelle Zentrum der Vojvodina und nach Belgrad die zweitgrößte Stadt Serbiens. Am südlichen Stadtrand liegen die Einrichtungen der Universität – derzeit sind rund 38 000 Studenten eingeschrieben – und das Sport- und Geschäftszentrum ›Vojvodina‹. Bedeutung hat Novi Sad auch als Messestadt. Die wichtigste ist die Landwirtschaftsmesse, die seit 1931 jährlich abgehalten wird. Überregional hat sich Novi Sad auch einen Namen durch das Festival EXIT gemacht, das seit 2001 auf der Petrovaradiner Festung stattfindet und jährlich rund 250 000 Besucher anzieht: Neun Tage lang werden im Sommer auf zehn Bühnen Theater- und Musikaufführungen geboten.

In Novi Sad treffen sich wichtige Eisenbahn- und Straßenverbindungen. Während des letzten Krieges stufte die NATO die drei Brücken, über die der Verkehr läuft, als militärstrategisch bedeutsam ein und zerstörte sie 1999 durch Bombardierungen. Leichte Schäden erlitt dabei auch die Festung. Zwei Brücken wurden nach Ende des Krieges wiederaufgebaut, der Neubau der Freiheitsbrücke am südlichen Stadtrand konnte im Oktober 2005 dem Verkehr übergeben werden.

Geschichte

Vor allem im Vergleich mit den vielen Orten entlang der Donau, die auf antike Siedlungen zurückgehen, ist Novi Sad eine junge Stadt. Sie entstand am Ende des 17. Jahrhunderts. Am gegenüberliegenden Donauufer hingegen hatte es seit der römischen Zeit durchgängig eine Festung gegeben, die die Donau und einen sie an dieser Stelle querenden Handelsweg bewachte.

Die 2005 fertiggestellte Freiheitsbrücke

Auf der Mittleren Donau

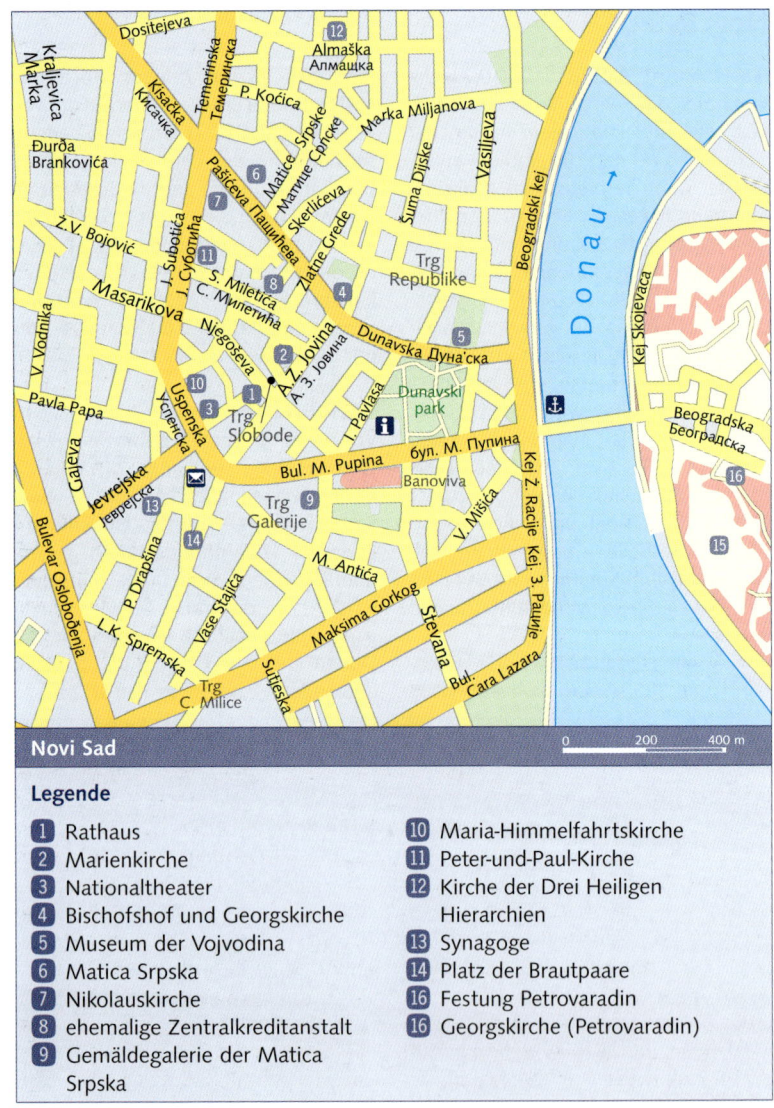

Novi Sad

Legende

1. Rathaus
2. Marienkirche
3. Nationaltheater
4. Bischofshof und Georgskirche
5. Museum der Vojvodina
6. Matica Srpska
7. Nikolauskirche
8. ehemalige Zentralkreditanstalt
9. Gemäldegalerie der Matica Srpska
10. Maria-Himmelfahrtskirche
11. Peter-und-Paul-Kirche
12. Kirche der Drei Heiligen Hierarchien
13. Synagoge
14. Platz der Brautpaare
16. Festung Petrovaradin
16. Georgskirche (Petrovaradin)

Die ersten Siedler auf der westlichen Donauseite waren Serben, die aus dem Süden vor den Osmanen geflohen waren.Der Ort entwickelte sich um einen Brückenkopf, den die Habsburger zur Sicherung der gegenüberliegenden Festung 1694 einrichteten. Maria Theresia löste ihn aus der Militärhoheit und verlieh ihm 1748 den Status einer ›freien Königsstadt‹. Gleichzeitig wurde er in der entsprechenden Urkunde nun als ›Neusatz‹ bezeichnet. Diese Urkunde kann man als die eigentliche Gründung des Ortes ansehen, auch wenn er zu diesem Zeitpunkt wohl schon einige tausend Einwohner hatte.

Dank seiner günstigen Lage im Schutz der Burg und an einem Handelsweg wuchs Neusatz rasch. Im 18. und 19. Jahrhundert zogen Ungarn, Deutsche und Serben zu, daneben lebten Slowaken, Griechen und Juden und weitere kleinere Minderheiten in der Stadt. Wenn auch nach wie vor Ungarn und Kroaten in Novi Sad ansässig sind, so ist das einstige Völkergemisch, von dem vor allem die Sakralbauten zeugen, nicht mehr vorhanden.

Im Jahr 1848 wurde die Stadt zu rund zwei Dritteln zerstört. Ungarische Aufständische hatten sich in der Festung verschanzt und beschossen die sie belagernden habsburgischen Truppen, 15 000 Einwohner kamen ums Leben. Ab 1849 begann der Wiederaufbau der Stadt; das in den folgenden Jahren errichtete Novi Sad entspricht im Zentrum in weiten Teilen dem heutigen.

In der zweiten Hälfte des 19. Jahrhunderts prosperierte die Stadt, gleichzeitig entwickelte sie sich zum kulturellen Zentrum der Serben. So hatten ein serbisches Theater und der enorm wirkungsmächtige serbische Kulturverein ›Matica Srpska‹ hier ihren Sitz. Nach dem Ersten Weltkrieg kam Novi Sad, bis dahin im ungarischen Teil der k. u. k. Monarchie gelegen, zum Königreich der Serben, Kroaten und Slowenen.

Ein Stadtrundgang

Die Festung erhebt sich beeindruckend auf der Höhe am südlichen Ufer, und manche Besucher mögen angesichts der wenig attraktiven Neubauten, die die Uferpromenade auf der anderen Seite säumen, geneigt sein, die Stadt links liegen zu lassen. Ihr schmuckes Zentrum lohnt aber einen Besuch.

Vom Schiffsanleger führt der breite Bul. Mihajla Pupina in das Zentrum. Er wurde erst zwischen den beiden Weltkriegen angelegt. Bis dahin erstreckte sich hier ein Sumpfgebiet, und zudem hatten die Machthaber bis 1918 aus militärstrategischen Gründen eine Bebauung des Ufers nicht zugelassen. So ist zu erklären, dass die älteren Stadtteile von Novi Sad ein wenig von der Donau zurückgesetzt liegen. Beherrschendes Gebäude am Bul. Mihajla Pupina ist die **Banoviva**. Dieser langgestreckte und kühn geschwungene Bau des Architekten Dragiša Brašovan entstand zwischen 1935 und 1939 und war bis zum Zweiten Weltkrieg Sitz des Donaubezirks. Heute tagen hier das Parlament und der Vollzugsrat der autonomen Provinz Vojvodina.

■ Rund um den Platz der Freiheit

Mittelpunkt den kleinräumigen Zentrums, das seit den 1980er Jahren in Teilen zur Fußgängerzone umgestaltet wurde, ist der freundliche und belebte trg Slobode (Platz der Freiheit). Er wurde um 1746 anstelle eines alten Stadtmarkts angelegt. Sein heutiges Aussehen erhielt er am Ende des 19. Jahrhunderts; in dieser Zeit entstanden an seinen Seiten das Rathaus, die katholische Marienkirche, das ›Grand Hotel Majer‹, heute eine Bank, und das Hotel ›Vojvodina‹.

Das **Rathaus** wurde 1895 nach Plänen des Architekten Gyorg Molnar errichtet. Der Neorenaissancebau ist eine Kopie des Rathauses in Graz. Vor dem Rathaus steht ein Denkmal, das an Svetozar

Auf der Mittleren Donau

Miletič erinnert. Der serbische Rechtsanwalt, Politiker und Journalist war im 19. Jahrhundert Bürgermeister von Novi Sad und gilt als einer der bedeutendsten serbischen Politiker seiner Zeit. Der bekannte Bildhauer Ivan Mestrović schuf das Denkmal 1939.

Die neogotische **Marienkirche** ist dank des spitzen, gut 70 Meter hohen Turms das auffälligste Bauwerk am Platz. Auch für sie lieferte Molnar die Pläne; eine Büste im Vorraum erinnert an ihn. An dieser Stelle gab es mehrere Vorgängerbauten, die römisch-katholische Marienkirche wurde 1895 fertiggestellt. Die Marienkirche ist ein geradezu klassisches k. u. k.-Produkt: Der Architekt war ein Bürger Novi Sads, die auffälligen Majolikaziegel kamen aus der Zsolnay-Manufaktur in Pécs, die farbigen Fenster aus Böhmen, Teile der Innenausstattung aus Tirol.

Hinter der Marienkirche erhebt sich an einem kleinen Platz die **Plebanie** (Plebanija), 1808 als Pfarrhof der katholischen Kirche errichtet. Das Gebäude im barock-klassizistischen Stil gehört zu den wenigen Bauten, die in der Revolution nicht beschädigt worden sind. Gegenüber, an der Ostseite des schmalen Platzes, befindet sich ein für die Verhältnisse der Stadt groß dimensionierter Wohnbau, der Eigentum der römisch-katholischen Gemeinde war und von den Stadtbewohnern daher ›Vatikan‹ genannt wurde.

Die restliche Bebauung am Freiheitsplatz wie auch die entlang der fünf von ihm abgehenden Straßen und der angrenzenden Viertel stammt zu großen Teilen aus der Wiederaufbauzeit nach 1848 und wurde danach nur in Teilen verändert; das Stadtbild ist daher relativ einheitlich und harmonisch.

Einen Kontrast zur historischen Bebauung bildet das **Serbische Nationaltheater**, ein von Rosenrabatten gesäumter weißer Kubus westlich des Platzes. Er wurde bis 1981 erbaut; in ihm ist ein Dreispartenhaus untergebracht: Drama, Oper und Ballett. Die Institution selbst ist eine Gründung von 1961.

Karte S. 266

▲ *In der ul. Zmaj Jovina*

■ Die ul. Zmaj Jovina

Vom Freiheitsplatz nach Nordosten verläuft als eine der fünf Straßen die ul. Zmaj Jovina, schon immer die wichtigste Verbindungsstraße. Sie trägt ihren Namen nach dem Arzt und Dichter Jovan Jovanović Zmaj; ihm zu Ehren ist auch ein kleines Denkmal errichtet, das sich etwa auf der Ecke zur ul. Dunavska befindet. Diese beiden Straßen sind die wichtigsten Straßen der Stadt, die Flanier- und Einkaufsmeilen. Ungewöhnlich sind die vielen kleinen **Passagen**, die auf den Grundstücken eingerichtet sind. In den schmalen Durchgängen und engen, oft baumgeschmückten Höfen finden sich neben Büros vor allem zahlreiche kleine Läden und Lokale. Die Fußgängerzone ist auch abends stets belebt.

Die ul. Zmaj Jovina läuft auf den **Vladika-Hof (Bischofshof)** zu, der die ul. Zmaj Jovina auf östlicher Seite begrenzt. Eine Besichtigung ist nicht möglich.

Unmittelbar dahinter, an der ul. Pašiceva, erhebt sich mit der **serbisch-orthodoxen Kirche des heiligen Georg** eine der ältesten Kirchen der Stadt. Sie ist ebenfalls im allgemeinen verschlossen. Ihr heutiges Aussehen erhielt sie in der Wende vom 19. zum 20. Jahrhundert, der Ursprungsbau stammt von 1734 bis 1740.

■ Die ul. Dunavska

Die ul. Dunavska verläuft in Richtung Donau – daher auch der Name. Gleich auf der Ecke steht das als ›Beli lav‹ (Weißer Löwe) bekannte und älteste erhaltene Haus der Stadt; es stammt von 1720. Die Straße ist durchgängig von zwei- und dreistöckigen Bauten gesäumt, in denen zahlreiche Läden und Lokale untergebracht sind – sie

Die Dunavska – eine lebendige Einkaufsstraße

ist eine der anmutigsten und zugleich lebendigsten Straßen. Sie läuft auf den Donaupark zu, die größte innerstädtische Grünanlage. Diese ist sehr gepflegt, geschwungene und baumbeschattete Wege führen um kleinere Seen, Skulpturen schmücken den Park. An der ul. Dunavska befindet sich auch, verteilt auf zwei Häuser, eines der wichtigsten Museen in Novi Sad, das **Museum der Vojvodina**. Es präsentiert Exponate von den prähistorischen Zeiten bis in die unmittelbare Gegenwart. Die Abteilungen Archäologie, Antike und Ethnologie sind in der Nr. 35 untergebracht, die zur Gegenwart in der Nr. 37. Ein kleiner Museumsshop bietet neben diversen Publikationen auch typisches Kunsthandwerk aus der Region an.

■ Rund um die ul. Pašicéva

Wenn man die Straße links von Bischofhof und Georgskirche entlanggeht, findet man an der Ecke zur ul. Matica Srpske mit der **Matica Srpska** (Serbischer Kulturverein) die bedeutendste kulturelle Institution der serbischen Volkes in der Vojvodina. Die Einrichtung wurde 1826 in Budapest begründet, um die serbische Kultur in einer Umwelt zu sichern, in der immer stärker ungarisch-nationale Tendenzen vorherrschten, und 1864 nach Novi Sad verlegt. Der Verein gründete unter anderem Bibliotheken und gab Zeitschriften heraus.

Gleich mehrere Kirchen liegen in dem kleinen Viertel, das die Matica Srpska umgibt. Am schönsten ist sicherlich die **serbisch-orthodoxe Kirche des heiligen Nikolaus** von 1730, ein in eine Grünanlage gebetteter schlicht-eleganter Bau. Es ist die älteste im Originalzustand erhaltene Kirche in Novi Sad und hat eine gewisse Bekanntheit, weil hier die Söhne von Milena und Albert Einstein getauft wurden; Milena Einstein-Marič stammt aus Novi Sad. Um die Kirche herum befindet sich das **älteste Viertel von Novi Sad**; einige der einstöckigen schmalen Häuser vermitteln noch eine Vorstellung davon, wie Novi Sad vor der Mitte des 19. Jahrhunderts ausgesehen hat.

Der Weg von hier zurück zum Freiheitsplatz könnte über die ul. Subotiča und die ul. Miletiča führen. Auf der Ecke zur ul. Grčkoškolska kommt seit der jüngsten Renovierung die Schönheit der früheren **Zentralkreditanstalt** wieder vortrefflich zur Geltung: von einer Kuppel gekrönter Neobarock in ausgewogenen Proportionen. In der ul. Grčkoškolska wohnten im 18. und 19. Jahrhundert zahlreiche Griechen; eine Gedenktafel an der früheren griechischen Schule erinnert daran.

■ Galerieplatz

In Novi Sad gibt es eine Reihe von interessanten Museen – unter anderem auf der Festung und in der Dunavska –, lohnend für all diejenigen, die sich mit serbischer Kunst auseinandersetzen

möchten, ist ein Bummel zum trg Galerije. Hier sind gleich mehrere Sammlungen zu sehen.

Die **Gemäldegalerie der Matica Srpska** an der Ostseite dominiert den Platz, den Kern der heutigen Sammlung bildet die Gründung der Serbischen Volkssammlung im Jahr 1847. An diesem Platz befindet sie sich erst seit 1958. Die Sammlung umfasst rund 5000 Kunstwerke aus der Zeit zwischen dem 14. und dem 20. Jahrhundert. Die ständige Ausstellung präsentiert serbische Malerei des 18. und 19. Jahrhunderts, daneben werden Wechselausstellungen gezeigt.

In dem kleinen modernen Gebäude daneben ist die **Pavle-Beljanski-Gedächtnissammlung** untergebracht. Der Jurist Beljanski, ein Bürger Novi Sads, hatte viele Jahre Künstler gefördert und Bilder erworben. Seine Sammlung vermachte er testamentarisch der Stadt, und 1961 konnte das Museum eröffnet werden. Es hat vor allem serbische Malerei aus der ersten Hälfte des 20. Jahrhunderts in seinem Bestand.

In dem hellgelben Gebäude gegenüber ist die **Sammlung von Rajko Mamuzič** untergebracht. Er schenkte sie der

Das moderne Serbische Nationaltheater

Karte S. 266

Stadt im Jahr 1972. Die Sammlung umfasst rund 400 Werke zeitgenössischer jugoslawischer und serbischer Maler, daneben Skulpturen und Tapisserien. Neben den Dauerausstellungen werden Sonderausstellungen gezeigt.

■ **Weitere Sehenswürdigkeiten**
Folgt man der Umgehungsstraße vom Nationaltheater aus nach Norden, hat man die Gelegenheit zu weiteren Kirchenbesichtigungen. Direkt an der Straße liegen die **serbisch-orthodoxe Maria-Himmelfahrtskirche** und die **griechisch-katholische Peter-und-Paul-Kirche**. Noch weiter im Norden befindet sich in der ul. Almaška die **serbisch-orthodoxe Kirche der Drei Heiligen Hierarchien**.
Lohnenswerter ist ein Abstecher in die baumbestandene ul. Jevrejska. Hier findet sich die überraschend große **Synagoge** (1909). Zu dem Komplex gehören die ehemalige jüdische Schule und das Gemeindehaus. In Novi Sad gab es bis in das 20. Jahrhundert eine große jüdische Gemeinde, ihre Mitglieder wurden 1944 deportiert. Daran erinnert eine kleine Gedenktafel. Die Synagoge wird heute als Konzertsaal genutzt.
Links an der Synagoge vorbei erreicht man den trg Mladenaca, den **Platz der Brautpaare**, einen sehr anmutigen kleinen Platz, der seinem romantischen Namen gerecht wird. An seiner Südseite befindet sich das Standesamt.

Die Festung Petrovaradin
Erst seit 1945 ist das Gebiet auf der südlichen Donauseite der Stadt Novi Sad angegliedert. Bis dahin waren die Festung und der sie umgebende kleine Ort selbständig. Und erst seit Ende des Zweiten Weltkriegs dient der Ort

Kreuzfahrtschiff vor der Festung

nicht mehr militärischen Zwecken, die ihn zwei Jahrtausende lang geprägt hatten. In der hervorragend erhaltenen und restaurierten Festungsanlage sind eine ganze Anzahl von Kultureinrichtungen untergebracht, dazu Hotel und Restaurant, Bars und Cafés, und der Blick von den Mauern auf Novi Sad und die Donau zur einen und die Fruška Gora zur anderen Seite lohnt allein den Aufstieg. Petrovaradin, seit 1951 als historisches Denkmal von besonderem Wert ausgewiesen, ist die Hauptattraktion von Novi Sad und eine der herausragenden Festungsanlagen an der Donau überhaupt.

■ **Geschichte der Festung**
Von den Kelten, die hier als erste siedelten, bis zu den Osmanen war die in einer Donauschleife am Rande eines Höhenzugs gelegene Stelle immer wieder umkämpft. In den Jahrhunderten dazwischen waren die Römer ebenso hier wie die Byzantiner, Hunnen, Awaren und Ungarn; sogar die Franken hatten ihn kurz in der Hand, und die Zisterzienser bauten hier im 13. Jahrhundert ein Kloster, das sie Belafons nannten. Im Jahr 1463 schlossen Mat

In der Festung sind zahlreiche Ateliers untergebracht

thias Corvinus und Venedig hier einen Pakt gegen die Osmanen, allerdings vergeblich: Die Türken eroberten die Festung und blieben bis 1687.

Die Habsburger folgten ihnen und beschlossen, auf dem Hügel eine vollkommen neue Festung zu errichten, die dem damaligen Stand der Festungsbautechnik entsprechen sollte. Also verpflichtete man den berühmtesten Fortifikationsingenieur dieser Zeit, den in ganz Europa tätigen Sébastien le Prestre de Vauban, und ließ unverzüglich die Arbeiten beginnen. Einer kurzzeitigen Belagerung der Türken hielt die Anlage kurz nach Baubeginn schon stand; nach 1739, als Belgrad ein letztes Mal vorübergehend an die Türken zurückgefallen war, wurde die Festung nochmals erheblich ausgebaut und verstärkt. Die Arbeiten waren erst 1780 abgeschlossen, seitdem ist die Anlage kaum noch verändert worden.

Die Festung war nach dem Friedensvertrag von Karlowitz (heute Sremski Karlovci) im Jahr 1699 das Herzstück eines ungewöhnlichen militärischen Systems. Nach jenem Friedensschluss waren in sehr kurzer Zeit rund 40 000 Familien in die Gebiete gekommen, die nun nicht mehr von den Osmanen beherrscht wurden. Viele von ihnen erhielten unter den Österreichern den Status von ›Wehrbauern‹ und sollten die immer noch unruhige Grenze zwischen Osmanischem und Habsburger Reich sichern. Die Familien erhielten Land, waren freie Bürger und weitgehend von Steuerpflichten und Frondiensten befreit, dafür die männlichen Mitglieder aber zum Wehr- und Grenzdienst verpflichtet. Sie standen unter der Befehls- und Gerichtsbarkeit des österreichischen Heeres. Diese Militärgrenze nannte man den ›Konfin‹. Die Festung Petrovaradin war Sitz des Kommandierenden dieser Grenze, gleichzeitig ein Sitz der österreichischen Donauflotte. Erst 1871 wurden Militärgrenze, der Status des Wehrbauern und der Sitz der Flotte aufgelöst.

Die Festung musste ihre Wehrhaftigkeit nie unter Beweis stellen, und vielleicht aus diesem Grund wurde sie bis 1918 als größtes Gefängnis der k. u. k. Monarchie genutzt. Hauptsächlich politische Gefangene waren hier inhaftiert, prominentester Insasse aus heutiger Sicht war Josip Broz, der später als Tito eine wichtige politische Rolle spielen sollte.

■ Sehenswürdigkeiten

Für Fußgänger ist der kürzeste Zugang nicht ausgeschildert, aber leicht zu finden. Der Verlängerung der Brücke, die vom Stadtzentrum Novi Sads auf die andere Donauseite führt, folgt man ein kurzes Stück. Nach Beginn der Blockbebauung folgt man der ersten Querstraße auf rechter Seite bis zur Ecke, wendet sich nach links und steht nach wenigen Metern vor einer Treppe. Sie führt in sanftem Schwung direkt zum Tor unterhalb des Uhrturms.

Man ist richtig, wenn die **Kirche des heiligen Georg** links zurückbleibt. Sie wurde 1701 bis 1714 im Stil des Barock errichtet und ist mit dem Jesuitenkloster, das 1734 fertiggestellt wurde, zu einem Komplex verbunden.

Die Festungsanlage umfasst 112 Hektar, sie weist 16 Kilometer unterirdischer Gänge auf, 5 Tore, 12 000 Schießscharten und hat Platz für 400 Kanonen. Wegen ihrer Größe und ihrer Solidität wurde sie auch ›Gibraltar an der Donau‹ genannt.

Neben dem stilvollen Hotel, dem Historischen Archiv der Stadt in der ehemaligen Kaserne, dem Planetarium und der Sternwarte sind eine Reihe von Institutionen in dem weitläufigen Areal untergebracht. Das **Stadtmuseum** im ehemaligen Waffenlager beleuchtet mit einer ständigen Ausstellung das städtische Leben von der Mitte des 18. bis zur Mitte des 20. Jahrhunderts; zudem gehört zur Einrichtung auch ein 1000 Meter langes Teilstück der **unterirdischen Gänge**, das Besuchern offensteht. Wahrzeichen der Festung ist der **Uhrturm**, dessen großer Zeiger die Stunden und dessen kleiner die Minuten anzeigt. So konnten die Schiffer auf der Donau besser die Zeit erkennen.

Bemerkenswert ist vor allem, dass die Festung heute das Zentrum des künstlerischen Lebens in Novi Sad ist: Die Akademie der Schönen Künste residiert in einer ehemaligen Kaserne etwas am Rand, die **Straße der alten Handwerkerarten** hält, was ihr Name verspricht, neben mehreren **Galerien** mit Dauer- und Wechselausstellungen sind aber vor allem die insgesamt 88 **Ateliers** einen Besuch wert. Darin arbeiten Musiker und Schriftsteller sowie Maler und Bildhauer. Viele Türen stehen stets offen, und fast alle Mieter freuen sich über einen Besuch und erläutern gern ihre Werke.

■ **Unterstadt**

Innerhalb der Festungsanlage liegt die Unterstadt. Sie besteht aus wenigen Straßen, Rückgrat des kleinen Viertels ist die ul. Beogradska, die nach Osten durch das Belgrader Tor begrenzt wird. Seit Mitte des 18. Jahrhunderts wohnten vor allem Angehörige des Militärs in dem Viertel, daneben auch Händler, Handwerker und Bauern. Entlang der engen Gassen sind noch viele der schmalen zweistöckigen Häuser erhalten, von denen die meisten im Barockstil ausgeführt sind. Allerdings könnte die Mehrzahl auch eine Auffrischung gut vertragen. Man findet hier einige Läden und Restaurants, der Kontrast zum lebendigen Stadtzentrum auf der anderen Seite ist jedoch augenfällig.

ℹ **Novi Sad**

Tourismusbüro, Bulevar Mihajla Pupina 9. Erstaunlich umfangreiches Material, vieles davon auch in deutscher Übersetzung.

Die größte Dichte an Cafés findet man am trg Slobode, der ul. Zmaj Jovina und der Dunavska. Durchweg nette Atmosphäre.

Südlich des Zentrums gibt es eine Reihe von Strandbars und Restaurantschiffen.

Der Euro wird kaum akzeptiert, in der Fußgängerzone gibt es aber Wechselstuben und Bankautomaten.

Auf der Mittleren Donau

Sremski Karlovci

Unter dem deutschen Namen Karlo-witz ist der Ort, zehn Kilometer hinter Novi Sad am rechten Ufer gelegen, Historikern ein Begriff: Im Jahr 1699 wurde hier der ›Karlowitzer Frieden‹ zwischen den Türken und den Habsburgern und ihren Verbündeten, der selbsternannten ›Heiligen Allianz‹, geschlossen. Unter der Führung von Prinz Eugen hatten die vereinigten Heere zwischen 1683 und 1697 einige Siege gegen die Türken errungen, und die damit verbundene Machtverschiebung und die territorialen Gewinne Österreichs wurden durch den Frieden bestätigt.

Etwas außerhalb von Sremski Karlovci wurde 1698 eigens für die Unterredungen ein ungewöhnlicher Kuppelbau errichtet. Er besaß vier Türen, je eine für die an den Verhandlungen beteiligten Mächte Österreich, Osmanisches Reich, Venedig und Russland. Man sagt, dass diese vier Türen notwendig waren, da sich die Vertreter der Mächte nicht einigen konnten, wer zuerst den Raum betreten durfte. Wohl zum ersten Mal in der Geschichte wurde an einem ›runden Tisch‹ verhandelt.

Hauptattraktion des Ortes ist die 1762 feriggestellte **Domkirche des heiligen Nikolaus** mit ihren charakteristischen Doppeltürmen und der benachbarte **Patriarchenhof**. Daneben gibt es einige weitere Kirchen und schöne Bürgerhäuser. Das Stadtbild präsentiert sich relativ einheitlich im Barock und steht als Gesamtensemble unter Schutz.

Die bedeutendste Zeit von Sremski Karlovci lag zwischen der Mitte des 18. und dem Anfang des 20. Jahrhunderts, als sich hier der Sitz der orthodoxen Metropolie befand. Heute ist es ein ruhiges, pittoreskes Städtchen in einer reizvollen Umgebung: die Hänge der Fruška Gora auf der einen und die Donau auf der anderen Seite. Das Zentrum liegt etwas vom Strom entfernt; von dort sind lediglich die Türme der Domkirche gut auszumachen.

Kovilj-Petrovaradiner Ried

Kurz hinter Sremski Karlovci, auf der linken Seite, erstreckt sich das Kovilj-Petrovaradiner Ried. Das ist eine Auen- und Sumpflandschaft, die von früheren Seitenarmen der Donau geprägt und geformt wurde. Um die hier heimischen und durchziehenden seltenen Vogelarten zu schützen, sind knapp 5000 Hektar als **Naturreservat** ausgewiesen. Wanderfalke, Fischreiher und Weißreiher, Rotschnabeliger Schwan, Schwarzer Storch, Schwarzente und viele andere Arten können mit etwas Glück auch vom Schiff beobachtet werden.

Gegenüber dem unbedeutenden Ort Stari Slankamen (Kilometer 1215) mündet auf der linken Seite die **Tisa (Theiß)** in die Donau und lässt sie deutlich anschwellen. Die Theiß ist nach der Save der wasserreichste Nebenfluss der Donau, der zweitgrößte und -wichtigste Fluss Ungarns und auch Serbiens. Bis Belgrad zieht sich die Donau in ruhigen Schleifen dahin. Wichtige Orte werden nun nicht mehr passiert, nennenswert ist allein **Zemun**. Zwischen 1717 und 1918 hieß diese Ortschaft Semlin und war der letzte Vorposten der Habsburger Monarchie an der Nordseite der Save, dem Osmanischen Reich und später Serbien unmittelbar gegenüber gelegen. Das kleine Zentrum mit seinen barocken Kirchen und teils nur zweistöckigen Häusern hat sich die Atmosphäre aus dieser Zeit bewahren können. Heute ist Zemun ist Vorort von Belgrad.

▲ Karte S. 250

Belgrad

Für viele Städte ist ihre Lage prägend, für Belgrad war die Lage am Zusammenfluss von Save und Donau geradezu schicksalbestimmend. Gleichzeitig ist Belgrad von beiden Flüssen auffällig unberührt, die Stadt lebt nicht mit, sondern an ihnen. Zwischen Donau und dem Zentrum erstreckt sich ein breiter trennender Gürtel von Schienen-, Lager- und Hafenanlagen, und auch der Save wendet die Stadt ihren Rücken zu. Die Stadt wuchs seit dem 19. Jahrhundert nach Süden und Osten und rückte so mit der Zeit immer weiter vom Wasser fort. Erst nach dem Zweiten Weltkrieg ist Belgrad nach Norden über die Save gewachsen, das alte Belgrad und das neue (Novi Beograd) sind durch den Fluss aber säuberlich voneinander getrennt.

Seit den Römern lag der Hügel oberhalb des Zusammenflusses die meiste Zeit an der unmittelbaren Grenze von Herrschaftsgebieten. Hier verlief die Nahtstelle zwischen Habsburger und Osmanischem Reich, später zwischen Österreich und Serbien. Belgrad lag also jahrhundertelang im Spannungsfeld zwischen Okzident und Orient, Christentum und muslimischer Welt, Mitteleuropa und Balkan. Entlang von Donau und Save lagen die Grenzen. Die Stadt wandte sich von ihnen ab, um geschützt zu sein.

Historiker haben errechnet, dass seit der Antike der Ort vierzigmal erobert, und das heißt fast immer zerstört worden ist. Immer wieder wurde eine neue Siedlung gebaut, und fast nie ging sie eine Verbindung mit der vorigen ein. Es gab keine Kontinuität, statt dessen Brüche, Verwandlungen und jähe Wechsel. Das betrifft die Herrschaftsverhältnisse wie auch die Bevölkerung, ihre Zusammensetzung, Sprache, Lebensweise und Kultur. Daher finden sich kaum Gebäude, die älter als 150 Jahre sind, und architektonisch einheitliche Viertel sind rar. Viele Epochen sind im Stadtbild nur noch in mikroskopischer Dosis vorhanden, und die Geschichte der Stadt lebt eher in Legenden und Mythen fort als in ihrem Äußeren. Wer ihr auf die Spur kommen will, sollte

Der Zusammenfluss von Donau und Save unterhalb der Festung

Auf der Mittleren Donau

den Besuch wenigstens einiger der zahlreichen Museen in Betracht ziehen. Belgrad war seit der Unabhängigkeit Serbiens seine Hauptstadt, nach 1918 auch die des neuen Königreichs und später Jugoslawiens und heute Rest-Jugoslawiens, also Serbien und Montenegro. Rund 1,6 Millionen Menschen leben hier, es gibt 15 Theater, drei Dutzend Museen und mehr als 20 Galerien; das serbische Parlament, der Patriarch der serbisch-orthodoxen Kirche und der römisch-katholische Erzbischof haben hier ihren Sitz. Belgrad ist im Land die wichtigste Universitäts-, Messe- und Industriestadt, sein Wissenschafts- und Handelszentrum.

Belgrad zu erkunden, ist einfach. Die Kreuzfahrtschiffe ankern stets an der Save unterhalb von Festung und Altstadt. So lässt sich ein Großteil der Sehenswürdigkeiten bequem zu Fuß erreichen.

Gerade abends lohnt ein Bummel: Man flaniert dann entlang der ul. Kneza Mihajla, trifft sich auf der Festung oder am trg Republike oder sucht eines der stimmungsvollen Lokale im Viertel Skadarlija auf. Weil Belgrad touristisch nicht so überlaufen ist wie manch andere Städte an der Donau, bietet sich dem Betrachter ein Einblick in die Alltäglichkeit einer Großstadt.

Geschichte

Bereits in der Bronzezeit war der Hügel am Zusammenfluss von Save und Donau besiedelt. De Griechen waren seit dem 7. Jahrhundert vor Christus hier, dann die Illyrer; die Kelten errichteten eine erste Festung. Im 1. Jahrhundert unserer Zeitrechnung eroberten die Römer den Ort und gaben ihm den Namen Singidunum. Ihre Festung sollte die Straße von Italien nach Byzanz und

Siegesmonument auf der Festung

via Trajansbrücke in die Provinz Dacia schützen; die Stadt lag am äußersten Punkt ihres Herrschaftsgebietes und war daher ständig bedroht. Nach der Teilung der Römischen Reiches gehörte der Ort zu Byzanz. Die Grenze zum weströmischen Reich verlief unmittelbar westlich und nördlich der Stadt.

Die Römer wurden im 5. Jahrhundert vertrieben, ihre Bauten zerstört, die Awaren eroberten im 7. Jahrhundert diese Stelle und ließen sie wüst zurück. Im 8. Jahrhundert errichteten die Slawen auf dem Hügel eine Festung, der Name Beo Grad (Weiße Burg) wird erstmals 878 in einer Urkunde des Papstes Johannes VIII. erwähnt. Sie war in den folgenden Jahrhunderten zwischen Byzantinern, Bulgaren, Ungarn und Serben umkämpft und wechselte mehrmals den Besitzer. 1284 übergab der ungarische König Stephan V. Belgrad an den serbischen Fürsten Dragutin, der sich mit Stephans Tochter verheiratet hatte. Seither gilt Belgrad als Zentrum des Serbentums. 1319 eroberten wiederum die Ungarn den Ort.

Im Jahr 1403 übergaben die Ungarn den Ort erneut, diesmal an Stephan Lazar. Er hatte sich mit den Ungarn arrangiert, und sie ließen ihm die Stadt in der Hoffnung, er könne das südungarische Gebiet gegen die bereits andrängenden Osmanen stabilisieren. Während der Herrschaft des Fürsten Lazar wurde Belgrad erstmals zur Residenzstadt mit vermutlich bis zu 40 000 Einwohnern, zum Mittelpunkt eines serbischen Staates. Repräsentative Bauten entstanden, daneben Wohnhäuser für die angeworbenen Kaufleute und Handwerker sowie ein Hafen an der Save. Nach dem Tod des Fürsten 1427 waren wieder die Ungarn die Herrscher.

Die Türken eroberten Belgrad 1521 und blieben, unterbrochen lediglich von einigen kurzen Intermezzi der Habsburger, bis 1867. In den jahrhundertelangen Auseinandersetzungen kam es immer wieder zu Zerstörungen und auch bewussten Schleifungen der neuen Machthaber, die auf den freigeräumten Flächen architektonisch ihren Herrschaftsanspruch darstellten.

Belgrad erlebte in der Mitte des 17. Jahrhunderts eine Blütezeit. Man nimmt an, dass zu dieser Zeit rund 100 000 Menschen hier lebten; Reiseberichte aus dieser Zeit vermitteln das Bild einer pulsierenden orientalischen Stadt. Zwischen 1683 – Niederlage der Türken vor Wien – und 1867 – Abzug der letzten osmanischen Truppen – war Belgrad Zankapfel zwischen Habsburgern und Osmanen, die sie jeweils mehrmals eroberten und wieder verloren. In dieser Zeit erlitt die Stadt wiederholt schwerste Zerstörungen.

■ Belgrad wird serbisch

Seit dem frühen 19. Jahrhundert schalteten sich die Serben als politisch handelnde Kraft ein. 1806 und 1815 brachten serbische Aufrührer die Stadt jeweils kurz in ihren Besitz, 1817 kam Belgrad zum halb autonomen Serbien, eine türkische Garnison aber blieb. Belgrad als das Zentrum des selbstverwalteten, aber unter der Oberaufsicht der Osmanen stehenden Fürstentums Serbien zog Gebildete an, Serben aus anderen Regionen zogen zu. 1820 hatte die Stadt vermutlich nicht mehr als 5000 Einwohner, 1850 waren es wohl um die 20 000. Einige Jahre bestanden das zur Donau gelegene Türkenviertel und der zur Save gelegene neuere, serbische Stadtteil nebeneinander.

Nach dem Ende der Osmanenherrschaft 1867 verlor Belgrad rasch das Aussehen einer orientalischen Stadt. Die Stadt wuchs nach einem Generalplan in Schüben, tilgte die Zeugnisse der Fremdherrschaft aus dem Stadtbild und breitete sich zunächst nach Süden aus. Belgrads Bedeutung als Handelsstadt nahm deutlich zu, die Industrialisierung hielt dagegen nur sehr allmählich Einzug.

Die Behörde zum Schutz der Kulturdenkmäler hat auf der Festung ihren Sitz

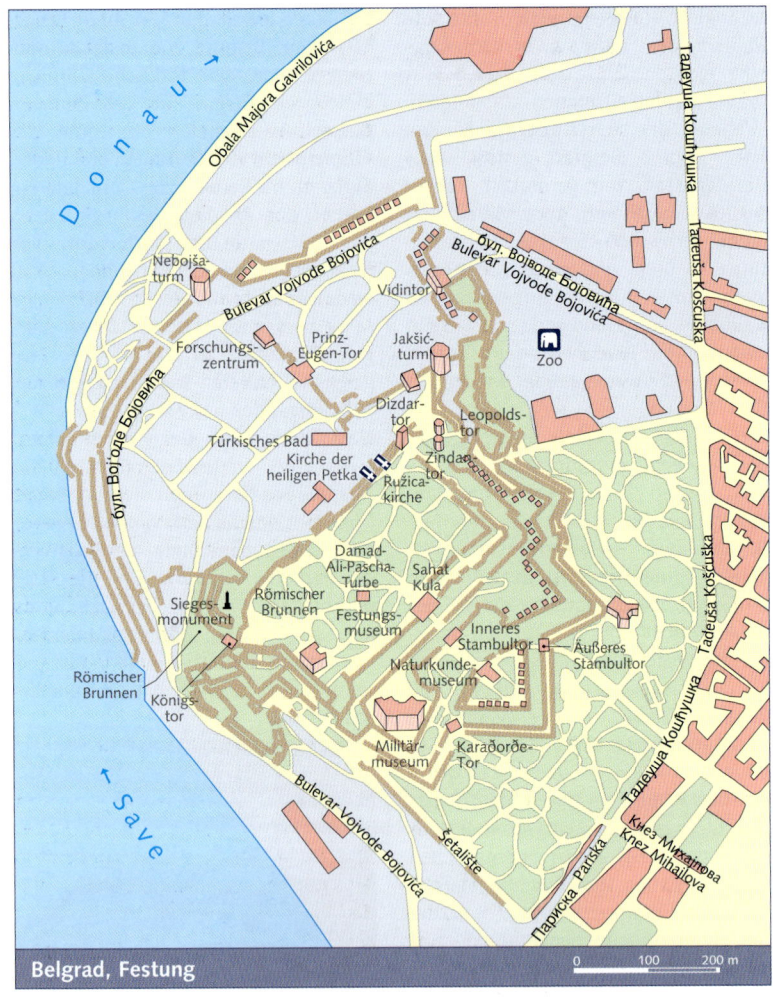

Belgrad, Festung

0   100   200 m

Im Jahr 1878 verpflichtete sich Serbien auf dem Berliner Kongress zum Bau einer Eisenbahnverbindung zwischen Belgrad und Niš mit Anschlüssen nach Konstantinopel und Saloniki. 1884 waren die Verbindungen fertiggestellt, Europa und der Nahe Osten verknüpft, da nun auch das österreichische Zemun auf der anderen Seite der Save und Belgrad mit einer Eisenbahnbrücke verbunden waren.

■ Die Hauptstadt Jugoslawiens

Im Ersten Weltkrieg erlitt die Stadt während der Eroberung durch österreichische Truppen erhebliche Zerstörungen. Nach Kriegsende wurde sie zur Hauptstadt des Königreichs der Serben,

Kroaten und Slowenen; mit dieser Aufwertung stieg auch die Bevölkerungszahl rasch an, sie lag anfangs der 20er Jahre bei rund 300 000.

Deutsche Truppen bombardierten Belgrad 1941, Luftangriffe der Alliierten 1944 und die Kämpfe bei der Befreiung richteten weitere Schäden an. 1945 waren ein Drittel der Häuser und die Hälfte der industriellen Anlagen zerstört.

Nach 1945 wurde Belgrad Hauptstadt Jugoslawiens. Seitdem konzentrieren sich hier die wichtigsten staatlichen Einrichtungen, gleichzeitig wurde die Industrie massiv ausgebaut, und in dieser Zeit entstand mit Novi Beograd ein riesiges Neubauviertel nordwestlich der Save. Anfang der 90er Jahre wohnten in Belgrad bereits 1,5 Millionen Menschen. Die neuen Bewohner waren vor allem aus den ländlichen Gebieten aller Landesteile zugezogen, aus Bosnien, Kroatien, dem Kosovo und dem südlichen Serbien

Festung

Die herausragende Sehenswürdigkeit Belgrads ist zweifellos die Festung (Tvrdjava) mit ihrer Umgebung, dem Kalemegdan genannten Plateau. In dem Winkel zwischen Donau und Save erhebt sich ein Hügel, und diese strategisch günstige Lage erkannten schon die Kelten. Die Römer legten an dieser Stelle ebenso wie die Byzantiner und alle späteren Herrscher Befestigungen an und erweiterten und modernisierten die vorhandenen Anlagen. Nach der Inbesitznahme durch die Österreicher 1717 entstand nach den Prinzipien des berühmten Festungsingenieurs Vauban ein Neubau, der von den Osmanen weitgehend übernommen und umgebaut wurde. Innerhalb

der untersten Ebene sind sogar noch Reste der römischen Befestigung zu erkennen.

Bis heute sind die Umfassungsmauern großteils erhalten, die Gebäude, die sich innerhalb des Areals befanden, dagegen weitgehend verschwunden. Sie wurden in den vielen kriegerischen Auseinandersetzungen zerstört. Einige Überreste verraten noch etwas von der wechselhaften Geschichte der Anlage, ansonsten ist sie als schöner Park gestaltet und weist neben Denkmalen und Museen Sportanlagen, ein Restaurant, einen Kinderspielplatz und einen Zoo auf. Insgesamt umfasst das Areal rund 55 Hektar. Fantastisch ist der Blick von den Mauern auf die Stadt und vor allem auf die Donau, die Save, den neuen Stadtteil Novi Beograd und weit in das Umland. Das Gelände ist zu allen Tageszeiten sehr belebt, abends sind die Zugänge von mobilen Verkaufsständen und Grilleinrichtungen gesäumt.

■ **Sehenswürdigkeiten auf der Festung**

Am einfachsten ist der Zugang von der ul. Pariska. Vorbei an zahlreichen Denkmalen, die vor allem bedeutenden Künstlern gewidmet sind, und einer schönen Fontäne führt der Weg geradewegs zum **Karađorđetor**. Dahinter finden sich mit dem **Naturkundemuseum** und dem recht großen **Militärmuseum** zwei Einrichtungen in vormals militärischen Zwecken dienenden Gebäuden. Teile der militärhistorischen Sammlung sind unter freiem Himmel ausgestellt, und so führt der Weg an Haubitzen und Panzern aus dem Ersten und Zweiten Weltkrieg vorbei.

Das **Innere Stambultor** von 1750 ermöglicht den Eintritt in die Obere

Das Innere Stambultor mit dem Uhrturm

Burg. Hat man es durchschritten, steht man direkt vor dem **Uhrturm**. Auffällig ist seine achteckige Gestalt auf einem quadratischen Sockel: Die Osmanen errichteten ihn auf Mauern, die die Österreicher angelegt hatten. Das **Südtor**, in dem eine **Ausstellung zur Geschichte der Festung** untergebracht ist, schließt sich gleich dahinter an.

Im westlichen Teil der Oberburg findet sich bei einem Rundgang zunächst das kleine achteckige **Mausoleum**, in dem der türkische Großwesir Damad Ali Pascha begraben liegt. Er war 1716 in der Schlacht bei Novi Sad gefallen. In dem schön restaurierten Fachwerkgebäude aus dem 19. Jahrhundert, einige Schritte weiter, ist heute die Behörde zum Schutz der Kulturdenkmäler untergebracht. Etwas weiter rechts ist der Eingang zu dem rund 62 Meter tiefen **Brunnen** zu sehen. Er wurde von den Österreichern angelegt, trägt aber aus heute unbekannten Gründen den Namen Römischer Brunnen. Dieser Brunnen konnte im Belagerungsfall

die gesamte Besatzung der Festung mit Wasser versorgen. Gleich daneben zeigt ein Modell die Festung, wie sie im 15. und 16. Jahrhundert bestand. Unübersehbar ist das riesige **Siegesmonument**, ein Siegesbote mit dem Falken in der linken und dem Schwert in der rechten Hand. Die Figur wurde im Oktober 1928 aufgestellt, zum zehnten Jahrestag eines großen militärischen Erfolges serbischer Truppen im Ersten Weltkrieg. Mitunter ist zu lesen, dass dieses Monument eigentlich am Terazijeplatz aufgestellt werden sollte. Der Widerstand der Öffentlichkeit gegen die nackte Männerfigur sei aber so groß gewesen, dass sie schließlich einen Platz an der äußersten Nordwestecke der Festung erhalten habe. Hier steht sie nun um so exponierter und wird sogar abends angestrahlt; der Siegesbote ist weithin sichtbar und heute ein Wahrzeichen Belgrads. Das **Westtor** in der Nähe ermöglicht den Zugang zur früheren Unterstadt, heute eine Grünfläche.

Karte S. 278

An der der Donau zugewandten Seite liegt das Glacis dem Betrachter zu Füßen. Rechter Hand ist ein heller Bau auszumachen. Es ist das einzig erhaltene **Türkische Bad** in Belgrad. Es stammt aus dem frühen 19. Jahrhundert, war bis in die 1920er Jahre in Betrieb und wurde nach schwerer Beschädigung im Zweiten Weltkrieg restauriert. Nördlich davon markiert ein barockes Tor den früheren Zugang zur Unterstadt. Die Österreicher bauten es im Stil eines Triumphbogens um 1736. Man bezeichnet es als **Eugen-von-Savoyen-Tor** oder als Tor Karls VI., wahlweise also nach dem Eroberer der Stadt oder dem Herrscher, für den Eugen in den Krieg zog. Das Gebäude daneben war früher eine Kanonenfabrik und beherbergt heute das Zentrum für die Erforschung der Belgrader Festung. Auffälligstes Gebäude zwischen Donau und Festung ist der oktogonale **Nebojšaturm**. Er sicherte ursprünglich den Donauhafen, der mittlerweile zugeschüttet ist, und diente im 18. Jahrhundert als Verlies.

Dizdartor und **Dizdarturm** dominieren die nordöstliche Ecke der Anlage. Das Tor stammt aus dem 15. Jahrhundert und ist damit das älteste erhaltene auf der Festung, es fußt auf römischen Fundamenten. In dem Turm ist das astronomische Observatorium zu Hause. Freitags und sonnabends steht es allgemeinem Publikumsverkehr offen, und so können Besucher zu diesen Zeiten von der obersten Ebene in den Sternenhimmel oder auch nur auf die erleuchtete Stadt schauen. Das **Zindantor** aus dem 15. und das **Leopoldstor** aus dem 18. Jahrhundert schließen sich an, beidseits des Zindantores befanden sich früher Kerker. Der oktogonale **Jakšićturm** schließlich, eine

Rekonstruktion von 1937, schließt die Festungsanlage nach Osten ab.

Dahinter liegt der **Zoo**, noch näher ist das **Café Tvrdjava**, das in einem Turm der Festung untergebracht ist. Es ist Café (untere Terrasse) und Restaurant (obere Terrasse) in einem, nicht preiswert, bietet neben einer guten Küche aber einen schönen Blick über Save und Donau; die Sonnenuntergänge sind hier betörend.

Das Viertel Varoš kapija

Der älteste noch erhaltene Stadtteil Belgrads schließt sich unmittelbar an den Kalemegdan an und erstreckt sich parallel zur Save. Es heißt Varoš kapija, was soviel wie Stadttore bedeutet. Von hier dehnte sich Belgrad seit der Mitte des 19. Jahrhunderts nach Süden und Osten aus. In einigen wenigen Seitenstraßen vermitteln die schmalen Häuser und das Kopfsteinpflaster noch einen Eindruck von dieser Zeit.

Vom Schiffsanleger führt die Große Treppe in das Viertel. Lange gab es keine Straßenverbindung von Belgrad an die Save, nur ein schmaler unbefestigter Pfad schlängelte sich vom Hügel an das Ufer. Man sagt, dass Fürst Mihajl eines Tages seine Schwester am Hafen verabschiedete und bei

Schachspieler im Park an der Festung

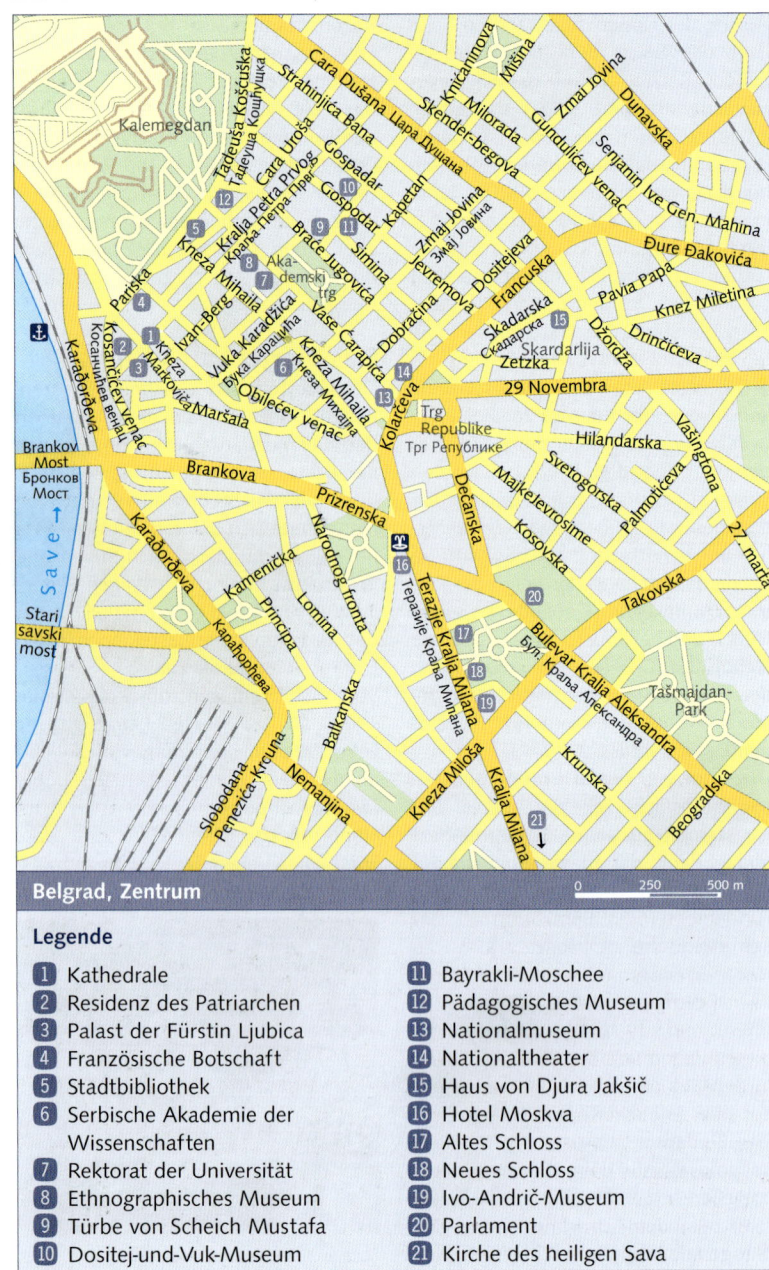

Belgrad, Zentrum

0   250   500 m

Legende

1. Kathedrale
2. Residenz des Patriarchen
3. Palast der Fürstin Ljubica
4. Französische Botschaft
5. Stadtbibliothek
6. Serbische Akademie der Wissenschaften
7. Rektorat der Universität
8. Ethnographisches Museum
9. Türbe von Scheich Mustafa
10. Dositej-und-Vuk-Museum
11. Bayrakli-Moschee
12. Pädagogisches Museum
13. Nationalmuseum
14. Nationaltheater
15. Haus von Djura Jakšič
16. Hotel Moskva
17. Altes Schloss
18. Neues Schloss
19. Ivo-Andrič-Museum
20. Parlament
21. Kirche des heiligen Sava

dieser Gelegenheit die Notwendigkeit einer befestigten Straßenverbindung erkannte. So ließ er auf eigene Kosten eine kopfsteingepflasterte Straße und eben die große Treppe anlegen. Sie war 1862 fertiggestellt und ist seit ihrer Renovierung im Jahr 1904 praktisch unverändert geblieben.

An der Ecke ul. Pariska zum Kosančičev venac befindet sich die **Österreichische Botschaft**. Das neoklassizistische Gebäude wurde am Ende des 19. Jahrhunderts für den Kaufmann Dimitrije Krsmanovič errichtet und gilt als einer wichtigsten Bauten eines serbischen Architekten aus jener Zeit.

■ Sehenswürdigkeiten

Ganz in der Nähe liegen einige Sehenswürdigkeiten, die im Rahmen eines geführten Stadtspaziergangs zum Pflichtprogramm gehören. Sie gruppieren sich um die Kreuzung der Kralja Petra I. mit der Kneza Sime Markoviča.

Erster Anlaufpunkt ist stets die **Kathedrale**. Interessant ist die Kombination von klassizistischer Fassade und filigran-barockem Turm, sehenswert vor allem das Innere. Fein gearbeitete Deckenleuchter, schöne Wand- und Glasmalereien, auch auf der gewölbten Decke, und die prächtige Ikonostase sind nicht nur wertvoll, sondern verbinden sich zu einem eindrucksvollen Raumerlebnis. Die alte Schönheit wurde bei Renovierungsarbeiten Anfang der 1990er Jahre hergestellt, errichtet wurde der Bau zwischen 1836 und 1845 unter Fürst Miloš Obrenovič. Er ist in der Kathedrale ebenso begraben wie Fürst Lazar, der auf 1389 auf dem Amselfeld den Tod fand, und Dositej Obradovič und Vuk Karadžič, zwei der bedeutendsten serbischen Gelehrten.

Das Eckgrundstück gegenüber nimmt die **Residenz des Patriarchen** ein. Der helle, streng gegliederte Bau ist ein Werk des russischen Architekten Viktor Lukomski (1932–1935). Ununterbrochen ist es seitdem der Sitz des Patriarchen, hier ist auch das Museum der serbisch-orthodoxen Kirche untergebracht. Es hat Ikonen, Handschriften und zahlreiche liturgische Objekte in seinem Bestand, vieles davon aus den Klöstern der Fruška Gora (Führungen nur nach Voranmeldung).

Deutlich zurückhaltender und freundlicher wirkt der **Palast der Fürstin Ljubica** gegenüber. Fürst Miloš Obrenovič gab ihn in Auftrag. Er residierte aber lieber in seinem Palast im Stadtteil Topčider, so dass nach Fertigstellung 1831 seine Frau hier einzog, die Fürstin Ljubica. Die äußere Gestaltung vereint orientalische und mitteleuropäische Einflüsse, an der Inneneinrichtung kann man gut sehen, wie die serbischen Herrscher die Annehmlichkeiten des türkischen Lebensstils übernahmen.

Auf der vierten Ecke schließlich gibt das **Café Fragezeichen** eine Vorstellung davon, wie dieses Viertel in der ersten Hälfte des 19. Jahrhunderts

Der Palast der Fürstin Ljubica

Auf der Mittleren Donau

Das Café Fragezeichen

aussah. Der Bau stammt von 1825 und gehört zu den ältesten erhaltenen Häusern Belgrads. Die Fachwerkkonstruktion ist im sogenannten serbisch-türkischen Stil ausgeführt. 1879 zog hier ein Kaffeehaus ein, das lange den Namen ›Ečim Tomas Café-Restaurant‹ trug. Man sagt, dass der Besitzer es in ›Kathedralencafé‹ umbenennen wollte und damit den scharfen Protest der Kirche und auch der Regierung provozierte, die darin eine Verunglimpfung der Institution Kirche sahen. Als Übergangslösung brachte der Wirt das Schild mit dem Fragezeichen an – so blieb es bis heute, und bis heute kann man hier einkehren. Das Café ist vor allem bei den Studenten beliebt.

Die **Straßen Zadarska, Srebenička und Kosančičev venac** ganz in der Nähe vermitteln noch etwas von dem alten Belgrad. Der Kosančičev venac folgt der Abrisskante des Hügels, der sich um einiges über die Save erhebt. An manchen Stellen ergeben sich Blicke auf den Fluss und die andere Uferseite. Leicht kann man eine kleine **Büste für Mihajl Petrovič Alas** übersehen. Sie wurde 1968 für den genau hundert

Jahre zuvor geborenen Mann aufgestellt, der sich für Philosophie, Wirtschaftsfragen und Musik interessierte, literarische Werke veröffentlichte, sich aber vor allem als Mathematiker einen Namen machte. Bis zu seinem Tod 1943 unterrichtete er an der Universität. Er gilt heute als ein Pionier auf dem Feld der Kybernetik, der an der Konstruktion von Computern forschte. Sein früheres Wohnhaus liegt genau gegenüber (Nr. 22).

Hinter der Einmündung der ul. Zadarska sind einige Mauerreste auszumachen. Das sind Trümmer der Nationalbibliothek. Bei der Bombardierung Belgrads durch deutsche Truppen wurde die Bibliothek völlig zerstört, über 300 000 Bücher, Karten und viele unersetzbare Handschriften aus dem Mittelalter und die hier aufbewahrten Nachlässe zahlreicher Wissenschaftler verbrannten. Es gibt Pläne, an dieser Stelle ein Monument zur Erinnerung an die Bibliothek und ihre Vernichtung zu errichten, derzeit informiert ein etwas pathetisch formuliertes Plakat über die Geschichte dieses Ortes.

Die Kneza-Mihajla-Straße

Die ul. Kneza Mihajla ist seit jeher die wichtigste Straße Belgrads. Auf ganzer Länge ist sie seit den 1980er Jahren als Fußgängerzone gestaltet, und so flaniert es sich hier recht angenehm. An der ul. Kneza Mihajla und ihren Seitenstraßen finden sich Lokalitäten und Modegeschäfte aller Preisklassen, einige der renommiertesten Kulturinstitutionen haben hier ihren Sitz, und sie bildet die Verbindung zwischen zwei wichtigen Orten, der Festung und dem trg Republike. Daher ist die ul. Kneza Mihajla zu allen Tageszeiten sehr belebt. Zur Festung hin überwie-

Karte S. 282

gen die Bauten aus der Gründerzeit der Straße, zur anderen Seite bestimmen jüngere Gebäude das Bild. Die Straße steht als bauliches Ensemble komplett unter Denkmalschutz. Vom Schiffsanleger führt der Weg dorthin über die Pariska und somit an der **Französischen Botschaft** vorbei. Der weiße modernistische Bau wurde 1930 vollendet, einen Blick sind die drei weiblichen Statuen wert, die in der Mitte auf dem Frontfirst stehen, Allegorien der Freiheit, Gleichheit und Brüderlichkeit. Auf der Ecke der ul. Pariska zur ul. Kneza Mihajla ist mit der **Stadtbibliothek** die erste von vielen kulturellen Einrichtungen zu finden. Seit 1987 befindet sie sich an diesem Standort, bis dahin wurde das zweistöckige beigefarbene Gebäude auf quadratischem Grundriss als Hotel genutzt. Seit seiner Fertigstellung 1867 war hier das Hotel ›Srpska Kruna‹ (Serbische Krone) beheimatet, das zu seiner Zeit modernste der Stadt. Im rosafarbenen Haus schräg gegenüber, dessen Ecken mit etwas dunkleren Kuppeln auffällig betont werden, ist seit 1937 die Schule der Schönen Künste untergebracht.

Fassade der Serbischen Akademie der Wissenschaften

Das helle zweistöckige Eckhaus (Nr. 52) hinter der nächsten Querstraße mit seiner klassizistischen Formensprache ist ein gutes Beispiel für die Art der Bebauung, die ab 1870 die ul. Kneza Mihajla prägte. Hier kreuzt die ul. Kralja Petra I. Die **Nationalbank** residiert in der Nr. 12. Der helle Bau von 1889 im Kleid der Neorenaissance und mit ausgewogenen Proportionen bildet einen deutlichen Kontrast zur Nr. 20, die ungleich moderner wirkt. Dabei handelt es sich um das erste moderne Warenhaus, das in Belgrad eröffnet wurde, im Jahr 1906. Eine für diese Zeit neuartige Stahlskelettkonstruktion ermöglichte die glasdominierte Fassade.

In der ul. Kneza Mihajla Nr. 48 und der Nr. 46 sind zwei der zahlreichen Lokale untergebracht. Die beiden zweigeschossigen Häuser stammen beide von 1869 und sind wie auch das Hotel ›Grčka kraljica‹ in der Nr. 51 – es stammt von 1867 – gute Beispiele für die frühe Bebauungsphase der Straße. Aus dieser Zeit stammt auch das Gebäude auf der Ecke zur ul. Vuka Karadžiča. Allerdings sieht man es ihm nicht an: Um 1901 kam ein Stockwerk hinzu, in der Mitte des 20. Jahrhunderts zwei weitere, und so hat der Bau nur noch wenig mit seinem ursprünglichen Aussehen gemein. Seit 1988 ist hier die **Galerie der Gesellschaft der serbischen Maler** untergebracht, eine weitere kulturelle Einrichtung, die zum Ruf der Mihajla als eine der wichtigsten kulturellen Adressen beigetragen hat.

Sie weitet sich nun zu einem schmalen Platz. Eine kleine Pyramide zeigt an dieser Stelle die genauen **Koordinaten Belgrad**s: 44 Grad, 49'14'' nördlicher Breite und 20 Grad, 27'44'' östlicher Länge; 116,75 Meter Höhe über NN.

Auf dieser Pyramide stehen die Koordinaten der Stadt

Unmittelbar daneben setzt der **Delijska-Brunnen** einen modernen Tupfer. Er wurde hier 1987 im Rahmen der Rekonstruktion der ul. Kneza Mihajla aufgestellt. Es gab einen Vorgängerbrunnen, der aber weichen musste, als die Baugrube für die **Serbische Akademie der Wissenschaften und Künste** ausgehoben wurde. Dieses Gebäude – 1924 fertiggestellt – nimmt das Eckgrundstück zur ul. Đure Jakšiča ein. Das Fassade zur ul. Kneza Mihajla wird von der griechischen Göttin des Sieges, Nike, dominiert, ihr zu Füßen sollen die anderen Figuren die Zukunft symbolisieren. Das etwas überladen wirkende Gebäude im Stil der Secession beherbergt zentrale kulturelle Institutionen: die Archive der Akademie, die Bibliothek, die als eine der bestausgestatteten in Belgrad gilt, und eine Galerie. Die Akademie, von Fürst Mihajl 1842 ins Leben gerufen, gehört zu den Gründungmitgliedern des Museums für Wissenschaft und Technik, das sich in der ul. Đure Jakšiča

unmittelbar anschließt. Hier soll dieses kulturelle Erbe aufbewahrt und über Ausstellungen der Öffentlichkeit vermittelt werden.

Rund um den Akademski trg

Weiter nach Osten bietet die ul. Kneza Mihajla vor allem Geschäfte, Bedeutsames für die Geschichte oder Gegenwart Belgrads aber nicht mehr. Wer shoppen möchte, schlendert am besten geradeaus weiter, stadtgeschichtlich Interessierten sei der Schlenker über die Zmaj Jovina empfohlen. Sie stößt nach Osten auf den Straßenzug Uzun Mirkova–Akademski trg–Vase Čarapiča, der parallel zur ul. Kneza Mihajla verläuft. Er ist laut und hektisch, von dichtem Verkehr geprägt.

■ Rektorat der Universität

Auffälligstes Gebäude ist das Rektorat der Universität. Der Kaufmann und Reeder Miša Anastasijevič, zu seiner Zeit einer der reichsten Männer Belgrads, ließ es für seine Tochter und ihren Mann 1863 errichten; daher wird es auch Kapetan-Miša-Haus genannt. Der Reichtum zeigt sich zweifellos allein in den Dimensionen des breiten neoromanischen Gebäudes. Es mutet eher wie ein auf Repräsentation zielendes öffentliches Gebäude denn wie ein Bürgerhaus an, und so darf man den Standort des Rektorats wohl als angemessen bezeichnen.

■ Der Studentenplatz

Der kleine **Akademski trg** gegenüber, auch Studentenplatz genannt, ist eine gepflegte, angenehme Grünanlage unter Straßenniveau, die einige Bänke aufweist und mit drei Statuen auch etwas zum Hinschauen: Die mittlere Statue von 1897 zeigt den

Botaniker Josif Pančić, dem Belgrad seinen Botanischen Garten verdankt. Pančić (1814–1888) war Pionier in der systematischen Erforschung der serbischen Pflanzenwelt und einige Jahre lang Präsident der Serbischen Akademie der Wissenschaften. Das linke Monument (1994) erinnert an Jovan Cvijič (1865–1928), Geograph und Ethnologe. Er unterrichtete als Professor an der Universität, war ebenfalls Präsident der Akademie und gilt als Begründer der wissenschaftlichen Geographie in Serbien. Der Herr rechts ist Dositej Obradovič (1739–1811). Der Schriftsteller und Philosoph gründete die Große Schule, aus der später die Universität hervorging. Mit ausgreifenden Schritten und wehendem Mantel scheint er sich geradewegs auf das Rektoratsgebäude zuzubewegen.

Der graue Klotz an der Westseite des Platzes wirkt nicht sonderlich attraktiv, ist aber einen Besuch wert. Denn hier ist das **Ethnographische Museum** untergebracht, das mit einer großen Anzahl an Exponaten dem Besucher Traditionen und Lebensweisen Serbiens und Jugoslawiens näherbringt.

■ Das ehemals türkische Belgrad

Nördlich des Akademieplatzes lag früher das türkische Belgrad, der Stadtteil Dorčol. Das türkische Wort Dort-jol bedeutet Kreuzung. Bis zur Übergabe der Stadt an die Serben 1867 war dieses Viertel, das ungefähr vom heutigen Studentenplatz, der Donau und der Skadarlija begrenzt war, ein typisch orientalisches Viertel: niedrige Häuser entlang ungleichmäßig und in Kurven verlaufender Straßen, dazwischen zahlreiche Moscheen. Heute ist dieses Viertel von parallel zueinander verlaufenden Straßen durchzogen, an denen sich nur wenige Reste aus der langen Zeit der Osmanenherrschaft erhalten haben.

Eines dieser Relikte ist die kleine **Türbe von Scheich Mustafa** von 1783. Sie liegt unmittelbar gegenüber dem östlichen Ausgang des Parks. Eine Inschrift

Auf der Mittleren Donau

Neoromanische Pracht: das Rektoratsgebäude

Eines der ältesten Museen der Stadt: das Päd-agogische Museum

über dem Eingang tut kund, dass der Scheich hier begraben liegt.

Das **Dositej-und-Vuk-Museum** an der ul. Gospodar Jevremova ist eines der wenigen erhaltenen Gebäude aus dem 18. Jahrhundert. Es ist als Wohnge-bäude errichtet worden, dem man die Zweiteilung der Räume in Frauen- und Männergemächer noch ansieht. Ab 1806 war hier das erste Belgrader Gymnasium beheimatet. Heute ist es ein Museum, das zwei für die serbische Kultur und Identität sehr einflussreichen Persönlichkeiten gewidmet ist: Dositej Obradovič (1742–1811), Begründer und erster Leiter des Gymnasiums, und Vuk Karadžič (1787–1864), der als der Begründer der modernen serbokroa-tischen Schriftsprache gilt. Karadžič besuchte das Gymnasium; er verfasste später die erste serbokroatische Gram-matik, sammelte und veröffentlichte Heldenlieder und Sagen.

Die **Bayrakli-Moschee** an der Gospo-dar Jevremova gehört zu den weni-gen noch im Stadtbild vorhandenen Moscheen. Sie wurde um 1690 fertig-gestellt, später mehrmals beschädigt und wieder rekonstruiert. Sie wird nach wie vor von den Moslems in der Stadt genutzt.

Folgt man vom Akademski trg der ul. Uzun Mirkova nach Nordwesten, so erreicht man wiederum die ul. Pariska, dort wo sie ihren Namen in ul. Tadeuša Koščuška ändert. Das einstöckige Gebäude auf dieser Ecke ist heute die Heimat des **Pädagogischen Museums**, eines der ältesten Museen in Belgrad; es wurde bereits 1896 eingerichtet. Die Dauerausstellung ›Zehn Jahrhunderte serbische Schulen‹ umfasst die Zeit vom 9. Jahrhundert bis 1914. Das klei-ne Gebäude, das als eines der ersten die Abkehr vom orientalischen hin zum europäischen Baustil markiert, wurde 1837 errichtet. Umgeben von hohen Häusern und starkem Verkehr, wirkt es etwas verloren.

Trg Republike

Im allgemeinen Sprachgebrauch heißt der trg Republike nur ›der Platz‹. Hier treffen mehrere große Straßen auf-einander, hier verabredet man sich abends, um in die Ausgehviertel wei-terzuziehen, und hier befinden sich mit dem Nationaltheater und dem Natio-nalmuseum zwei der ideell bedeutsam-sten Einrichtungen – der trg Republike ist das Herz der Stadt.

■ Nationalmuseum

Der trg Republike wird von der roten Fassade des Nationalmuseums domi-niert, dem wohl bedeutsamsten Muse-um der Stadt. Die Institution wurde 1844 ins Leben gerufen, seit 1964 ist sie hier ansässig. Der Bau wurde ursprünglich 1903 für die Staatsbank errichtet. Nach schweren Beschädigun-gen im Zweiten Weltkrieg wurde er

Karte S. 282

restauriert und den Bedürfnissen des Museums angepasst. Seitdem wird auf fünf Etagen die serbische und jugoslawische Geschichte von der Ur- und Frühzeit bis zur Gegenwart präsentiert. Daneben gehören auch Werke der europäischen Malerei vom 16. bis zum 20. Jahrhundert zum Bestand, darunter Arbeiten von Tintoretto und Rubens, Gauguin und Picasso. Seit 2003 wird das Museum grundlegend renoviert und erweitert und ist daher geschlossen; die Wiedereröffnung ist für Sommer 2011 geplant.

Vor dem Museum erhebt sich seit 1882 unübersehbar das elf Meter hohe **Reiterstandbild für Fürst Miloš Obrenovič**, ein Werk des italienischen Bildhauers Enrico Pazzi. Auf dem Sockel ist die Übergabe der Festungsschlüssels vom letzten türkischen Machthaber an den Fürsten dargestellt. Dieser hoch symbolische Augenblick gilt als der Gründungsmoment Serbiens. Daneben sind im Sockel die Namen der serbischen Städte eingraviert, die in der Regierungszeit des Fürsten aus der osmanischen Fremdherrschaft befreit wurden.

■ Nationaltheater

Das Nationaltheater an der Ostseite des Platzes steht an der Stelle des Stambultores. Dieses Stadttor legte man nieder, als auf Initiative des Fürsten Mihajl mit den Ausschachtungsarbeiten für das Theater begonnen wurde. Der Fürst konnte die Einweihung indes nicht mehr erleben, er starb im Mai 1868 bei einem Anschlag. Das Theater wurde im Oktober 1869 mit dem Stück ›Der postume Ruhm des Fürsten Mihajl Obrenovič‹ eingeweiht. Das heutige Aussehen geht auf die jüngste der verschiedenen Renovierungen zurück; sie war 1989, zum 100. Geburtstag des Theaters, abgeschlossen. Nach wie vor ist das Theater ein Dreispartenhaus mit festem Ensemble.

Das Kulturni centar Beograd mit Buch-

Auf der Mittleren Donau

Das Nationalmuseum am Platz der Republik

handlung, Galerie und Souvenirshop auf der südlichen und das frühere Jadran-Kino an der westlichen Seite, heute ein Geschäfts- und Bürohaus, komplettieren die Bebauung am trg Republike.

Skadarlija

Nur wenige Fußminuten vom trg Republike entfernt liegen die Straßen, die zusammenfassend als ›Künstlerviertel Skadarlija‹ bezeichnet werden. Genau genommen handelt es sich dabei lediglich um die Straßen Skadarska, Cetinjska und Zetska, die ein überschaubares Dreieck bilden. Dieses Viertel war am Ende des 19. und zu Beginn des 20. Jahrhunderts das Künstlerviertel schlechthin, man nannte es das ›Montmartre Belgrads‹. Heute ist es das beliebteste Ausgehviertel der Stadt, und Belgrader und Gäste kommen gleichermaßen gern hierher. Das Kopfsteinpflaster, die altertümliche Beleuchtung und die schmalen Häuser verleihen der leicht abschüssigen Straße ein romantisches, pittoreskes Aussehen, und es sitzt sich sowohl an der Straße wie in den Hofgärten malerisch. Insgesamt 13 Lokale gibt es hier.

Die Geschichte des Amüsierviertels begann mit dem Bier. Der zugezogene Tscheche Ignjat Bajloni kaufte in der zweiten Hälfte des 19. Jahrhunderts das Eckgrundstück zwischen der ul. Cetinjska und der ul. Skadarska, auf dem sich bereits eine kleine Brauerei befand. Bajloni erweiterte in großem Stil und kombinierte Massenproduktion mit Qualität: Sein Bier wurde bei der Weltausstellung in Paris 1900 sogar mit einem Preis bedacht. In unmittel-

barer Nähe der Brauerei etablierten sich in kurzer Zeit einige Lokale, die schnell zu Treffpunkten der Künstler wurden. Der Name des Besitzers hat sich übrigens in dem Namen für den Bauernmarkt gehalten, der gegenüber der mittlerweile geschlossenen Brauerei abgehalten wird.

Am oberen Ende der Straße findet sich zunächst das **Haus von Djura Jakšič** (1832–1878). Der Schriftsteller und Maler gehörte auf beiden Gebieten zu den einflussreichsten Künstlern seiner Zeit. Das Haus wird heute für Ausstellungen und Lesungen genutzt, und Jakšič, der seit Ende der 80er Jahre als Bronzefigur vor seinem früheren Wohnhaus sitzt, scheint zufrieden mit dieser Nutzung zu sein.

Ungefähr ab hier ist ul. Skadarska als Fußgängerzone gestaltet. In den 1980er Jahren wurde sie renoviert und auch das kleine bronzene **Denkmal für den wandernden Schauspieler** aufgestellt. Unmittelbar daneben, an der Straßenecke, lädt das berühmteste der Traditionslokale, das **Tri šešira (Drei Hüte)**, zum Besuch ein. Es ist das älteste Restaurant im Viertel, seit 1864 durchgängig geöffnet. Ursprünglich war hier eine kleine Firma beheimatet, deren Firmenzeichen die drei Hüte waren. Das Lokal kam so zu seinem Namen und behielt ihn bis heute.

Ein weiteres Traditionslokal liegt am unteren Ende der Straße, das **Skadarlija**. Der öffentliche Brunnen im arabischen Stil davor sieht alt aus, ist aber neu. Er ist ein Geschenk Sarajevos an Belgrad, eine exakte Kopie des Brunnens, der sich in der Baščaršija befindet, dem Altstadtviertel in Sarajevo.

Der Terazije-Brunnen am gleichnamigen Platz

Entlang der Terazije

Die Terazije Kralja Milana, kurz Terazije, ist mit ihren Verlängerungen einer der zentralen Straßenzüge Belgrads. Neben Hotels, großen Geschäfts- und Bürogebäuden finden sich hier wichtige staatliche Einrichtungen. Dieser Teil Belgrads war bis in die 1830er Jahre unbebaut, erst dann erschloss man ihn. 1867 wurde ein erster Stadtbebauungsplan verabschiedet. Dies und die Tatsache, dass der Baugrund von Fürst Miloš kostenlos zur Verfügung gestellt worden war, führte dann seit den 1860er Jahren zu einer raschen Bebauung. Das heutige Aussehen der Straße geht auf die 1947 vorgenommene Umgestaltung zurück, die wichtigsten Gebäude sind älteren Datums.

Dort wo die ul. Kneza Mihajla in die Terazije übergeht, ragt ein 1938/39 errichtetes Hochhaus auf. Der Bau mit seiner konvex geschwungenen Fassade ist eigentlich ohne Namen, aber die Belgrader gaben ihm schnell den Namen des Restaurants, das sich zuvor an dieser Stelle befunden hatte, und so hat sich Bezeichnung **Albanija** eingebürgert.

An der nächsten Ecke weitet sich die Terazije zu einem Platz, auf den mehrere große Straßen münden. Die nördliche Seite nimmt das Hotel ›Balkana‹ ein, auffälliger ist die mit grünen Kacheln verkleidete Jugendstilfassade des **Hotels Moskva** gegenüber. Es stammt von 1905, der großen Zeit der Grand Hotels, und hat sich seinen Charakter seitdem bewahrt. An der Hauptfassade symbolisieren drei Frauengestalten die ökonomische Macht Russlands. Im Erdgeschoss befindet sich ein Café, von dem man einen guten Blick auf das Treiben an diesem lebendigen Platz hat.

Das Gewerkschaftshaus am trg Nikola Pašiča

Der **Terazije-Brunnen** davor steht seit 1975 wieder auf seinem angestammten Platz. Er war 1860 als Ehrendenkmal für die Rückkehr des Fürsten Miloš aufgestellt worden. Daher sind auf allen vier Seiten die Initialen M. O. für Miloš Obrenovič und das Jahr 1860 eingraviert.

Östlich schließt sich der **trg Nikola Pašiča** an. Der alte Name – trg Marksa i Engelsa – war passender, denn an ihm liegen das **Gewerkschaftshaus** und das **Revolutionsmuseum**. Das Gewerkschaftshaus, ein konkav geschwungener breiter Bau, wurde 1952 fertiggestellt. Die Architekten nahmen ganz offensichtlich Anleihen bei Funktionsbauten, die in den Jahren und Jahrzehnten zuvor in anderen sozialistischen Ländern ihrer Bestimmung übergeben worden waren. In dem großen Bau finden politische Veranstaltungen statt, aber auch Konzerte, Filmfestivals und Showabende.

Das **Krsmanovič-Haus** (Terazije Nr. 34) ist leicht zu übersehen, war aber Schauplatz einer wichtigen Entscheidung. Hier proklamierten im Herbst

Karte S. 282 ▲

1918 Serben, Kroaten und Slowenen ihre Föderation und hoben somit den neuen Staat aus der Taufe. In dem neobarocken Bau hatte auch der König des neugeschaffenen Staates zwischen 1918 und 1922 seinen vorübergehenden Amtssitz. Überhaupt weist die Terazije auf diesem Abschnitt einige schöne Beispiele aus der Bebauungsphase kurz vor und nach der Jahrhundertwende auf.

■ Altes und Neues Schloss

Das **Alte Schloss** wurde auf Initiative von König Milan (1882–1889) mit der Maßgabe errichtet, es solle die Schönheit aller Residenzen in den Schatten stellen. Ob die 1884 ihrer Bestimmung übergebene trutzige Vierflügelanlage in den Formen der italienischen Neorenaissance diesem Urteil genügt, mag jeder selbst entscheiden. Den besten Eindruck erhält man, wenn man den Park betritt: Die frühere Residenz wendet ihm ihre Hauptfassade zu. Sie wurde 1941 beschädigt und nach Kriegsende sorgfältig restauriert, allerdings fehlen seitdem die früher charakteristischen Türme auf den Ecken. Heute beherbergt der Bau das Belgrader Stadtparlament und das Rathaus; daher ist nur ein Teil der Räume für die Öffentlichkeit zugänglich.

Das Pendant zum ›Alten‹ ist das 1918 seiner Bestimmung übergebene **Neue Schloss**; es war bis 1934, als König Alexander einem Attentat zum Opfer fiel, die Residenz des Königs. In dem Gebäude, das die Formensprache des Alten Schlosses aufnimmt, befindet sich seit 1945 der Amtssitz des serbischen Präsidenten.

■ Ivo-Andrić-Museum

Gleich dahinter mündet die Andričev Venac ein. Sie ist nach dem Mann benannt, für den dort, wo die Straße einen Knick vollzieht, seit 1991 eine kleine Büste aufgestellt ist. Ivo Andrić (1892–1975) ist einer der bedeutendsten Schriftsteller des Landes. Er verbrachte einen Großteil seines Lebens im heutigen Bosnien-Herzegowina, und viele seiner Bücher spielen dort,

Das Alte Schloss ist Sitz der Stadtregierung

Auf der Mittleren Donau

Denkmal für den Schriftsteller Ivo Andrič

wie etwa ›Die Brücke über die Drina‹, sein wohl bekanntestes Werk. Andrič lebte einige Jahre in Belgrad, seine Novellen spielen teils hier. Seine frühere Wohnung ist seit 1976 als Museum für den Schriftsteller eingerichtet, dem 1961 der Nobelpreis für Literatur verliehen wurde. Es befindet sich in dem geschwungenen Gebäude (Nr. 8) unmittelbar gegenüber der Statue.

■ Palastpark und Parlament

Der nahegelegene schöne Palastpark lohnt einen Besuch. Er wurde als Teil des Alten Schlosses angelegt, einige Bäume aus dieser Zeit haben sich bis heute gehalten.

Nimmt man den nordöstlichen Ausgang, findet man sich direkt gegenüber dem Parlament. Mit dem Bau wurde nach Plänen des Architekten Jovan Ilkič 1906 begonnen, die Arbeiten wurden aber erst 1936, unter der Leitung seines Sohnes Pavle, vollendet. Das Parla-

ment reiht sich in die Monumentalität ähnlicher Funktionsbauten ein, die in Europa um die und kurz nach der Jahrhundertwende entstanden. Der streng symmetrische Bau wird von einer gewaltigen Tambourkuppel in der Mitte gekrönt, ein Tempelportikus strukturiert den Eingang. Davor greift die Skulpturengruppe ›Tanz der Schwarzen Pferde‹ des Bildhauers Toma Rosandič ein Volksliedmotiv auf. Das Parlament geriet in den 1990er Jahren einer größeren Öffentlichkeit ins Blickfeld: Die Demonstrationen, die maßgeblich zum Sturz des Milosevič-Regimes beitrugen, führten stets hierher.

Kathedrale des heiligen Sava

Etwas außerhalb des Zentrums liegt eine der beeindruckendsten, wenn auch nicht schönsten Kirchen Belgrads: Die Kathedrale des heiligen Sava erhebt sich auf dem Vračár-Hügel, südlich des trg Slavija, und ist von vielen Punkten der Stadt aus zu sehen; sie scheint die Stadt zu bewachen. Sie ist die größte orthodoxe Kirche in Serbien, eine der größten weltweit; die Monumentalität wird durch die ausgewogenen Proportionen etwas gemindert. Die Sava-Kathedrale ist 81 Meter breit und 91 hoch und bietet Platz für 12 000 Gläubige. Die Grundsteinlegung wurde 1939 vorgenommen, aber erst 1989, zum 600. Jahrestag der Schlacht auf dem Amselfeld, wurde der Kirche die Kuppel mitsamt vergoldetem Kreuz aufgesetzt. Die Arbeiten an den Fassaden waren erst 1995 abgeschlossen, die im Inneren werden nicht vor 2012 vollendet sein.

Die Kathedrale steht an der Stelle, an der die türkischen Machthaber 1594 die sterblichen Überreste des heiligen Sava (1175 – 1235) verbrannten. Der heilige Sava, Sohn des Fürsten Stephan aus der Dynastie der Nemaniden, wählte das Leben eines Mönchs und begründete das Hilandar-Kloster auf dem Berg Athos. Später war er für den jungen serbischen Staat in diplomatischen Diensten rund um das Mittelmeer unterwegs. Sein Werk ›Biographie des heiligen Simeon‹ gilt als Anfangspunkt der mittelalterlichen serbischen Literatur. Sava war zudem der erste serbische Erzbischof. Heute wird er als wichtige literarische und religiöse Persönlichkeit verehrt. Einige Parks, in denen Denkmäler an verschiedene Stationen der serbischen Geschichte erinnern, umgeben die Kirche.

Da man vom Zentrum eine halbe Stunde unterwegs ist und die Kathedrale unter künstlerischen Gesichtspunkten diesen weiten Weg nicht lohnt, ist ein Besuch nur Spezialisten zu empfehlen.

 Belgrad

Touristische Organisation, Decanska 1/II (in der Nähe des trg Republike). Seit 2007 befindet sich eine Zweigstelle des Touristenbüros in dem Neubau direkt am Schiffsanleger.

Der Euro wird in den Gaststätten zumeist nicht akzeptiert. In der Kneza Mihajla und ihren Seitenstraßen finden sich eine Reihe von Bankautomaten und Wechselstuben.

Festung und Fußgängerzone können mit öffentlichen Verkehrsmitteln nicht direkt erreicht werden, zudem sind es vom Schiffsanleger nur wenige Fußminuten dorthin. Diejenigen, die sich nicht in Vororte oder nach Zemun begeben möchten, sind also nicht auf Tram und Bus angewiesen.

Immer wieder findet man den Tipp, die touristisch attraktive Tramlinie 2 zu benutzen. Sie fährt zwar im Kreis, und eine Haltestelle liegt direkt am Schiffsanleger, aber genau genommen fährt sie nicht zu den Sehenswürdigkeiten, sondern in deutlichem Abstand um das Stadtzentrum herum. Aber sie bietet die Möglichkeit, ein wenig Alltag kennenzulernen.

In Belgrad gibt es rund 2000 Lokale, einige Tipps:

Café Tvrdjava auf der Festung mit wunderbarem Blick auf Save und Donau.

Die **Mihalja** ist abends so etwas wie der Korso Belgrads. An einem der Tische vor den Cafés lässt sich dieses Treiben schön beobachten.

Die **Traditionslokale der Skadarlija** bieten durchweg gute landestypische Küche, oft spielen ebenso gute Musikgruppen dazu.

Am nördlichen Ufer der Save und dem nach Zemun führenden Donauufer liegen rund **150 Schiffe**, in denen Discos, Clubs, einfache Kneipen und Restaurants aller Art untergebracht sind. Einige bieten hervorragende landestypische oder internationale Küche; diese Belgrader Besonderheit kennenzulernen, ist ein Erlebnis für sich. Aktuelle Tipps z.B. beim Touristenbüro am Schiffsanleger.

Souvenirs findet man im **Beogradski Izlog**, Knez Mihailova 6, im **Informationszentrum der Stadt**, Knez Mihailova 18, und im **Laden des Ethnographischen Museums**, Studentski trg 13.

Zwischen Belgrad und Eisernem Tor

Der Zufluss der Save hat die Donau noch im Belgrader Stadtgebiet erheblich anschwellen lassen. Dahinter variiert ihre Breite zwischen 800 Metern und deutlich mehr als zwei Kilometern. Der Fluss vollzieht kleinere und größere Schleifen und Kehren, manchmal weitet er sich seenartig; einige Inseln werden passiert. Bis zum Eingang in das Eiserne Tor sind die Ufer von flachen oder leicht hügeligen Landschaften gesäumt. Darin sind kleinere Orte gebettet, man kommt an Werften, Kai- und Verladeanlagen und zumeist minder bedeutenden Häfen vorbei.

Zu den kleineren Zuflüssen der Donau gehört der in Rumänien entspringende Fluss Temeš, der kurz hinter Belgrad einmündet. An dieser Stelle entwickelte sich **Pančevo**. Die Industrie, unter anderem Stahl- und Elektrotechnikfabriken, sowie eine Erdölraffinerie und der Hafen bestimmen den Charakter der Stadt mit rund 90 000 Einwohnern. Der kleine Ort **Kovičica**, rund 20 Kilometer von Pančevo antfernt, hat sich seit vielen Jahren als Zentrum der naiven Malerei einen Namen gemacht,

einige sehr bekannte Vertreter dieser Richtung arbeiten noch immer hier. Diese Tradition wird nach wie vor aufrecht erhalten, und die Galerie der naiven Kunst gibt einen guten Überblick. Kovičica liegt etwas vom Ufer entfernt, auf manchen Kreuzfahrten wird ein Ausflug dorthin angeboten.

In **Vinča**, flussabwärts auf der rechten Seite gelegen, befindet sich ein kernphysikalisches Forschungsinstitut. In den vergangenen Jahren wurde der Ort vor allem wegen der in der Nähe gemachten archäologischen Funde bekannt.

Grocka wuchs vor allem nach dem Zweiten Weltkrieg, als sich wohlhabende Belgrader hier einen Sommersitz anlegten und zurückkehrende ›Gastarbeiter‹ aus Deutschland ebenso die Bauindustrie ankurbelten. Der Ort fällt nicht weiter auf, war aber gegen Ende des Zweiten Weltkriegs Schauplatz einer der größeren Schlachten zwischen den russischen und den sich zurückziehenden deutschen Truppen. Schon 1739 hatte es hier eine wichtige Schlacht gegeben: Die Österreicher mussten gegen die Osmanen eine herbe Niederlage einstecken. Damit war der Weg für die siegreichen Truppen gen Norden frei; die Türken zogen erneut, nun zum letzten Mal und für rund hundert Jahre, in Belgrad ein.

Smederevo

Auch als Ruine ist die **Festung Smederevo** imposant. Sie hat nicht nur einen pittoresken Charme, sondern besitzt für die Serben einen großen Stellenwert, da sie vor der völligen Eroberung Serbiens durch die Osma-

Fischerboote an der Donau

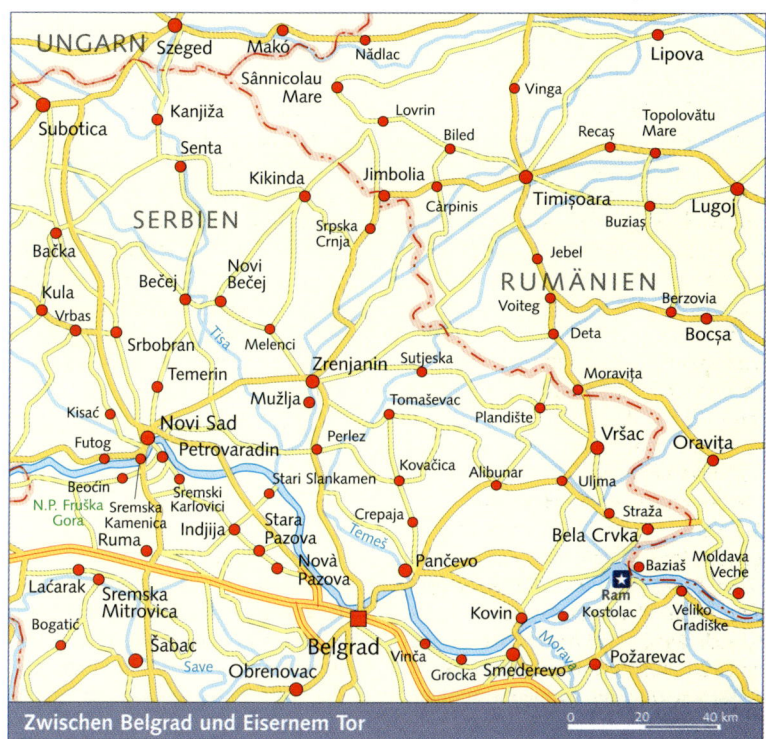

Zwischen Belgrad und Eisernem Tor

nen der letzte Residenzsitz war und sich am längsten der Eroberung widersetzen konnte.

Wiederum erkannten bereits die Römer die strategisch günstige Lage an der Mündung der Jezava in die Donau und errichteten ein Kastell. An der gleichen Stelle ließ der von den Ungarn aus Belgrad vertriebene serbische Despot Đurad Brankovic angesichts der nach Norden drängenden Osmanen erneut eine Festung errichten, nachdem einige Jahre zuvor bereits ein Schloss für ihn gebaut worden war.

Die Festung entstand in nur zwei Jahren, zwischen 1428 und 1430, danach wurden weitere Um- und Ausbauten vorgenommen. Die fertiggestellte Anla-

ge war in etwa dreieckig, auf der einen Seite durch die Donau, auf den anderen beiden Seiten durch Wassergräben geschützt. Jede Seite war um die 500 Meter lang. Die Festung verfügte über 19 Türme, die durch Mauern miteinander verbunden waren. Innerhalb der Mauern entwickelte sich die im Mittelalter größte serbische Stadt an der Donau, zu jener Zeit gleichzeitig eine der größten Städte in Europa.

Die Anlage gilt heute bei den Historikern als eine der wehrhaftesten ihrer Zeit. Dennoch konnten die Türken sie im Jahr 1459 erobern, damit war ein Serbisches Reich endgültig nicht mehr vorhanden. Die Türken bauten um 1480 drei große Geschütztürme an, die

Die Ruinen der Festung Smederevo

durch eine niedrige Mauer verbunden waren – das Zeitalter der Feuerwaffen hatte begonnen. Von kurzen Perioden abgesehen – die Österreicher hatten hier von 1688 bis 1690, von 1717 bis 1738 sowie 1789 Truppen stationiert –, blieben die Osmanen bis 1867.

Bis in das 20. Jahrhundert blieb die Festung weitgehend unbeschädigt erhalten. Durch Beschuss der Österreicher im Ersten Weltkrieg nahm sie erhebliche Schäden, im Zweiten Weltkrieg wurde sie zunächst von alliierten Flugzeugen bombardiert und dann vollständig zerstört, als durch bislang ungeklärte Ursache ein deutsches Munitionslager in die Luft flog. Diese Explosion kostete mehrere tausend Zivilisten das Leben, die sich in der Mittagszeit, als das Unglück geschah, auf dem Markt und dem Bahnhof aufhielten. Die Türme hielten stand, die Mauern zum Teil, innerhalb der Festung blieb jedoch kaum ein Stein auf dem anderen. Smederevo war zu jugoslawischer Zeit wichtig, weil sich

hier einer der größten Industriebetriebe befand, der mit sowjetischer Hilfe errichtet wurde. Zu dem Komplex gehörten eine Eisengießerei, ein Walzwerk und eine Maschinenfabrik. Er ist noch immer der größte Arbeitgeber der Stadt. Heute leben hier rund 75 000 Menschen.

Kurz hinter Smederevo mündet auf rechter Seite die Morava ein.

Kostolac

Am rechten Ufer, bei Flusskilometer 1095, liegt Kostolac. Dieser Ort war eine Gründung der Römer und als Viminacium seit 2. Jahrhundert Hauptstadt ihrer Provinz Moesia; heute ist er unbedeutend. Zehn Kilometer weiter reichen auf der anderen Seite die Ausläufer eine **Sanddüne** (Deliblatska pescara) bis an die Donau. Sie erstreckt sich auf etwa 300 Quadratkilometern. Die Donau ist hier sehr breit, und nicht selten tritt wegen der vorherrschenden Ost- und Nordostwinde auf dieser Passage spürbarer Wellengang auf.

Karte S. 297

Festung Ram

Sehr fotogen erheben sich bei Kilometer 1077 – auf einem Felsvorsprung eingangs einer Rechtskurve – die Ruinen der Festung Ram. Auszumachen sind ein rechteckiger größerer und ein runder kleinerer Turm, bei genauerem Hinschauen zwei weitere Türme, dazwischen Wehrmauern. Mehr ist seit dem 18. Jahrhundert nicht mehr vorhanden. Bis dahin stand hier eine Festung, die die Türken im 16. Jahrhundert auf den Fundamenten einer Anlage aus dem 12. Jahrhundert angelegt hatten. Der serbische Name ist Ramski Grad.

Fast genau gegenüber, am linken Ufer, mündet das **Flüßchen Nera** in die Donau. Es bildet auf einigen Kilometern die Grenze zwischen Rumänien und Serbien, und ab hier wird die Donau zur Grenze zwischen den beiden Staaten. Der nächste Ort auf der linken Seite, die Kleinstadt **Baziaš**, gehört bereits zu Rumänien.

Für Kreuzfahrt- wie auch Frachtschiffe ist **Veliko Gradište** ein wichtiger Ort. Er besteht im wesentlichen aus der Zollstation, in der die Grenzformalitäten abgewickelt werden, und ansonsten aus dörflicher Ruhe.

Moldava Veche und Moldava Nouă

Seit 1956 bilden die zuvor administrativ getrennten Orte Moldava Veche und Moldava Nouă eine Einheit mit derzeit rund 25 000 Einwohnern; äußerlich sind die beiden Teile deutlich voneinander unterscheidbar: Der alte Teil liegt am Fluss, der neue dagegen landeinwärts.

Das rumänische Gebiet ist reich an Bodenschätzen, vor allem Kupfer, das seit der Römerzeit abgebaut wird. Es wird auch heute noch im Hafen umgeschlagen. Früher war der Ort eine wichtige Station. Hier stiegen die Lotsen zu, um die Schiffe durch das gefährliche Eiserne Tor zu führen. Mit der Entschärfung der schwierigen Streckenabschnitte sind die Lotsen überflüssig geworden.

Hinter Moldava Veche liegt eine größere Insel im Fluss, **Moldava**, auf der sich sogar Flugsanddünen befinden. In den 1980er Jahren sollten hier Industrieanlagen entstehen. Die Pläne kamen allerdings nie zur Realisierung; nur eine halbfertige Brücke, die ins Nichts zu führen scheint, gibt davon Zeugnis ab.

Auf der Mittleren Donau

Auch als Ruine malerisch: Festung Ram

Das Eiserne Tor

Die Fahrt durch die Engstelle zwischen Golubac und dem Staudamm kurz vor Drobeta-Turnu Severin ist sicherlich einer der Höhepunkte einer Donaukreuzfahrt. Auf diesen gut hundert Kilometern wird die Donau zwischen den Ausläufern von Balkan und Karpaten eingezwängt und sucht sich ihren Weg durch teils steil und hoch aufragende Felswände; die Bergketten entlang des Flusses steigen auf bis zu 1200 Meter an. Gleichzeitig ist das Gefälle dieser Strecke doppelt so groß wie danach und zuvor, und das Flussbett ist uneben und felsig. An den sehr schmalen Stellen war die Strömung besonders stark und unberechenbar, an anderen Stellen ragten Felsformationen aus dem Wasser, die zu umschiffen waren. Zudem gab es Untiefen, die aber nicht von Sandbänken, sondern von Felsriffen gebildet wurden und eine große Gefahr für die Schiffe darstellten. Die Passage, die heute die Reisenden fasziniert, war dadurch bis in die 1970er Jahre ein lange unpassierbarer und gefürchteter Abschnitt der Donau.

Die ehemalige Untere Signalstation

Im Jahr 1972 wurde das rumänisch-jugoslawische Gemeinschaftswerk eingeweiht, das die Donau am östlichen Ausgang der Đerdap-Schlucht abriegelt, sie anstaut und so den Wasserpegel dort um 40 Meter und von dort 220 Kilometer flussaufwärts – bis nach Belgrad – erhöht hat. Das Großbauwerk dient der Stromgewinnung, reguliert gleichzeitig den Fluss und hat ihm seinen Schrecken genommen.

Schon immer hatte es Versuche gegeben, den Fluss zu bändigen und zu umgehen. Bereits der römische Kaiser Trajan hatte mit dem Bau eines Kanals beginnen lassen, im 19. Jahrhundert versuchte man unter Einsatz von reichlich Sprengstoff die Untiefen zu entschärfen. Einen ersten bedeutenden Fortschritt brachte aber erst das Jahr 1896. Ein zwei Kilometer langer und 80 Meter breiter Kanal wurde eingeweiht, der an einer der heikelsten Passagen (Kilometer 949 bis 946) in mühevoller achtjähriger Arbeit parallel zur Donau aus den Felsen gesprengt worden war. An den Arbeiten waren bis zu 10 000 Menschen beteiligt. Der Kanal galt als so große Errungenschaft,

Die Fahrt durchs Eiserne Tor hat ihre Schrecken verloren

dass gleich drei Regenten zu seiner Einweihung erschienen: Der König von Rumänien, der König von Serbien und der österreichische Kaiser. Die Strömung im Kanal war aber so stark, dass die Schiffe auf der Bergfahrt von Lokomotiven gezogen wurden.

Durch den Bau des Staudamms wurden 17 Ortschaften überflutet, rund 25 000 Menschen mussten umgesiedelt werden. Fluss und Landschaft haben sich verändert: Die Ufer sind nun durchgängig weiter voneinander entfernt, die Berge mögen an manchen Stellen weniger hoch wirken, und die Donau hat den Charakter eines Fjords. Aber immer noch ist diese Passage voller dramatischer Landschaftsein-

drücke und steht in krassem Kontrast zu den zuvor durchmessenen und sich danach anschließenden Landschaften. Die Passage ist tags und nachts gleichermaßen beeindruckend, mindestens eine Durchfahrt findet stets am Tag statt. Geologen sprechen lieber von der Đerdap-Schlucht, der Begriff Eisernes Tor hat sich aber im internationalen Sprachgebrauch für die Passage zwischen Golubac und Drobeta-Turnu Severin durchgesetzt.

Hauptsehenswürdigkeit auf diesem Donauabschnitt ist die Landschaft selbst. So gesehen bewegt man sich über hundert Kilometer und damit mehrere Stunden ununterbrochen durch eine große Sehenswürdigkeit.

Auf der Mittleren Donau

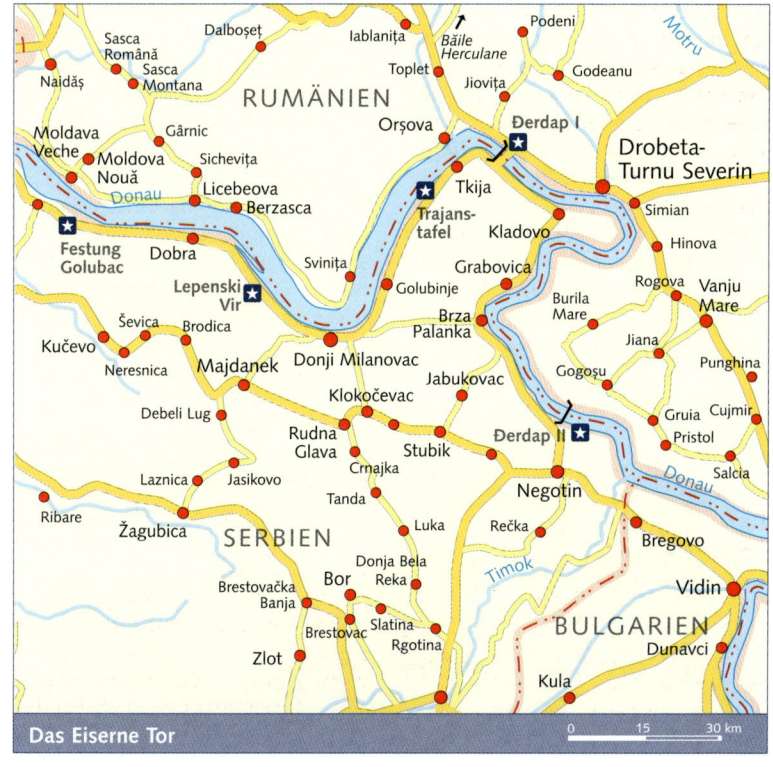

Das Eiserne Tor

0   15   30 km

Eingang zum Eisernen Tor

Eingangs der Passage liegen die Reste der früheren **Festung Golubac** (Kilometer 1040). Seit der Fertigstellung des Staudamms umspielt das Wasser den unteren Teil der Burg, die Mauern und neun Türme demonstrieren aber die einstige Wehrhaftigkeit der Anlage, die den Eingang zur Schlucht immer noch zu bewachen scheint.

Eine erste Festung entstand vermutlich im 14. Jahrhundert auf dem Grat dieses Höhenzugs. Sie fiel von dort in mehreren Stufen zum Ufer der Donau ab und kontrollierte den Durchbruch der Donau zwischen Karpaten und Balkan, war also von eminenter strategischer Bedeutung. Die jeweiligen Herrscher dieses Gebiets – zunächst die Ungarn, dann die Serben und schließlich die Osmanen – waren sich dieser Schlüsselstellung stets bewusst. Charakteristisch sind die bis zu 30 Meter hohen und sehr starken Türme, die durch ebenso starke Mauern verbunden waren. Durch Lage und Bauart war dies eine sehr wehrhafte und schwer zu erobernde Festung. Nach Abzug der Osmanen 1867 verlor sie ihre Funktion, wurde aufgegeben und verfiel mit der Zeit. Dennoch gilt sie als eine der besterhaltenen serbischen Festungen aus dem Mittelalter.

Allerlei Sagen, Legenden und Histörchen umranken oft Burganlagen, und auch in denen, die mit Golubac verbunden sind, spielt eine schöne Frau die zentrale Rolle. In der Türkenzeit, so die eine Legende, herrschte ein Pascha. Seine Geliebte wandte sich aber einem Ungarn zu. Der Pascha erfuhr davon und ließ seine Geliebte, deren Schönheit weithin gerühmt wurde, auf einem Felsen im Fluss aussetzen. Eine zweite Version handelt vor allem davon, dass der Pascha den Ungarn enthaupten und den Kopf an die Haare seiner untreuen Frau binden ließ, bevor er sie aussetzte. Einer dritten Version zufolge besaß der Pascha einen Harem, und die Schöne war nur eine unter vielen, wenn auch die schönste. Einer vierten Version zufolge entkam die Schöne.

Golubac gegenüber liegt die **Burgruine Laszlo**, die als Gegenstück und Vorposten zu Golubac gedacht war, aber nie vollendet wurde. Zwischen den beiden Anlagen ragt eine Felsnase aus dem Wasser. Es ist der berühmte **Babakaj-Felsen**, um den sich ebenso Legenden

Die Festung Golubac versank teilweise im Wasser

ranken. Vor der Stauung erhob er sich knapp 50 Meter aus dem Wasser, seitdem wirkt er nicht mehr so furchteinflößend. Früher galt diese Stelle als ›Äquator der Donau‹, und beim Passieren wurden die Schiffsjungen ›getauft‹, also ins Wasser geworfen.

Unmittelbar hinter Golubac rücken die Berge abrupt zusammen und bilden bis Kilometer 1025 die erste Enge, darauf folgt bis Kilometer 1015 das Becken von Ljubvoca, dem sich bis Kilometer 999 die zweite Enge anschließt. Steil aufragende Felsen wechseln sich mit sanfteren, fast lieblichen Hügeln ab.

Lepenski Vir

Bei Kilometer 1004 vermittelt das kleine **Informationszentrum** Lepenski Vir den Besuchern Einzelheiten über die älteste Siedlung in dieser Region, die 1965 eher zufällig an der südlichen Uferseite entdeckt wurde. Systematische Grabungen begannen, als abzusehen war, dass der Fundort wegen des Staudammprojekts bald in den Fluten versinken würde. Man fand sieben über-, also nacheinander angelegte Siedlungen, deren älteste auf die Jungsteinzeit, etwa 6000 Jahre vor unserer Zeitrechnung, zurückgeht. Sie beherbergten die bislang ältesten bekannten bildhauerischen Arbeiten in Europa. Weitere Grabungen bestätigten die These, dass sich hier das Zentrum einer Kultur befunden hatte, die rund 2000 Jahre existierte und die heute als Lepenski-Vir-Kultur bezeichnet wird. Die Häuser wurden auf dreieckigem oder halbkreisförmigen Grundriss erbaut. Die Siedlung öffnete sich zur Donau und war zu den anderen Seiten geschützt. Man hat sogar mehr als nur vage Vermutungen über die Bauart der Häuser, die Dachkonstruktionen und

darüber, dass ein zentrales Element einer jeden Behausung wohl ein Opferstein war. Welche genaue Funktion die bearbeiteten Steine hatten, ist unklar, vieles deutet auf einen religiösen oder magischen Zusammenhang.

Funde in der weiteren Umgebung lassen mit ziemlicher Sicherheit den Schluss zu, dass sich an den Südhängen der Karpaten bereits vor 20 000 Jahren Menschen aufhielten. Dies ist bemerkenswert, da in der Zeit bis etwa 5500 vor Christus in vielen Teilen Europas keine Siedlungen vorhanden waren: In dieser Epoche, dem sogenannten Holozän, einer Nacheiszeit, waren in weiten Teilen die Lebensbedingungen zu unwirtlich. Die gesamte Ausgrabungsstätte wurde 1970 um 17 Meter nach oben verlegt und dort auch das Informationszentrum eingerichtet.

Bei Kilometer 999 weitet sich das Tal zum Becken von Milanovic. Das alte Dorf Donji Milanovac (km 992) am rechten Ufer wurde überflutet, das neue gleichen Namens, in dem die Bewohner nun leben, liegt weiter oben am Hang und ist baulich gut in die Landschaft eingepasst.

Enge von Kazan

Die Enge von Kazan (984 bis 965) ist die schmalste Stelle des Eisernen Tores. Die Ufer sind hier nur noch 150 Meter voneinander entfernt. Dafür ist der Fluss bis zu 80 Meter tief und die Strömung besonders stark. Die Ufer ragen steil auf, es ist die wildeste, vielleicht auch romantischte Stelle.

Die **Veterani-Höhle** (972, links) wurde nach dem österreichischen General benannt, der in ihr im Jahr 1692 mit einer Truppe von 500 Soldaten 45 Tage lang gegen eine große Übermacht der Türken ausharrte.

Auf der Mittleren Donau

Grimmig schaut an der Einmündung des Flüßchens Mraconia der **Dakerfürst Decebal** auf die Donau. Decebal unerlag mit seinen Truppen im Jahr 106 den Römern unter Trajan und beging nach der Schlacht Selbstmord, um nicht in die Hände der Feinde zu fallen. Die Rumänen sehen sich heute als Nachfahren auch der Daker, und Decebal wird noch heute in Volksliedern besungen. Das Denkmal entstand erst nach 2000 und wurde privat finanziert. Sicherlich steht es nicht zufällig hier, denn fast genau gegenüber befindet sich eine Tafel zum Gedenken an jenen Römer, der Decebal besiegte.

Die Trajanstafel liegt Decebal gegenüber

Trajanstafel

Die weltberühmte Trajanstafel (964, rechts) ist ein äußerst beliebtes Fotomotiv. Ihre Inschrift lautet übersetzt: ›Der Sohn der göttlichen Nerva und regierende Kaiser, Trajanus Augustus Germanicus, Pontifex Maximus, zum vierten Male Tribun, Vater des Vaterlandes und Konsul, hat Gebirge und Strom überwunden und diese Straße erbaut.‹ Trajan ließ am südlichen Flussufer eine Straße anlegen, um das Eiserne Tor vor allem für seine Truppen zu erschließen. Es war eine ungemein mühselige Arbeit, in die steilen Felsen einen Weg zu schlagen. Bis zur Überflutung waren auf einigen Abschnitten die Löcher noch deutlich zu sehen, in die Stämme eingelassen waren, die wiederum die Bretter trugen, auf denen sich die Truppen bewegten. Die Tafel wurde im Jahr 101 angebracht und 1972 um 35 Meter nach oben versetzt.

Orşova

Hinter der Trajanstafel ist die Landschaft rechts weiterhin hügelig, auf dem linken, dem rumänischen Ufer nun aber deutlich flacher. Orşova (953) erstreckt sich malerisch am nördlichen Ufer einer seenartigen Ausbuchtung. Beides, Ort und See, ist Ergebnis der Stauung. Das alte Orşova, das auf die Römer zurückging, verschwand unter der Wasseroberfläche. Die Römer nannten den Ort Tierna und behielten den Namen der dakischen Siedlung bei, die sich zuvor an der gleichen Stelle befunden hatte. Im 6. Jahrhundert wurde die Stadt verlassen, im 12. Jahr-

Decebal in Stein gemeißelt

hundert entstand erneut eine Ansiedlung. Bis 1914 gehörte Orşova zu Österreich-Ungarn, war letzter Ort vor der Grenze nach Rumänien. Deswegen war er bis dahin durch die zahlreichen Gasthöfe geprägt. Die Erinnerung an die Zeiten vor der Flutung bewahrt das **Stadtmuseum**, in dem vor allem Funde aus der Antike ausgestellt sind, die in den Jahren 1967 bis 1971 bei Grabungen gefunden wurden. Orşova ist Hafenstadt und Umschlagplatz, seine 13 000 Bewohner leben außerdem vom Schiffbau.

Băile Herculane

Gleich hinter Orşova mündet das Czernatal ein. In dessen malerischer Umgebung liegt der Kurort Băile Herculane (Herkulesbad). Schon die Römer erkannten die heilende Wirkung der hier entspringenden radioaktiven Quellen, bis 1918 gehörte der Ort zur Habsburger Monarchie und war so etwas wie das Nobelheilbad Österreich-Ungarns. Diese Vergangenheit teilt sich dem Be-

sucher auch heute noch in den würdevollen Hotels und Kurhallen mit, die links und rechts der Czerna liegen und mittlerweile zum großen Teil renoviert sind. Nach 1945 und nochmals nach der Wende entstanden um diesen Kern große moderne – und teils durchaus unansehnliche – Hotels und Heilbäder, so dass Băile Herculane heute zu den größten Kurorten Rumäniens gehört, wenngleich es weniger exklusiv zugeht als einstmals.

Insel Ada Kaleh

Wo bei Kilometer 952 bis 950 heute nichts als die ruhige Wasseroberfläche zu sehen ist, wurde früher die Insel Ada Kaleh von der Donau umflossen. Auf ihr befand sich ein sehr kleiner Ort, der vor allem durch die türkische Festung geprägt war. Die aber ging nicht mit der Insel unter, sondern wurde, ebenso wie die Moschee, abgetragen und originalgetreu auf der Insel Simian (km 928) kurz hinter Drobeta-Turnu Severin wieder aufgebaut.

Auf der Mittleren Donau

Malerische Landschaft entlang der Ufer

Auf dem Berliner Kongress 1878 hatte man schlichtweg vergessen, die Insel einem Staat zuzusprechen. Und so blieb sie bis 1912 türkisch, und die Türken blieben auch danach. Nach dem Ersten Weltkrieg kam die Insel zu Rumänien. Manche Bewohner siedelten beim Bau von Đerdap auf das Festland um, andere zogen in die Türkei. Reisende haben immer wieder von der ganz besonderen Atmosphäre berichtet, die sich so sehr von den Orten auf serbischer wie auch rumänischer Seite unterschied. So wuchsen hier Oliven- und Mandelbäume, Feigen und Tabak, und neben und unterhalb von Minarett und Moschee hatte sich ein Stück Orient in einer Region gehalten, die ansonsten jeden Tag feierte, der sich auch nur entfernt mit der Überwindung des, wie man sagte und sagt, ›türkischen Jochs‹ in Verbindung bringen ließ.

Zwischen den Flusskilometern 949 und 946 befand sich früher die für die Schifffahrt heikelste Stelle, das eigentliche ›Eisene Tor‹, eine Felsbarriere quer über die gesamte Flussbreite. Dieses gefährliche Riff konnte nur bei Hochwasser überwunden werden. Heute ist die Passage gefahrlos möglich.

Kraftwerk Đerdap

Kurz nach dem Eisernen Tor (Kilometer 941) ist die riesige Kraftwerksanlage erreicht, die den Charakter des Eisernen Tors so einschneidend verändert hat: Đerdap I; Đerdap II liegt bei Prahovo, gut 80 Kilometer flussabwärts. 1964 hatten Tito und Gheorghiu-Dej den Vertrag über den Bau von Damm und Kraftwerk unterzeichnet – symbolträchtig an Bord eines Donauschiffs. Vielleicht liegt es an der Größe des Kraftwerks, dass selbst zu den wichtig-

In der Schleuse von Đerdap I

sten Maßen unterschiedliche Angaben vorliegen. Die Mehrzahl der Quellen spricht von einer 440 Meter langen und gut 55 Meter hohen Staumauer (sie gilt als die fünftgrößte weltweit), von zwölf Aggregaten (je sechs auf rumänischer und serbischer Seite) mit insgesamt 3060 Megawatt Leistung, die jährlich rund 11 Milliarden Kilowattstunden elektrischer Energie liefern. Schiffe werden mittels eines Doppelkammersystems gehoben und gesenkt. Die beiden Schleusen sind je 330 Meter lang und 34 breit und können auch hochseetüchtige Schiffe aufnehmen. Sie heben oder senken die Schiffe um insgesamt 34 Meter. Dieser Vorgang dauert ein wenig, und so bleibt den Reisenden ausreichend Zeit, um sich die dominierenden elektrischen Anlagen anzuschauen. Das Schiff kann allerdings nicht verlassen werden, und daher gelangt man nicht in das kleine Museum, das Geschichte und Gegenwart des Staudamm- und Kraftwerkprojekts erläutert.

Karte S. 301

Drobeta-Turnu Severin

Untrennbar ist der Name Drobeta mit dem Trajans verbunden. Denn hier ließ der römische Feldherr in dreijähriger Arbeit eine Brücke über die an dieser Stelle über einen Kilometer breite Donau bauen – eine auch aus heutiger Sicht bewundernswürdige technische Leistung. Die Brücke sollte dazu dienen, Truppen schnell auf die andere Flussseite bringen zu können. Rom befand sich im Krieg mit den dort siedelnden Dakern, und Trajan suchte die Entscheidung. Sie fiel auch zu seinen Gunsten – allerdings mehrere hundert Kilometer entfernt, nahe dem Schwarzen Meer.

Bereits die Daker siedelten auf dem Gebiet des späteren Drobeta, die Römer ebenso, nachdem sie die Daker besiegt hatten. Sie richteten bis zu ihrem Abzug im 7. Jahrhundert hier eine Garnison ein, eine der wichtigsten entlang der Donau. Im 5. Jahrhundert zerstörten die Hunnen zwar die Stadt, der damalige römische Kaiser Justinian ließ sie aber wieder aufbauen, weil der Brückenkopf an der nördlichen Donauseite eine große militärstrategische Bedeutung besaß. Danach wechselten oft die Besitzverhältnisse. Die Ungarn waren hier, die Rumänen und selbst der Johanniter-Ritterorden. Drobeta war im Mittelalter ein Sammelpunkt der christlichen Heere, die sich von hier in das Heilige Land aufmachten.

1524 kamen die Türken und blieben rund 350 Jahre. In dieser Zeit war der Ort relativ bedeutungslos und verfiel zum Teil. Der Aufschwung kam nach Abzug der Türken. Seitdem sind der Hafen und die Werften für sein Gedeihen bestimmend geblieben.

1916 und 1944 war er Schauplatz von Kämpfen, heute leben etwa 110 000 Menschen in der Stadt, die auf den ersten Blick eine Industriestadt ist, bei näheren Hinsehen aber einige interessante Sehenswürdigkeiten aufweist. Sie sind sämtlich in der Nähe des Ufers und unmittelbar nebeneinander zu finden. Den besten Überblick über die bewegte

Auf der Mittleren Donau

Blick vom Fluss auf Drobeta-Turnu Severin

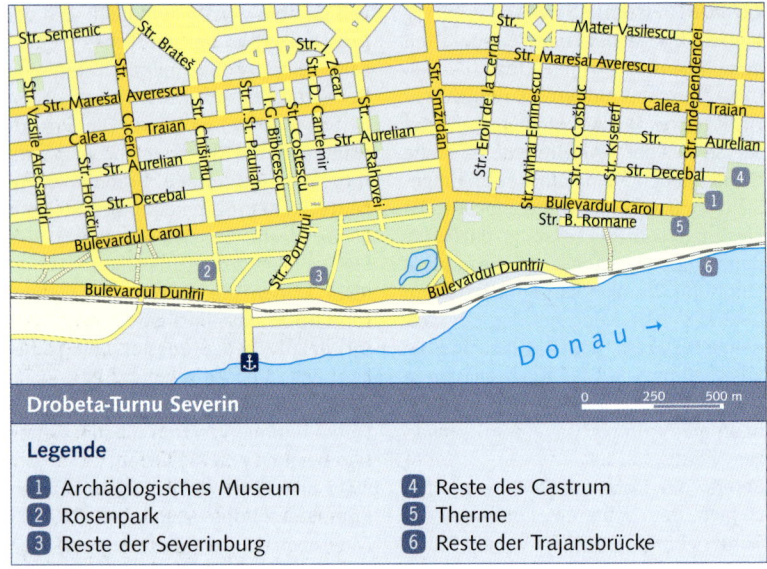

Drobeta-Turnu Severin

0   250   500 m

Legende

1 Archäologisches Museum
2 Rosenpark
3 Reste der Severinburg

4 Reste des Castrum
5 Therme
6 Reste der Trajansbrücke

Stadtgeschichte und die Völker, die sie bestimmten, gibt das **Archäologische Museum**. Hier sind die Artefakte aus Stein- und Bronzezeit, der Römerzeit und allen folgenden Epochen zusammengetragen, die man vor dem Staudamm-Projekt in der Đerdap-Schlucht fand. Das Museum ist zu Recht einer der Hauptanziehungspunkte des Ortes. Im nahegelegenen **Rosenpark** stehen Standbilder sowohl für Trajan als auch für Decebal. Sie sind Erinnerungen an die beiden Heerführer, die die Geschicke dieses Landstrichs so sehr bestimmten, zugleich aber auch ein Hinweis darauf, dass das heutige Rumänien von beiden Kulturen nachhaltig geprägt wurde. Die Rumänen selbst sehen sich als Nachfahren sowohl der antiken römischen Kultur als auch der Daker. Im Sommer macht die Grünanlage ihrem Namen alle Ehre, dann bestimmen tausende von Rosen das Bild. Folgerichtig vermarktet sich Drobeta auch als ›Rosenstadt‹.

Von der mittelalterlichen Festung, der **Severinburg**, gibt es nur noch Reste. Die Anlage, zwischen dem 13. und 15. Jahrhundert errichtet, ist bei und nach der Eroberung der Stadt durch die Türken von den Angreifern zerstört worden. Man kann einige ruinöse Reste einiger Türme, Teile der Außenmauer und die Fundamente eines Sakralbaus ausmachen, der originale Grundriss ist deutlich erkennbar.

Von der alten römischen **Befestigungsanlage Drobeta**, meist als Castrum bezeichnet, sind noch einige freigelegte Reste zu sehen. Die Anlage besaß ursprünglich eine Größe von etwa 140 mal 125 Metern und auf jeder Seite ein durch Türme geschütztes Tor. Westlich davon wurden die Grundmauern einer Therme freigelegt, außerdem fand man in der Nähe eine Basilika; beides ebenfalls Bauten aus römischer Zeit.

Zwar ist von der **Trajansbrücke** nur sehr wenig erhalten, dennoch erhält sie von vielen Besuchern die meiste Aufmerksamkeit. Wer an einem Ufer steht und auf das andere, weit entfernte blickt, kann die Kühnheit des Plans ermessen. Die Brücke wurde zwischen 103 und 105 gebaut, war 1135 Meter lang, die hölzerne Fahrbahn 14,5 Meter breit. 20 im Donaubett versenkte Pfeiler aus Ziegelstein stützen sie. Trajan hatte zu ihrem Bau eigens den zu seiner Zeit berühmtesten Brückenbauer kommen lassen, und in der Antike wurde das Meisterwerk nach seinem Architekten als Brücke des Apollodorus von Damaskus bezeichnet. Sie ist nie von Feindeshand zerstört worden: Dem Nachfolger Trajans, Kaiser Hadrian, war ihre Verteidigung gegen die immer wieder angreifenden Feinde zu mühselig. Er wollte ihnen keinen einfachen Übergang über die Donau gewähren und ließ das Bauwerk abtragen.

Reste der Brücke finden sich auch am anderen Donauufer, sie sind sogar vom Schiff aus noch zu sehen. Dort, etwas flussaufwärts, liegt auch die **Stadt Kladovo**. Das ist eine moderne Stadt mit einem modernen Hafen; beides entstand erst mit dem Staudamm. Heute leben hier etwa 10 000 Menschen. Neben den Brückenresten findet sich im Ort noch die Ruine der Festung Fetislam. Die Osmanen bauten sie im 16. Jahrhundert, die Serben eroberten sie 1810 und verloren sie drei Jahre später wieder an die Osmanen, die sie verstärkten. Sie steht auf den Fundamenten eines römischen Kastells.

Abendstimmung am Eisernen Tor

Auf der Mittleren Donau

Zwischen Eisernem Tor und Schwarzem Meer fließt die Donau bei niedrigem Gefälle durch ausgedehnte Ebenen. Kleinere Orte, Einsamkeit und Ursprünglichkeit prägen das Bild. Hauptattraktion neben Bukarest und Ruse ist das Donaudelta, eine der faszinierendsten Landschaften Europas.

Auf der Unteren Donau

Entlang der rumänisch-bulgarischen Grenze

In ihrem Unterlauf fließt die Donau träge dahin, bis sie sich im Donaudelta verästelt und in das Schwarze Meer ergießt. Rechts liegen bis etwa Nikopol die Ausläufer des Balkan, links die Walachei, eine weite Tiefebene.

Verglichen mit dem Mittelauf, nimmt die Dichte der Siedlungen merklich ab. Die Entfernungen zwischen ihnen werden erheblich größer, und selten werden größere Orte passiert. Charakteristisch für diesen Abschnitt sind die Doppelstädte, die sich auf den Ufern gegenüberliegen. Da die Donau über Jahrhunderte die nördliche Grenze des Römischen und später des Osmanischen Reiches bildete und die militärischen Einrichtungen, Handelsorte und Bürgerstädte innerhalb dieser Grenze entstanden, sind die Siedlungen auf bulgarischer Seite unter touristischen Gesichtspunkten attraktiver als die auf rumänischem Gebiet.

Die beiden Hauptstädte Bukarest und Sofia liegen 60 und 150 Kilometer von der Donau entfernt. Allein dadurch wird deutlich, dass die Donau für Bulgarien und Rumänien nicht von annähernd so großer Bedeutung ist wie für die Länder am Mittellauf. Ein weiteres Indiz dafür sind die wenigen Verkehrsverbindungen zwischen den beiden Staaten. Bislang verbindet lediglich Ruse und Giurgiu eine Brücke, der restliche Verkehr wird über Fährverbindungen abgewickelt.

Eine Kreuzfahrt auf diesem Abschnitt ist ein gleichmäßiges und ruhiges Dahingleiten, das einen starken Kontrast zum Mittellauf bildet. Der Schiffsverkehr hat merklich abgenommen, und zwischen den Haltepunkten vergehen gerade auf der Bergfahrt ganze Tage. Die Sehenswürdigkeiten der beiden Länder liegen, von Ruse und auch noch Vidin abgesehen, im Landesinneren; Fahrten nach Bukarest, Belogradčik und Pleven, Veliko Tărnovo und Arbanasi stehen daher stets auf dem Programm.

Zwischen Eisernem Tor und Vidin

Das Eiserne Tor bildet eine deutlich wahrnehmbare Grenze. Dahinter säumen nicht mehr Berge den Fluss, hinter den Ufern liegen nun ausgedehnte Ebenen. Hinter Drobeta-Turnu Severin vollzieht die Donau zwei Kehren um die Halbinsel Ključ, um dahinter in einigen größeren Schleifen ihren Weg nach Südosten einzuschlagen. Auf den rund 70 Kilometern bis Prahovo säumen lediglich kleinere Orte und einzelne Häuser die Ufer.

Dort findet eine erneute Schleusung statt, diesmal über nur eine Kammer. **Đerdap II** heißt die Anlage etwa 80 Kilometer hinter Đerdap I, die wie ihr Pendant 1984 ebenfalls als rumänisch-jugoslawisches Gemeinschaftsprojekt in Betrieb genommen wurde. Und so wird auch der hier gewonnene Strom auf beide Länder aufgeteilt.

Selbst bei genauem Hinsehen ist das kleine Flüßchen **Timok** kaum auszumachen. Dort wo es bei Kilometer 846 in die Donau mündet, markiert es die Landgrenze zwischen Serbien und Bulgarien. Ab hier bildet die Donau auf rund 470 Kilometern Länge die Grenze zwischen Bulgarien und Rumänien. Das rumänische Ufer präsentiert sich auf dieser Strecke von einer auffälli-

Karte S. 313

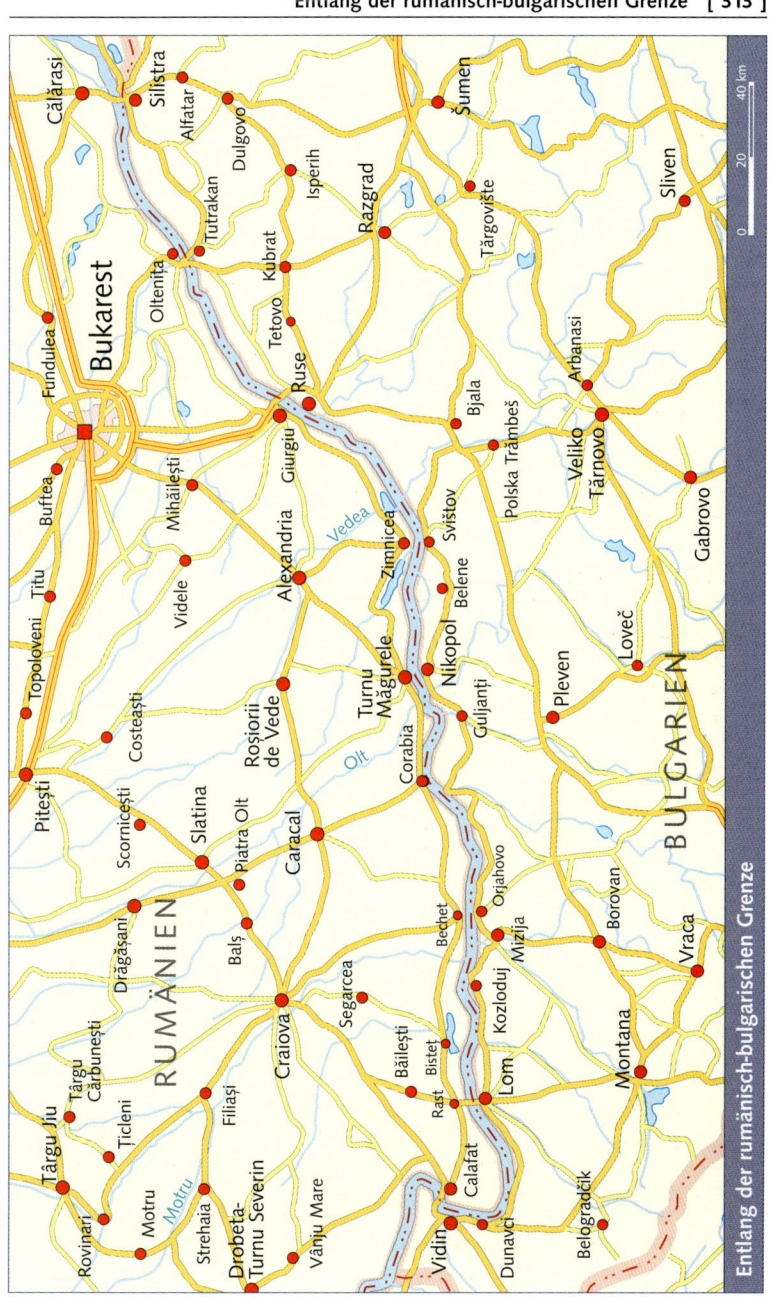

Auf der Unteren Donau

Entlang der rumänisch-bulgarischen Grenze

gen Gleichförmigkeit. Bis an die Ufer erstreckt sich die weite Ebene der Walachei, oft säumen Auwälder oder Sumpfgebiete den Fluss. Die Walachei war lange eine abweisende Steppe, im 20. Jahrhundert ist sie dank ausgedehnter Bewässerungskanäle in einen landwirtschaftlich intensiv genutzten Landstrich umgewandelt worden.

Die bulgarische Seite ist nicht so eintönig. Einige größere Dörfer liegen am Ufer, die Spitzen kleinerer Dorfkirchen funkeln in der Sonne, und in einiger Entfernung sind flache Höhenzüge auszumachen. Aber erst bei Kilometer 790 und damit 380 Kilometer hinter dem obligatorischen Haltepunkt Belgrad legen einige Kreuzfahrtschiffe den nächsten Stop ein: Vidin ist erreicht.

Vidin

Vidin liegt im äußersten Nordwesten Bulgariens und im Dreiländereck zu Serbien und Rumänien. Diese Grenzlage hat die Stadt im Guten wie im Schlechten seit Jahrhunderten geprägt. Das Embargo, das die EU gegenüber Serbien in den 90er Jahren verhängte, traf Vidin hart; bis heute hat sich die Stadt davon nicht ganz erholen können. Große Erwartungen richten sich daher auf den geplanten Bau der Brücke, die Vidin mit Calafat verbinden soll. Die Bauarbeiten begannen 2007; die Planer gehen davon aus, dass die Brücke im Sommer 2012 dem Verkehr übergeben werden kann.

Das Gelände war günstig für die Anlage einer festen Siedlung und gut zu verteidigen: Über einem sumpfigen Uferstreifen steigt es landeinwärts an. So war es kein Zufall, dass sich bereits die Kelten an diesem Ort niederließen. Die Römer nannten den befestigten Ort Bononia, Bdin hieß er im 14. Jahrhundert. Da war er das Zentrum eines nordwestlichen bulgarischen Zarenreiches. Die mittelalterliche Burg Babini Vidini Kuli entstand im 13. Jahrhundert im Auftrag eines bulgarischen

Die Festung Baba Vidin im Abendlicht

Karte S. 315

Auf der Unteren Donau

Vidin

0 100 200 m

Legende

1 Festung Baba Vidin
2 Synagoge
3 Ethnographisches Museum
4 Kirche Sveti Petka
5 Pasvantoglu-Moschee

6 Kirche Sveti Nikolai
7 Stambultor
8 Kathedrale Sveti Dimitar
9 Historisches Museum

Fürsten auf den Mauern des römischen Kastells. 1396 fielen Stadt und Festung an die Türken, die sie erheblich ausbauten. Im 16. Jahrhundert war Vidin die größte Stadt Bulgariens und der wichtigste Donauhafen. Im 19. Jahrhundert erfolgte die planmäßige Anlage der Stadt, dabei flossen orientalische und europäische Traditionen zusammen. Wie überall entlang der Donau wurden viele orientalische Gebäude nach Abzug der Osmanen abgetragen, und seit den 1970er Jahren wurden die Zeugnisse der osmanischen Zeit systematisch abgerissen; daher ist aus dieser Zeit nur wenig erhalten.

Schon im 7. Jahrhundert gab es neben der Festung eine weitere Befestigungsanlage, die die südlich gelegene Stadt umschloss. Das System wurde im Lauf der Jahrhunderte immer wieder verbessert. Ende des 18. Jahrhunderts verliefen die äußeren Mauern im Abstand von über einem Kilometer parallel zur Donau und konnten im Gefahrenfall die gesamte Bevölkerung aufnehmen. Dieses System wurde allerdings, gemäß den Bestimmungen des Berliner Vertrages von 1878, bis auf sehr wenige Überreste abgetragen. So sind lediglich einige Tore und Teile der Wallanlagen an der Donau erhalten geblieben.

Mit dem Abzug der Türken büßte der Ort seine wichtige strategische Funktion ein, seither sind der Hafen und die Fähren und etwas Industrie die wichtigsten wirtschaftlichen Grundlagen.

Vidin wirkt heute verschlafen, und die Kreuzfahrtschiffe halten nur, weil hier die Landausflüge nach Belogradčik beginnen oder enden. Wer etwas Zeit hat, stößt bei einem Spaziergang jedoch auf einige Sehenswürdigkeiten.

■ **Festung Baba Vidin**

Hauptanziehungspunkt ist zweifellos die Festung Baba Vidin. Ihr Name soll auf die Legende von den drei Schwestern Vida, Kulla und Gamza zurückgehen, Töchter eines bulgarischen Adligen. Die beiden letzteren heirateten, verloren aber in kurzer Zeit die Erbschaft ihres Vaters. Vida blieb Zeit ihres Lebens allein und ließ die Festung errichten, die fortan niemals erobert wurde. Die aus Stein gebaute Festung gilt als die am besten erhaltene Anlage dieser Art in Bulgarien. Sie stammt im Kern aus dem 14. Jahrhundert, einige Spuren der Vorgängerbauten aus der

römischen und der bulgarischen Epoche sind erhalten. Unter den Osmanen war Baba Vidin Basis und Ausgangspunkt für die Eroberungszüge gegen Serbien, die rumänischen Fürstentümer und die Habsburger.

Die Anlage weist einen fast quadratischen Grundriss auf, hat mehrere Tore und vier mächtige Ecktürme. Der achteckige Turm auf der Donauseite und weitere Änderungen wurden erst um 1860 realisiert. Festungsgräben und Wälle sind zum Teil noch erhalten, nicht aber die Zugbrücke, die durch eine Steinbrücke ersetzt worden ist. Sie führt über den Graben zum an der nördlichen Seite gelegenen Eingang.

Der frühere Kasernenraum ist als Museum hergerichtet, der die Geschichte der Anlage und der Stadt veranschaulicht. Von der Terrasse hat man einen schönen Blick auf die Donau und das gegenüberliegende Ufer auf rumänischer Seite. Der Innenhof bildet im Sommer für allerlei Theater- und Musikaufführungen die stimmungsvolle Kulisse. Überhaupt wirkt die Anlage zwar noch immer wehrhaft, dabei aber sehr romantisch. Das mag daran liegen, dass sie in einen schönen Park gebettet ist.

■ **Zentrum**

Von der Festung bieten sich zwei Möglichkeiten, ins Zentrum zu gelangen. Der schnellste Weg führt immer am Donauufer entlang. Dabei kommt man am kleinen Strand vorbei und hat die ganze Wegstrecke einen schönen Blick vom Wall auf den Fluss und das rumänische Ufer. Oder man hält sich etwas weiter westlich und passiert dabei einige Zeugnisse der Stadtgeschichte.

In diesem Fall stößt man zunächst auf die frühere **Synagoge** und dann auf das

Karte S. 315

Am Flusshafen von Vidin

Ethnographische Museum. Dieser Teil des Historischen Museums ist in einer ungewöhnlichen vierflügeligen Anlage untergebracht, eine der früheren türkischen Kasernen, und von einem gepflegten Park umgeben. Gegenüber liegt die **orthodoxe Kirche Sveti Petka** von 1636. Sie ist leicht zu übersehen, da sie unter Straßenniveau liegt.

Auf eine ungewöhnliche Episode verweisen **Moschee und Bibliothek des Pascha Osman Pasvantoglu**, Statthalter des Sultans in Vidin. Im Jahr 1794 ließ er den Halbmond auf dem Minarett durch eine herzförmige Spitze ersetzen. Da er sich zugleich gegen den Sultan aufgelehnt hatte, wird diese Tat zumeist als Demonstration der Unabhängigkeit gegen die Zentralgewalt gedeutet. Romantiker sehen in dem Herz aber auch ein Symbol für die Toleranz, für das friedliche Zusammenleben der in der Stadt ansässigen Völker, das der Pascha fördern wollte. Die Holztüren der Moschee sind mit schönen Schnitzereien geschmückt, insgesamt wirkt sie aber ein wenig heruntergekommen. Um so augenfälliger sind die filigranen Holzschnitzereien auch im Inneren der beiden Gebäude. Die Osman-Pasvantoglu-Moschee ist als einzige von früher 30 vorhandenen Moscheen erhalten. Gegenüber liegt die **Kirche Sveti Nikolai**.

Der **pl. Bdinci** bildet das Zentrum des Ortes. Das frühere Gebäude der kommunistischen Partei, Banken und Geschäfte befinden sich hier, Bahnhof, Busbahnhof und Flussbahnhof liegen in seiner unmittelbaren Nähe, er ist aber eher groß als schön. Sehenswert ist allein das **Stambultor** an der Nordseite, eines der erhaltenen Stadttore. Westlich des Platzes erhebt sich die 1889 eingeweihte **Kathedrale Sveti Dimitar** mit den auffälligen Doppeltürmen. Sie beeindruckt nicht allein durch ihre Größe – die Kathedrale ist die zweithöchste Bulgariens –, sondern auch durch ihre sorgfältige und reiche Innenausstattung. Die Fresken, Wand- und Glasmalereien und wertvollen Ikonen sind einen Blick wert.

Ganz in der Nähe lädt eines der wenigen erhaltenen Häuser aus osmanischer Zeit zu einem Besuch ein. In den Räumen des früheren türkischen Amtshauses (Konak) ist heute das **Historische Museum** untergebracht, das über die Entwicklung der Stadt seit den Thrakern und Römern informiert und einen Schwerpunkt auf die Epoche der Nationalen Wiedergeburt legt.

Calafat

Eine Fähre und wohl ab Sommer 2012 auch eine Brücke verbinden Vidin und Calafat. Die gegenüberliegenden Orte sind die ersten beiden Zwillings-Hafenstädte entlang der Donau. Solche finden sich auf der Mittleren Donau selten, sind aber charakteristisch für die Untere Donau. Sie verweisen stets auf bedeutende Handelswege, die die Donau querten und an beiden Ufern zur Ausbildung von Ansiedlungen führten.

Auf der Unteren Donau

Der Name der Stadt leitet sich vom Kalfatern der Schiffe ab. Das ist der Fachausdruck für die Abdichtung von Holzschiffen mittels Harz oder Teer. Die Genueser legten den Ort an und gaben ihm diesen Namen, seit 1855 besitzt er Stadtrechte.

Die Denkmäler in der Stadt sind mit wichtigen Daten verknüpft, die nicht allein die Stadtgeschichte bestimmten. So erinnern das **Unabhängigkeitsdenkmal** und das **Denkmal der Batterie Mircea** daran, dass der Krieg zwischen den Osmanen und Rumänien 1877 mit der Beschießung Calafats durch türkische Artillerie von Vidin aus begann, und die **Statue für Tudor Vladimirescu** an den gescheiterten Volksaufstand gegen die osmanischen Besatzer im Jahr 1821.

Belogradčik

»Es wurde wohl kaum jemals eine romantischere Festung gebaut als diese in Belogradschik.« Dieses Urteil, das der österreichische Naturforscher und Völkerkundler Felix Philipp Kanitz um 1880 formulierte, ist nicht übertrieben. Um den kleinen Ort Belogradčik erstreckt sich die spektakulärste Felsenlandschaft Bulgariens, und auf ihrem höchsten Plateau wurde eine Festung geradezu in die Felsen gebaut, sie geht eine elegante Verbindung mit der steinernen Umgebung ein.

Der Ausflug nach Belogradčik beginnt meist in Vidin, und allmählich führt die Straße von dort in eine sanft hügelige, schöne Landschaft, bis schließlich die skurrilen Felsformationen sichtbar werden. Einen ähnlichen Anblick erlebt man auf einer Reise entlang der Donau nicht ein zweites Mal, und so ist allein die gut einstündige Fahrt unbedingt lohnenswert.

■ Kaleto-Festung

Stets ist nicht der Ort mit seinen 5500 Einwohnern das Ziel, seine wenigen Sehenswürdigkeiten – die Kirche Sv. Georgi von 1868 und das historische Museum in einem denkmalgeschützten Haus von 1810 – verblassen neben dem etwas außerhalb liegenden Plateau. Der Weg führt zur Kaleto-Festung, die sich auf rund 600 Meter Höhe und damit hundert Meter über der Umgebung erhebt.

Dank der ausgezeichneten strategischen Lage errichteten bereits die Römer hier zwischen dem 1. und 5. Jahrhundert eine Festung; eine zweite, byzantinisch-bulgarische Phase lässt sich auf das 8. und 9. Jahrhundert datieren. Die Osmanen schließlich legten zwischen 1805 und 1837 mithilfe französischer und italienischer Fortifikationsexperten eine Festungsanlage an, die wegen ihrer Solidität und Lage als uneinnehmbar galt. Die Tore, Mauern, Gänge und Gebäudeteile, die heute noch zu sehen sind, gehen ausnahmslos auf diese Zeit zurück.

Noch beeindruckender als die Festung ist der grandiose Blick, der sich von ihren höhergelegenen Teilen auf die umliegenden skurrilen Felsen bildet. Auf etwa 200 Hektar ragen spitze, nadelförmige wie auch pilzförmige Felsen auf. Wegen ihrer ungewöhnlichen Formen tragen einige von Ihnen Namen wie Adam und Eva, die Sphinx, das Schulmädchen, der Bär, die zärtliche Madonna, der Reiter, die Schülerin, der Derwisch, die Mönche oder der Adler. Es ist unschwer zu erkennen, wie die Bewohner auf diese Namen kamen, und man kann gut verstehen, dass zahlreiche Legenden mit den Felsen verbunden sind. Der Sandstein besitzt wegen des eingeschlossenen

Die Kaleto-Festung in Belogradčik

Eisenoxyds eine charakteristische rötliche Färbung, die besonders in den Nachmittags- und Abendstunden hervortritt – dies sind die romantischsten Stunden an einem wahrlich romantischen Ort.

Lom und Kozloduj

Die Donau vollzieht hinter Vidin eine Wendung um etwa 90 Grad und fließt bis Svištov in strikt östlicher Richtung. **Lom** bei Flusskilometer 742 ist der zweitgrößte Donauhafen Bulgariens. Diese Bedeutung resultiert aus seiner Lage: Keine Stadt an der Donau ist Sofia näher. Die Stadt mit derzeit rund 30 000 Einwohnern befindet sich an der Mündung des gleichnamigen Flusses, der im Balkan entspringt. Unter touristischen Gesichtspunkten ist Lom keinen Stop wert. Die römische Festung Almus befand sich einst hier, Reste davon stellen die Hauptattrak-tion des kleinen Stadtmuseums dar.

Das weiter flussabwärts gelegene **Kozloduj** war Schauplatz eines folgen-reichen geschichtlichen Ereignisses: Im April 1876 befand sich das Linienschiff ›Radetzky‹ auf seiner planmäßigen Fahrt in Richtung Eisernes Tor. 200 Revolutionäre, aus Rumänien kommend, kaperten es unter der Führung des 28jährigen bulgarischen Dichters Christo Botev. Kapitän Dagobert Engländer hatte keine Wahl: Außerplanmäßig hielt er in Kozloduj und ließ die Piraten von Bord. Danach setzte er seine Fahrt fort. Die kleine Schar, die die Fremdherrschaft stürzen wollte, wurde schnell vom türkischen Heer entdeckt und innerhalb von zwei Wochen völlig aufgerieben. Die Türken brachten als Vergeltungsmaßname für den gescheiterten Aufstand mehrere tausend – manche sprechen von mehreren zehntausend – Menschen um. Das war der Vorwand für Russland, den Türken 1877 den Krieg zu erklären. Die Landung des heute als Helden verehrten Botev hatte zwar keinen direkten Erfolg, indirekt führte sie aber dazu, dass sich Russen und Bulgaren gegen die Osmanen zusammentaten und so den Grundstein für eine Völkerfreundschaft legten, die bis heute andauert. Am Ufer in Kozloduj erinnert ein kleines Denkmal an die Ereignisse. Es soll die Stelle markieren, an der die Aufständischen erstmals bulgarischen Boden betraten. Ein Nachbau der ›Radetzky‹, mittlerweile ein Museumsschiff, liegt in unmittelbarar Nähe. In jüngerer Zeit kam die Stadt wegen ihres Atomkraftwerks in die Schlagzeilen. Einige Lecks und fehlende Notkühlsysteme hatten die Weltpresse 1995 auf Kozloduj aufmerksam gemacht. Seitdem sind zwei Drittel der Blöcke abgeschaltet, die beiden anderen – moderneren – wurden 2007 auf westliche Sicherheitsstandards gebracht und produzieren seitdem mehr als 20 Prozent des bulgarischen Strombedarfs.

Orjahovo und Corabia

Orjahovo ist ein kleiner Ort mit einem kleinen Hafen. Die Stadt selbst ist vom Fluss nicht zu sehen, da sie an einem Hügel liegt und terrassenförmig landeinwärts abfällt. Im 13. und 14. Jahrhundert bestand nicht weit vom heutigen Hafen entfernt eine starke Festung, danach eine Festung der Türken. Hinter Orjahovo werden die Hügel auf bulgarischer Seite etwas flacher, allmählich verlässt die Donau die Balkanausläufer. Das stromabwärts gelegene rumänische Corabia besteht aus einem kleinen Hafen und einer Zuckerfabrik, die im Sozialismus hinzukam.

Nikopol

Wie so viele Orte am südlichen Donauufer geht auch Nikopol, eher ein Dorf als eine Stadt (6000 Einwohner), auf eine römische Anlage zurück. In der Nähe hatte Trajan einen seiner Siege über die Daker errungen. In Erinnerung daran wurde eine byzantinische Festung, die um 640 fertiggestellt war, Nicopolis ad Istrum genannt, ›Stadt des Sieges an der Unteren Donau‹. Noch während des Zweiten Bulgarisches Reichs war die Festung von Bedeutung. Die Türken erweiterten sie zunächst, vernachlässigten sie aber später, nachdem sie einen Stützpunkt am gegenüberliegenden Ufer, in Turnu, errichtet hatten. Reste der Festung sind aber noch vorhanden und künden von der einstigen Größe und Bedeutung. In Nikopol erlebte die abendländische katholische Welt eine erste vernichtende Niederlage gegen die nach Westen drängenden Osmanen. Im September 1396 belagerte ein großes Heer unter der gemeinsamen Führung von Sigismund von Luxemburg, damals König von Ungarn und später deutscher Kaiser, und Johannes ohne Furcht, später Herzog von Burgund, die Festung, die die Osmanen hielten. Das Kreuzfahrerheer, dem Soldaten aus zahlreichen Ländern angehörten, wurde dabei fast völlig vernichtet.

Turnu Măgurele

Auf der gegenüberliegenden Seite ist eine Industrieanlage auszumachen. Die dazugehörige Stadt erreicht man, wenn man von der Fabrik einige Kilometer landeinwärts einer Straße folgt. Turnu Măgurele ist ein kleiner, sympathisch wirkender Ort. Er geht auf die antike Festung Turris zurück. Es gibt noch Reste einer bulgarischen Festung und einer Kirche aus dem 13. Jahrhundert zu sehen. Turnu Măgurele wuchs, als es zu einer wichtigen Station entlang des Handelsweges von Siebenbürgen nach Istanbul wurde; seit 1836 schließlich besitzt es Stadtrechte.

Karte S. 313 ▲

Strandbad bei Turnu Măgurele

Lange Zeit bestimmte lediglich ein Getreidehafen das Bild des Ufers. In den 1960er Jahren wurde dann das Ammoniakwerk errichtet, das den für eine intensive Landwirtschaft notwendigen Kunstdünger produzierte. Rumänien hatte sich schon früh der im COMECON vereinbarten Aufgabenteilung widersetzt. Die Sowjetunion sah in Rumänien einen Rohstofflieferanten und ein Agrarland und hielt den Aufbau von Industrien, insbesondere der Schwerindustrie, für unnötig. Die rumänische Führung baute daher zahlreiche Industriekombinate mit westlicher Beteiligung auf, so auch die Fabrik in Turnu Măgurele. Dass Rumänien das erste Land innerhalb des RGW war, das mit der Bundesrepublik erst Handelskontakte knüpfte und dann diplomatische Beziehungen aufnahm, ist so gesehen sicherlich kein Zufall.

An der Donau entstanden in dieser Zeit einige Industrieanlagen, manchmal, wie zum Beispiel in Brăila und Galați, waren sie von gigantischen Ausmaßen und wurden ohne Berücksichtigung ökologischer Aspekte erbaut. Die Anlage in Turnu Măgurele ist nach wie vor in Betrieb – der beißende Geruch ist bei manchen Wetterlagen an Deck eines Schiffs deutlich wahrnehmbar.

Belene, Svištov und Zimnicea

Hinter Turnu Măgurele beginnt auf rumänischer Seite ein Sumpfgebiet, das ›Lunca dunarii‹ genannt wird. Mit etwas Glück lassen sich hier Fischreiher und sogar Pelikane beobachten.

Dem bulgarischen Ort **Belene** ist eine 48 Hektar große, gleichnamige Insel vorgelagert. Darauf befindet sich eines der größten bulgarischen Gefängnisse. Von 1949 bis 1962 waren hier politische Gefangene inhaftiert, heute ›normale‹ Kriminelle. Man fährt nördlich an der Insel vorbei – der kleinere Donauarm umschließt die Insel im Süden – und sieht nichts von den Sicherheitsanlagen; die Insel ist scheinbar ein pappelbestandenes Idyll. Die Weltöffentlichkeit nahm jüngst Notiz von Belene, weil die bulgarische Regierung hier den Bau eines Kernkraftwerks plant. Da der ausländische Investor 2010 abgesprungen ist, steht hinter dem Vorhaben jedoch ein großes Fragezeichen.

Svištov wendet dem Fluss seine unattraktive Seite zu: Verlade-, Kai- und Industrieanlagen. Nach Ruse und Lom befindet sich hier der drittgrößte bulgarische Donauhafen. Eine Zollstation ist auch eingerichtet, deren Beamte die Kreuzfahrtpassagiere abfertigen, die an den Landausflügen in das bulgarische Hinterland teilnehmen.

An dieser Stelle richteten die Römer im Rahmen des Donaulimes die Befestigung Novae ein. Dieses Lager war eines der wichtigsten entlang der Donau und bereits seit dem 1. Jahrhundert ein Sitz der Donauflotte. Der

Auf der Unteren Donau

Ort war so gut befestigt, dass er allen Eroberungsversuchen in den nächsten Jahrhunderten standhielt. Erst im 7. Jahrhundert wurde er zerstört. Gut hundert Jahre später entstand etwa fünf Kilometer westlich eine neue Siedlung, die sich vor allem unter der türkischen Herrschaft zu einem wichtigen Handelszentrum entwickelte. Sie war nun nicht mehr, wie der römische Ort, dem Fluss zugewandt, sondern landeinwärts ausgerichtet. Auch das heutige, recht hübsche Svištov liegt von der Donau abgewandt auf der Südseite eines Hügels, der sich direkt am Ufer erhebt und von dort terrassenartig nach Süden abfällt. Als Handelsstadt blieb die Siedlung bis zum Ende des 19. Jahrhunderts bedeutend, dann musste sie diese Rolle an das aufstrebende Ruse abgeben. Svištov ist in Bulgarien sehr bekannt, weil sich hier gleich mehrere Werke des berühmten Architekten Koljo Fičeto befinden, darunter die Kirche Sveta Troica (1867), und weil hier im Jahr 1877 mittels einer Pontonbrücke russische Truppen übersetzten, die eine entscheidende Rolle bei der Überwindung der Osmanischen Herrschaft spielten.

Das Pendant zu Svištov, die Kleinstadt **Zimnicea**, ist die südlichste Stadt Rumäniens. Zwar gab es hier schon unter den Dakern eine Art Burg und im Mittelalter einen Handelsplatz mit Zollstelle, aber die Ansiedlung blieb über die Jahrhunderte sehr bescheiden. Beim schweren Erdbeben von 1977 wurde die Stadt zu großen Teilen zerstört und danach modern wieder aufgebaut. Bis auf die beim Erdbeben erhaltengebliebene Kirche der heiligen Kaiser vom Anfang des 19. Jahrhunderts hat der Ort nichts Sehenswertes zu bieten, und heute ist seine Bedeu-

tung als Handelsplatz denkbar gering. Über die Fähre besteht Verbindung und Grenzübergang nach Bulgarien.
Die Donau erreicht unmittelbar hinter Svištov, bei Kilometer 550, ihren südlichsten Punkt und wendet sich danach nach Nordosten.

Pleven

In bulgarischen Darstellungen wird Pleven oft als ›Stadt-Museum des Russisch-Türkischen Krieges‹ bezeichnet. Damit ist präzise ausgedrückt, worin ihre Bedeutung liegt: Sie steht für den entscheidenden Sieg der Russen und der mit ihnen verbündeten Rumänen über die Osmanischen Truppen im Jahr 1877, der schließlich zur Unabhängigkeit Bulgariens führte. An dieses Ereignis erinnern in Pleven und der Umgebung allein rund 200 mehr oder weniger geschmackvolle Denkmäler.
Pleven ist das Verkehrszentrum Nordbulgariens inmitten einer stark landwirtschaftlich genutzten und hügeligen Landschaft, auch das kulturelle

Das futuristische Panoramamuseum

Karte S. 313

und wirtschaftliche Zentrum der Region und hat unter anderem ein Theater, eine Oper und eine Medizinische Hochschule zu bieten – Sehenswürdigkeiten von Rang aber sind rar.

Die Römer richteten hier einen Stützpunkt ein und übernahmen den Namen Storgosia wohl von den Thrakern, die vorher hier ansässig gewesen waren. Die Slawen nannten den Ort Kamenec, eine Erwähnung als Pleven findet sich erstmals 1266, in einer Urkunde der ungarischen Eroberer. Unter den Osmanen wurde Pleven zu einer wichtigen Festung und Garnisonsstadt ausgebaut, gleichzeitig war es ihr Verwaltungs- und Handelszentrum im nördlichen Bulgarien. Am Vorabend der bedeutsamen Schlacht lebten rund 17 000 Menschen hier.

Nachdem die russischen Truppen im Sommer 1877 die Donau überschritten hatten, verlegten die Osmanen etwa 45 000 Soldaten von Vidin nach Pleven und befestigten die Stadt. Die russischen und rumänischen Truppen, insgesamt rund 100 000 Mann, rannten dreimal – am 7. Juli, am 28. Juli und am 25. August – vergeblich an und errichteten daher einen 50 Kilometer langen Belagerungsring um die Stadt. Hunger, Krankheiten und Kälte setzten den Verteidigern zu, und der türkische Oberbefehlshaber kapitulierte schließlich am 10. Dezember, nachdem ein Entsatzheer am Schipkapass von den Russen geschlagen worden war und keine Aussicht auf Hilfe mehr bestand. Die Russen und ihre Verbündeten verloren fast 40 000 Mann, wie viele Tote es auf türkischer Seite gegeben hat, ist nicht genau bekannt.

Pleven erlebte im ausgehenden 19. Jahrhundert einen Aufschwung, nicht zuletzt dank Anschluss an das Bahnsystem mit den Strecken Sofia–Varna und Pleven–Somovit. Heute sind die Viehzucht, der Weinanbau und die Lebensmittelindustrie bestimmend. Pleven hat rund 120 000 Einwohner und ist damit die siebtgrößte Stadt Bulgariens.

■ Sehenswürdigkeiten

Die erste Station einer Besichtigungstour ist für Besuchergruppen fast immer der am südwestlichen Stadtrand gelegene **Skobelejev-Park**. Auf diesem Hügel fanden 1877 besonders erbitterte Kämpfe statt, und gleich neun Massengräber befinden sich in dem ausgedehnten Gelände. Auf dem höchsten Punkt erhebt sich das **Panoramamuseum**, ein zylindrischer und gleichzeitig klobig wirkender Betonbau, den russische Kanonen flankieren. Er wurde 1977, zum hundertjährigen Jahrestag der denkwürdigen Schlacht, eingeweiht. Den Mittelpunkt bildet die 115 Meter lange und 15 breite Leinwand, auf der entscheidende Szenen aus dem dritten Angriff dargestellt sind. In anderen Räumen wird mit kleineren und dennoch großformatigen Gemälden, Feuerwaffen, Uniformen und zahlreichen weiteren Gegenständen die Schlacht dokumentiert. Wer sich nicht für militärische Details interessiert, kann mit dem Fahrstuhl auf das Dach fahren und von der Plattform einen schönen Blick auf Pleven und die Umgebung genießen.

Das **Historische Museum der Stadt Pleven** ist in einem großen zweistökkigen Gebäude untergebracht. Zwar nehmen auch hier die Wiedergeburtszeit und der Freiheitskampf gegen die türkischen Besatzer breiten Raum ein, aber daneben finden sich Ausstellungsstücke von den ersten Besiedlungs-

Das Mausoleum in Pleven

zeiten (50 000 v. u. Z.) bis heute, außerdem gibt es eine naturkundliche und eine ethnographische Abteilung, die das Alltagsleben der Städter und der Landbevölkerung vom 19. Jahrhundert bis heute dokumentiert.

Der **Vurazdene-Platz**, den Fußgängern vorbehalten und mit Fontänen geschmückt, ist der angenehmste Platz der Stadt. In seiner Nähe liegen fast alle Sehenswürdigkeiten Plevens. Unübersehbar ist das 24 Meter hohe **Mausoleum** an seiner Südseite. Es wurde 1907 errichtet und erinnert an die russischen und rumänischen Gefallenen. Um das Mausoleum stehen Kanonen aus dem Krieg, und vor dem Gebäude brennt die Ewige Flamme zum Gedenken an die Toten. Im Innern lohnt vor allem die geschnitzte Ikonostase aus Lindenholz einen Blick.

Von hier erstreckt sich die ul. Vasil Levski nach Norden. Sie ist als **Fußgängerzone** gestaltet und weist eine Reihe von Cafés auf. Das auffällig rot-weiße Haus an der Westseite der Straße ist ein ehemaliges türkisches Bad von 1607. In dem sorgfältig renovierten, unverkennbar orientalischen Gebäude ist die **Kunstgalerie Svetlin Rusev** beheimatet. Die Sammlung, eine Schenkung des bulgarischen Malers Svetlin Rusev, umfasst hauptsächlich moderne Kunst. Etwas weiter umgibt ein gepflegter, baumbestandener Park das **Museum der Befreiung Plevens**. Es wurde nicht zufällig hier eingerichtet: In diesem Gebäude ließ sich der russische Zar Alexander II. einen Tag nach der Kapitulation den gefangenen türkischen Oberbefehlshaber, Osman Pascha, vorführen. Auf der nächsten Straßenecke befindet sich das **Städtische Theater**. Folgt man hier der ul. Vasil Levski weiter nach Norden, so erreicht man bald ein kleines Viertel mit **Häusern aus der Wiedergeburtszeit** – es ist ein ungewöhnlich geschlossenes Ensemble inmitten eines unruhigen und uneinheitlich wirkenden Stadtbilds.

Hält man sich am Theater nach rechts, so stößt man rasch auf die **Kirche Sv. Nikolai**. Sie wirkt unscheinbar, weil sie 1834, den damaligen Gesetzen folgend, unter Straßenniveau errichtet wurde. Auffällig ist der große Glockenturm, sehenswert sind die wertvollen Ikonen im Innern.

Zwei Kilometer südlich der Stadt, am Beginn der Kailaka-Schlucht, erstreckt sich der **Kailaka-Park**. Hier gibt es Sportplätze und Schwimmbäder, einen See mit Ruderbooten, Campingplatz und Hotel sowie mehrere Restaurants, von denen eines recht pittoresk in einer Karsthöhle untergebracht ist. Die Bewohner Plevens schätzen den Park, und vor allem an Wochenenden ist er stark frequentiert. Hier hat man auch die Überreste einer Basilika aus dem 4. bis 6. Jahrhundert gefunden, und so führt ein Besuch des Parks interessierte Besucher weiter zurück als in das allgegenwärtige Jahr 1877.

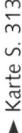

Karte S. 313

Ruse

Mit rund 160 000 Einwohnern ist Ruse die größte bulgarische Stadt an der Donau und die fünftgrößte des Landes. Typisch bulgarisch, sofern Urteile dieser Art überhaupt angebracht sind, ist sie wahrlich nicht – aber sehr charmant und lebendig.

Ruse ist heute nicht nur wirtschaftliches, sondern auch kulturelles Zentrum des nordöstlichen Bulgarien. Es gibt eine Oper, Theater und Philharmonie haben feste Ensembles und gehören zu den besten des Landes, zahlreiche renommierte Kulturfestivals finden regelmäßig statt.

Geschichte

Die Römer nannten den Ort Sexaginta Prista (Stadt der 60 Schiffe), was auf seine hauptsächliche Funktion in dieser Zeit verweist. Er war ein größerer Stützpunkt ihrer Flotte. Um 590 zerstörten ihn die Slawen und Awaren, und von den folgenden Jahrhunderten ist fast

Fassade in der Aleksandrovska

nichts bekannt. Anfang des 16. Jahrhunderts wird in Dokumenten ein Ort namens Russe erwähnt, die Osmanen nannten ihn Rustschuk. Vermutlich lag ihre Siedlung genau auf den Überresten der römischen. Bis 1811 war sie durch eine Festung geschützt; diese wurde während des russisch-türkischen Krieges zerstört.

Prägend für Ruse waren die Jahrzehnte nach 1856. In diesem Jahr wurde eine erste internationale Vereinbarung über den freien Handelsverkehr auf der Donau geschlossen, der den Warenaustausch zwischen den Anrainerstaaten deutlich beförderte. Davon profitierte Ruse, das an der wichtigsten Handelsstraße zwischen Mitteleuropa und Konstantinopel lag. In der stürmischen Wachstumsphase öffnete sich Ruse für westliche Einflüsse aller Art, und die vielfältigen Kontakte, die die multiethnische Bevölkerung in alle Richtungen, vor allem aber donauaufwärts unterhielt, ließen sie zur europäischsten aller bulgarischen Städte werden, zum ›Tor nach Europa‹, wie es später so eindrucksvoll Elias Canetti im ersten Teil seiner Autobiographie ›Die gerettete Zunge‹ beschrieben hat.

Großen Einfluss auf die Stadtentwicklung hatte auch die weitsichtige Politik des letzten osmanischen Gouverneurs der Donauprovinz, des Midhat Pascha. Er förderte ab 1864 den Zuzug von Menschen unterschiedlichster Herkunft, seine folgenreichste Entscheidung war sicherlich die, zwischen Ruse und Varna am Schwarzen Meer eine Eisenbahnstrecke bauen zu lassen. Sie war die erste auf bulgarischem Gebiet, ging 1866 in Betrieb, verband zwei wichtige Umschlagzentren miteinan-

Auf der Unteren Donau

Ruse

Legende

1 Theater
2 Justizgebäude
3 Kirche Sveta Troika
4 Opernhaus
5 Battenberg-Palais (Historisches Museum)
6 Ausgrabungsstätte Sexaginta Prista
7 Canetti-Haus
8 Verkehrsmuseum
9 Pantheon
10 Baba-Tonka-Museum
11 Zachari-Stojanov-Museum
12 Museum des Städtischen Lebens

der, und für alle aus Norden kommenden Reisenden war der Weg über Ruse nun die schnellste Verbindung nach Konstantinopel.

Auch der heutige Stadtgrundriss geht auf den Gouverneur zurück. In dem Zusammenspiel zwischen großen Boulevards und kleineren abzweigenden Straßen, großen und kleinen Plätzen, auf die die Straßen zulaufen, ist unschwer das Vorbild aller europäischen Städte jener Zeit abzulesen: Paris. Der Midhat Pascha hatte einige Jahre dort verbracht. Die Stadt war wahrhaft kosmopolitisch. Griechen, Armenier, Juden, Türken, Deutsche und Österreicher lebten neben den Bulgaren hier, zeitweilig waren bis zu elf Konsulate ansässig.

Nach der Unabhängigkeit Bulgariens wurden gezielt Architekten aus westeuropäischen Ländern in das Land geholt, um die Stadt aus- und umzubauen. Darunter waren viele aus Österreich und Deutschland. Zwischen 1880 und 1910 entstanden zahlreiche private und vor allem auch öffentliche Gebäude, die die damals vorherrschenden Stile annahmen. Daher sieht Ruse europäisch und relativ jung aus und wird auch ›Kleines Wien‹ genannt. Aus dieser ganz eigenwilligen bulgarischen Gründerzeit sind noch etwa 200 Gebäude erhalten. Im Sozialismus wurden sie arg vernachlässigt, manches ist dabei verlorengegangen, vieles ist noch nicht wieder instandgesetzt; der Großteil steht immerhin mittlerweile unter Denkmalschutz.

Um die Jahrhundertwende verlor Ruse den Rang als größte bulgarische Stadt an die Hauptstadt Sofia. Prägend ist seitdem die Industrie, die in sozialistischer Zeit erheblich ausgebaut wurde.

Ein Stadtrundgang

Die Kreuzfahrtschiffe ankern ganz in der Nähe des 22-stöckigen Hotels ›Riga‹, so dass man leicht wieder zurückfindet. Hinter dem schmalen Uferpark leitet eine Unterführung auf einen breiten Boulevard, der das Zentrum umschließt.

■ **Freiheitsplatz**

Das Herz der Stadt ist der Freiheitsplatz, ploštad Svoboda. Hier mündet gleich ein Dutzend Straßen ein, ein Bummel führt also automatisch dorthin. Der Platz präsentiert sich ausgesprochen heiter. Die gepflegten Blumenrabatten und das Plätschern von Brunnen und Fontänen nehmen auch der Figur in der Mitte etwas von ihrem Pathos. Dabei handelt es sich um das 18 Meter hohe **Freiheitsdenkmal**, das 1909 nach Plänen des Italieners Arnoldo Zocchi entstand. Eine Pyramide auf einem von zwei Löwengestalten flankierten Sockel, die von einer Frauenfigur als Allegorie der Freiheit bekrönt wird, soll an den bulgarisch-russisch-türkischen Krieg erinnern. An dem Platz fühlt man sich nach Mitteleuropa versetzt, sowohl das **Hotel Teteven** (1911) als auch die prachtvolle klassizistische Finanzbehörde (1896), heute Sitz des **Theaters**, scheinen geradewegs aus Wien importiert zu sein; das **Justizgebäude** an der Nordseite komplettiert die Bebauung. Zur entspannten Stimmung tragen die vielen Cafés und Restaurants bei und nicht zuletzt die vielen schlendernden Passanten. Besonders stimmungsvoll ist der Platz an Abend, wenn der Brunnen und die prächtigen Gebäude angestrahlt werden.

In den umliegenden Straßen sind kleine Läden in den zumeist zwei- und dreistöckigen schmalen Häusern untergebracht. Am angenehmsten ist ein Bummel durch die **ul. Aleksandrovska**. Sie ist als Fußgängerzone gestaltet, und so kann man in Ruhe einen Blick auf Details wie schmiedeeiserne Balkone werfen. Auch die ul. Nikolaevska, die zweite wichtige Einkaufs- und Flaniermeile, konnte sich ihr Aussehen aus dem 19. Jahrhundert weitgehend erhalten und bietet eine Reihe von pastellfarbenen Fassaden.

Das Opernhaus bei Nacht

■ Dreifaltigkeitsplatz

Der pl. Svoboda geht nach Osten unmittelbar in den Dreifaltigkeitsplatz (pl. Sveta Troica) über. Die **Kirche Sveta Troica** steht dort seit 1764 an der Stelle eines 1632 errichteten Vorgängerbaus. Man muß 22 Stufen nach unten gehen, um den Ikonen, der Holzkassettendekke und der geschnitzten Innenausstattung einen Besuch abzustatten, denn wie alle Kirchenbauten aus dieser Zeit liegt sie unter Straßenniveau; die christlichen Kirchen sollten die Moscheen nicht überragen. Die Kirche ist überhaupt in ihren Ausmaßen bescheiden, aber dennoch die bedeutendste der acht Kirchen in der Stadt. Sehenswert ist die Sammlung von Ikonen, Kultgegenständen und auch Wiegendrucken. Gegenüber versteckt sich das in einem warmen Rotton gehaltene **Opernhaus** etwas hinter Bäumen. Es ist die Heimstatt eines international renommierten Symphonieorchesters. Überraschend ist weniger sein bescheidenes Auftreten als vielmehr die Tatsache, dass sich die

doch recht überschaubare Stadt um die Wende zum 20. Jahrhundert überhaupt ein solches Haus leistete.

■ Battenbergplatz

Dem Battenbergplatz (pl. Batenberg) ist ein eleganter, würdevoller Charakter eigen; er unterscheidet sich deutlich von dem zu allen Tageszeiten lebendigen pl. Svoboda. In der Mitte laden eine gepflegte Grünanlage und ein Lokal zu Kontemplation oder Einkehr ein, an der Nordseite zieht das schön restaurierte Battenbergpalais die Blicke auf sich. Der Neorenaissancebau wurde von dem österreichischen Architekten Friedrich Grünanger entworfen und 1892 fertiggestellt, heute ist darin das **Stadtmuseum** untergebracht, das gleichzeitig als **Geschichtsmuseum** des Bezirks fungiert. Es hat Porzellan-, Waffen- und Münzsammlungen in seinem Bestand, eine archäologische Sammlung, in der römische Artefakte dominieren, und einiges altes Silber. Am spektakulärsten ist der thrakische

Karte S. 326

▲ *Am Battenbergplatz, im Hintergrund die Stadtbibliothek*

Leicht versteckt: die Ausgrabungsstätte Sexaginta Prista

Schatz, der 1975 bei Borovo, rund 50 Kilometer südlich von Ruse, gefunden wurde. In dem schönen Gebäude schräg gegenüber ist die **Stadtbibliothek** untergebracht.

■ Ausgrabungsstätte Sexaginta Prista

Nicht ganz so weit zurück in die Vergangenheit führt die Ausgrabungsstätte Sexaginta Prista. Hier kann man sich die Überreste eines römischen Kastells anschauen: Fundamente, ein kleines Stück der früheren Umfassungsmauer sowie Gebrauchsgegenstände, Grabsteine und einige Skulpturen. Der Eingang zur Stätte liegt etwas von der baumbestandenen Kreuzung zurück, und nur ein kleines und leicht zu übersehendes Schild gibt die Richtung an.

■ Elias Canetti

Literaturnobelpreisträger Elias Canetti ist der berühmteste Sohn der Stadt, und so ist es erstaunlich, dass ihm immer noch kein Museum gewidmet wurde. Es gibt ein Canetti-Haus in der ul. Slavjaska 9. Es wurde von Canettis Großvater errichtet, ist zwar hübsch, aber nicht öffentlich zugänglich. Auch

das Haus, in dem Canetti aufwuchs, existiert noch, es steht in der ul. Gen. Gurko 13. An einer Wand des Hinterhauses, von Zweigen verdeckt, ist eine Gedenktafel angebracht. Auf ihr steht, dass hier im Jahr 1905 Elias Canetti geboren wurde, Träger des Nobelpreises für Literatur. Das Haus selbst ist heute ein normales Wohnhaus und ein Zugang zu der Wohnung nicht möglich. Er wäre aber auch uninteressant, denn Originalgegenstände aus der Zeit, als die Canettis hier wohnten, sind nicht mehr vorhanden.

■ Gedenkstätten und Museen

In der Zeit der Nationalen Wiedergeburt war Ruse ein Zentrum der Freiheitsbewegung. Daher ist es nicht verwunderlich, dass sich die meisten Museen ausführlich diesem Thema widmen. Sie sind daher nur Spezialisten zu empfehlen. Für die meisten interessanter ist sicherlich das **Verkehrsmuseum**, das man erreicht, wenn man vom Schiffsanleger den Bahngleisen nach Osten bis zum alten Bahnhof folgt. Zahlreiche Exponate, darunter alte Lokomotiven und Waggons sowie antiquierte Telefone, vermitteln Wissenswertes aus den Bereichen Eisenbahnwesen, Schifffahrt auf der Donau und Nachrichtentechnik.

In der Reihe der Stätten, die sich mit dem bulgarischen Freiheitskampf beschäftigen, ist an erster Stelle das **Pantheon der Helden der Nationalen Wiedergeburt** zu nennen. Der Kubus aus hellem Stein, der von einer goldenen Kuppel gekrönt wird, ist nicht frei von pathetischem Gestus. Im Inneren sind mehr als 450 Soldaten bestattet, die im Befreiungskrieg gegen die Türken fielen, das Ewige Feuer symbolisiert das immerwährende Gedenken

Auf der Unteren Donau

an sie. Das Denkmal wurde 1978 eingeweiht, zur 100. Wiederkehr der bulgarischen Unabhängigkeit.

Etwas persönlicher wird diese Zeit in zwei weiteren Museen vermittelt, dem **Baba-Tonka-Museum** in der gleichnamigen Straße und dem **Zachari-Stojanov-Museum** fast nebenan. Familienangehörige beider Häuser gehörten zu den Aufständischen, und mit Fotografien, Briefen und persönlichen Gegenständen werden die Geschehnisse visualisiert.

Nur wenige Meter vom Zachari-Stojanov-Museum entfernt, in der ul. Car Ferdinand 39, vermittelt das **Museum des Städtischen Lebens** im Kaliopa-Haus auf zwei Stockwerken einen Eindruck von der Lebensweise des Großbürgertums am Ende des 19. Jahrhunderts. Sämtliche Exponate – Möbel und Haushaltseinrichtung – stammen aus dieser Epoche. Das schlichte Gebäude ist im bulgarischen Wiedergeburtsstil gehalten und somit eine Ausnahme in Ruse.

Die Felsenklöster Basarbovo und Ivanovo

Westlich von Ruse mündet der Russensi Lom in die Donau. Zusammen mit seinen Nebenflüssen Beli Lom, Malki Lom und Černi Lom bildet er auf dutzenden Kilometern ein reizvolles Tal mit Nebentälern aus. Über Jahrtausende gruben sich die Flüsse tief in den Kalkstein, so dass Höhlen und Felsplateaus entstanden. Seit dem 12. Jahrhundert zogen sich zahlreiche Einsiedler hierher zurück, und im Laufe der Zeit entwickelte sich ein Netz von Klöstern, Kirchen und Wohnstätten. Die Neuankömmlinge gruben ihre Zellen und Kirchen durchweg in den weichen Stein.

Allein diese Bauart und die Dichte dieser Anlagen war ungewöhnlich, zu heute bestaunten Touristenzielen wurden sie aber durch ihre Ausschmückung. Der Zarenhof in Veliko Tärnovo unterstützte die Klöster, und im 13. und 14. Jahrhundert wurden viele der Felsenkirchen mit Malereien

▲ *Altarraum im Höhlenkloster Basarbovo*

geschmückt. Die Art der Gestaltung und einige Inschriften lassen den Schluss zu, dass die Maler aus der zu dieser Zeit berühmten Schule in Veliko Tărnovo stammten. Die wenigen heute noch erhaltenen Malereien gelten allgemein als ein Höhepunkt der bulgarischen Kunst.

Nach der Eroberung Bulgariens durch die Osmanen erlosch das bis dahin rege Klosterleben allmählich, viele Objekte wurden aufgegeben und verfielen. Die meisten Wandmalereien sind unwiederbringlich verloren, die erhaltenen in zumeist schlechtem Zustand. Eine Ahnung von der früheren Pracht vermitteln die vergleichsweise gut erhaltenen Anlagen in Basarbovo und Ivanovo, 8 bzw. 20 Kilometer südwestlich von Ruse gelegen.

■ Basarbovo

Das Kloster Basarbovo wird erstmals 1431 in türkischen Steuerlisten genannt, existierte zu dieser Zeit aber wohl schon mehrere hundert Jahre. Es stellt eine Besonderheit dar, da es das einzige heute noch aktive Männerkloster in Nordostbulgarien und das einzige noch aktive Felsenkloster in Bulgarien ist. Die Wandmalereien mögen nicht ganz so eindrucksvoll wie die in Ivanovo sein, dafür bezaubert das Kloster durch seine Lage. Besonders schön ist der große Garten im Innenhof, der mit Büschen, Obstbäumen und Blumenbeeten geschmückt ist und sogar Heilwasser aus einem Brunnen bietet.

Das Kloster heißt offiziell Sveti Dimitar Basarborski, nach dem Mönch, der in dem Dorf Basarbovo geboren wurde und bis zu seinem Tod hier lebte. Einer Legende zufolge starb er am Ufer des Flusses und wurde durch ein Hochwasser unter dem Ufersand begraben.

Einem blinden Mädchen erschien der Tote in einem Traum, und dank ihrer präzisen Beschreibung konnte der Körper geborgen werden. 1774, nach Ende des ersten türkisch-russischen Krieges, wollte der russische General Saltikov den Leichnam nach Russland überführen; aus unklaren Gründen liegt er aber in der Kirche Konstantin und Elena in Bukarest begraben. Der 300. Todestag des heiliggesprochenen Mönchs wurde am 27. Oktober 1985 begangen, und seit diesem Jahr findet immer an diesem Datum ein großes Fest in Basarbovo statt.

■ Ivanovo

Die Felsenkirche der Heiligen Jungfrau in Ivanovo liegt in 38 Meter Höhe über dem Flusstal. Dabei handelt es sich um den einzig erhaltenen Teil des Klosters des heiligen Erzengels Michael. Trotz der Verluste wurde die Kirche bereits 1979 in die UNESCO-Liste des Weltkulturerbes eingetragen. Den Titel verdankt sie allein den Wandmalereien aus dem 14. Jahrhundert, die zu den schönsten in Bulgarien, wenn nicht gar des gesamten Balkans zählen. Ungewöhnlich für jene Zeit ist die Genauigkeit in den Naturdarstellungen und die Individualität in der Darstellung von Menschen und mythischen Gestalten. Beeindruckend ist ebenso, wie geschickt die Maler die Ausmaße der Kirche überspielten und räumliche Illusionen schufen. Die Kirche wirkt sehr viel größer, als ihre eigentlichen Ausmaße – 16 Meter lang, 4 Meter breit und lediglich 2,20 Meter hoch – vermuten lassen.

Die Malereien waren durch Feuchtigkeit, natürliche Alterung und den Ansturm der Touristen bedroht und wurden in einem langwierigen und

Auf der Unteren Donau

mühseligen Prozess restauriert. Seit 2002 sind sie wieder der Öffentlichkeit zugänglich.

ℹ️ **Ruse und die Felsenklöster**

Touristeninformation, ul. Aleksandrovska 61. Gut ausgestattet, Informationen auch zu den Felsenklöstern.

Am pl. Svoboda und an der Aleksandrovska findet sich eine ganze Reihe von Bankautomaten und Wechselstuben. Hier ist auch die größte Dichte an Lokalen. Leider gibt es keine Uferpromenade mit Cafés; entlang der Donau verlaufen Straße und Gleisanlagen.

Giurgiu

Das rund 2800 Meter lange, 1954 als ›Brücke der Freundschaft‹ dem Verkehr übergebene und heute nüchterner **Dunav Most** (Donaubrücke) genannte Bauwerk verbindet Ruse mit dem rumänischen Giurgiu. Dieses bulgarisch-rumänische Gemeinschaftsprojekt wurde von sowjetischen Ingenieuren konstruiert. Bis heute ist die Brücke trotz der langen gemeinsamen Grenze die einzige zwischen den beiden Ländern. Eine weitere Brücke zwischen Vidin und Calafat ist seit 2007 im Bau, aber noch nicht fertiggestellt worden. Auf der längsten Stahlbrücke Europas verläuft der Verkehr in zwei Ebenen: oben die Autos, unten die Bahn. Der mittlere Teil der unteren Ebene lässt sich etwas anheben, damit auch bei starkem Hochwasser die hoch aufragenden Schiffe passieren können.

Daß sich an dieser Stelle die beiden größten Orte – in Giurgiu leben etwa 70 000 Menschen – an der Unteren Donau gegenüberliegen, ist kein Zufall. Hier verlief jahrhundertelang von Nord nach Süd der am stärksten frequentierte Handelsweg zwischen Istanbul und Bukarest.

Verglichen mit Ruse ist Giurgiu äußerst unattraktiv, neben den ausgedehnten und teils heruntergekommenen Hafen- und Industrieanlagen bestimmen schmucklose Neubauten das Bild. Im

Karte S. 313

▲ *Anlegestelle der Kreuzfahrtschiffe in Giurgiu*

Die ›Brücke der Freundschaft‹

Hafen wurde während des Zweiten Weltkriegs rumänisches Erdöl verladen, das für Deutschland bestimmt war. So galt Giurgiu als kriegswichtiges Ziel, wurde von alliierten Bombern angegriffen und dabei weitgehend zerstört. Die Geschichte des Ortes ist im Stadtbild fast völlig verschwunden. Dabei ist sie interessant, da Giurgiu eine Gründung der Genueser ist, die hier ein Kastell anlegten, San Giorgio. Davon leitet sich der heutige Name ab. Zwischen 1417, als die Türken den Ort erstmals besetzen, und 1829, als sie ihn endgültig aufgaben, war Giurgiu zwischen ihnen und den Rumänen stets umkämpft. Seine Prägung erfuhr Giurgiu mit der Industrialisierung. Seit 1869 ist es mit Bukarest über eine Bahnlinie verbunden, Anfang des 20. Jahrhunderts wurde der Hafen erheblich ausgebaut und kurze Zeit später eine große Werft eröffnet. Kreuzfahrtteilnehmer sehen neben der Anlegestelle meist nur die Durchgangs-

straßen, weil die Schiffe hier manchmal anlegen, um die Passagiere auf ihre Bustour nach Bukarest zu entlassen.

Tutrakan und Olteniţa

Gleichmäßig und in sanften Kurven fließt die Donau hinter Ruse in Richtung Nordost. Bis Silistra verändern sich die Ufer kaum, kleinere und größere Inseln, teils bewachsen, teils blank, liegen im Strom. Auch die nächsten beiden Orte passen sich in die Beschaulichkeit ein.

Tutrakan ist ein regionales Fischereizentrum mit rund 10 000 Einwohnern. Die Römer hatten hier einen Stützpunkt angelegt, mit ihrem Abzug verwaiste die Ansiedlung. Seit dem 15. Jahrhundert ist der Ort wieder durchgängig besiedelt, zwischen 1913 und 1940 gehörte er als Turtucaia zu Rumänien. Es gibt in der Stadt ein **Historisches Museum**, das vor allem über die Epoche der Nationalen Widergeburt informiert. Besonders sehenswert ist aber das für Bulgarien einzigartige **Museum für Fischfang und Bootsbau**. Hier wird das Leben am und mit dem Strom thematisiert, das es so heute nicht mehr gibt. Das frühere Leben der Fischer, die am Fluss und seinen Seitenarmen, Auen und Sümpfen und selbst bis zum Donaudelta ausfuhren, wird mit zahlreichen Ausstellungsstücken anschaulich gezeigt.

Das gegenüberliegende **Olteniţa** kann eine größere Schiffswerft vorweisen und ist ansonsten ohne Bedeutung. Der Ortskern befindet sich einige Kilometer landeinwärts.

Silistra

Silistra ist die östlichste bulgarische Stadt an der Donau. Zwar ist sie seit dem Mittelalter vor allem ein Handelszentrum, dennoch macht sie mitsamt ihrem überschaubaren Hafen einen ruhigen Eindruck. Von den Römern über die Byzantiner bis zu den Osmanen markierte dieser Ort lange Zeit den nordöstlichsten Punkt des jeweiligen Einflussgebietes. Daher war die Stadt oft umkämpft, gleichzeitig finden sich Spuren all der Völker, die die Stadtgeschichte bestimmten. Vom Fluss aus ist davon aber nichts zu sehen.

Kaiser Trajan gründete im 2. Jahrhundert die Festung Durostorum, um die sich eine Zivilstadt entwickelte. Im 4. Jahrhundert war sie die Hauptstadt der Provinz Scythia. Nach mehrfacher Zerstörung bauten die Byzantiner im 6. Jahrhundert erneut eine Festung. Zu dieser Zeit hieß sie Dorostol, später, als die Bulgaren hier herrschten, Drăstăr. Unter dem Fürsten Mircea gehört Silistra zwischen 1386 und 1418 zur Walachei, zwischen 1913 und 1940 wie die gesamte Süddobrudscha zum Staat Rumänien. Die türkische Herrschaft dauerte von 1417 bis 1878. Mitte des 19. Jahrhunderts, als sich das Osmanische Reich in permanenter Auseinandersetzung mit Russland befand, wurde erneut eine Festung errichtet. Sie erhielt ihren Namen nach Sultan Abdul Medzid, der sie im Jahr 1847 besuchte.

Diese gut erhaltene und restaurierte **osmanische Festung Medzini Tabija** liegt nicht am Fluss, sondern wenige Kilometer südlich des Stadtzentrums auf einem Hügel. Dort ist auch seit 1998 das Historische Museum untergebracht, das über die Geschichte der Stadt und der Region vom 15. Jahrhundert bis in die Gegenwart informiert. Die Ruinen der antiken Festung befinden sich außerhalb des eigentlichen Stadtgebiets, ungefähr vier Kilometer östlich und unmittelbar am Donauufer.

Karte S. 313

▲ *Auf der Donau zwischen Rumänien und Bulgarien*

Veliko Tărnovo

›Wiege der bulgarischen Malerei, Architektur und Literatur‹, ›eine der schönsten bulgarischen Städte überhaupt‹, gar ›Mutter aller bulgarischen Städte‹: um Lage, Anmutung und frühere Bedeutung Veliko Tărnovos angemessen würdigen zu können, wurden und werden oft große Worte gewählt – zu Recht.

Die Stadt liegt malerisch an den letzten nördlichen Ausläufern des Balkans und beidseits des hier in engen Windungen laufenden Flusses Jantra. Ihre Gebäude erheben sich auf mehreren Hügeln, die recht steil zum Jantra-Tal abfallen.

Hauswand an der ul. Gurko

Auf den ersten Blick ist dies eine ungewöhnlich malerische Lage; dass Veliko Tărnovo im Mittelalter Hauptstadt des bulgarischen Zarenreichs war, entschließt sich dem Betrachter dagegen erst bei genauerem Hinsehen.

Geschichte

Seit dem 3. Jahrtausend vor Christus ist der Ort durchgängig besiedelt, schließlich kontrollierten ihn die Byzantiner. Gegen ihre Herrschaft lehnten sich die Bulgaren unter Führung der Brüder Asen und Peter auf. Der Aufstand war erfolgreich, Veliko Tărnovo wurde zur Hauptstadt des Zweiten Bulgarischen Reiches. Diese Epoche, das Goldene Zeitalter der Stadt, währte von 1185 bis 1393. In dieser Zeit wurde der Ort ausgebaut, befestigt und in eine wehrhafte und zugleich repräsentative Hauptstadt umgestaltet. Auf dem Zarenhügel (Carevec) lebten die Spitzen aus Klerus und Adel, auf dem Trapezica-Hügel die rangniederen Würdenträger, dazwischen und gegenüber lag die eigentliche Stadt. Sie avancierte zu einem religiösen und kulturellen Zentrum des gesamten Balkans, die ansässigen Händler pflegten Handelsbeziehungen weit über die Landesgrenzen hinaus. Veliko Tărnovo wurde im Mittelalter immer wieder mit anderen glanzvollen Städten verglichen. Typisch ist das Urteil eines byzantinischen Chronisten, der sie als ›die unzugänglichste sowie die schönste unter allen Städten‹ bezeichnete, als ›Das Dritte Rom und das Zweite Konstantinopel‹.

Die Osmanen belagerten die Stadt 1393 drei Monate lang, und womöglich aus Wut über den langanhaltenden Widerstand machten sie sie nach der Eroberung fast vollständig dem Erdboden gleich. Unter den Osmanen fristete Veliko Tărnovo ein Schattendasein, nach deren Abzug fanden wiederum wichtige Ereigniss hier statt: Hier wurde die bulgarische Verfassung von 1879 geschrieben und angenommen, und hier erfolgte 1908 die Proklamation der Unabhängigkeit Bulgariens.

In jüngerer Zeit hat der Tourismus deutlich zugenommen, und zahlreiche Gebäude aus der Zeit der Nationalen Wiedergeburt sind renoviert worden.

Auf der Unteren Donau

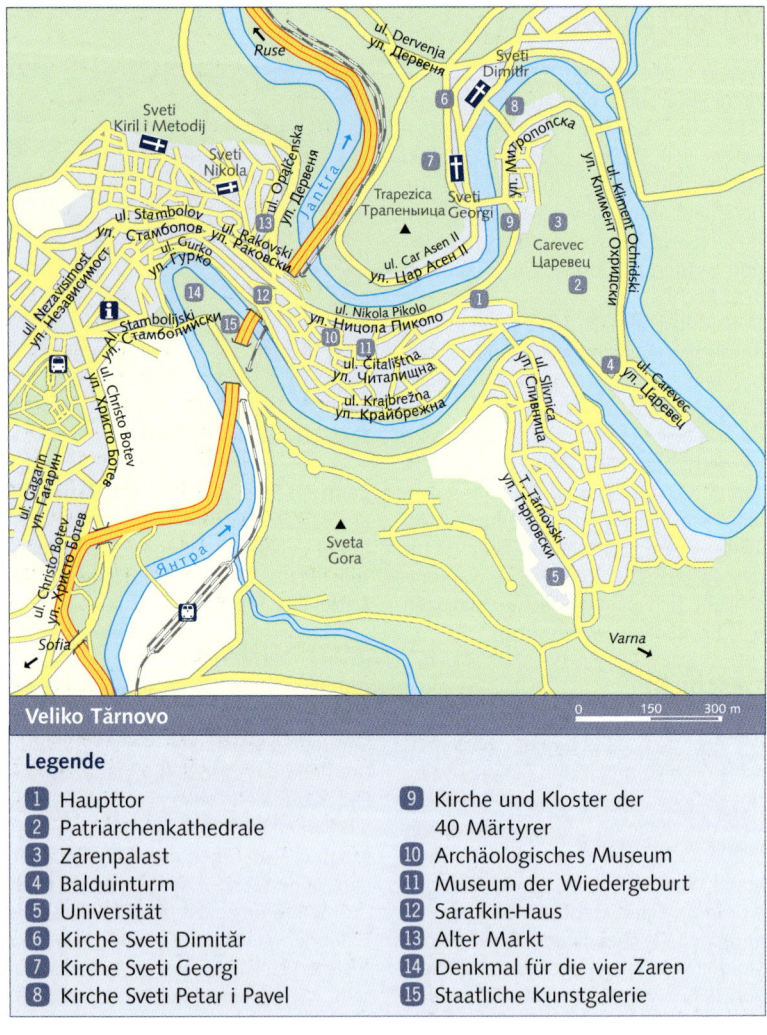

Veliko Tărnovo

0   150   300 m

Legende

1 Haupttor
2 Patriarchenkathedrale
3 Zarenpalast
4 Balduinturm
5 Universität
6 Kirche Sveti Dimităr
7 Kirche Sveti Georgi
8 Kirche Sveti Petar i Pavel
9 Kirche und Kloster der 40 Märtyrer
10 Archäologisches Museum
11 Museum der Wiedergeburt
12 Sarafkin-Haus
13 Alter Markt
14 Denkmal für die vier Zaren
15 Staatliche Kunstgalerie

Die Altstadt steht als Gesamtensemble unter Denkmalschutz, an den gewundenen schmalen Gassen finden sich gleich mehrere Bauwerke des Baumeisters Koljo Fičeto, einem der herausragenden bulgarischen Architekten. Künstler und Kunsthandwerker haben sich im Ort niedergelassen, etwa

15 000 Studenten – bei insgesamt rund 70 000 Einwohnern –, und nach der Wende sind viele Geschäfte und Lokale neu eröffnet worden. Veliko Tărnovo ist heute eine Stadt, die eine zauberhafte Lage mit Lebendigkeit vereint. Sie lohnt die gut anderthalbstündige Anreise, die man von Svištov

oder Ruse, wo die Busausflüge meist starten, hinter sich zu bringen hat. Veliko Tărnovo und das meist während eines Ausflugs auch besuchte Arbanasi machen mit Bulgarien, seiner Geschichte, Kultur und auch Gegenwart bekannt wie kaum eine andere Stadt des Landes.

Zarenhügel

Das politische und religiöse Zentrum des Zweiten Bulgarischen Reiches lässt sich exakt lokalisieren: Es lag auf dem Zarenhügel. Zwar sind fast nur noch Ruinen vorhanden – die heutigen Mauern, Tore und Türme sind ausnahmslos moderne Rekonstruktionen –, sie aber geben mehr als nur eine Ahnung von der Größe der alten Anlage. Die prachtvolle Innenausstattung sowohl der sakralen als auch der weltlichen Gebäude, die zeitgenössische Chronisten so sehr beeindruckt hat, ist dagegen bis auf winzige Reste verloren gegangen und auch nicht mehr rekonstruierbar.

Zarenhügel mit der Patriarchenkathedrale

Die Lage auf dem Hügel, der fast vollständig von der Jantra umflossen wird, ist unter Verteidigungsgesichtspunkten ideal. Das hatten auch die Römer und Thraker erkannt, die an dieser Stelle wehrhafte Anlagen errichteten. Im 12. bis 14. Jahrhundert war der Komplex von einer rund 1100 Meter langen, bis zu 3,5 Meter dicken und bis zu 10 Meter hohen Mauer umgeben. Darin waren mehrere Tore eingelassen. Nach Westen, der Stadt zu, lag das Haupttor oder vielmehr eine Kombination von drei Toren, die zusätzlich durch eine hölzerne Zugbrücke geschützt waren. Die Fundamente lassen den Rückschluss zu, dass innerhalb der Mauer neben den zahlreichen Palastgebäuden 21 Kirchen standen, von denen vier zu Klosterkomplexen gehörten. Dazu kamen die Wohnviertel mit insgesamt rund 500 Wohnungen.

■ Patriarchenkathedrale

Von allen Seiten fällt der Blick auf die Patriarchenkathedrale. Sie liegt auf dem höchstgelegenen Teil des Komplexes, ihr Turm scheint himmelwärts zu streben. Der Standort war bewusst gewählt: Die Kirche dominierte den ganzen Komplex und war sinnfälliger Ausdruck für die Herrschaft der religiösen Macht über die weltliche. Die Kirche wurde im 13. Jahrhundert errichtet, der heutige Bau ist eine Rekonstruktion aus den 1980er Jahren. Die starken Mauern verleihen dem Bau den Charakter einer Wehrkirche. Man weiß, dass das Innere der Patriarchenkirche ursprünglich mit Wandmalereien und Fußbodenmosaiken geschmückt war. Die modernen Wandmalereien stellen die wichtigsten Geschehnisse der bulgarischen mittelalterlichen Geschichte dar, darunter die Annahme des christ lichen Glaubens unter dem Fürsten Boris Michael, die ›Erfindung‹ des kyrillischen Alphabets durch Kyrill und Method und anderes. Die Kirche ist Teil des Patriarchenkomplexes, der oberhalb des Zarenkomplexes lag und Wohn- und Arbeitsräume für das Oberhaupt der Kirche umfasste.

■ **Zarenpalast**
Der Zarenpalast war von seiner Größe her der dominierende Bau auf dem Hügel. Er war wehrhaft wie eine Burg in der Burg angelegt, zugleich aber reich geschmückt und architektonisch sorgfältig ausgestaltet. Die gefundenen Reste lassen auf reiche plastische Formen, Mosaike, Marmorverkleidungen und Ähnliches schließen. Der Palast war auf drei Ebenen errichtet, Mittelpunkt der Anlage war der 32 mal 18 Meter große Thronsaal. Man nimmt an, dass er dreischiffig ausgeführt und reich mit Mosaiken, Marmor und Fresken gestaltet war. Hier tagte der Bojarenrat und wurden die Gäste empfangen. Östlich dieser Räume lag die Schlosskirche der heiligen Paraskeva.
Das nördliche Tor führt zu einem weiteren Klosterkomplex, das südliche führte einst zum Händlerviertel. In der Nähe befindet sich der sogenannte **Balduinturm**, der seinen Namen nach einer oft gehörten Legende erhalten hat. Ihr zufolge war ein Ritter Balduin von Flandern dort im Jahr 1205 eingesperrt. Als der Zar erfuhr, dass sich seine Frau in diesen Balduin verliebt hatte, ließ er ihn töten.
Auch wer diesen und weiteren ungesicherten Histörchen kein großes Interesse entgegenbringt, sollte den Aufstieg auf den Hügel wagen: Von dort ergeben sich weite Blicke über die Stadt und ihre Umgebung.

Sveta Gora

Die **Universität** auf dem südlich gelegenen Hügel Sveta Gora befindet sich auf traditionsreichem Terrain, denn hier bildeten im Mittelalter gleich mehrere Klöster den kulturellen Mittelpunkt des Landes. Die hiesige Kunst- und Literaturschule wirkte in das ganze Land und in den slawischen Raum bis nach Russland. Die Klöster waren ein Zentrum des literarischen und kulturellen Lebens in Bulgarien; wie auch sonst in Europa wurden Bücher verfasst und kopiert, also abgeschrieben. Trotz der Zerstörungen in den Türkenkriegen sind einige der Handschriften erhalten geblieben. Die wichtigsten von ihnen befinden sich allerdings nicht im Inland, das sogenannte Londoner Evangelium etwa im Britischen Museum in London, die Chronik von Manassi in der Vatikanbibliothek.

Asenviertel

Unterhalb des Zarenfelsens liegt das sogenannte Asenviertel. In der Blütezeit der Stadt war dies das Viertel der Handwerker und Händler. Davon ist so gut wie nichts mehr vorhanden, die wenigen und im Vergleich zur Altstadt stillen Straßen sind vor allem wegen einiger Kirchen einen Abstecher wert.
Die **Kirche Sveti Dimitär** westlich der Jantra stammt aus dem späten 12. Jahrhundert und ist die älteste erhaltene Kirche des Ortes. Auffällig sind die gemusterten rot-weißen Ziegel der Dächer. Die Kirche wurde in den 1980er Jahren sorgfältig restauriert, ihr Inneres ist ohne große Attraktionen. Einige schöne Wandmalereien und Ikonen schmücken die etwas südlich gelegene kleine Kirche **Sveti Georgi**.
Über die Bischofsbrücke gelangt man wieder auf die andere Seite der Jan-

Das Gasthaus ›Hadschi Nikoli‹

tra. Die **Kirche Sveti Petar i Pavel** stammt aus dem 13. Jahrhundert. Die Fresken im Inneren werden zum einen auf diese Zeit, zum anderen auf das 16. und 17. Jahrhundert datiert. Der auffallend kleine Bau erlitt bei der Eroberung durch die Osmanen keine Beschädigungen, erst ein Erdbeben im Jahr 1913 richtete ernsthafte Zerstörungen an. In den 1980er Jahren war die Restaurierung abgeschlossen.

Die **Kirche der 40 Märtyrer** mitsamt zugehörigem Klosterkomplex, etwas südlich davon, ist vor allem wegen dreier Säulen berühmt, die man hier fand. Sie stammen aus dem frühen 13. Jahrhundert, der Entstehungszeit des Komplexes. Die Inschriften in altbulgarischer und griechischer Schrift gehören zu den ältesten Zeugnissen der bulgarischen Schriftkultur und sind ein Indiz für die Bedeutung des Ortes im Mittelalter. Die Säulen sind heute im historischen Nationalmuseum in Sofia ausgestellt. Die Kirche, während der Osmanenherrschaft als Moschee benutzt, präsentiert sich nach vielen Jahren der Restaurierung heute in einem sehr guten Zustand. Zahlreiche Ikonen und wertvolle Grabbeigaben sind in dem Areal ausgestellt.

Die Altstadt

Die relativ kleine Altstadt ist östlich durch den Trapezica-Hügel und auf der südlichen Seite durch eine Schleife der Jantra begrenzt. Sie ist der Hauptanziehungspunkt für die Touristen. Die schmalen und mitunter steilen Gassen und Straßen sind durchweg sehr malerisch, die meisten Sehenswürdigkeiten finden sich an der ul. Gurko und der ul. Ivan Vazov.

■ Museen

Das **Archäologische Museum** macht vor allem mit der mittelalterlichen Stadtgeschichte bekannt und präsentiert daneben Funde aus römischer und thrakischer Zeit. Es ist nicht besonders groß oder spektakulär, aber mit Sachverstand eingerichtet. Das Haus selbst ist malerisch, und von hier haben Besucher einen zauberhaften Blick in das Flusstal.

In unmittelbarer Nähe verdeutlicht das **Museum der Wiedergeburt** – gut auszumachen wegen der säulengeschmückten Front –, dass ebendiese Phase untrennbar mit der Stadt verknüpft ist. Die Ausstellung ›Nationale Wiedergeburt und Gründungsversammlung‹ konzentriert sich ganz auf die Jahre vor, während und nach der Befreiung. In diesem Haus wurden in den Jahren des Umbruchs politische Versammlungen abgehalten, und hier wurde auch die erste Verfassung für Bulgarien erarbeitet und verabschiedet. Das Gebäude ist 1872 als Konak, also als Amtsgebäude für die osmanischen Behörden, errichtet worden. Heute würde man wohl vom Bürgermeisteramt sprechen. Architekt war der berühmte Baumeister Koljo Fičeto (1800–1881), dem Veliko Tărnovo einige seiner berühmtesten Gebäude verdankt. Dazu zählt auch die Kirche **Sveti Konstantin i Elena**, einer der schönsten Kirchenbauten Fičetos.

Gleich nebenan stößt man auf ein schönes Beispiel für den Wiedergeburtsstil, das **Sarafkin-Haus** (1861) in der ul. General Gurko. Es ist außen gefällig, aber nicht effektheischend, die sorgfältige und auch kostbare Ausstattung der Innenräume zeugt aber sehr deutlich vom Wohlstand seines früheren Besitzers, eben des Kaufmanns Sarafkin. Diese Form von Understatement ist typisch für die Bürgerhäuser des 19. Jahrhunderts. Von der Straße sind nur zwei Stockwerke auszumachen,

tatsächlich aber sind fünf Ebenen vorhanden: drei weitere liegen unterhalb des Straßenniveaus auf der Seite, die zur Jantra abfällt. In diesem Haus ist heute ein Museum untergebracht, das mit zahlreichen Einrichtungsgegenständen das Leben der Oberschicht am Ende des 19. Jahrhunderts veranschaulicht. Überhaupt sind an der ul. Gurko besonders viele und schöne Häuser aus der Wiedergeburtszeit erhalten.

■ Rund um den Alten Markt

Wiederum nur wenige Schritte weiter bildet der Alte Markt (Samovadska-Čaršiya-Komplex) das **Zentrum der traditionellen Handwerke**. In den renovierten Häusern, von denen einige mit hölzernen und umrankten Balkonen geschmückt sind, haben sich Galerien, kleine Läden und Kunsthandwerksbetriebe sowie Cafés und Restaurants angesiedelt. Das Angebot ist auf die

Das ›Haus mit dem Affen‹

Touristen abgestimmt, die den Schnitzwerkern, Töpfern und anderen Künstlern und Handwerkern hier wie auch in den Werkstätten an der ul. Rakowski und den anderen angrenzenden kleinen Gassen gern über die Schulter schauen dürfen.

Als Fotomotive sind zwei weitere Arbeiten Fičetos beliebt und bekannt, das **Gasthaus Hadschi Nikoli**, 1858 als Herberge in diesem Viertel errichtet, und das **Haus mit dem Affen** am Slavejkov-Platz von 1849. Es trägt seinen Namen nach dem Affen, der an der Fassade unterhalb des Erkers zu sehen ist. Heute sind hier eine Galerie und ein Geschäft untergebracht.

Nur Gästen, die sich nun schon zu den Fičeto-Fans zählen, sei der Besuch zweier weiterer Sakralbauten empfohlen: der Kirche **Sveti Sv. Kiril i Metodij** und der Kirche **Sveti Nikola**.

■ **Weitere Sehenswürdigkeiten**

Auf den **Trapezica-Hügel** verirrt sich kaum ein Tourist. Denn der Aufstieg ist beschwerlich, und lediglich die Grundmauern der einstmals 15 Kirchen und einiger weltlicher Gebäude sind noch vorhanden. Im Mittelalter war dieser Hügel der Wohnort von Aristokratie und Teilen der Geistlichkeit.

Genauso frei von Touristengruppen ist normalerweise das Gebiet südlich der Jantra. Das **Denkmal Mutter Bulgarien** ist auch eher monumental als schön, und das **Denkmal für die vier Zaren** Asen I., Peter, Kalojan und Asen II., in deren Regierungszeit die Blüte der Stadt im Mittelalter fiel, nicht viel ästhetischer.

Einen Besuch ist am ehesten die **Staatliche Kunstgalerie** wert, die vor allem moderne bulgarische Malerei präsentiert.

Arbanasi

Nur wenige Kilometer von Veliko Tărnovo entfernt liegt mit Arbanasi ein ganz ungewöhnlicher und einzigartiger Ort, ebenso klein wie sehenswert und seit vielen Jahren eine Touristenattraktion. Es ist ein architektonisches Juwel, und allein seine Lage auf einem Hochplateau inmitten von viel Grün ist malerisch.

Geschichte

Die Siedlung wurde im 15. Jahrhundert von Christen gegründet, die aus den südwestlichen Gebieten der Balkanhalbinsel übergesiedelt waren. Manche Quellen sprechen vor allem von Albanern, andere betonen, in der Mehrzahl seien Griechen zugezogen. Der Ort kam in den Machtbereich verschiedener osmanischer Würdenträger und in der Mitte des 16. Jahrhunderts

schließlich in den Privatbesitz von Rustem-Pascha, Großwesir des Osmanischen Reichs. Somit waren die Bürger nur diesem Feudalherrn, nicht aber der Hohen Pforte steuerpflichtig. Die Bewohner hatten den nahegelegenen Pass zu schützen, dafür erhielten sie Steuererleichterungen und große Freiheiten in der Ausübung von Handwerk und Handel.

Die Kaufleute nutzen ihre Freiheiten, unterhielten rege Handelsbeziehungen bis nach Russland, Indien und in die Levante und gelangten zu einigem Wohlstand. Dazu trugen neben den Händlern auch Gold- und Kupferschmiede bei. Die Blütezeit Arbanasis lag im 17. und 18. Jahrhundert, in dieser Zeit bestand es aus etwa 1000 Häusern. Am Ende des 18. Jahrhunderts verheerte ein Brand große Teile der Stadt, zudem plünderten sie in dieser Epoche immer wieder Räuberbanden. Der Ort verfiel und konnte seine einstige Bedeutung nie wieder erreichen. Heute sind noch rund 90 historische Gebäude – Kirchen, Klöster und Kaufmannshäuser – erhalten, die durchweg unter Denkmalschutz stehen.

Im 20. Jahrhundert entdeckte man Arbanasi vor allem wegen seiner Lage als Zweitwohnsitz, in jüngerer Zeit haben sich reiche Bulgaren in dem Ort mit seinen nur 1000 Einwohnern dutzende von neuen Villen erbaut oder vorhandene Häuser revoniert. Prominentester Sommergast war früher der einstige Ministerpräsident Todor Živkov, unter den heutigen Bewohnern ist der frühere Fußballprofi Krassimir Balakov sicherlich am bekanntesten.

Sehenswürdigkeiten

Der Ort ist sehr gepflegt und überschaubar, die Sehenswürdigkeiten liegen auf Fußweite zueinander. Arbanasi hat eine erstaunliche Anzahl geschmackvoller Hotels und sehr guter Restaurants auf-

zuweisen, und zur Magie des Ortes trägt nicht zuletzt bei, dass die ungeteerten, gewundenen Gassen keine Namen tragen.

■ Kaufmannshäuser

Neben der Handvoll Kirchen – es soll im 18. Jahrhundert mehrere Dutzend gegeben haben – und zwei Klosteranlagen lohnt vor allem ein Besuch der ehemaligen Kaufmannshäuser, die heute musealen Zwecken dienen. Sie geben sich nach außen schlicht und aufgrund der dicken Steinmauern und der vergitterten Fenster im Erdgeschoss abweisend, offenbaren dafür im Inneren um so stärker den Wohlstand ihrer früheren Besitzer.

Sie finden sich inmitten von Gartenanlagen, die von Steinmauern eingefasst sind. Die Steinhäuser sind zweistökkig, im Erdgeschoss befanden sich die Lager und Wirtschaftsräume, darüber der Wohnbereich. Es gibt Vermutungen, dass der für Bulgarien ungewöhnliche Baustil der Sorge um den eigenen Besitz erwuchs, bislang aber hat man keine genaue Erklärung.

Typisches Wohnhaus in Arbanasi

Karte S. 342

Arbanasi

Ein halbes Dutzend Häuser kann besichtigt werden; die meisten Touristen zieht es zunächst zum **Konstanciliev-Haus**. Es ist besonders geräumig, im unteren Geschoss war sogar Platz für eine Bedienstetenwohnung und einen Stall für mehrere Pferde. In der Mitte des ersten Stocks liegt der Speiseraum, um ihn herum gruppieren sich Salon, weitere Wohn- und mehrere Schlafräume. Die Zimmer sind großzügig dimensioniert, tragen dennoch eine persönliche Handschrift und strahlen Behaglichkeit aus. Dazu tragen die kunstvollen Verzierungen an den Holzdecken, die geschmackvollen Möbel aus dem 19. Jahrhundert und der Kamin bei.

Ebenso gewährt das **Hadschi-Lijas-Haus** einen anschaulichen Einblick in das Leben der früheren Oberschicht, auch wenn es nicht ganz so großzügig ist. Besonders bemerkenswert sind die geschnitzten Fenster- und Türrahmen und Schränke, die Stukkaturen und weiterer Deckenschmuck.

■ **Kirchen**

Unter den Kirchen im Ort ragt die **Christi-Geburts-Kirche** heraus, der älteste erhaltene Sakralbau in Arbanasi. Sie ist klein und besitzt keinen Turm und wirkt daher wie die Wohnhäuser von außen schmucklos, ihr Inneres aber weist einige Kostbarkeiten auf. Schon in der Vorhalle beeindrucken die **Wandmalereien**, die 1638 vollendet wurden. Auch die Wände des heutigen Hauptschiffs, ursprünglich eine eigenständige Kirche, sind mit Wandbildern verziert; sie stammen aus dem späten 16. Jahrhundert. Die Abbildungen an der umlaufenden Galerie sind jüngeren Datums und thematisieren vor allem Teile des Neuen Testaments. Die Wandbilder in der Johannes-

Wandmalerei an der Christi-Geburt-Kirche

Jantratals. Die Ikonen in der Haupt-kirche schuf von 1849 bis 1851 der berühmte Maler Zachari Zograf. Die Malereien auf der Außenwand der Klosterkirche sind ebenso sehenswert wie die Holzschnitzereien des Altars und die Fresken im Innern. Das Klos-ter wurde 1822 auf einem Felssporn errichtet, ein Vorgängerbau aus dem 14. Jahrhundert hatte sich etwa 500 Meter südlich befunden. Gegenüber dem Verklärungskloster liegt das nicht mindere sehenswerte **Kloster Sveta Troica** (Heilige Dreieinigkeit), begrün-det im 11. Jahrhundert und heute noch von Nonnen bewohnt.

kapelle stammen aus der Zeit um 1630 und sind ganz Johannes dem Täufer gewidmet, dem Schutzheiligen der Kir-che. Insgesamt schmücken über 3000 Einzeldarstellungen die Wände, dabei sind sie ungewöhnlich realistisch ausge-formt. Sie sind einzigartig in Bulgarien, man weiß bis heute nicht, wer sie schuf und wer sie in Auftrag gab.

Die **Kirche für die Erzengel Michael und Gabriel** ist die größte im Ort, aber bei weitem nicht so spektakulär, auch das **Muttergottes-Kloster** (Sveta Bogorodica) ist nur etwas für Spezia-listen. Das Kapelle des **Klosters Sveti Nikola** weist einige schöne Wandma-lereien auf.

■ Die Umgebung

In der näheren und weiterer Umge-bung von Arbanasi liegen zahlreiche weitere Klosteranlagen, die sämtlich zu den besterhaltenen und schönsten des Landes zählen. An erster Stelle ist sicherlich das **Preobraženski-Kloster** (Verklärungskloster) zu nennen. Es fin-det sich sieben Kilometer von Veliko Tǎrnovo entfernt an den Hängen des

ℹ Veliko Tǎrnovo/Arbanasi

Veliko Tǎrnovo gehört zu den meist-besuchten Orten Bulgariens, und vermutlich deshalb ist das Touristen-büro bemerkenswert gut ausgestat-tet, unter anderem mit Plänen und Broschüren auch zu Arbanasi; ul. Hristo Botev 5 (knapp zehn Fußmi-nuten westlich der Altstadt).

In Veliko Tǎrnovo ist ein Cafébesuch unproblematisch, denn die Lokale am Alten Markt leben vornehmlich von den Touristen und akzeptieren durchweg den Euro. Außerhalb die-ser Gasse kann man jedoch nur mit Lewa bezahlen.

Die besten Einkaufsmöglichkeiten bieten sich am Alten Markt und im erstaunlich breit sortierten Shop des Konstanciliev-Hauses in Arbanasi (Decken, Stickereien, Holzschnitze-reien, Rosenwasser, Getränke u.v.a. mehr). Hier wird durchgängig der Euro, auch Münzen, akzeptiert.

Bukarest

Mit gut 1,9 Millionen Einwohnern ist Bukarest die mit Abstand größte Stadt des Landes und die einzige Metropole. Sie ist Hauptstadt und Sitz fast aller wichtigen Firmen, das kulturelle und geistige Zentrum und auch der wichtigste Verkehrsknotenpunkt: Sternförmig nehmen von hier die Straßen- und Schienenverbindungen in alle Landesteile ihren Anfang. Umgeben ist Bukarest von einem Autobahnring, der in etwa die Stadtgrenzen markiert, an der Peripherie liegen ausgedehnte Industrieansiedlungen und Neubaugebiete. Immer wieder ist Bukarest als ›Paris des Ostens‹ beschrieben worden. Der Reisende, der mit einer durch diesen Vergleich genährten Erwartungshaltung Bukarest besucht, wird verwundert, womöglich enttäuscht sein. Denn anders als in der französischen Hauptstadt sind in der rumänischen nur sehr wenige Ecken und Viertel von Geschlossenheit geprägt. Das Charakteristikum Bukarests ist das unmittelbare Nebeneinander unterschiedlichster Baustile, von Glanz und Verfall, Alt und Neu. So stehen konstruktivistische Bauten in unmittelbarer Nähe flacher Holzhäuser, schlichte Kirchen aus dem 17. Jahrhundert ducken sich im Schatten palastartiger Bauten aus der rumänischen Gründerzeit, herausgeputzte Jugendstilfassaden stehen Wand an Wand mit Bauruinen aus der sozialistischen Epoche. Liebe auf den ersten Blick wird kaum jemand empfinden, ein zweiter aber lohnt, denn er erlaubt Einblicke in eine Stadt, deren Werden so sehr verschieden von dem der meisten europäischen Metropolen ist.

Bukarest entstand in einer Ebene, am Kreuzungspunkt wichtiger Handelsstraßen. Zwar kann man ältere und jüngere Viertel benennen, die Besonderheit Bukarests aber besteht darin, dass in der Osmanischen Zeit über 20 sogenannte Vorstädte allmählich zu einer Einheit zusammenwuchsen, die sich dann immer weiter nach außen ausdehnte. Daher besitzt Bukarest kein unbestrittenes Zentrum, wie es in Mitteleuropa klassischerweise der historische Marktplatz mit Rathaus und Kirche ist. Zudem liegt Bukarest in einer Ebene, so dass weder ein großer Fluss – sowohl die Dâmbovița wie auch die Colentina sind eher größere Bäche – noch gut sichtbare Hügel Orientierungshilfen geben können.

Geschichte

Im 2. Jahrhundert entstand an der Stelle des heutigen Bukarest erstmals eine Siedlung, ein römisches Militärlager. Man nimmt an, dass der Ort mit dem Abzug der Römer aufgegeben wurde. Im 13. Jahrhundert bildete an der Stelle des früheren römischen Lagers eine erste feste Stadt aus. Sie wurde 1459

Das frühere Parlamentsgebäude

Denkmal für Vlad Tepeş vor dem Fürstenhof

Rumänien. Bukarest lag am Schnittpunkt von Handelsrouten und wurde in seiner Entwicklung davon maßgeblich beeinflusst – so waren nach verschiedenen Schätzungen die Rumänen in dieser Zeit in der Minderheit –, gleichzeitig etablierte es sich als Zentrum der Unabhängigkeitsbewegungbewegung. Reisende haben immer wieder erstaunt und fasziniert das orientalisch beeinflusste Stadtbild dieser Zeit geschildert. So waren die Wohnviertel locker um die zahlreichen Kirchen gruppiert und viele Gebäude von Parks und Gärten umgeben. Bukarest war noch zu Beginn des 19. Jahrhunderts ein eher ländlicher Charakter eigen, gleichzeitig war es die bevölkerungsreichste Stadt zwischen Wien und Konstantinopel.

■ Bukarest wird rumänische Hauptstadt

In der Zeit der revolutionären Bewegung 1848 hatte Bukarest etwa 70 000 Einwohner, zehn Jahre später bereits 120 000. Der neue Staat Rumänien umfasste bei seiner Gründung 1862 die vormaligen Provinzen Moldau und Walachei, als Hauptstadt kam nur Bukarest in Frage. Diese neue Funktion und der Anschluss an die Eisenbahn bewirkten eine vehemente Entwicklung und Ausdehnung. Industriebetriebe siedelten sich an, repräsentative Bauten entstanden. Auf der anderen Seite brachten Großbrände und Erdbeben immer wieder schwere Zerstörungen. Als Rumänien 1881 zum Königreich wurde, hatte Bukarest bereits etwa 180 000 Einwohner. Das Land war seit der Staatsgründung zentralistisch organisiert, und so waren die wichtigen staatlichen Einrichtungen von Anfang an hier angesiedelt. Daneben war Bukarest das Handelszentrum Rumäni-

erstmals in einer Urkunde genannt und 1465 erstmals als Fürstensitz bezeichnet. Seit dieser Zeit wuchs der Marktflecken stetig. Bei Kämpfen zwischen den Türken und den walachischen Truppen 1595 brannte Bukarest zu großen Teilen ab. Nach ihrem Wiederaufbau ab 1625 erlebte die Stadt eine erste Blüte in Handel und Handwerk, Kultur und Architektur.

Im Jahr 1659 wurde Bukarest unter Vlad Tepeş endgültig Sitz des Fürsten der Walachei, eines türkischen Vasallentaates. Der für seine angebliche Grausamkeit berüchtigte Vlad Tepeş diente später als Vorbild für den Grafen Dracula. Bis ins 19. Jahrhundert beherrschten Türken, Russen und Österreicher das Gebiet des heutigen ens, die wichtigste Industriestadt und das kulturelle Zentrum des Landes. Am Vorabend des Ersten Weltkriegs lebten in Bukarest rund 380 000 Menschen, davon zwei Drittel Rumänen. Juden, Ungarn, Deutsche und Griechen bildeten große Minderheiten.

Die Bestimmungen der Friedensverträge nach 1918 brachten Rumänien erhebliche territoriale Gewinne. Bukarest wurde nun planmäßig nach dem Vorbild Paris zu einer repräsentativen Hauptstadt ausgebaut: Breite Boulevards, Parks und zahlreiche öffentliche und private Bauten entstanden, daneben größere Wohnviertel. Die Bevölkerungszahl stieg von rund 630 000 im Jahr 1930 auf fast eine Million zehn Jahre später.

■ Die Zeit des Kommunismus

Nach 1945 entstanden zahlreiche Neubauviertel, nicht zuletzt für die Beschäftigten der großen Industriebetriebe, deren Ausbau forciert wurde. In den 70er und 80er Jahren ließ Ceaușescu erhebliche Teile der historischen Viertel abreißen und an ihre Stelle umfangreiche Bauten vornehmlich für Partei und Staat errichten. In den 80er Jahren wurde gleichzeitig das U-Bahnnetz angelegt.

Dort wo sich heute die monströse Casă Poporului, das Haus des Volkes, auf einem künstlich aufgeschütteten Hügel erhebt, befanden sich bis Anfang der 1980er Jahre gleich mehrere malerische Stadtquartiere, darunter das alte jüdische Viertel. Sie waren mitnichten während des Erdbebens zerstört worden, sondern weitgehend intakt, als der ›Titan der Titanen‹ beschloss, sich hier als genialischer Stadtplaner und unersetzbarer Führer des Volkes zu verewigen.

Und so wurden neben 25 Sakralbau-

ten und anderen Baudenkmälern über 1000 Häuser abgerissen. Darunter waren viele Jugendstilbauten in jener eigenwilligen rumänischen Prägung, die westeuropäische und orientalische Einflüsse verband. Gerade sie hatten die Stadt berühmt gemacht und viele Besucher von Bukarest schwärmen lassen. Das bedeutete, dass rund 20 Prozent der vorhandenen Bausubstanz im Zentrum mutwillig vernichtet wurden – ein für Friedenszeiten in Europa einzigartiger Vorgang. 70 000 Menschen mussten ihre vertraute Umgebung verlassen. Nach dem Sturz der sozialistischen Diktatur wurde die lange vernachlässigte Infrastruktur modernisiert – so wurden Nordbahnhof und Flughafen grundlegend um- und ausgebaut –, und vernachlässigte Bauten renoviert. Gleichzeitig bemühte man sich um die Ansiedlung ausländischer Investoren, und auch die Revitalisierung innerstädtischer Viertel wurde vorangetrieben.

Orientierung

Die Stadt wird vornehmlich durch die breiten Boulevards strukturiert, die sich immer wieder an markanten, großen Plätzen schneiden. Für diejenigen, die nur wenig Zeit haben, bietet es sich an, durch die Straßen und Gassen zwischen der Piața Unirii und dem Revolutionsplatz, dem Cișmigiu-Garten und dem Universitätsplatz zu schlendern. In diesem Gebiet befinden sich einige der ältesten und herausragenden Gebäude – unter anderem die Reste des alten Fürstenhofs und das alte Handelsviertel –, überhaupt liegen die Sehenswürdigkeiten hier dicht an dicht, und die Kleinräumigkeit dieses Gebiets hat den Vorteil, dass man sich mit den Eigenheiten des Nahverkehrs gar nicht erst auseinandersetzen muss.

Auf der Unteren Donau

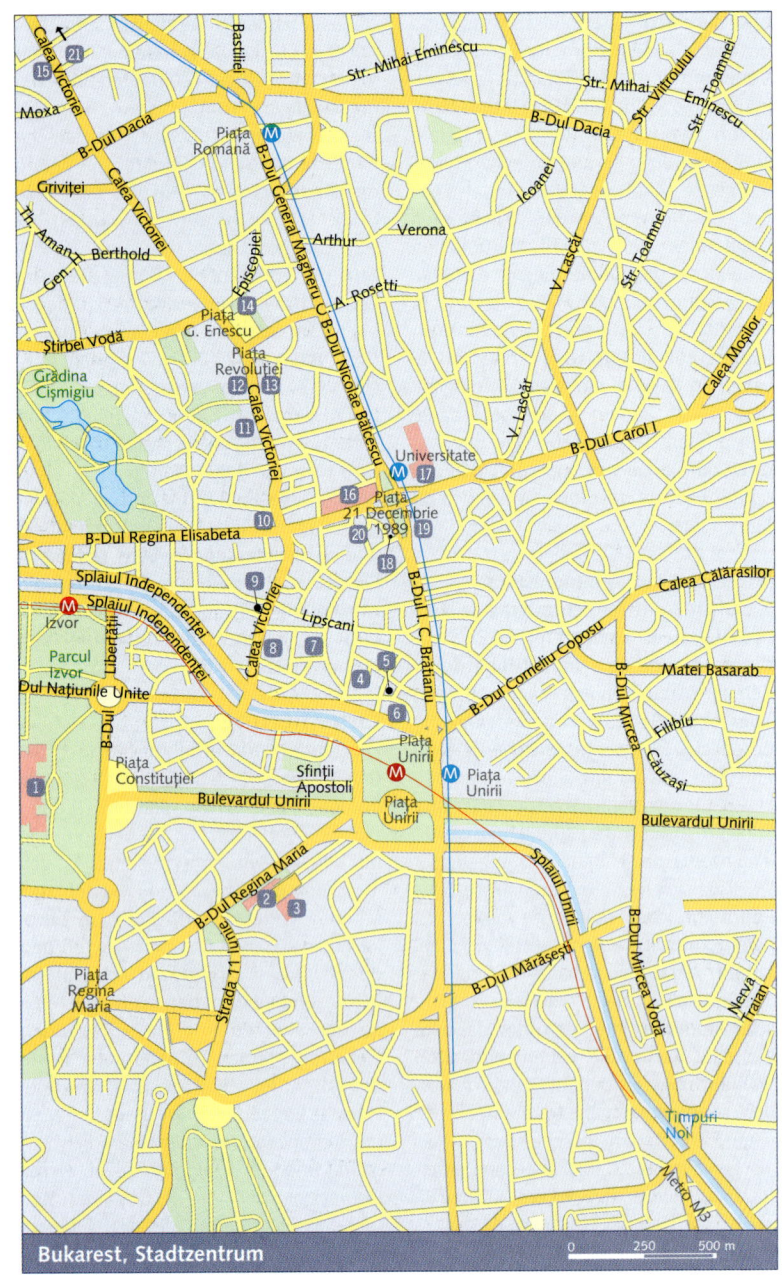

Casă Poporului

Am Bau des Volkspalastes waren 700 Architekten und – in einem Drei-Schichten-System – 17 000 Bauarbeiter beteiligt. Mit der Errichtung wurde 1984 begonnen, aber 1989 war das Gebäude noch immer nicht fertiggestellt. Die Baukosten wurden nie veröffentlicht, nach Schätzungen verschlang der Volkspalast rund 3,5 Milliarden Euro. Er ist keinem architektonischen Stil zuzuordnen, am ehesten noch »als monströse Metapher für eine Tyrannei«, so der Historiker Tony Judt, beschreibbar. Der Bau hat auf einem Grundriss von 270 auf 244 Metern eine Gesamtfläche von 400 000 Quadratmetern, drei unterirdische Kellergeschosse mit verzweigten Verkehrswegen, ist bis zu 86 Meter hoch und weist hunderte von Räumen auf. Es gibt Vermutungen, dass die Dimensionen die des Schlosses von Versailles zu übertreffen hatten, erwiesenermaßen ist der Palast heute das nach dem Pentagon flächenmäßig größte Gebäude der Welt. Für eine Umrundung legt man etwa vier Kilometer zurück und sollte eine knappe Stunde einplanen.

Im Inneren dominiert die Art von schlechtem Geschmack, die die Renommiersucht eines Parvenüs hervorbringt. Marmor, Kristalllüster, Stuck, Travertinverkleidungen – alles ist so im Übermaß in den unüberschaubaren Zimmerfluchten vorhanden, dass das Ergebnis unweigerlich das Gegenteil von Eleganz und Stil ist.

Der Koloss entzieht sich durch die räumliche Aufteilung einer sinnvollen Nutzung. Ceaușescu plante, hier alle wichtigen Organe des Staates zu konzentrieren: Regierung, Parlament, Ministerien. Daneben sollte für das Ehepaar Ceaușescu eine weitläufige Privatwohnung eingerichtet werden. Zentralistischer in seinem Anspruch war wohl nie ein Staat, und sinnfälliger hätte nicht zum Ausdruck gebracht werden können, dass sich der Diktator als allmächtiger Vater des Volkes ansah, dem alle Institutionen direkt zu unterstehen hatten.

Heute stehen weite Teile des Gebäudes leer; in einigen Trakten werden Kongresse abgehalten, einen anderen nutzt tatsächlich das Parlament. In dem Flügel, der für die Privaträume

Auf der Unteren Donau

Legende

1 Casă Poporului (Volkspalast)
2 Patriarchenkirche
3 Ehemaliges Parlament
4 Alter Fürstenhof
5 Kirche des heiligen Anton
6 Karawanserei Hanul lui Manuc
7 Stavropoleoskirche
8 Geschichtsmuseum
9 Sparkasse
10 Offizierscasino
11 Crețulescu-Kirche
12 Schloss (Kunstmuseum, Nationalgalerie)

13 Universitätsbibliothek
14 Athenäum
15 Gheorghe-Enescu-Museum
16 Universität
17 Nationaltheater
18 Palais Suțu (Museum für Stadtgeschichte)
19 Colțea-Komplex
20 Piața Universității
21 Parcul Herăstrău

Gigantisch selbst aus einem Kilometer Entfernung: der Volkspalast

der Ceaușescus vorgesehen war, ist vor einigen Jahren ein Museum eingezogen. Auf 16 000 Quadratmetern sind Arbeiten zeitgenössischer Künstler ausgestellt, die sich vor allem mit dem Bau selbst beschäftigen.

Bulevardul Unirii

Schnurgerade zieht sich der Bulevardul Unirii von der Casă Poporului nach Osten. Beide Bauvorhaben gehören zusammen, denn entlang dieser über drei Kilometer langen Achse wurden zeitgleich mit dem Palast neue Wohnviertel angelegt, die der Funktionselite des Staates vorbehalten sein sollten. Die Blocks sind mit hellem Sandstein verkleidet, mit Kapitellchen und Kandelabern verziert, wirken aber nach nur zwei Jahrzehnten bereits wieder renovierungsbedürftig. Hier wird deutlich, dass der herrische Gestus der Neubauten in krassem Verhältnis zu ihrer schlampigen Qualität steht. Ein Architekturkritiker sprach zutreffend

von der ›geborgten Grandezza von Fertigteilsäulchen‹. Die Neubauten gehen zudem keinerlei Verbindung mit den umliegenden Wohnvierteln ein, und so wirken sie wie ein Fremdkörper in der Stadt. Auch diesem Boulevard fiel wertvolle historische Bausubstanz zum Opfer, darunter ein Villenviertel, mehrere Museen und ein Stadion. Bis zur Wende hieß diese Straße ›Boulevard des Sieges des Sozialismus‹, die Bukarester nannten sie mit bitterem Unterton ›Straße des Sieges des Sozialismus über die Menschen‹.

Der Bulevardul Unirii ist mit einem breiten Grünstreifen in der Mitte geschmückt. Die 40 Brunnen, die auf ihm verteilt sind, symbolisieren die 40 Kreise des Landes, der größte von ihnen die Stadt Bukarest. Der Bulevardul ist bewusst breiter und länger angelegt als die Champs-Elysées, ihm fehlen aber die entscheidenden Charakteristika, die aus einem Verkehrsweg erst einen großstädtischen Flanierraum machen: Cafés, Geschäfte, überhaupt Anziehungspunkte. Starker Verkehr wälzt sich zu allen Zeiten durch die überbreite Schneise, gleichzeitig ist sie auffallend menschenleer.

Zentraler Platz der breiten Achse ist die ebenso maßlose **Piața Unirii**. Der Name – Platz der Einheit – soll an den Zusammenschluss der Fürstentümer Moldau und Walachei, die die Kernländer Rumäniens bilden, im Jahr 1856 erinnern. Der Platz ist über einen Kilometer vom Volkspalast entfernt, und es ist erstaunlich, wie groß dieser von hier immer noch wirkt.

Hier kreuzen sich zwei U-Bahnlinien, der Patriarchenhügel grenzt direkt im Süden an, und nach Norden erstrecken sich sehenswerte Viertel. Ein Stadtrundgang könnte also hier beginnen.

Patriarchenhügel

Südwestlich der Piața Unirii, ein wenig hügelan, liegt mit der **Patriarchenkirche** ein für die Stadt und das Land wichtiger Sakralbau.

Er war ursprünglich ein Kloster, das in den Jahren ab 1654 entstand. 1668 wurde der Sitz der walachischen Metropolie unter Fürst Radu Leon von Târgo-

Außen schlicht: die Patriarchenkirche

viște nach Bukarest verlegt und der Bau zur Kathedrale aufgemerkt. Seitdem lautet der offizielle Name ›Kathedrale des orthodoxen Patriarchats‹. In der Folgezeit sind mehrere Umbauten vorgenommen, später bei einer Restaurierung aber wieder beseitigt worden. Der heutige bauliche Zustand kommt dem im späten 17. Jahrhundert daher sehr nahe.

Die Kirche ist als Kuppelkirche mit vier Türmchen gestaltet und von bescheidenen Ausmaßen. Dennoch ist sie sehenswert, vor allem wegen der kostbaren Inneneinrichtung, zu denen auch besonders die Wandmalereien gehören. Dabei ist nur ein Bild im Original erhalten, die anderen stammen aus der Zeit um 1830. Die Bedeutung der Kirche lässt sich daran ermessen, dass hier der erste König Rumäniens, Carol I., gekrönt wurde. Einige **Klostergebäude** flankieren die Kirche. Wegen der hügeligen Geländebeschaffenheit wurden sie nicht symmetrisch angelegt.

Das **ehemalige Parlamentsgebäude** östlich der Kirche, durch einen Metallzaun vor Neugierigen geschützt, wurde in seinem Grundriss ebenso dem Gelände angepasst. Es wurde 1907 überwiegend im Stil des Neoklassizismus errichtet.

Bei gutem Wetter hat man von manchen Punkten des Hügels einen schönen Blick auf Bukarest.

Das alte Handelsviertel

In dem zwischen dem kanalisierten Flüsschen Dâmbovița, der Calea Victoriei, dem Bulevardul Republicii sowie dem Bulevardul Brătianu umschlossenen Gebiet finden sich einige der ältesten Baudenkmäler Bukarests. Hier liegt auch das alte Handelsviertel. Sein Mittelpunkt ist die Str. Lipscani.

Auf der Unteren Donau

■ Alter Fürstenhof

Nördlich der Piața Unirii liegen die Reste des alten Fürstenhofs (Curtea Veche). Befestigungen sind an dieser Stelle schon für das 14. und 15. Jahrhundert nachgewiesen, unter Vlad Tepeș wurden sie erheblich ausgebaut. Der eigentliche repräsentative Fürstensitz wurde im 16. Jahrhundert angelegt und danach mehrmals erweitert. Der Komplex war seitdem gleichzeitig Befestigung und Fürstenresidenz. Man nutzte ihn bis in das 18. Jahrhundert, danach verfiel er. Es ist wenig von ihm geblieben. Derzeit finden archäologische Untersuchungen statt, über die einige Tafeln informieren.

Auf dem Gelände des Alten Fürstenhofes

Von 1688 bis 1714 residierte hier der Fürst Constantin Brâncoveanu. Er förderte Kunst und Wissenschaft und modernisierte auch Bukarest. So wurde etwa in dieser Zeit die erste gepflasterte Straße angelegt, die heutige Calea Victoriei. Die Formensprache, die sich in dieser Epoche herausbildete und für viele Gebäude der Zeit typisch war, wird nach dem Fürsten Brâncoveanu-Stil benannt. Sie zeichnet vor allem durch reiche florale Verzierungen aus. Dabei wurden Einflüsse aus dem italienischen Barock, aus dem Orient und vor allem aus Siebenbürgen aufgenommen und zu einem neuen Stil zusammengefügt. Der Fürst initiierte einige öffentliche Bauten, vor allem Kirchen; die Häuser, die Privatleute in dieser Zeit in Bukarest errichteten, folgten in ihrer Formensprache oft deren Beispiel.

gilt als älteste erhaltene Kirche Bukarests, ist aber später umgebaut worden. Die Kirche ist in gutem Zustand und damit der besterhaltene Teil des Fürstenhofs, einige Teile sind rekonstruiert und nicht original. Ihr Grundriss ist kleeblattförmig. Das Kirchenportal ist von schlanken Pilastern mit Blatt- und Blumenranken gerahmt, was typisch für den Brâncoveanu-Stil ist. Die Fensterumrahmungen stammen aus dem 19., die Schmuckelemente oberhalb des Eingangsportals aus dem frühen 18. Jahrhundert.

Die **Biserica Sf. Anton** (Kirche des heiligen Anton), ein anmutiger kleiner Bau, schließt sich unmittelbar östlich an den alten Fürstenhof an. Auch ihr Äußeres ist im Brâncoveanu-Stil gehalten, im Inneren dominiert der Klassizismus des 19. Jahrhunderts.

■ Hofkirche

An der nahegelegenen Hofkirche (Biserică Curtea Veche), auch Verkündigungskirche genannt, kann man den Brâncoveanu-Stil studieren. Sie wurde zwar bereits 1559 fertiggestellt und

■ Hanul lui Manuc

Die frühere Karawanserei Hanul lui Manuc einige Schritte entfernt ist die letzte erhaltene ihrer Art. Früher gab es in der Stadt zahlreiche Karawansereien. Sie verschwanden, als Bukarest ab 1869

Karte S. 348

Auch heute noch eine stimmungsvolle Herberge: der Hanul lui Manuc

Anschluss an die Eisenbahn fand. Ein armenischer Händler namens Manuc Bey ließ die Anlage 1808 errichten, und eine historische Bedeutung hat sie insoweit, als hier 1812 der Friedensvertrag zwischen Russland und der Türkei unterschrieben wurde. Zweistöckige Gebäude mit Säulengängen und Holzgalerie umschließen einen Innenhof; hier stellten die Händler Zugtiere und Wagen ab. In den früheren Ställen und Unterkünften sind heute ein Hotel und gleich mehrere Restaurants und Cafés untergebracht, im Sommer sitzt es sich an den Biertischen zur Hofseite sehr angenehm. Der sorgfältig rekonstruierte Hanul lui Manuc ist ein rares Beispiel Alt-Bukarester Architektur.

■ Stavropoleoskirche

Die kleine Stavropoleoskirche an der Str. Poştei ist die anmutigste Kirche der Stadt. Ein Handbuch der Kunstdenkmäler formuliert es so: »Bauform und Schmuck vereinigen sich zu einem malerischen Spiel, das für die walachische Architektur des 18. Jahrhunderts

stilbestimmend wurde.« Abermals ist an den schönen Schnitzereien an den Portaltüren, den Malereien an den Innen- und Außenmauern und auch den Steinmetzarbeiten in der Vorhalle der Brâncoveanu-Stil erkennbar. Der Name der Kirche geht auf ihren Stifter zurück, den griechischen Mönch Joanikide, der später Metropolit von Stavropolis wurde, einem Ort nicht weit von Saloniki. Die Kirche wurde anstelle eines Vorgängerbaus von 1274 in der ersten Hälfte des 18. Jahrhunderts errichtet, die Kuppel stammt von 1899. Bei der Restaurierung in dieser Phase stieß man auch auf Grundmauern des hier ehemals befindlichen Gasthauses. Diese wurden mit Arkaden überbaut, so dass ein malerischer Innenhof entstand. Dies ist ein bezaubernder stiller Ort, an dem die ausgestellten Grabsteine wie Kunstobjekte wirken.

Im Hof der Stavropoleoskirche

Auf der Unteren Donau

■ **Lipscani-Straße**

Die Str. Lipscani war seit jeher der Mittelpunkt des alten Handelsviertels. Der Name bedeutet Leipziger Straße und verweist darauf, dass in den Läden mit Waren aus der Messestadt Leipzig gehandelt wurde. Auch die umliegenden Straßennamen sind Zeugen der Geschichte dieses Viertels. So ist die **Str. Gabroveni** nach den Tuchhändlern aus der bulgarischen Stadt Gabrovo benannt, die **Str. Blänari** ist die Kürschnergasse, die **Str. Covaci** die der Schmiede. Das Viertel wurde in der sozialistischen Zeit arg vernachlässigt und verödete, nach der Wende siedelten sich rasch Händler wieder an, und heute finden sich an den schmalen Gassen viele kleine Läden, Galerien, Lokale und mobile Imbissstände. Verfall und Ruin, Herausgeputztes und Schick liegen direkt nebeneinander; Biertische finden sich auf einem leergeräumtem Grundstück, daneben bietet eine Boutique die neueste Kollektion an. Sehenswert sind viele der Fassaden mit ihren schmiedeeisernen Balkonen. Am entspanntesten flaniert es sich durch die Str. Lipscani, die als Fußgängerzone gestaltet ist. Da im Moment im Viertel archäologische Untersuchungen stattfinden, muss man mit gesperrten Wegen rechnen.

Eine Besonderheit stellen die **Passagen** dar. Die bekannteste ist sicherlich die Pasajul Bijuterie (auch Macca-Villacrosse genannt), in der früher – der Name deutet es an – vor allem Goldschmiede ansässig waren. Sie verbindet die Calea Victoriei mit der Str. Carada, einer Seitenstraße der Lipscani. Durch das gedämpft durch die Oberlichter hineinfallende Licht ist ihr eine etwas unwirkliche Stimmung inne, was man besonders gut an einem der Cafétische studieren kann.

Calea Victoriei

Die Calea Victoriei ist die repräsentativste Straße der Stadt und von zahlreichen Sehenswürdigkeiten gesäumt; die wichtigsten davon liegen zwischen ihrem Anfang am Fluss Dâmbovița und der Piața Revoluției. In ihrem Teil nördlich des Bulevardul Regina Elisabeth bildet sie das Zentrum eines Ausgehviertels, das von Theatern und Kinos, Hotels und Restaurants geprägt ist.

■ **Geschichtsmuseum**

Das monumentale klassizistische Gebäude, das an ihrem südlichen Ende einen ganzen Block einnimmt, wurde ursprünglich (1900) für die Hauptpost errichtet, heute ist darin das Geschichtsmuseum untergebracht. Seine Ausstellung gilt als die wichtigste zur Geschichte Rumäniens. Unter

Der prächtige Sparkassenpalast

Karte S. 348

den Exponaten befinden sich neben besonders wertvollen Gold- und Silberarbeiten unter anderem die Krone des Fürsten Constantin Brâncoveanu und eine Kopie der Trajanssäule und seit einiger Zeit eine Dauerausstellung zur Geschichte der Securitate, der gefürchteten früheren Geheimpolizei.

■ **Sparkasse**

Schräg gegenüber dem Museum erhebt sich das prächtige Gebäude der Sparkasse (CEC-Palast), das ebenfalls im Jahr 1900 fertiggestellt wurde. Über der mächtigen Fassade mit ihren korinthischen Säulen erhebt sich eine hochaufragende Kuppel im Renaissancestil, auch hier ist das französische Vorbild gut erkennbar.

Im alten Handelsviertel konzentrierten sich seit dem ausgehenden 19. Jahrhundert auch die großen Bankhäuser, gleich ein halbes Dutzend findet man zwischen der Calea Victoriei und dem Universitätsplatz. Das jüngste davon ist die **Finanzial Plaza**. Das moderne Hochhaus von 1993 ist unübersehbar.

■ **Cişmigiu-Park**

Besonders an heißen Tagen bietet sich ein Abstecher entlang des Bulevardul Regina Elisabeth an. Der Grădina Cişmigiu ist der wohl schönste innerstädtische Park. Ein großer Teich bildet seinen Mittelpunkt, geschwungene Wege durchziehen ihn, kleine Haine, Wiesen und gepflegte Rabatten mit vielerlei Pflanzen wechseln sich ab. Für Hungrige gibt es Gelegenheit zur Einkehr, für Sportliche die Möglichkeit, sich ein Ruderboot auszuleihen. Bereits 1810 entstanden erste Teile, die heutige Gestalt stammt von 1850 und geht weitgehend auf den deutschen Gartenarchitekten Carl R. Meyer zurück.

Im Offizierscasino gibt es ein Restaurant

■ **Offizierscasino**

Wem der Umweg zu weit erscheint, findet auf der Ecke der Calea Victoriei mit dem Bulevardul Regina Elisabeth ebenso eine Möglichkeit für eine Pause. Auf der etwas erhöhten und zurückgesetzten Terrasse, die zu einem Restaurant im Erdgeschoss gehört, sitzt man sehr nett, man schaut auf Blumenrabatten, das berühmte Kaffeehaus Capşa gegenüber und den Hauptstadttrubel an dieser stets belebten Kreuzung. Auffällig an dem mächtigen klassizistischen Bau sind die wehrhaft wirkenden Türme. Er wurde 1921 als Haus der Armee errichtet, und noch heute ist in ihm ein Offizierscasino eingerichtet.

Piaţa Revoluţiei

Vorbei an einigen interessanten Passagen, eleganten Hotels und wichtigen Theatern erreicht man die Piaţa Revoluţiei, an der sich gleich mehrere der bedeutendsten Bauten Bukarests befinden. Im Gebäude an der Nordseite des Platzes war früher das ZK der sozialistischen Partei Rumäniens untergebracht. Von einem Balkon dieses Baus hielt Ceauşescu seine letzte öffentliche Rede, die er im Angesicht des

Auf der Unteren Donau

Massenprotestes abbrechen musste –
das Ende seiner Herrschaft. Seit 2005
erhebt sich mitten auf dem Platz ein
Obelisk, den ein Halbkreis mit Kreuzen
geschmückter Steine umgibt. Dieses
Denkmal erinnert an die Opfer der
Kämpfe vom Dezember 1989.

■ Crețulescu-Kirche

Die zierliche Crețulescu-Kirche an der
Südwestseite des Platzes, 1772 anstelle eines Vorgängerbaus errichtet, gilt
unter Kunsthistorikern als schönes Beispiel für den späten Brâncoveanu-Stil.
Die Kirche verdankt ihren Namen den
Stiftern, der Bojarenfamilie Crețulescu.
Seit der grundlegenden Restaurierung
zwischen 1934 und 1939 ist das Gurt-
gesims nicht mehr in Ziegelbauweise,
sondern steinern ausgeführt. Die Fas-
sadengliederung fällt ins Auge: unten
mit rechteckigen Feldern, oben mit sich
kreuzenden Blendarkaden. Im Inneren
wie an den Außenwänden sind einige
schöne Wandmalereien erhalten.

■ Ehemaliges Königliches Schloss

Das ehemalige Königliche Schloss dominiert den Platz. Bis zur Abdankung des
letzten rumänischen Königs 1947 war
es seine Residenz. Später amtierte in
einem Trakt der Staatsrat, heute wird
der ausgedehnte Bau hauptsächlich
museal genutzt. In einem Flügel ist das
Kunstmuseum untergebracht. Herausragend unter den rund 70 000 Exponat-
ten sind neben einigen Gemälden die
Teppich- und die Ikonensammlung. Die
Nationalgalerie ist ebenfalls hier zu
finden, sie weist die wichtigste Sammlung rumänischer Malerei auf und zeigt
daneben Exponate aus verschiedenen
wichtigen Epochen der europäischen
Malerei. Die heutige hufeisenförmige
Gestalt geht auf Um- und Anbauten
zurück, die in den Jahren 1930 bis
1937 vorgenommen wurden.

■ Universitätsbibliothek

Bei den Kämpfen im Winter 1989/90
erlitt der fein gegliederte Bau der zen-

▲ *Sitz der Philharmonie: das Athenäum*

tralen Universitätsbibliothek (1910) an
der östlichen Seite der Piața Revoluției
erhebliche Schäden. Große Teile brann-
ten vollständig aus, und bis heute wird
gemutmaßt, die Staatssicherheit habe
mutwillig Brände im Inneren gelegt.
Die äußeren Schäden sind behoben,
der Verlust an Büchern wiegt nach wie
vor schwer.

■ Athenäum

Unbeschädigt blieb das Athenäum
an der Nordostseite des Platzes. Der
Rundbau ist in eine kleine gepflegte
Grünanlage gebettet, dort steht eine
Bronzebüste für den bedeutenden
Schriftsteller Mihai Eminescu. Das
Athenäum wurde 1888 seiner Bestimmung als Konzerthaus übergeben.
Der Architekt Albert Galleron schuf
einen wohlproportionierten neoklassizistischen Bau, der heute als einer
der imposantesten Rumäniens gilt. Im
Inneren beeindrucken die geschwungenen Treppen, die zum Kuppelsaal
führen, und der Wandfries, der bedeutende Stationen aus der rumänischen
Geschichte thematisiert. Heute ist das
Gebäude das Stammhaus der Staatlichen Philharmonie ›Gheorghe Enescu‹.
Ebenfalls an der Calea Victoriei, etwa
eineinhalb Kilometer stadtauswärts,
beleuchtet ein sehenswertes Museum
Leben und Schaffen dieses bedeutenden rumänischen Komponisten.

Piața 21 Decembrie 1989

Die Piața 21 Decembrie 1989 ist kein
Platz, an dem man sich lange aufhal-
ten möchte. Zwei große Boulevards
schneiden sich hier, unentwegt fließt
der Verkehr, und so ist es hier vor allem
großstädtisch: laut und hektisch. Einige
Bauten am Platz und in seiner Nähe
lohnen jedoch einen Besuch. Seinen

Das ehemalige Palais Suțu

Namen trägt der Platz zur Erinnerung
an die blutigen Ereignisse vom Dezember 1989, als das sozialistische Regime
Demonstranten zusammenknüppeln
und -schießen ließ. Steinerne Kreuze in
der Mitte der Piața Universității erinnern an die Toten der Revolution.

Eine markante städtebauliche Domi-
nante ist das moderne, auffällig
geschwungenen **Hotel Intercontinen-
tal** an der Nordostseite des Platzes,
ehemals das luxuriöseste Hotel in
Bukarest. Daneben befindet sich das
Nationaltheater, das seit den Veränderungen in den 1970er Jahren etwas
grobschlächtig wirkt. Drumherum liegen gepflegte Grünanlagen.

Das weiße Gebäude schräg gegenüber
wird leicht übersehen: Es ist zweistökkig und etwas hinter Bäumen verborgen. Dabei handelt es sich um ehemalige **Palais Suțu**, das sich 1833/34 der
Hofmarschall dieses Namens bauen
ließ. Hier traf sich im 19. Jahrhundert
die einflussreiche Gesellschaft, heute
beherbergt es das **Museum für Stadtgeschichte**. Das schmucke Haus ist
einen Blick wert, die uninspiriert dar-
gebotene Sammlung aber kaum.

Auf der Unteren Donau

Die kleine Kirche gegenüber ist Teil des sogenannten **Colțea-Komplexes**, der seinen Namen nach dem einstigen Grundstücksbesitzer erhielt. Er beherbergte die 1695 begründete Stiftung des Mihai Cantacuzino. Dazu gehörten verschiedene fürsorgliche Einrichtungen, unter anderem ein Spital, dessen Tradition bis heute an dieser Stelle weitergeführt wird. Von den originalen Bauten ist nur die Colțea-Kirche von 1701/02 erhalten. Sie ist reich verziert, fast verspielt, und Fachleute führen das auf den Einfluss des italienischen Barock zurück, der über Dalmatien seinen Weg bis in die Walachei fand. Von den ursprünglichen Wandmalereien sind nur noch vereinzelte Reste erhalten, die heute sichtbaren Innenmalereien und die Ikonostase stammen aus der Mitte des 19. Jahrhunderts. Neben dem Spital steht ein Denkmal für den Stifter.

Die **Neue Georgskirche** etwas weiter südlich ist nicht die schönste der Stadt, aber aus zwei Gründen bemerkenswert. Zum einen wird hier der Nullkilometer des Landes definiert, dass heißt alle Entfernungen zur Hauptstadt Bukarest beziehen sich auf diese Stelle, zum anderen ist hier, wie man bei Untersuchungen seit Anfang des 19. Jahrhunderts herausgefunden hat, der für die Stadt so wichtige Fürst Brâncoveanu begraben. Das ist wohl kein Zufall: Er stiftete diesen Kirchenbau.

Piața Universității

An die Piața 21 Decembrie 1989 schließt sich nach Westen die Piața Universității an. Das wuchtige graue **Hauptgebäude des Universität** beherrscht die nördliche Seite des Platzes. Die Fakultäten sind über die Stadt verteilt, dieser Bau ist das zentrale Gebäude; es wurde zwischen 1857 und 1869 errichtet und zwischen 1914 und 1934 um mehrere Flügel erweitert.

Gegenüber bilden zwei eindrucksvolle Bankgebäude ein auffallendes Pärchen. Rechts erhebt sich die halbrund geschwungene **Rumänische Handelsbank** (1906), links die rund 30 Jahre später fertiggestellte **Industriebank**, die die Formensprache des Nachbargebäudes aufnimmt.

Zwischen diesen dominierenden Gebäuden finden sich einige Denkmäler, so für den Dichter Ion Heliade Rădulescu und den Gelehrten Gheorghe Lazăr. Besonders auffällig ist das **Reiterstandbild des Fürsten Michael der Tapfere** (Mihai Viteazul). Der französische Bildhauer Albert Erneste Carrier de Belleuse schuf es 1876. Das Denkmal erinnert an den Herrscher, der um 1600 die kurzzeitige Einigung der Fürstentümer Walachei, Siebenbürgen und Moldau erreichte. Am Sockel sind die bronzenen Wappen der drei Fürstentümer angebracht, von steinernen Lorbeerkränzen geschmückte Tafeln zeigen die Schlachten, die der Fürst und seine Heere siegreich beendeten.

Vom Zentrum nach Norden

Wendet man sich von der Piața Revoluției nach Norden, passiert man zunächst linker Hand das kleine **Gheorghe-Enescu-Museum**, das dem in Rumänien sehr verehrten Komponisten (1881–1955) gewidmet ist. Man gelangt dann zur **Piața Victoriei**, auf die gleich sechs Straßen einmünden, weiter geradeaus

Michael der Tapfere auf der Piața Universității

Das ländliche Rumänien zeigt sich im Dorfmuseum

heißt die Ausfallstraße nun Şoseaua Kiseleff. Sie durchzieht ein großzügiges und elegantes Villenviertel.

Die Straße führt zum **Triumphbogen**; hier beginnt sich die Stadtlandschaft aufzulösen. Das Monument erinnert an die Siege der rumänischen Armee im Ersten Weltkrieg. Abermals ist unverkennbar Paris das Vorbild, namentlich der Arc de Triomphe. Der neoklassizistische rumänische Triumphbogen wurde nach Plänen des Architekten Petre Antonescu 1922 provisorisch aus Holz und Gips und zwischen 1933 und 1936 in seiner endgültigen Form errichtet.

Folgt man von hier weiter der Şoseaua Kiseleff, ist das 1956 fertiggestellte **Pressehaus** bald unübersehbar; sein Vorbild ist zweifellos die Lomonosov-Universität in Moskau. Hier waren während der sozialistischen Ära alle wichtigen Medien konzentriert: Fernsehen, Radio, Printmedien. Auch heute residieren in dem riesigen Gebäude zahlreiche Redaktionen, fast alle wichtigen rumänischen Verlage haben hier nach wie vor ihren Sitz. Daneben erhebt sich das World Trade Center, in dem zahlreiche in- und ausländische Firmen ihre Büros untergebracht haben.

Gegenüber ist der **Lacul Herăstrău** auszumachen, Teil der Seenkette, die sich weit über die Stadtgrenzen hinaus von West nach Ost zieht und von dem kleinen Flüßchen Colentina gespeist wird. Ausgedehnte Flächen um ihn herum sind als Naherholungsgebiet gestaltet. Anziehungspunkt der Touristen wie auch der erholungssuchenden Bukarester ist zumeist der Herăstrău-Park mit dem Freilichtmuseum.

Freilichtmuseum

Auf rund 15 Hektar Fläche zeigt sich hier das ländliche Rumänien im Kleinformat. Man spricht allgemein vom Dorfmuseum, genau genommen sind

Karte S. 348

es mehrere Museen in einem. Es wurde 1936 von dem Soziologen Dmitrie Gusti ins Leben gerufen. Unter seiner Leitung zogen Wissenschaftler aus Bukarest in alle Regionen des Landes, um das dörfliche Leben zu erforschen. Dazu gehörten die Lebensweise, die Dialekte, Brauchtum und Trachten sowie anderes mehr. Im Rahmen des Forschungsprojektes wurden 47 Bauernhöfe, 29 technische Anlagen und 3 Holzkirchen in den verschiedenen Landesteilen abgebaut und originalgetreu hier wieder zusammengesetzt. Die knapp 300 Gebäude repräsentieren alle traditionellen historischen Landschaften Rumäniens: Moldau, Siebenbürgen, Banat, Oltenien, Muntenien, Dobrudscha. Zusammen führen sie in das dörfliche Leben des 18. und 19. Jahrhunderts ein.

Unter den Gebäuden finden sich Heuschuppen, Vorratshäuser und Backöfen, Wind- und Walkmühlen, Weinkeller und Ställe. Darin sind Webwaren und Webstühle ausgestellt, Alltagskleidung wie Trachten für besondere Anlässe, ebenso verschiedenes Interieur, Einrichtungs- und Haushaltsgegenstände, Möbel sowie Öfen und Kachelöfen, Werk- und Spielzeug. Decken und Wände sind mit den typischen Mustern und Farben der Regionen geschmückt. Im Freien verdeutlichen einzelne Objekte wie bemalte Kreuze an Bäumen, wie sie in vielen Dörfern zu finden sind, und bemalte Tabernakel die Religiosität des Dorflebens; Pflüge und Eggen aus Holz, Sensen, Mähmaschinen, Weinpressen, Fässer zur Fermentation und andere Gerätschaften erlauben einen Einblick in die bäuerliche Arbeitswelt.

Im Dorfmuseum werden die traditionellen Handwerke wie Weben und Nähen und die Bräuche für religiöse Feste oder besonderen Anlässe gezeigt. Führungen finden regelmäßig statt, davor oder danach kann man sich an Volksmusik und -tänzen erfreuen, die eine Trachtengruppe vorführt. In dem kleinen Laden gibt es eine große Palette kunsthandwerklicher und kulinarischer Produkte und auch Broschüren, Bücher und Postkarten.

 Bukarest

Bukarest liegt etwa 60 Kilometer von der Donau entfernt, eine Erkundung auf eigene Faust ist im Rahmen einer Kreuzfahrt nicht möglich.

Erstaunlicherweise gibt es noch immer kein offizielles Touristenbüro; Bücher und Karten findet man am ehesten in den Buchläden am Bd. Magheru nördlich der Universität.

Wechselstuben finden sich einige im alten Handelsviertel; Geldtausch ist aber auch in vielen anderen Geschäften möglich – auf entsprechende Schilder achten.

Für eine Einkehr bieten sich die zahlreichen Cafés im Handelsviertel an, z.B. die in der **Schmuckpassage** und im früheren **Hanul cu tei** an der Str. Lipscani 63. Traditionsreich und urig ist der **Caru Cu Bere** (Bierkeller) in der Str. Stavropoleos 3–5.

Im **Dorfmuseum** gibt es einen gut sortierten Andenkenladen, Mitbringsel findet man auch in einigen Läden im **Hanul cu tei** (s.o.) und in der **Markthalle** an der östlichen Seite der Piața Unirii.

Die Dobrudscha

Unmittelbar hinter Silistra wird die Donau vom Grenzfluss zu einer innerrumänischen Angelegenheit. Die Landgrenze verläuft fast genau nach Osten, bis sie auf das Schwarze Meer trifft, die Donau aber vollzieht einen Schwenk nach Nordosten; ab Cernavodă fließt sie nach Norden. Dabei teilt sie sich bei Silistra – etwa bei Kilometer 370 – in zwei Arme auf. Der nördlichere Arm, der Borcea-Arm, ist der kleinere von beiden. Bis Cernavodă sind nur vereinzelt Anzeichen der Zivilisation auszumachen, und dass sich auf der Donauinsel Pacuiu lui Soare, kurz hinter Silistra, die Reste einer Festung finden, die am Ende des 10. Jahrhunderts von Byzanz gebaut wurde, lässt sich bestenfalls erahnen. Einige weitere Inseln werden passiert, die Vegetation wirkt auf diesem Abschnitt abwechslungsreicher als zuvor und ist stärker von Wäldern geprägt, die bis unmittelbar an die Ufer reichen. Dahinter liegen weitere Seiten- und Totarme sowie einige größere Seen – ein mehrere Kilometer breiter Streifen entlang beider Ufer besteht zu großen Teilen aus Sumpfgebiet.

Der Donau wird der direkte Weg zum Schwarzen Meer von den Hügeln der Dobrudscha verwehrt. Diese zumeist steppenartige Landschaft reicht etwa vom Donaudelta bis Varna und wird im Westen von der Donau begrenzt. Sie ist dünn besiedelt und wird intensiv landwirtschaftlich genutzt. Ausgedehnte Sonnenblumen-, Mais- und Zwiebelfelder finden sich hier, daneben wird Viehzucht betrieben, und bekannt ist die Dobrudscha auch für ihre guten Weine. Vieles wird noch in Handarbeit betrieben, auch Pferdefuhrwerke sieht man noch vereinzelt.

Die nördliche Dobrudscha gehört zu Rumänien, die südliche zu Bulgarien. Über Jahrhunderte war die gesamte Dobrudscha Teil des Osmanischen Reiches. Um es besser kontrollieren zu können, wurden bewusst Türken hier angesiedelt. Daneben siedelten sich Tataren hier ebenso an wie Armenier und Griechen. Sie bildeten mit den Bulgaren und Rumänien eine Bevölkerung, die aus vielen Minderheiten bestand. Mit dem allmählichen Zerfall des Osmanischen Reiches erhoben die

Mittlerweile ein seltener Anblick: Pferdefuhrwerk in der Dobrudscha

Karte S. 363

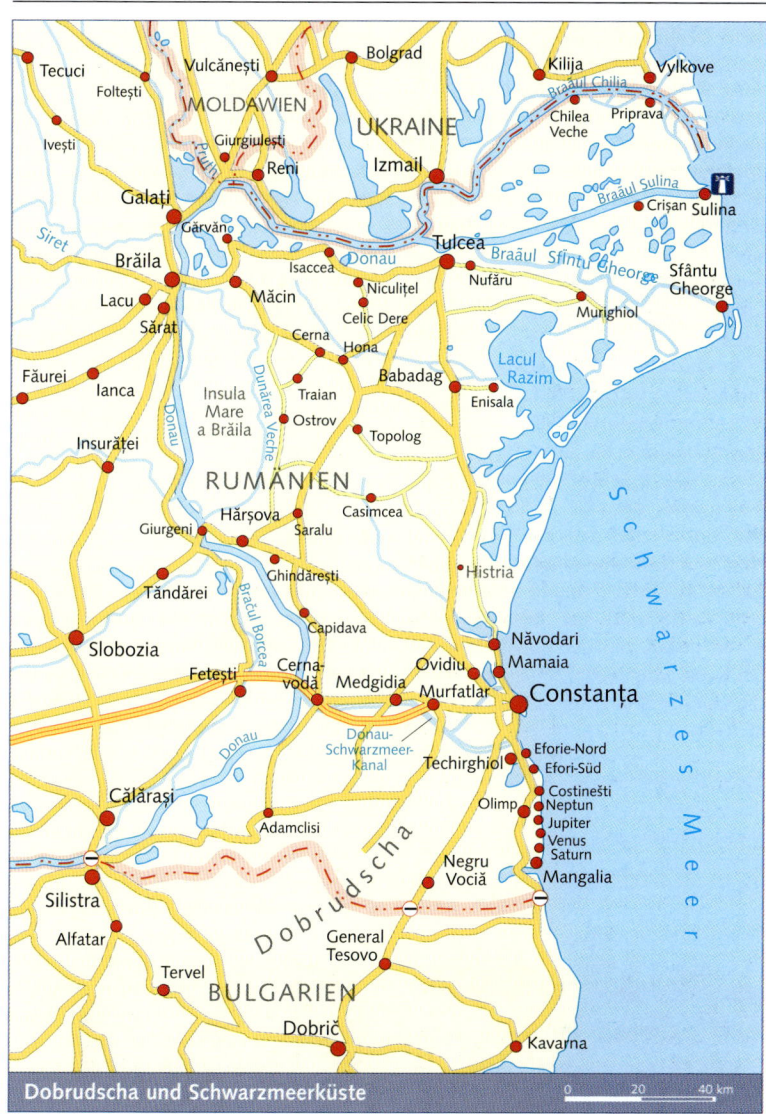

Auf der Unteren Donau

Dobrudscha und Schwarzmeerküste

0   20   40 km

jungen Staaten Rumänien und Bulgarien gleichermaßen Ansprüche auf
die Dobrudscha. Sie wurde auf dem
Berliner Kongreß 1878 zwischen den
beiden Staaten aufgeteilt, die dort

festgelegte Grenzziehung entsprach im
wesentlichen der heutigen. Nach dem
Ersten Weltkrieg kam auch der südliche Teil an Rumänien, das sich bemühte, die Türken zum Wegzug zu bewe-

gen und im Gegenzug die Ansiedlung von Rumänen förderte. 1940 wurde diese Regelung rückgängig gemacht, dies hatte eine erneute Wanderungsbewegung zur Folge: Zehntausende von Bulgaren zogen aus der Norddobrudscha in den Süden, und zehntausende Rumänen gingen den umgekehrten Weg. Gleichzeitig verließen zehntausende Türken vor allem aus dem rumänischen Teil die Region Richtung Türkei. Die bulgarische Regierung setzte in den 80er Jahren ebenso wie ihr rumänischer Nachbar auf die nationale Karte und verstärkte die Repressionen gegenüber den im Land verbliebenen Türken. Das Ergebnis war eine so große Fluchtwelle, dass die Türkei für kurze Zeit ihre Grenzen schloss.

Heute sind die Rumänen und die Bulgaren in ihren Staaten weitgehend unter sich, und der Besucher muß schon etwas genauer hinschauen, um die Spuren der vielen Völker, die früher die Dobrudscha prägten, wahrnehmen zu können.

Cernavodă und der Donau-Schwarzmeer-Kanal

Mit Cernavodă ist für viele Kreuzfahrttouristen der Wendepunkt ihrer Reise erreicht. Nicht der Ort selbst liefert den Grund, sondern seine Lage: Hier ist die Donau dem Schwarzen Meer am nächsten, und hier beginnen daher in der Regel die Busausflüge nach Constanța.

Diese Lage führte dazu, dass der **Donau-Schwarmeer-Kanal** (Canalul Dunăre-Marea Neagră) in Cernavodă seinen Anfang nimmt. Er mündet unmittelbar südlich von Constanța in das Meer, ein Stichkanal bei Năvodari, nördlich von Mamaia.

Pläne für einen Kanal bestanden seit Jahrhunderten, und in den 1950er Jahren begannen erste Arbeiten, die aber bald wieder eingestellt wurden. Für Ceaușescu war es ein Prestigeobjekt, ab 1975 wurden die Arbeiten wieder aufgenommen und vehement vorangetrieben. Der 64 Kilometer lange Kanal wurde 1983 fertiggestellt und ein Jahr

▲ *Die Saligny-Brücke in Cernavodă*

Die Donau bei Cernavodă

später dem Verkehr übergeben. Er verkürzt die Strecke zum Schwarzen Meer um etwa 250 Kilometer. Der Kanal verläuft weitgehend parallel zu Bahn und Straße zwischen Cernavodă und Constanța, und so kann man vom Zugabteil oder Reisebus gut sehen, dass nur sehr wenige Schiffe die Abkürzung nutzen. Offenbar stehen die erhobenen Gebühren in keinem Verhältnis zur möglichen Zeitersparnis. Dabei ist die Wasserstraße durchgängig 7,5 Meter tief und zwischen 60 und 90 Meter breit und damit auch für große Frachtschiffe geeignet. Damit der Bau in so kurzer Zeit realisiert werden konnte, wurden zusätzlich zu den Bauarbeitern vor allem Soldaten und Häftlinge herangezogen. Es gibt Gerüchte, manche sprechen von Indizien, dass wegen der katastrophalen Arbeitsbedingungen hunderte von Häftlingen beim Bau starben, aber bislang liegen keine gesicherten Informationen vor.

Die Einmündung des Kanals liegt direkt neben einem berühmten Bauwerk, der **Saligny-Brücke**. Sie trägt den Namen des rumänischen Konstrukteurs Anghel Saligny, nach dessen Plänen sie zwischen 1890 und 1895 errichtet wurde.

Diese Eisenbahnbrücke, eine ingenieurstechnische Meisterleistung, stellt die Verbindung zwischen dem Landesinneren und dem Schwarzen Meer her und trug maßgeblich dazu bei, dass das bei Ploiești geförderte Öl exportiert werden konnte.

Die Brücke spannt sich über 1163 Meter und verläuft in rund 40 Meter Höhe, damit auch große Schiffe gefahrlos unter ihr durchfahren können. Die Autofahrer und auch die meisten Bahnen benutzen heute die 1987 dem Verkehr freigegebene moderne Brücke, die unmittelbar parallel dazu verläuft. Die Züge fahren langsam, und so kann man von oben gut sehen, dass die Donau hier von einer Sumpflandschaft umgeben ist. Womöglich rührt der Name des Ortes daher: Cernavodă bedeutet ›Schwarzes Wasser‹.

Unter Kunsthistorikern ist der Ort bekannt, weil hier 1956 per Zufall zwei Statuen gefunden wurden, die man wegen ihrer Form allgemein ›Die Denkerin‹ und ›Der Denker‹ nennt. Sie stammen aus dem 5. Jahrtausend vor unserer Zeitrechnung und zeigen, dass sich an der Unteren Donau in dieser Epoche eine hochentwickelte Kultur befand. Die beiden Statuen können im Archäologischen Museum in Constanța besichtigt werden.

An der Stelle des heutigen Cernavodă gründeten bereits die Daker eine Siedlung, sie war in der Antike als Axiopolis bekannt und dauerhaft besiedelt. Trotz seiner langen Geschichte und seiner exponierten Lage ist Cernavodă mit seinen rund 18 000 Einwohnern ein trister Ort. Wichtigster Arbeitgeber ist seit den 1980er Jahren das Kernkraftwerk unmittelbar am Kanal, das nach wie vor etwa zehn Prozent des rumänischen Stroms liefert.

Auf der Unteren Donau

Murfatlar

Murfatlar (von 1980 bis 2007 Basarabi) ist eine Kleinstadt von gut 10 000 Einwohnern, hat einen eigenen Hafen am Donau-Schwarzmeer-Kanal und eine hölzerne Kirche mit Spitztürmen. Seine eigentlichen Attraktionen aber liegen außerhalb.

Da ist zunächst die **Höhlensiedlung**. Man entdeckte sie nach dem Zweiten Weltkrieg und legte seitdem einige Fundamente und andere Reste von Sakralbauten wie auch Wohnhäusern frei. Es handelt sich vermutlich um eine klösterliche Siedlung aus dem 9. und 10. Jahrhundert. Sie verdeutlicht, dass bereits zu dieser Zeit das Christentum in der Dobrudscha weit verbreitet war. Die zweite Attraktion stellt das **Weingut** dar. Es erhebt sich inmitten seiner schier endlos reichenden Weinberge auf einem Hügel. Murfatlar gehört zu den bekanntesten Weingütern in Rumänien und hat auch international einen guten Namen. Die Weine sind keine absoluten Spitzenprodukte, aber von guter Qualität und weithin geschätzt und werden zum großen Teil exportiert. In Murfatlar werden traditionell vor allem Weißweine angebaut, bekannt ist vor allem der gleichnamige Dessertwein aus Muskattrauben. Bereits die Griechen erkannten die für den Weinanbau günstigen Bedingungen – der gute Boden und die vielen Sonnenstunden – und begannen auf den sanften Hügeln mit dem Anbau. Auch der nach Tomis, dem heutigen Constanţa, verbannte römische Dichter Ovid erwähnte die Weinkeller von Murfatlar.

Heute ist Murfatlar eine gut besuchte Touristenattraktion, es gibt regelmäßig Führungen durch das Weinmuseum und die Keller und natürlich auch Degustationen, zu denen landestypische Speisen gereicht werden. Sie finden im hauseigenen Restaurant ›Crama‹ statt. Man sitzt in einem runden großen Saal vor großen Weinfässern, junge Frauen in adretten bunten Trachten sorgen für den perfekten Service, die schmucke hauseigene Folklorecombo spielt dazu. Kaufen kann man die Weine wie auch Broschüren und Andenken in einem Shop natürlich auch.

Weinfässer im Weingut Murfatlar

Constanța

Mit seinen derzeit rund 300 000 Einwohnern ist Constanța die fünftgrößte Stadt Rumäniens. Die Bevölkerungszahlen stiegen lange kontinuierlich an, und lange galt Constanța deshalb als die dynamischte Stadt des Landes. Den Aufschwung verdankt sie dem 200 Hektar großen Hafen am südlichen Stadtrand. Er ist der mit Abstand wichtigste des Landes.

Die Stadt ist ein Zentrum der Chemie-, Nahrungsmittel- und Elektroindustrie, hat sich mit der renommierten Oleg-Danvoski-Ballettkompagnie, dem Philharmonischen Orchester und den zahlreichen Museen als Stadt der Künste einen Namen gemacht. An der Ovid-Universität sind derzeit rund 14 000 Studenten eingeschrieben.

Seitdem die Griechen an dieser Stelle eine erste Niederlassung gegründet hatten, war der Hafen bestimmend für die Geschicke der Stadt. Sie hatte ihre Blütezeit, wenigstens was die Neuzeit anbetrifft, kurz nach der Wende zum 20. Jahrhundert. In dieser Zeit ließen sich Staat, Kaufleute und Firmen repräsentative Bauten errichten. Mitteleuropäische Städtebautradition und osmanische Einflüsse fanden sich zusammen, und das Ergebnis war eine Art orientalisch beeinflusster Haussmann-Stil. In der Kombination mit der traumhaften Lage auf einem etwa 30 Meter über dem Meeresspiegel liegenden Plateau rief sie bei Besuchern immer wieder Bewunderung hervor.

Wie in vielen Hafenstädten, so lebten auch in Constanța traditionell Menschen unterschiedlichster Herkunft zusammen. Erst seit der zweiten Hälfte des 20. Jahrhunderts sind mehr als 90 Prozent der Einwohner Rumänen; die Türken bilden mit gut drei Prozent die größte Minderheit. Dennoch wirkt die Stadt wie viele Hafenstädte überaus weltoffen.

Geschichte

Händler aus Milet legten im 6. Jahrhundert vor Christus an der günstig gelegenen Stelle eine Handelsniederlassung an und gaben ihr den Namen Tomis. Seit 28 vor Christus übernahmen die Römer die Regie. In der Regierungszeit des Octavian wurde Tomis zur bedeutendsten römischen Stadt am Schwarzen Meer, im 2. Jahrhundert gehörte es mit den Hafenstädten Callatis (Mangalia), Histria und Dionysopolis (Varna, Bulgarien) zum mächtigen Pontischen Bund.

Die Awaren zerstörten die Stadt im Jahr 601 vollständig, und man nimmt an, dass sie wüst fiel. Auf den Ruinen bildete sich wohl erst wieder im 10. Jahrhundert eine Siedlung, nurmehr nichts weiter als ein Fischerdorf, das den Namen des byzantinischen Kaisers Constantin VIII. annahm – in

Im Garten des Archäologischen Museums

dieser Zeit stand das Gebiet unter der Kontrolle des Byzantinischen Reiches. Manche Historiker gehen für das 12. bis 14. Jahrhundert, als die Genueser hier eine Handelsniederlassung betrieben, von einer erneuten Blüte aus.

Unter der rund 500-jährigen Herrschaft der Osmanen – sie begann 1393 – war Constanţa unbedeutend. Zwar ver-

anlasste noch der letzte amtierende Sultan den Ausbau des Hafens, ein erneuter Aufschwung stellte sich aber erst nach der Unabhängigkeit Rumäniens ein. Er wurde erheblich durch den Bau einer direkten Eisenbahnverbindung Richtung Bukarest befördert, die erst mit Fertigstellung der Brücke bei Cernavodă im Jahr 1895 eingerich-

Constanţa, Zentrum

Legende

1 Ovid-Statue
2 Archäologisches Museum
3 Mosaikmuseum
4 Moschee
5 Synagoge
6 Orthodoxe Kathedrale
7 Kirche des heiligen Anton
8 Casino und Aquarium

9 Leuchtturm
10 Archäologischer Park
11 Kunstmuseum
12 Volkskunstmuseum
13 Griechische Kirche
14 Kleine Moschee
15 Griviţa-Markt
16 Bahnhof

tet werden konnte. Schnell avancierte Constanța zum wichtigsten rumänischen Hafen.

Kurz vor der Jahrhundertwende initiierte der damalige König Carol I. einige öffentliche Bauten, darunter Moschee, Casino und Archäologisches Museum. Nach dem Zweiten Weltkrieg wurden die Hafen- und Industrieanlagen erheblich ausgebaut und außerhalb des Zentrums ausgedehnte Wohnsiedlungen errichtet und dazwischen, vor allem entlang der Küste, großzügige Parks.

Ein Stadtrundgang

Gemessen an der Ausdehnung der Stadt insgesamt ist das historische Zentrum winzig. Es liegt auf einer Halbinsel, besteht aus wenigen Quer- und Parallelstraßen und ist schnell durchmessen. Bis in die 70er Jahre war die Altstadt fast vollständig erhalten und erstreckte sich auch westlich und nördlich des Ovid-Platzes. In der Ceaușescu-Ära ließ man vieles verfallen und ganze Straßenzüge abreißen. Gerade die stolzen Bürgerhäuser waren besonders von dieser Barbarei betroffen, und so finden sich in manchen Vierteln nurmehr gesichtslose Neubauten und zwischen den Solitären und erhaltengebliebenen Häuserzeilen immer noch erschreckend viele Lücken. Manches wurde bereits renoviert, andere Lücken sind mit Neubauten geschlossen, auffällig im Straßenbild bleibt aber der Verlust.

■ Ovidplatz

Mittelpunkt der Altstadt ist der Ovidplatz (Piața Ovidiu). Hier befanden sich das römische Forum und davor die griechische Agora. Der Namensgeber, Publius Ovidius Naso, ist in der Mitte des Platzes unschwer auszumachen. Ob Ovid tatsächlich, wie immer

wieder gesagt wird, tatsächlich direkt unter dem Denkmal begraben liegt, ist umstritten. Die **Ovid-Statue** ist ein Werk des italienischen Bildhauers Ettore Ferrari, sie wurde 1887 eingeweiht. Der linke Arm liegt auf der Brust, die rechte stützt den Kopf. Nachdenklichkeit und Melancholie geht von der Darstellung aus. Am Sockel des Denkmals ist eine Inschrift angebracht, die der Dichter selbst verfasst hat:

Hic ego qui iaceo, tenerorum lusor amorum
Ingenio perii, nasa poeta, meo
At tibi qui transis, ne sit grave quisquis amasti
Dicere, Nasonis molliter ossa cubent.

Hier liege ich, der Dichter Naso, der Sänger zarter Liebesbande,
Mein Talent hat mich in den Tod getrieben.
Aber Dir, der du hier vorüber gehst, wenn Du je geliebt hast,
sei es nicht schwer zu sagen:
Es mögen die Gebeine Nasos sanft ruhen.

Das **Nationale Museum für Geschichte und Archäologie** an der Südwestseite dominiert den Platz. Es beherbergt die sicherlich bedeutendste Sammlung zur Römerzeit in Rumänien. Ausgestellt sind zahlreiche Gebrauchs- und Einrichtungsgegenstände, Schmuck, Statuen und Büsten, Reste von Häusern wie Säulen, Friese, Reliefs, und vor allem religiöse Darstellungen wie Götterstatuen. Besonders wertvoll sind die kleinen Statuen griechisch-römischer Gottheiten. Auf den zwei Etagen finden sich außerdem Fundstücke aus ur- und frühgeschichtlicher Zeit, unter denen die bei Cernavodă gefundenen Statuen ›Der Denker‹ und ›Die Denkerin‹ herausragen; eine kleine Ausstellung vermittelt einen Überblick über die Kunstgeschichte von der Antike bis zur Gegenwart.

Das **Mosaikmuseum** schließt sich unmittelbar südlich an das Archäologische Museum an. Ein großes erhaltenes römisches Fußbodenmosaik aus dem 3. Jahrhundert ist hier in einem Glaspavillon zu sehen. Es umfasst heute rund 700 Quadratmeter und ist in dieser Größe eine weltweite Rarität. Vermutlich war es einst gut 2000 Quadratmeter groß. Man stieß 1959 zufällig auf dieses Mosaik und legte es dann in zehnjähriger Arbeit frei.

Ganz in der Nähe liegen die **Reste einiger Gewölbe**, die zu Römerzeit als Warenlager genutzt wurden. Die Archäologen fanden hier Handelserzeugnisse, darunter Amphoren, deren Inhalt noch bestimmt werden konnte, und auch Schiffszubehör. Hier befindet man sich am Rand eines Hangs und hat einen guten Blick auf die Hafenanlagen, die sich schier endlos bis zum Horizont erstrecken.

Vom Ovidplatz führen einige schmale Gassen zum Meer, und an den einst prächtigen Fassaden der würdevollen Häuser kann man die Atmosphäre des alten Constanța erahnen. Etwas versteckt in einer Seitenstraße liegt die **Moschee**, 1910 an der Stelle eines Vorgängerbaus errichtet. Von dem in Betonweise ausgeführten und dennoch grazilen, 50 Meter hohen Minarett bietet sich ein schöner Blick auf die Stadt, den Hafen und das Meer. Die Moschee wurde in den 1990er Jahren umfassend restauriert und dient der türkischen Gemeinde nach wie vor als Gebetsort. Die **Synagoge** dagegen, nur wenige Fußminuten entfernt, ist ein Relikt vergangener Zeiten, seit dem Fortzug der Juden ungenutzt.

■ Kathedrale

Folgt man von der Moschee der leicht abwärts führenden Str. Arhiepiscopei, ist bald die 1884 geweihte orthodoxe Kathedrale erreicht. Der Kuppelbau wirkt trotz seiner Größe zurückhaltend, interessant sind die Wandmalereien im Inneren ebenso wie die Gestaltung der äußeren Fassaden. Vor der der Küste zugewandten Seite liegt ein Ruinenfeld. Es handelt sich um Fundamente griechischer Bauten aus dem 3. Jahrhundert vor Christus. Wer an dieser Stelle noch nicht genug hat von Sakralbauten, hat nach einigen Schritten Richtung Touristenhafen Gelegenheit für eine weitere Besichtigung. Die römisch-katholische **Kirche des heiligen Anton** wurde ursprünglich um 1890 für die bulgarische Gemeinde der Stadt errichtet. Der Backsteinbau im neoromanischen Stil ist unspektakulär.

Karte S. 368

Das besuchenswerte Archäologische Museum

Wandmalereien an der Außenwand der Kathedrale

■ **Casino und Aquarium**

Das Casino zieht die Blicke auf sich, denn es ist in einem verspielten Art-Nouveau-Stil gehalten. Der Architekt Daniel Renard war zwar Rumäne, aber in Paris ausgebildet, wo er offenkundig zu seinem Bau inspiriert wurde. Das 1910 seiner Bestimmung übergebene Casino geht unmittelbar auf Initiative von König Carol I. zurück. Er plante, Constanţa zu einem mondänen Badeort für die Schönen und Reichen ganz Europas auszubauen. Das Casino sollte Anziehungspunkt und Einnahmequelle zugleich sein. Die Erwartungen erfüllten sich nicht, ein Casinobetrieb fand nur kurz statt, und schon bald zog ein Restaurant ein. Seit kurzem dient der Bau wieder seinem ursprünglichen Zweck: Casino und Spielbank sind eingezogen und freuen sich auf die Touristen. Hinreißend ist die Lage unmittelbar am Wasser, von der Terrasse hat man einen weiten Blick auf das Meer. Im Aquarium gegenüber wird dem Besucher die Vielfalt der Donau- und Schwarzmeerfische vor Augen geführt.

■ **Promenade und Hafen**

An der gepflegten Promenade, Richtung Leuchtturm, wurde ein **Denkmal für den Schriftsteller Mihail Eminescu** (1850–1889) aufgestellt. Eminescu verfasste Romane, Erzählungen und Märchen, naturwissenschaftliche Berichte und übersetzte französische Märchen ins Rumänische. Bekannt geworden ist er vor allem aber als Lyriker, und er gilt heute als eminent wichtige Persönlichkeit, da er maßgeblich dazu beitrug, eine rumänische Literatursprache zu etablieren. Er wurde im moldauischen Botoşani geboren und verbrachte die meisten Jahre in Bukarest, in vielen seiner Gedichte klingt aber die Sehnsucht nach dem Schwarzen Meer an.

Die Promenade vollzieht einen Bogen und führt auf den anmutigen **Leuchtturm** zu. Fälschlicherweise wird oft behauptet, er sei von den Genuesern errichtet worden. Tatsächlich ist er neueren Datums, dabei nach wie vor in Betrieb. Der Hafen etwas weiter nördlich ist stets von Betriebsamkeit gefüllt, weil

Auf der Unteren Donau

Die Moschee: Erinnerung an 500 Jahre osmanische Herrschaft

hier die Charterboote beheimatet sind und die Bootstouren in die nahegelegenen Badeorte starten. Aber auch die Linienschiffe nach Varna, Istanbul oder Odessa legen hier ab. Über eine Erweiterung des Hafens wird schon länger nachgedacht.

■ Bulevardul Tomis

Der Bulevardul Tomis, der sich vom Ovidplatz bis weit in die nördlich gelegenen Neubauviertel erstreckt, ist eine der Hauptmagistralen Constanţas. An ihm liegt der **Archäologische Park**, in dem Fundstücke aus antiker Zeit locker verstreut sind. Eine Hinweistafel zeigt die Besiedlung des Landstrichs in der Antike. Das **Kunstmuseum** schräg gegenüber ist in zwei Häusern untergebracht, einem Schulgebäude von 1893 und dem benachbarten Neubau. Es präsentiert moderne rumänische

Kunst: Bildhauerei, Malerei, Grafik. Das **Volkskunstmuseum**, ebenso am Bd. Tomis gelegen, macht mit Volkstrachten, Einrichtungsgegenständen, Keramik, Kunsthandwerk, Hinterglasikonen, Werkzeugen, Möbelstücken, Hand- und Holzschnitzarbeiten aus der Dobrudscha bekannt.

In der nördlichen Innenstadt befinden sich mit der **Griechischen Kirche** – für die Griechische Gemeinde in der Stadt bis 1865 gebaut – und der **Kleinen Moschee** zwei weitere sehenswerte Sakralbauten. An den Straßen drumherum und auf dem Weg liegen einige Lokale, Internetcafés und Geschäfte, zu denen auch Antiquitätenläden gehören. Die Straßen sind geprägt von kleinen Stadthäusern und Villen, leider auch von Abrisslücken, die nach 1990 aber teils durch Neubauten geschlossen worden sind.

Außerhalb des Zentrums findet man am nördlichen Bulevardul Tomis den **Griviţa-Markt**, eine Mischung aus Wochen- und Trödelmarkt unter freiem Himmel mit einem breiten Angebot: Lebensmittel, Blumen, Zigaretten, Haushaltsgegenstände und Kleidung.

Westlich des Archäologischen Parks befindet sich der **Bahnhof**. Von hier besteht stündlich Anschluss nach Cernavodă, alle zwei Stunden bietet der ›Blaue Pfeil‹ eine besonders schnelle Verbindung (Fahrtzeit 50 bis 70 Minuten). Da bei einem Busausflug von Cernavodă nach Constanţa fast immer eine Einkehr in Murfatlar vorgesehen und dadurch die Aufenthaltsdauer in Constanţa entsprechend kurz ist, stellt die Bahnverbindung eine Alternative für all diejenigen dar, die einen ausgedehnten Bummel am Schwarzen Meer einer Degustation in Murfatlar vorziehen.

Karte S. 368

Ovid in der Verbannung

Als Publius Ovidius Naso im Jahr 8 nach Christus in Tomis ankam, war er 51 und stand im Zenit seines Könnens und seines Ruhms. Verbittert und einsam starb er nur neun Jahre später, ohne dass seine Bitten um Gnade und Heimkehr bei Kaiser Augustus und dessen Nachfolger Tiberius Gehör gefunden hatten. Ovid war schon zu Lebzeiten einer der angesehensten römischen Dichter, und bis heute beschäftigen sich Althistoriker und Philologen mit der Frage, warum ihn der Kaiser in eine der entlegensten Städte des Römischen Reichs verbannt hat.

Der kriminalistische Spürsinn hat bis heute nichts als Vermutungen und keine Beweise produziert. Als offizieller Grund wurde der bedenkliche Einfluss seiner Liebeslyrik, ›ars amatoria‹, genannt, doch kaum jemand hält diese Begründung für stichhaltig, da das Buch bereits acht Jahre ungehindert in Umlauf gewesen war, als Ovid verbannt wurde. Gesichert ist, dass Augustus persönlich den Bann aussprach. Ovid selbst hat auch nicht den Grund der Verbannung genannt. In den ›Tristia‹ spricht er davon, dass der Grund allzu bekannt sei und von ihm nicht verraten werden dürfe. An anderer Stelle spricht er davon, er habe Schuld auf sich geladen, da er etwas gesehen habe.

Daher gab es immer wieder die Vermutung, Ovid habe Verfehlungen des Augustus selbst beobachtet, so dass er ihm gefährlich werden konnte. Anderen Gerüchten zufolge hat Ovid Julia verführt, die Enkelin des Augustus. Gesichert ist, dass Julia Ehebruch begangen und ein Exemplar der ›Liebeskunst‹ besessen hat. Wieder andere behaupten, Ovids Geliebte sei eine Frau namens Terentia gewesen. Augustus habe nicht so sehr gestört, dass sie mit Maecenas verheiratet war, einem seiner wichtigen Ratgeber, sondern vielmehr, dass er selbst ein Verhältnis mit ihr hatte.

Der plausibelste Grund für die Verbannung ist politischer Art. Augustus hatte selbst keine Söhne, nur eine Tochter Julia mit seiner zweiten Frau Scribonia. Augustus' dritte Frau Livia hatte aus erster Ehe den Sohn Tiberius. Ovid lässt in der ›ars amatoria‹ eine deutliche Präferenz, was die Thronnachfolge betrifft, für Caius Caesar erkennen, Sohn der Scribonia. Dieser starb plötzlich, und man nimmt an, dass er auf Geheiß von Livia vergiftet wurde, damit Tiberius die Thronnachfolge antreten konnte. Ovid hatte auf das falsche Pferd gesetzt, wusste wohl zu viel und wurde daher von Augustus, auf Drängen von Livia, die einen starken Einfluss auf ihren Mann hatte, verbannt. Augustus adoptierte Tiberius, der dann tatsächlich der nächs

Kaiser Augustus verbannte Ovid nach Tomis

te Kaiser wurde. So erklärt sich auch, dass Ovid nach dem Tod des Augustus nicht nach Rom zurückkehren durfte.

Für Ovids Schaffen war der direkte ständige Kontakt, die Geselligkeit in kleiner und großer Runde, eine wesentliche Voraussetzung. Hier erfuhr er die Neuigkeiten, den Klatsch, das Geraune um Skandale und Skandälchen, von den Intrigen und Affairen, den geheimen und offenen Liebschaften, aus denen er seine Inspiration schöpfte. Davon war er in der Verbannung abgeschnitten.

Sein erhebliches Vermögen hatte Ovid nach Tomis mitnehmen dürfen, man beließ ihm auch seine Bürgerrechte und sogar das Recht, weiterhin zu publizieren – so fern der Stadt Rom war diese Geste aber bedeutungslos. Tomis, obwohl eine für die damalige Zeit ansehnliche Stadt, lag am äußersten Rand des Imperium Romanum, und das gesellige Leben war mit dem in Rom nicht im entferntesten vergleichbar. Als ›unfreundliches Land‹ oder als ›Ende der Welt‹ beschrieb Ovid diesen Landstrich. Verwundert registrierte er die Kargheit der Böden und das rauhe Klima, das im Winter das Schwarze Meer in Ufernähe gefrieren ließ.

Über dieses Eis fielen immer wieder feindliche Reitervölker ein, und Ovid, der noch in seiner ›Liebeskunst‹ gespottet hatte, die Liebe sei ihm Kriegsdienst genug, musste bei der Verteidigung der neuen ungeliebten Heimat mithelfen:

Harte soldatische Kämpfe mied ich als junger Mann,
und nur um damit zu spielen, bewegte ich Waffen mit der Hand.
Jetzt, als älterer Mann, habe ich ein Schwert an der Seite und einen Schild an der Linken
und drücke mein ergrauendes Haar unter einen Helm.
Denn wenn der Wächter vom Turme das Zeichen uns gibt zum Alarme,
rüsten zum Kampf wir uns eilends mit zitternder Hand.
Feinde, mit Bogen bewehrt und giftgetränkten Geschossen,
ziehn um die Mauern herum wütend auf schnaubendem Roß.

Von seiner Einsamkeit und seinem Heimweh geben die ›Epistulae ex Ponto‹, die Briefe vom Schwarzen Meer, und die ›Tristia‹, die Lieder der Trauer, anrührend Auskunft. In ihnen beklagt Ovid die Kulturlosigkeit der Stadt Tomis, das Klima und auch die Kulturlosigkeit der Bewohner. Sie sprachen kein Latein und konnten seine literarische Kunstfertigkeit nicht würdigen.

So eignete er sich die Sprache seiner Mitbewohner an, und anlässlich des Todes von Kaiser Augustus trug er auf dem Forum von Tomis, dort wo heute das Denkmal für ihn steht, eine Lobrede für den Caesaren auf Getisch vor. Sie ist verlorengegangen.

Ich selbst, scheint mir, habe schon mein Latein verlernt,
Denn ich habe getisch und sarmatisch zu sprechen gelernt.

Die Bürger von Tomis mögen seine Geringschätzung für ihre Stadt gespürt haben, aber ihnen war sehr wohl bewusst, wer in ihrer Mitte lebte. Sie ernannten Ovid noch zu dessen Lebzeiten zu ihrem Ehrenbürger.

Die rumänische Schwarz-meerküste

Rumäniens Schwarzmeerküste ist 245 Kilometer lang und gliedert sich in zwei Teile. Der eine reicht von der Grenze zur Ukraine bis etwa nördlich von Mamaia und umfasst damit im wesentlichen das Donaudelta, der andere zieht sich von dort nach Süden bis zur bulgarischen Grenze. Dieser ist von ausgedehnten Sandstränden und einem flach abfallenden Meer geprägt. Das Ufer hat an manchen Stellen, dort wo die Hochebene der Dobrudscha bis direkt zum Meer reicht, den Charakter einer Steilküste. In diesem Teil der Küste finden sich im Hinterland auch Salzseen, salz- und mineralhaltige Heilquellen sowie gesundheitsfördernde Schlämme.

Einsamer Strand bei Sfântu Gheorghe

Die Dobrudscha, zu der die Küste gehört, ist ein niederschlagsarmes Gebiet. Die Winter sind im südlichen Teil, verglichen mit den manchmal eisigen Perioden im Delta, relativ mild, die Sommer stabil, die Hitze mildert der stetige, meist von Nordost wehende Wind. Dem Klima wird eine heilende Wirkung bei vielen Krankheiten nachsagt. Der Tidenhub beträgt nur maximal 20 Zentimeter. All diese Faktoren haben dazu geführt, dass die Küste zwischen Mamaia und Vama Veche seit langem schon für den Strand- und Kurtourismus erschlossen wurde.

Entlang der Küste findet man allenthalben Spuren aus griechischer, römischer, byzantinischer, genuesischer und osmanischer Zeit, viele Orte gehen auf antike Handelsstädte zurück; Tomis (das heutige Constanța), Istros (Histria), Callatis (Mangalia) sind ebenso antike Gründungen wie Odessos (Varna) und Mesembria (Nessebar) in Bulgarien.

Zu den Anrainern des Schwarzen Meeres gehören neben Rumänien, Bulgarien und der Ukraine noch Russland, Georgien und der Türkei. Das Schwarze Meer ist über Bosporus und Dardanellen mit dem Mittelmeer, über die Meerenge bei Kerč (Halbinsel Krim) mit dem Asovschen Meer verbunden und bildet die Brücke zwischen Europa und Asien. Da nur ein geringer Austausch mit dem Mittelmeer stattfindet, gleichzeitig aber einige Ströme einmünden – Donau, Dnjepr, Bug –, ist der Salzgehalt relativ gering: Er liegt zwischen 2 und 2,2 Prozent. Das Schwarze Meer ist im Mittel nicht sehr tief, entlang der Küsten ausgesprochen flach, die tiefste Stelle beträgt 2425 Meter. Die Artenvielfalt ist, verglichen mit anderen Meeren, gering.

Mamaia

Alle Badeorte an der rumänischen Schwarzmeerküste haben einen breiten, langen und weißen Strand, Mamaia aber erwiesenermaßen den breitesten, längsten und vielleicht auch den weißesten, und das ist der Grund, warum

Nichts für Ruhesuchende: Strand in Mamaia

es neben Mangalia zum größten Ferienort an der Küste mit den meisten Übernachtungszahlen aufgestiegen ist. In Zahlen bedeutet dies: 8 Kilometer ist der Strand lang, zwischen 100 und 250 Meter breit, und 80 Hotels und Ferienanlagen nehmen auf dieser Länge die Besucher auf. Dazu kommen zahlreiche Lokale sowie Einrichtungen, die dem Vergnügen und der Zerstreuung dienen: Bars, Nachtclubs und Discos, Modegeschäfte, verschiedene Sportanlagen, ein Freilichttheater, ein Delphinarium und das Museum der Weltmeere.

Im Jahr 1939 wurde das erste Hotel, das ›International‹ (heute das ›Rex‹), festlich eingeweiht, damit begann überhaupt erst die Geschichte des Ortes, denn vorher existierte hier keine Siedlung. Ab 1964 wurden im großen Stil die Hotelanlagen errichtet, und in den 70ern war Mamaia auch bei deutschen Pauschalisten im Programm. Seit den 80ern verlor es erheblich an Zuspruch, und bis heute sind deutsche Anbieter zurückhaltend geblieben. So bleibt an der rumänischen Küste die etwas besser betuchte einheimische Schicht zumeist unter sich.

Dabei ist in den vergangenen Jahren einiges getan worden, um den Attraktionswert Mamaias zu steigern, und seine Lage ist ansprechend. Einen guten Eindruck davon bekommt man, wenn man eine Fahrt mit der vor einigen Jahren in Betrieb genommenen Gondelbahn unternimmt, die einen Teil des Geländes überspannt.

Mamaia ist ein recht schmaler Ort und liegt beidseits einer langgezogenen vierspurigen palmengesäumten Autostraße, die offensichtlich südfranzösischen Strandpromenaden nachempfunden ist. Auf der einen Seite wird der Ort durch den Strand begrenzt, der sich bis nach Constanța zieht, auf der anderen, der westlichen, durch einen Süßwassersee namens Siutghiol. Er bietet einige Möglichkeiten zum Wassersport.

Ganz im Norden wurde der Campingplatz angelegt, hier ist es bedeutend ruhiger als auf der südlichen Seite. Sie wurde mit der neuen Park- und Konzertanlage, im Stil der Zeit mit Palmen und fotogenen Fontänen ausgestattet, und vor allem mit dem 2003 eingeweihten Aqua-Magic-Park deutlich aufgewertet. Dies ist eine weiträumige Anlage, die verschiedene Schwimm- und Spaßbecken, Rutschen in unterschiedlicher Länge, Gastronomie und Showbühnen vereint.

Orte wie Mamaia wurden in der Ceaușescu-Ära viele angelegt, wenn auch keiner von ihnen dessen Größe erreicht. Sie unterscheiden sich vor allem durch ihre Namen. Neben Venus, Saturn, Jupiter und Neptun-Olimp sind noch Costinești und Aurora zu nennen. Eforie-Nord und Eforie-Süd sind vor allem als Heilbäder bekannt, hier wird die besonders bei rheumatischen Erkrankungen lindernde Wirkung genutzt, die das Wasser des Techirghiol-Sees und der schwarze Heilschlamm hervorrufen. Eforie-Nord wurde bereits Ende des 19. Jahrhunderts als Kurort ausgewiesen. All diese Orte können hauptsächlich mit ihrer Lage punkten; die Besucher, die einen organisch gewachsenen Ort sehen möchten oder kulturhistorisch interessiert sind, müssen ein wenig fahren.

Zwischen Cernavodă und Brăila

Bei Cernavodă versperren die Hügel der Dobrudscha der Donau den direkten Weg zum Schwarzen Meer, so wendet sie sich nach Norden.

In der Nähe der Stadt Hârșova finden der Hauptstrom und der Nebenarm, die sich bei Silistra geteilt hatten, wieder zu einem Strom zusammen, der sich unmittelbar darauf wiederum in zwei Hauptarme teilt, die sich bei Brăila wieder vereinigen. Die Donau bildet zwischen Silistra und Brăila also eine große Acht aus. Dabei werden die Hauptarme von zahlreichen Seiten- und Totarmen, Sumpfgebieten und Auenwäldern gesäumt, Inseln liegen im Fluss, manche so groß, dass sie die Hauptarme in ein System von kleineren Gewässern aufteilen.

Bei **Capidava** am rechten Ufer sind noch Reste einer römischen Festung aus dem 3. Jahrhundert vorhanden. Ein Turm und ein Stück der Mauer verraten etwas von der ursprünglichen Konstruktion. **Ghindărești** ist eine typische Siedlung der Lipowaner, zu erkennen an den Kuppeln der orthodoxen Kirche. Die Lipowaner sind orthodoxe Altgläubige, die bereits zur Zarenzeit vor religiöser Verfolgung aus Russland ins Donaudelta geflohen sind, wo sie vor allem als Fischer arbeiten. Hârșova geht auf das Römerlager Carsium zurück, später errichteten hier die Türken eine Festung. Heute ist es ebenfalls eine Lipowanersiedlung.

Kurz dahinter überquert die erste Brücke seit Cernavodă den Fluss und die letzte überhaupt bis zur Mündung der Donau in das Schwarze Meer. Zu breit ist der Strom nun, bis ins Delta wird der Verkehr mittels Fähren abgewickelt.

Hinter Hârșova umschließen die beiden Arme die **Brăila-Insel** (Insula Mare a Brăila). Sie ist etwa 60 Kilometer lang und 20 breit und eine ganz eigene Welt. Hier führt das Aufeinandertreffen von Wasser und Land zu sehr unterschiedlichen Ausformungen: Zwischen zahlreichen Seitenarmen und Totarmen, Kanälen, Seen und Tümpeln, Sümpfen und Sumpfgebieten gibt es Schilffelder und auch größere zusammenhängende Landgebiete, auf denen sich Dörfer und Einzelgehöfte befinden.

Da hier der Boden besonders fruchtbar, aber durch immer wiederkehrende Überschwemmungen nur bedingt für eine intensive Landwirtschaft nutzbar war, baute man ab den 1960er Jahren hohe Deiche, die schließlich bis auf eine Gesamtlänge von über 150 Kilometern anwuchsen und so den im Volksmund genannten ›großen Sumpf‹ nutzbar machten. Trotz aller Eingriffe ist diese einzigartige Landschaft weitgehend erhaltengeblieben.

Brăila

Im Jahr 1968 feierte Brăila seinen 600. Geburtstag. Zwar wurde der Ort bereits 1350 in einer Quelle erwähnt, aber erst 1368 erstmals mit seinem heutigen Namen. Und so gilt dieses Datum als das der Stadtgründung.

Die Osmanen herrschten zwischen 1540 bis 1829. Sie errichteten eine große Festung und verstärkten sie um 1790 erheblich. Sie ist nach ihrem Abzug aber niedergelegt worden. 1835 wurde Brăila der Status eines Freihafens verliehen, was die Entwicklung zur Industrie- und Handelsstadt deutlich beförderte. Das ist sie bis heute geblieben. Neben den Werften bestimmen der Schwermaschinenbau und das Kombinat, in dem das Schilf des Donaudeltas zu Zellstoff verarbeitet wird, die Stadt. Man hatte gigantomanische Pläne und sah in den reichen Schilfvorkommen unerschöpfbare Ressourcen, etwa zur Energiegewinnung. Wären die Vorgaben der Planwirtschaft umgesetzt worden, wären wohl weite Teile des Deltas vernichtet worden. Allein das sumpfige Gelände aber brachte unüberwindbare Schwierigkeiten, nach der Wende durften sich Umweltgruppen auch öffentlich zu Wort melden, und heute wird zwar der Schilfabbau betrieben, aber längst nicht in so großem Stil wie in den 1950er und 1960er Jahren geplant.

Heute leben hier gut 210 000 Menschen, die meisten in Neubausiedlungen. Das historische Zentrum ist dagegen recht klein, aber durchaus sehenswert. Es wird im Osten von der

Karte S. 363

▲   *Schlepper zwischen Brăila und Galați*

Donau begrenzt und weist eine in etwa halbkreisförmige Gestalt auf, deren Mittelpunkt der Trajansplatz bildet. Hier finden sich einige schöne Gebäude aus dem 19. Jahrhundert, die meisten in einem eigenwilligen neoklassizistischen Ost-West-Stil und mittlerweile renoviert, daneben unter anderem die Griechische Kirche und die Kirche des Erzengels Michael mit dem separaten Turm. Sie wurde als Moschee geplant – der Baubeginn fand bereits im 17. Jahrhundert statt –, aber erst 1836 als orthodoxe Kirche geweiht. Es gibt ein kleines **Stadtmuseum**, in der Nähe des Hafens ein **Trajansdenkmal** und eine **Büste für den Dichter Panait Istrati**, der hier geboren wurde, sowie eine Uferpromenade mit zahlreichen Cafés.

Galați

Über rund zehn Kilometer erstreckt sich Galați am linken Donauufer, und die ausgedehnten Hafen- und Industrieanlagen verdeutlichen die Bedeutung dieser Stadt für das Land. Galați ist der größte Binnenhafen Rumäniens, hier befinden sich die größte Werft und die größte Stahlhütte des Landes, und bis zur Wende war es einer der größten Militärhafen des Landes. Wegen der Dominanz von Hafen, Werften und Stahlverarbeitung wird Galați immer mal wieder als ›Duisburg an der Donau‹ bezeichnet. In den 1960er Jahren wurde die Stadt planmäßig zum Industriezentrum ausgebaut, das riesige Stahlkombinat Sidex – es gehört heute zur Gruppe Mittal Steel –, das zwischen 1961 und 1966 hochgezogen wurde, beschäftigte zu seinen Hochzeiten allein 30 000 Menschen.

Galați hat rund 300 000 Einwohner, ist die siebtgrößte Stadt des Landes, 500 Jahre alt und wurde also, ungewöhnlich für eine Stadt an der Unteren Donau, nicht von den Römern, den Griechen oder den Genuesern begründet. Die Osmanen herrschten hier lange Jahre, und im 17. Jahrhundert legten sie einen ersten Hafen an, der vor allem als Getreideumschlagsplatz genutzt wurde. Galați boomte nach der Unabhängigkeit Rumäniens und wurde zu einer reichen Hafenstadt, nach dem Ersten Weltkrieg lebten bereits 90 000 Menschen hier. Der Zweite Weltkrieg richtete schwere Zerstörungen an. Wenn auch die verbliebenen historischen Gebäude im etwas vom Fluss zurückgesetzten Zentrum gerade in den vergangenen Jahren renoviert wurden und das Stadtbild insgesamt deutlich aufgehübscht wurde, so trägt Galați heute doch ein überwiegend modernes Gesicht.

Kurz vor Galați mündet der mächtige Siret (Siretul) in die Donau, die hier daher über einen Kilometer breit und vergleichsweise tief ist. Wer im Sommer, umgeben von den kreischenden Möwen, von der Uferpromenade auf den sehr breiten Strom schaut, kann sich der Illusion hingeben, in einer Hafenstadt am Meer zu sein.

Zwischen Galați und dem Donaudelta

Ab Brăila und bis Galați hatte sich wieder das Bild des breiten, von eindeutig definierten Ufern gesäumten Stroms gezeigt. Im weiteren Verlauf wird die Donau von großen Seen gesäumt, die teils unterirdisch an ihren Wasserhaushalt angeschlossen sind.

Die Donau wird nun wieder zu einem Grenzfluss. 10 Kilometer hinter Galați mündet der Pruth in sie ein. Dieser Fluss bildet die Grenze zwischen der Republik Moldau – bei uns zumeist als

Kreuzfahrtschiff kurz hinter Tulcea

Moldawien bezeichnet – und Rumänien. **Moldawien** berührt nur auf wenigen hundert Metern die Donau, ist dadurch aber offiziell einer der zehn Anrainerstaaten. Im Jahr 2001 vereinbarten die Regierungen der Republik Moldau und der Ukraine einen Gebietstausch. Seitdem hat Moldawien einen etwas breiteren Zugang zur Donau. Einziger moldawischer Ort an der Donau ist **Giurgiuleşti**. Es hat zwar nur 3000 Einwohner, soll aber zu einem großen Hafen mit Ölterminal, Stückgutterminal und einer Freihandelszone werden. Derzeit stocken die Arbeiten allerdings, man liegt deutlich hinter dem Plan. Die Regierung hofft, durch den Ausbau wirtschaftlich – und damit auch politisch – von der Ukraine und Russland unabhängiger zu werden. Mit **Reni**, acht Kilometer weiter, ist die erste größere ukrainische Stadt erreicht. Sie ist unansehnlich, aber als Handelshafen von einiger Bedeutung. Die Donau und später ihr nördlicher Arm bilden ab hier die Grenze zwischen der Ukraine und Rumänien.

Das rumänische **Isaccea** mit Hafen und Grenzübergang ist bis Tulcea die einzig nennenswerte Ortschaft. Im Altertum befand sich hier eine der wichtigen Übergangsstellen über den Fluss, als Noviodunum war es ab dem 2. Jahrhundert ein Hafen der römischen Flotte, und an dieser Stelle richteten später die Genueser eine Handelsniederlassung ein. Schließlich unterhielten die Türken eine Festung. Man nimmt an, dass genau hier im Jahr 514 vor Christus der Perserkönig Darius mit 600 000 Soldaten mittels einer Brücke die Donau nach Norden überquerte. Sein Feldzug gegen die Skythen endete desasträs.

Kurz vor Tulcea zweigt der **Chilia-Arm** von der Donau nach Norden ab. Es gibt bis heute unterschiedliche Auffassungen darüber, wo eigentlich das Delta landeinwärts beginnt – seine östliche Begrenzung ist mit dem Schwarzen Meer ja deutlich erkennbar –, zumeist aber wird diese Stelle bei Tulcea angegeben, an der sich der Strom in ein Labyrinth von Haupt- und Nebenarmen aufzulösen beginnt.

Panait Istrati

Im Januar 1921 erhielt der in dieser Zeit sehr populäre französische Schriftsteller Romain Rolland einen Brief. Mitarbeiter eines Krankenhauses in Nizza hatten ihn bei einem mittellosen Mann gefunden, der versucht hatte sich umzubringen und der deshalb eingeliefert worden war. Rolland war so begeistert von dem, was er las, dass er sich unverzüglich in Kontakt mit dem Absender setzte und ihn dazu ermunterte, mit dem Schreiben zu beginnen.

Der Verzweifelte brachte nun in kurzer Folge tatsächlich eine erstaunliche Zahl von Romanen und Erzählungen zu Papier – und wurde gleich mit seinem Erstlingswerk zu einem der meistbeachteten französischsprachigen Romanciers seiner Zeit. Dabei war Panait Istrati Rumäne, und in seinem bisherigen Vagabundenleben hatte er keine traditionelle Bildung erhalten.

Panait Istrati wurde am 22 August 1884 in Brăila als Sohn einer Wäscherin und eines griechischen Schmugglers geboren. Er wuchs zunächst in einem Dorf in der Nähe von Brăila auf, dann unmittelbar in dieser rasant aufstrebenden Hafenstadt des jungen Staates Rumänien, in der neben Rumänen auch Lipowaner, Armenier, Griechen, Juden und Türken zu Hause waren. Halb Stadtkind, halb Bauernjunge, lernte er die gutsherrlichen Verhältnisse auf dem Land ebenso kennen wie den rauhen Frühkapitalismus.

Istrati ging vier Jahre zur Schule und übte dann die unterschiedlichsten Berufe aus. Er war unter anderem Hafenarbeiter, Kellner, Schlosser, Kupferschmied, Hilfsarbeiter, Portier, Diener und Photograph, und zahlreiche Reisen – nicht selten als blinder Passagier auf einem Schiff – führten ihn nach Ägypten, der Türkei und den Libanon, Griechenland, Syrien und Italien. Er selbst äußerte später, er habe nicht ›Sklave eines einzigen Berufes‹ sein wollen.

Zwischen 1907 und 1915 arbeitete er für die ›România Muncitoare‹, die Zeitung der Sozialisten, 1909 war er für kurze Zeit Sekretär der Hafenarbeitergewerkschaft von Brăila, ein Engagement, das ihm einen kurzen Gefängnisaufenthalt einbrachte. Dabei war Istrati Zeit seines Lebens kein Sozialist aufgrund theoretischer Lehren, sondern eher ein Humanist, der in einem allgemeinen Sinn von einer gerechteren Welt träumte.

Panait Istrati hatte auf seinen Reisen unzählige Romane gelesen, fasziniert war er vor allem von russischen und französischen Erzählern. So ging er nach Frankreich, auch weil er hoffte, dort nach seinen weltanschaulichen Idealen leben zu können.

Als er, ermuntert von Rolland, mit dem Schreiben begann, verfasste er

Panait Istrati

seine Romane auf Französisch, das er sich autodidaktisch durch die Romanlektüre angeeignet hatte Seine Werke zählen zur französischen wie zur rumänischen Literatur. »Ich bin mit einer rumänischen Seele in die französische Literatur getreten, aber ich musste dieser Seele französisches Antlitz leihen«, so Istrati in einem Interview. In seinen Themen und in seiner Erzählweise aber blieb er stets seiner Heimat verpflichtet. Die Sagen und Legenden, die man sich in den Dörfern an der Donau erzählte und denen er in seiner Kindheit gelauscht hatte, flossen dabei ebenso ein wie seine Erfahrungen im multiethnischen Brăila und der Kontakt zum arabischen Kulturkreis, den er auf seinen Reisen kennengelernt hatte.

Die pittoreske Schilderung der Donauebene, ihrer Atmosphäre und ihrer Menschen, die exotische Atmosphäre in den Romanen und das suggestive Sprachtalent des Autors sprach die westlichen Leser an; seine Romane wurden in bis zu 25 Sprachen übersetzt. Rolland feierte ihn gar als ›Gorki der Balkanländer‹, und Gorki selbst soll von den Werken angetan gewesen sein.

Istratis Erstling, der Roma ›Kyra Kyralina‹, geht auf eine rumänische Volkslegende zurück. Die wunderschöne Kyra Kyralina wird von einem Türken aus ihrer Heimat an der Donau in einen Harem verschleppt. Ihr Bruder Dragomir sucht sie jahrelang – ohne Ergebnis. Eindrucksvoller als die Haupthandlung ist hier das Panorama der osteuropäischen und orientalischen Sitten und Gebräuche, der unterschiedlichen Menschen und ihrer Kultur.

1925 kehrte Istrati nach zehnjähriger Abwesenheit in seine Heimat zurück. In seinem nächsten Roman, ›Die Disteln des Bărăgan‹, verarbeitete er den Aufstand der rumänischen Bauern im Jahr 1907, dem tausende Bauern zum Opfer gefallen waren. Die Handlung spielt in den weiten Ebenen der Dobrudscha, durch die die beiden Hauptpersonen, zwei Kinder, im Verlauf der Handlung, wie die Disteln durch den Wind, getrieben werden.

An den beiden Werken lässt sich exemplarisch eine Veränderung im Erzählen Istratis beobachten. Die früheren Werke sind fantastischer, exotischer, in den späteren sind die sozialen Verhältnisse deutlicher abgebildet.

Das brachte Istrati den Ruf ein, ein Kommunist zu sein. Und so erhielt er auch von offizieller Stelle eine Einladung in die Sowjetunion. Er unternahm zwei Reisen in dem großen Land – die zweite dauerte 16 Monate – und verarbeitete seine Erfahrungen in seinem Buch ›Auf falscher Bahn‹. Es wurde allgemein als Abrechnung mit dem Stalinismus angesehen und brachte ihm den Vorwurf von linker Seite ein, ein ›Renegat‹ oder gar ›Faschist‹ zu sein.

Verbittert von dieser Kritik, ging Istrati 1930 nach Rumänien zurück. Die Kommunisten in seiner Heimat beschimpften ihn als Trotzkisten, die bürgerliche Presse sah in ihm einen Anarchisten und Sozialisten und beachtete ihn nicht. Als der tuberkulosekranke Panait Istrati am 16. April 1935 verarmt starb – sein französischer Verlag war pleite gegangen –, blieb sein Tod nahezu unbeachtet, und sein Werk geriet allmählich in Vergessenheit.

Erst seit den späten 70er Jahren wurden seine Bücher in Rumänien wieder aufgelegt, als das Regime versuchte, ihn als nationalen Dichter von Rang zu vereinnahmen. Dennoch ist sein Name in seinem Heimtland heute fast so unbekannt wie in Westeuropa – sein Werk harrt nach wie vor der Wiederentdeckung.

Das Donaudelta

Das Donaudelta gehört zu den faszinierendsten Landschaften Europas. Dieses große, in weiten Teilen menschenleere Gebiet weist zwischen Wüste und Urwald eine ganze Palette von Landschaftsformen und eine beeindruckend reiche Tier- und Pflanzenwelt auf. Zwischen Tulcea und dem Schwarzen Meer fließt die Donau fast ohne Gefälle dahin – nur 0,006 Prozent! –, 20 Prozent des Gebiets liegen sogar unterhalb des Meeresspiegels, und so konnte sich eine Übergangszone ausbilden, in der die Grenzen zwischen Fluss, Land und Meer verschwimmen. Geologen datieren ihre Bildung auf das 10. Jahrtausend vor unserer Zeitrechnung. Das Delta bezeichnen sie daher auch als den ›jüngsten Boden Europas‹.

Der Sulina-Arm des Donaudeltas

Das Klima in Ostrumänien ist gemäßigt-kontinental, im Delta sind deutliche Einflüsse des Meeres und der zahlreichen Gewässer spürbar. Die Sommer können, je nach Windrichtung, trocken oder schwülwarm sein, gemäßigt warm oder tropisch heiß, die Winter mild oder sehr kalt mit bis zu unter 20 Grad minus. Das Gebiet ist auffallend niederschlagsarm – im Mittel fallen jährlich nur 350 Liter auf einen Quadratmeter –, im Frühling und Herbst sind Gewitter nicht selten. Im Mai und Juni muß man in den sumpfigen Teilgebieten mit Stechmückenschwärmen rechnen.

Die Landschaften

Das Donaudelta hat in etwa die Form eines gleichseitigen Dreiecks mit jeweils 80 Kilometer Seitenlänge. Insgesamt umfasst es gut 4100 Quadratkilometer Fläche, davon 3400 auf rumänischem Gebiet. Der größte Teil,

etwa 2400 Quadratkilometer, ist Schilfgebiet, 70 bis 80 Prozent der Gesamtfläche sind zeitweilig oder permanent vom Wasser bedeckt.

Das Delta hat drei große Mündungsarme. Der größte von ihnen, der Chilia-Arm, zweigt etwa acht Kilometer vor Tulcea nach Norden ab, ab hier ist die Donau deutlich schmaler. Hinter Tulcea findet eine erneute Gabelung statt, die Donau spaltet sich nun in Sulina-Arm und Sfântu-Gheorghe-Arm.

Charakteristisch für das Delta ist das komplexe hydrographische System mit seiner Vielzahl von Gewässerarten. So unterscheiden die Geologen tote, also versandete ehemalige Arme der Donau, Wasseradern geringeren Ausmaßes, Kanäle, Durchbruchsadern im Küstengebiet, durch die ein Austausch von Süß- und Salzwasser erfolgt, Senkseen, Küstenseen, Lagunen, Sümpfe und Japse. Das sind Seen, die nur bei Hochwasser gespeist werden. Dazwischen liegen Inseln und Treibinseln, Fluss- und Seesanddünen und das Festland. Auffällig sind die Grinduri (Festlandstreifen). Das sind Anschwem-

Fischerboote im Donaudelta

mungen, die entweder vom Fluss (fluviatile Ablagerungen) oder vom Meer (maritime Ablagerungen) verursacht werden. Dieses Netz von Gewässern und Inseln ist durch das Ringen von Land und Meer und den Verschiebungen und den Zwischenformen zwischen beiden charakterisiert und in stetem Wandel begriffen.

Wegen der Unübersichtlichkeit und der sich ständig ändernden Verhältnisse hatte man von der Antike bis weit in die Neuzeit keine klaren Vorstellungen von den geographischen Verhältnissen, wusste noch nicht einmal, wo und in wie viele Arme geteilt die Donau mündet. Erst im Jahr 1856 fertigte der englische Kapitän Thomas Spratt eine erste genaue Karte an. Sie bildete die damaligen Verhältnisse gut ab, ist aber heute nur noch bedingt stimmig: Die Leuchttürme von Sulina (1802) und Sfântu Gheorghe (1856) beispielsweise, die damals die Endpunkte der Donau markierten, ihre Mündung in das Schwarze Meer, liegen heute einige Kilometer im Inland. Das Wasser führt pro Sekunde etwa zwei Tonnen Schwe-

bestoffe mit sich, die diese Verlandung bewirken, und so wächst das Delta an manchen Stellen jährlich bis zu 40 Meter in das Schwarze Meer hinein.

Die Tier- und Pflanzenwelt

Die einzigartige Landschaft, die von Dünen bis zum Urwald zahlreiche Schattierungen aufweist, führte zur Ausbildung einer ganz spezifischen Tier- und Pflanzenwelt mit einem ungewöhnlichen Artenreichtum. Dazu trug auch die Lage des Deltas bei. Hier kreuzen sich gleich mehrere Routen der Zugvögel, so dass man gerade im Frühjahr und Herbst besonders viele Vogelarten beobachten kann, die hier Durchzugs-, Rast- und Nistplätze finden. Die Ornithologen unterscheiden gemäß ihrer Herkunft fünf Haupttypen.

Zu den mediterranen Arten zählen vor allem Fischreiher, Sichler, Kormoran, Stelzenläufer, Säbelschnabler und Pelikan, zu den europäischen Rohrnachtigall, Goldammer, Beutelmeise, Seeschwalbe, Möwe, Seeadler und Fischadler, zu den sibirischen Singschwan, Bruchwasserläufer, Polartaucher, Kranich, Winterschwan und Großer Uhu, zu den mongolischen Lämmergeier, Donaufalke, Steinadler, Rote Ente und Weißer Aasgeier und zu den chinesischen Silberreiher, Höckerschwan, Großer Kormoran und Mandarinente.

Einige Arten sind gefährdet und stehen daher unter besonderem Schutz: Gemeiner Pelikan – der mit bis zu 190 Zentimetern Höhe größte Vogel –, Krauskopfpelikan, Silber- und Seidenreiher, Höckerschwan, Seeadler, Rostgans, Säbelschnabler und Stelzenläufer.

Man hat etwa 150 Fischarten kategorisiert, darunter Hausen, Sternhausen, Karpfen, Wels, Zander, Hecht, Barbe. Karausche und Barsch. Plattfische fühlen sich in den ruhigeren Teilen des Deltas wohl, das Brackwasser suchen auch Hecht, Meeräsche und Flunder auf. Bekannt sind Donauhering und Stör, der den Donaukaviar liefert. Gerade er ist akut von der Überfischung bedroht, sein Bestand gefährdet.

Zur spezifischen Population tragen, was die Säugetiere anbetrifft, Otter und Fischotter, Fuchs, Wolf, Iltis, Wildkatze, Nerz und Bisamratte bei. Schließlich sind noch die zahlreichen Schlangenarten zu nennen.

Auf den schwimmenden Vegetationsinseln haben sich Schilfrohr, Rohrkolben, Sumpffarn, Sumpfampfer, Vergißmeinnicht, Wasserminze und Wasserschierling niedergelassen, auf dem Festland dominieren die sumpfliebenden Bäume wie Silberweide, Pappel, Erle und Esche. Auf den zahlreichen Seen sind Weiße Seerose, Gelbe Seerose, Froschzange, Wassernuß und Wasserschere heimisch.

Charakteristisch für das Delta sind weiterhin fleischfressende Pflanzen und Lianen sowie die Artenvielfalt auch bei Schmetterlingen.

Der Mensch und seine Eingriffe

Das Delta ist dünn besiedelt. Kaum 15 000 Menschen leben hier, viele von ihnen vom Fischfang, und wegen fehlender wirtschaftlicher Perspektiven wird sich diese Zahl vermutlich noch verringern. Mehr noch als andere Regionen Rumäniens war das Delta ein Kreuzungspunkt der unterschiedlichsten Völker. Daker, Griechen, Römer, Goten, Hunnen und Awaren kamen hier durch oder blieben für längere Zeit, später die Slawen, nach der Jahrtausendwende die Petschenegen, Kumanen und Mongolen. Das Delta

stand 500 Jahre unter der Türkenherrschaft, in der Neuzeit prägten zudem Juden und Griechen die Städte. Von vielen Völkern sind nur steinerne Überreste geblieben, von anderen nicht einmal das.

Viele Fischer hingegen bezeichnen sich heute noch als Lipowaner. Es sind strenggläubige, orthodoxe Russen, die im 17. Jahrhundert zuwanderten, nachdem sie sich geweigert hatten, sich dem Zaren zu unterwerfen. Sie sind oft blond und blauäugig, und die streng nach Traditionen lebenden Männer erkennt man daran, dass sie sich nicht rasieren. Bis weit in das 19. Jahrhundert galt es als Strafe, im Delta zu wohnen, und hier fanden die Lipowaner einen Zufluchtsort, in dem sie ihre Kultur und Religion bewahren konnten. Bis in die 1950er Jahre war das Delta weitgehend sich selbst überlassen, sieht man von der Begradigung des Sulina-Arms im 19. Jahrhundert ab. Genaue Karten gab es kaum, und man wusste auch nicht so genau, wie viele Menschen welcher Herkunft wo genau lebten. Dann entdeckten es die sozialistischen Wirtschaftsplaner, deren

Typisches Fischerhaus

Überlegungen in dem 1984 verabschiedeten ›Programm zur komplexen Herrichtung und Nutzung des Donaudeltas‹ gipfelten. Zu diesem Zeitpunkt waren dem Delta schon schwere Schäden zugefügt worden. Durch den massiven Schilfabbau kam es zu Erosion, Versalzung und Austrocknung großer Flächen, die rücksichtslose Ausbeutung der Fischbestände verursachte ihren raschen Rückgang um 90 Prozent.

Das realitätsfern gestrickte Programm sah vor, das Delta zu einem Drittel in Ackerland zu verwandeln, auf anderen Flächen Industrie anzusiedeln und das Schilf in großem Stil industriell auszubeuten. Dazu hätte man den Großteil der Flächen trockenlegen müssen, was das Ende des Deltas bedeutet hätte. Mit der Wende wurde das Programm gestoppt; ein Viertel des Gebiets steht seit 1990 als Biosphärenreservat unter dem Schutz der UNESCO, und insgesamt sind 18 Zonen als besonders schutzwürdig ausgewiesen.

Die strengen Auflagen zur Erhalt des Landschaft werden aus wirtschaftlichen Gründen jedoch nicht überall befolgt. Noch immer sind gerade die Fischbestände, insbesondere der Stör, bedroht. Die empfindlichen Ökosysteme haben auch mit Verschmutzungen zu kämpfen, denn die großen Industriebetriebe in Brăila und Tulcea emittieren nach wie vor erhebliche Mengen an Umweltgiften, und wohl noch immer werden entgegen den Bestimmungen Pestizide eingesetzt.

Man besinnt sich seitens der Regierung allmählich auf einen ›sanften‹ Tourismus, bislang ist vor allem zum Nutzen des Deltas, dass nur sehr wenige Touristen hierher kommen. Informationszentren befinden sich in den Ortschaften Tulcea, Crișan und Uzlina.

Tulcea

Als ›Tor zum Donaudelta‹ wird Tulcea zutreffend bezeichnet. Hier starten zahlreiche Tages- oder Mehrtagestouren, und dank seiner Bahnanbindung und den zahlreichen Hotels ist Tulcea für viele Gäste der erste Anlaufpunkt, bevor sie sich auf eine Reise in und durch das Delta begeben.

Tulcea hat rund 90 000 Einwohner, von denen viele in den Werften, dem Aluminiumkombinat, dem Schilfplattenpresswerk, der fischverarbeitenden Industrie und natürlich auch vom Tourismus leben.

Tulcea wirkt wie eine typische Hafenstadt am Meer, wozu auch die Minderheiten beitragen. Zwar leben hier nicht mehr, wie noch in den 1960er Jahren, gleichermaßen Rumänen, Russen, Ukrainer, Türken, Griechen, Bulgaren, Deutsche und Lipowaner, aber es gibt noch immer eine größere türkische und eine lipowanische Minderheit.

Begründet wurde Tulcea als Aegyssus im 6. Jahrhundert vor Christus von griechischen Kolonisten aus Milet, seitdem war es wohl dauerhaft bewohnt. Funde, die der sogenannten Hallstadtkultur zuzuordnen sind, legen nahe, dass die Region bereits seit dem 11. Jahrhundert vor Christus besiedelt war.

Die Römer lösten die Griechen ab, ab dem 10. Jahrhundert unterhielten die Genueser hier eine Handelsniederlassung. Ab 1416 hatten die Osmanen die Herrschaft über die Dobrudscha inne. Die Ortschaft hieß nun Hora-Tepe oder auch schon Tulcea, nach einem Gouverneur namens Tula-Bey. Der Aufstieg zur Stadt begann zögerlich erst nach 1860, endgültig nach 1877/78, als die Rumänen ihre Unabhängigkeit erlangten.

■ **Sehenswürdigkeiten**

Bis in die frühen 1980er Jahre war das Stadtbild Tulceas aus dem 19. Jahrhundert weitgehend erhalten. Dann ließen die sozialistischen Stadtplaner ihrer Vorliebe für phantasielose, architektonisch gewagte und teils auch nur deprimierende Wohnblocks auch hier freien Lauf. Sie bestimmen seitdem das Zentrum und die Uferpromenade. So ist die Lage Tulceas an einer großen halbkreisförmigen Donauschleife und den Ausläufern einer Hügelkette deutlich reizvoller als das Stadtbild selbst.

Im **Informationszentrum** in der Str. Portului, direkt am Hafen, können sich Besucher vorab informieren: Vor allem in den Sommermonaten finden zahlreiche Feste statt, deren inhaltlicher Schwerpunkt teils von der Lage an der Donau beeinflusst ist.

Die beste Einstimmung auf das Abenteuer einer Exkursion bietet das etwas angejahrte **Museum des Donaudeltas** (Muzeul Delta Dunării). In den Aquarien schwimmen Fische aus dem Delta, in den Schaukästen präsentiert man ausgestopfte Tiere, vor allem Vögel. Die archäologische Abteilung verdeutlicht mit einigen Stücken, wie viele Völ-

Tulcea

0   200   400 m

Legende

1 Museum des Donaudeltas
2 Informationszentrum zum Donaudelta
3 Volkskunstmuseum
4 Kunstmuseum
5 Nikolauskathedrale

6 Aziza-Moschee
7 Unabhängigkeitsdenkmal
8 Reste der Burg Aegyssus
9 Museum für Geschichte und Archäologie

Auf der Unteren Donau

ker im und am Delta siedelten. Den größten Anteil haben Funde aus der griechischen und der römischen Zeit.

Im **Museum für Volkskunst und Ethnographie** werden Dauer- und Wechselausstellungen präsentiert, Schwerpunkte sind rumänische und türkisch-tatarische Volkstrachten, Kunsthandwerk und Ikonen. Das nahegelegene **Kunstmuseum** zeigt vor allem Werke rumänischer Maler aus der ersten Hälfte des 20. Jahrhunderts.

Die **Sakralbauten** der Stadt sind vergleichsweise unspektakulär. Zu nennen sind vor allem die St. Nikolauskathedrale von 1865, die Aziza-Moschee von 1924 – eine Rekonstruktion der Moschee von 1877 – und die Synagoge, die seit dem Fortzug der Juden verwaist ist.

Für diejenigen mit etwas Zeit und Kondition empfiehlt sich ein Spaziergang zum weithin sichtbaren **Unabhängigkeitsdenkmal**, das sich auf einem Hügel am östlichen Stadtrand befindet und an die Befreiung der Stadt von der Türkenherrschaft erinnert. Diese Stelle lockt auch mit den Resten der **Burg Aegyssus** und einem hinreißenden Blick auf die Stadt und die Donau. Auf dem Weg dorthin geben die einstöcki-

gen Häuser entlang der schmalen Straßen eine Vorstellung davon, wie Tulcea vor den städtebaulichen Sünden der Ceaușescu-Ära ausgesehen hat.

Ergänzend kann man dem **Museum für Geschichte und Archäologie** am Fuß des Denkmals einen Besuch abstatten. Unter seinen über 40 000 Exponaten finden sich verschiedene Arbeiten aus Keramik, Stein, Metall, Glas, daneben Schmuck und eine Vielzahl von Münzen verschiedenster Herkunft.

Der Chilia-Arm

Der Chilia-Arm ist der nördlichste und wasserreichste der drei Donauarme. Er führt etwa 60 Prozent des Wassers mit sich – vor den Eingriffen des Menschen waren es rund 70 Prozent –, ist bis zu 1000 Meter breit, seine größte Tiefe beträgt 39 Meter. Er fächert sich hinter Vilkovo in zwei Gabelungszonen auf und mündet nach etwa 105 Kilometern in das Schwarze Meer. Der Hauptarm bildet auf seiner gesamten Länge die Grenze zwischen Rumänien und der Ukraine, an seinem nördlichen Ufer liegen die beiden ukrainischen Hafenstädte Izmail und Kilija.

■ Izmail, Kilija und Chilia Veche

Izmail ist eine zu Sowjetzeiten auf dem Reißbrett entworfene und aus dem Nichts errichtete Industriestadt mit rund 85 000 Einwohnern, der man kaum mehr ansieht, dass es an dieser Stelle zuvor bereits eine rumänische und eine türkische Siedlung gegeben hatte und dass sich Russen und Türken lange um die Vorherrschaft dieser Region stritten. Daher kann sie kein touristisches Interesse für sich beanspruchen. Von 1856 bis 1877, zwischen 1920 und 1940 sowie von 1941 bis 1944 gehörte Izmail zu Rumänien, dazwischen und

Das Museum des Donaudeltas

seitdem zu Russland bzw. der Sowjetunion und seit 1990 zur Ukraine.

Bei Pardina verzweigt sich der Chilia-Arm mehrmals, um kurz vor Kilija wieder zusammenzufinden. Kilija (rund 20000 Einwohner) ist Izmail in Geschichte und äußerer Anmutung sehr ähnlich. Gegenüber, also auf rumänischer Seite, liegt Chilia Veche, heute nicht mehr als ein großes Dorf mit rund 5000 Einwohnern. Es gilt als eine der ältesten Ansiedlungen im Delta. Gegründet wurde sie wohl von den Griechen im 6. Jahrhundert vor Christus als Achillea, im Mittelalter befanden sich hier wehrhafte Anlagen der Genueser. Zu dieser Zeit lag der Ort nur 5 Kilometer vom Meer entfernt – heute rund 40 –; daran wird deutlich, wie sehr sich die Mündung von Jahr zu Jahr weiter ins Meer schiebt. Im 15. Jahrhundert war Chilia Veche eine wichtige Hafenstadt des damals existierenden Fürstentums Moldau. Reste der Festung sind noch sichtbar, ansonsten wird Chilia Veche von weißen Häusern und einer erstaunlich großen orthodoxen Kirche dominiert.

In Vylkove

■ Vylkove und Periprava

Vylkove ist der letzte Ort auf ukrainischer Seite vor der Mündung des Chilia-Arms in das Schwarze Meer. 45 Prozent der Stadtfläche nehmen Kanäle und Seitenarme des Deltas ein, die auch an einigen Stellen die Funktion von Verkehrsstraßen einnehmen, weswegen Vylkove oft – sicherlich etwas übertrieben – ›das ukrainische Venedig‹ genannt wird. Ein Großteil der 9000 Einwohner sind Lipowaner, und ihre in kräftigen Blautönen gehaltene Kirche gehört zu den Hauptsehenswürdigkeiten. In Vylkove starten viele Tagesgäste mit kleineren Booten zu Exkursionen in das Delta. Seinem Schutz ist die Verwaltung des ukrainischen Donau-Biosphären-Naturreservats verpflichtet, das in Vylkove seinen Sitz hat.

Das Fischerdorf Periprava am gegenüberliegenden Ufer ist für all diejenigen, die eine Exkursion in den südlich angrenzenden Leteawald unternehmen, der erste Anlaufpunkt. Der Ort ist klein und abgeschieden, die weißen Häuser mit ihren blauen Fensterrahmungen hübsch an-zuschauen. Dahinter löst sich der nördliche Arm in ein Labyrinth aus Hauptstrom und unzähligen Seitenarmen auf, die in das Schwarze Meer münden.

Der Sfântu-Gheorghe-Arm

Der südlichste der drei Donauarme führt etwa 22 Prozent des Wassers. Er ist 109 Kilometer lang, seine größte Breite beträgt 550, die größte Tiefe 26 Meter. Der Sfântu-Gheorghe-Arm ist lediglich für die lokale Schifffahrt von Bedeutung, für sie hat sich die Strecke seit dem Bau einiger Kanäle, die die großen Schleifen und Kehren abkürzen, auf 70 Kilometer verringert. Er ist dennoch weit weniger kanalisiert als der Sulina-Arm.

Auf der Unteren Donau

Nufăru, der erste Ort an der Strecke, zehn Kilometer östlich von Tulcea, ist eine Gründung der Römer, die ihr den Namen Talamorium gaben. Für das 10. bis 14. Jahrhundert ist für diese Stelle die Festung Perislava nachweisbar. In **Murighiol** sind einige Überreste einer römisch-byzantinischen Siedlung aus dem 4. bis 6. Jahrhundert gefunden worden. Der Name kommt aus dem Türkischen und bedeutet ›lila See‹. Der angrenzende See trägt den gleichen Namen, an seinen Ufern befinden sich einige Feriensiedlungen. Im Ort starten kleinere Deltarundfahrten.

■ Sfântu Gheorghe

Das Dorf Sfântu Gheorghe liegt an der Mündung des Sfântu-Gheorghe-Arms. Wiederum die Genueser gründeten 1318 an dieser Stelle einen Ort, von dem aus sie donauaufwärts fuhren. Im 17. und 18. Jahrhundert war er ein Stützpunkt der osmanischen Flotte. Im Dorf mit Hafen ist die Fischindustrie bestimmend, es gilt als das Zentrum der Störfischerei und damit als Hauptkaviarproduzent des Landes. Für Menschen, die möglichst abgeschieden und ungestört von anderen Besuchern wie auch Sehenswürdigkeiten einen Badeurlaub verbringen möchten, ist Sfântu Gheorghe genau richtig: Mit 40 Kilometern Länge ist sein Meeresstrand der längste an der rumänischen Küste, und außer zwei Leuchttürmen – einer aus dem 19., einer aus dem 20. Jahrhundert – weist er keine Sehenswürdigkeiten auf, sieht man von den Bunkern auf dem Weg zum Strand ab. Es sind Hinterlassenschaften der deutschen Armee aus dem Zweiten Weltkrieg. In jüngster Zeit ist am Ortsrand eine Feriensiedlung gebaut worden, die privat genutzt wird, aber keine Touristen aufnimmt. Es gibt aber Privatquartiere. Die nicht sehr zahlreichen Besucher kommen meist, um hier an einer Exkursion in das angrenzende Naturschutzgebiet teilzunehmen, vor allem für Ornithologen ein interessanter Ausflug. Vor der Küste hat sich seit Ende des 19. Jahrhunderts die **Insel Sachalin** herausgebildet, wo Kolonien von Krauskopfpelikanen brüten.

Der Sulina-Arm

Der Sulina-Arm ist der kürzeste und seit den zwischen 1862 und 1902 durchgeführten Kanalisierungsmaßnahmen gradlinigste und gleichzeitig touristisch uninteressanteste Mündungsarm. Er ist 64 Kilometer lang (vor den Begradigungen waren es gut 92 Kilometer), seine größte Breite beträgt lediglich 250 Meter, die größte Tiefe 18 Meter. Eine Tiefe von mindestens 7,32 Metern ist durch stete Ausbaggerungen einer Fahrrinne gewährleistet, und für die Frachtschifffahrt ist der Sulina-Arm die wichtigste Verbindung. Der Arm führt etwa 18 Prozent des Donauwassers, vor den Kanalisierungsarbeiten waren es 8 Prozent. Damit ist er zwar der wasserärmste, aber dennoch fokussiert sich die Aufmerksamkeit ganz automatisch auf ihn, denn die gültige Kilometereinteilung der Donau orientiert sich an seinem Verlauf.

Mila 23 ist eine große Fischabnahmestelle und lieget etwas abseits an einer Verzweigung des Sulina-Arms, nördlich vom Hauptstrom. Seine Bezeichnung geht auf die alte Längenzählung zurück und bedeutet nichts weiter als Meile 23.

Crişan erstreckt sich über mehrere Kilometer entlang des rechten Ufers. Hier erforscht eine Zweigstelle des **Donaudelta-Instituts** die biologischen Zusammenhänge der Region. Zur Einrichtung gehört auch ein **Museum**, das allen Interessierten offensteht.

■ Sulina

Die einzige Stadt im Donaudelta ist Sulina mit fast 5000 Einwohnern; 85 Prozent der Einwohner sind Rumänen, 10 Prozent Lipowaner. Da Sulina nur über die Donau erreichbar ist, gibt es fast keinen Autoverkehr. Die Hafenstadt an der Mündung des Sulina-Arms in das Schwarze Meer wird von der Fischindustrie, Werften und dem traditionellen Fischfang bestimmt. 1944 erlitt der Ort in den Kämpfen erhebliche Zerstörungen, 1970 wurde er von einem schlimmen Hochwasser heimgesucht. Sulina gilt als die am niedrigsten gelegene Stadt des Landes.

Eine byzantinische Anlegestelle bestand ab etwa 950, seit 1318 bestimmten die Genueser ihre Geschicke, seit dem 17. Jahrhundert die Osmanen. Seit 1856 hat Sulina den Status eines Freihafens und war bis nach dem Ersten Weltkrieg Sitz der Europäischen Donaukommission, die sich unmittelbar am Hafen ein repräsentatives Verwaltungsgebäude errichten ließ. Die Förderung der Schifffahrt und die ständige Präsenz der Donaukommission mit ihren Vertretern aus acht europäischen Staaten machten aus Sulina zu Beginn des 20. Jahrhunderts eine kosmopolitisch geprägte Kleinstadt mit zahlreichen konsularischen und Handelsvertretungen und einer modernen Infrastruktur.

Lohnenswert ist ein Besuch des **Friedhofs** zwischen Stadt und dem Meer, der diese frühere multiethnische und multireligiöse Zusammensetzung der Stadt widerspiegelt: Grabmäler für Russen und Griechen, Deutsche, Engländer, Türken, Rumänen und Juden; auf manchen Grabsteinen sind noch die Berufsbezeichnungen lesbar.

Von den Bauten der Byzantiner und der Genueser ist nichts erhalten. Kleine Häuser prägen die Stadt, dazwischen einige moderne Wohnblocks und alte Villen sowie eine neuerrichtete Hotelanlage sowie am nördlichen Ufer ein kleines Industriegebiet. Sehenswert ist die **rumänisch-orthodoxe Kirche**, daneben gibt es eine lipowanische sowie eine kleine römisch-katholische Kirche. Anziehungspunkt ist neben dem langen Sandstrand am Meer der berühmte **Leuchtturm**. Er beherbergt das **Botez-Museum**, das dem Andenken an den Hafenkapitän und Schriftsteller Eugeniu Botez (1877–1933) gewidmet ist. Unter dem Pseudonym Jean Bart fing er in seinem Roman ›Europolis‹ die internationale Atmosphäre Sulinas um das Jahr 1920 ein.

Von der Spitze des Leuchtturms hat man einen wunderbaren Blick auf Sulina, die Donaumündung und das Schwarze Meer. Der Leuchtturm wurde 1802 am Meer gebaut, heute befindet er sich in der Stadt. Der Fluss führt große Mengen an Schwebestoffen mit sich und schiebt das Ufer jedes Jahr um etwa 40 Meter ins Meer. Damit dies nicht zur Beeinträchtigung der Schifffahrt führt, ist Sulina ein Kanal vorgebaut worden, der weit in das Schwarze Meer hineinreicht. Gegenwärtig beträgt seine Länge rund zehn Kilometer.

Das wiederum hat zur Folge, dass der Besucher nicht so recht zu erkennen vermag, wo die Donau endet und das Schwarze Meer beginnt. Beeindruckender als die Landschaft ist das Wissen, sich am **Kilometer 0** zu befinden, dort wo der Lauf der Donau nach 2888 Kilometern endet.

Auf der Unteren Donau

Reisetipps von A bis Z

Ärztliche Versorgung

Im Gegensatz zu Hochseekreuzfahrtschiffen ist für Flussschiffe kein Arzt an Bord vorgeschrieben. Manchmal reist routinemäßig einer mit, machmal nicht. Das Personal ist in Erster Hilfe geschult; natürlich gibt es die Adressen von Krankenhäusern an der Route an Bord und auch Notfallpläne. Es gibt jedoch nur eine kleine Bordapotheke: Medikamente nicht vergessen! Es ist ratsam, eine Auslandskrankenversicherung abzuschließen, die auch einen eventuell notwendigen Rücktransport einschließt.

Ausstattung des Schiffes

Neuere Schiffe sind zumeist besser und umfangreicher ausgestattet als ältere, das Angebot spiegelt sich nicht zuletzt in den unterschiedlichen Preisen der Anbieter wider. Je nachdem, worauf man Wert legt, sollte man sich genau beim Reisebüro/Reiseveranstalter informieren. Standard sind mittlerweile Sonnendeck mit Swimming-Pool, Bar,

Unterwegs

TV-Raum und kleiner Souvenirshop, Friseur und Wäscherei sowie Safe. Neuere Schiffe haben durchweg größere und komfortablere Kabinen, manchmal auch einen kleinen Wellnessbereich mit Sauna.

Behinderte

Viele Schiffe sind nur eingeschränkt oder gar nicht auf Behinderte eingestellt. Im Zweifel sollte man direkt im Reisebüro oder bei der Reederei nachfragen.

Bordsprache

Auf Schiffen deutschsprachiger Reedereien oder Bordcharterer ist die Umgangssprache Deutsch. Die Besatzungsmitglieder kommen in der Regel aus vielen europäischen Ländern, sind jedoch auf deutsche Gäste eingestellt und beherrschen oft mehrere Sprachen.

Einreisebestimmungen

Innerhalb der EU genügt zwar der Personalausweis, aber für Serbien und Kroatien ist die Mitnahme eines Reisepasses erforderlich. Visa müssen nicht ausgestellt oder gar vor der Reise beantragt werden. Die Grenzformalitäten außerhalb der EU werden durch das Bordpersonal erledigt.

Elektrizität

An Bord durchgängig 220 Volt. Alle Steckdosen entsprechen der EU-Norm, Adapter sind nicht erforderlich.

Fernglas

Da die Donau bis zu zwei Kilometer breit ist, empfiehlt sich sehr die Mitnahme eines Fernglases. Schon in der Slowakei kann man nur noch mit guten Augen oder dann, wenn das Schiff nahe

Rettungsübung an Bord

dem Ufer fährt, die Kilometerangaben ausmachen und Einzelheiten von Ortschaften, Flora und Fauna erkennen.

Filmen und Fotografieren

Viele, aber nicht alle, Orte, die während der Fahrt angelaufen werden, sind touristisch frequentiert. Daher ist es oft möglich, sich mit Filmen, Batterien und Speicherkarten zu versorgen. Wer seltenes Material benutzt, sollte es von zu Hause mitnehmen. Zumeist werden auch an Bord Filme verkauft, nicht aber entwickelt.

Impfungen

Sind nicht notwendig.

Kleidung

Es ist ratsam, sich für die Landgänge und Tagestouren festes Schuhwerk mitzunehmen. Es gibt an Bord keine Kleiderordnung, für die Mahlzeiten auch keine Pflicht zur großen Abendgarderobe, die Kleidung sollte aber einem Restaurant angemessen sein.

Die Kabinen und Gesellschaftsräume sind klimatisiert. Pullover und/oder eine feste Jacke sollten mitgenommen werden, da es an Deck, insbesondere abends und nachts sowie in den Morgenstunden, frisch und windig werden kann. Andererseits kann es gerade zwischen dem südlichen Ungarn und dem Donaudelta in den Sommermonaten bis zu 40 Grad heiß werden. Luftige, sommerliche Kleidung gehört ins Gepäck.

Auf vielen Fahrten wird Morgengymnastik unter Anleitung angeboten, die meisten Schiffe sind mit einem Swimming-Pool, manche auch mit einem zusätzlichen Fitnessraum ausgestattet. Sport- und Badekleidung mitzunehmen ist also nicht überflüssig.

Klima und Reisezeit

Die Flussreisen finden meist zwischen April und Oktober statt, in den Wintermonaten finden auch Reisen mit speziellen Schwerpunkten – Besuche von Weihnachtsmärkten oder Opern-, Konzert –und Theateraufführungen – statt. Im Juli und August kann es heiß werden, zu Saisonbeginn und -ende können die Abende an Deck recht kühl sein. Die angenehmsten Reisezeiten sind Mitte Mai bis Ende Juni und Mitte August bis Mitte September.

Kriminalität

Kein Thema. In allen Orten und Gegenden kann man sich als Tourist gefahrlos bewegen. Wie überall auf der Welt, sind dort, wo viele Gäste sind, Taschendiebstahl und andere Kleinkriminalität nicht weit. Es gelten die üblichen Vorsichtsmaßnahmen.

Landausflüge

Am ersten Tag der Reise informiert die Reiseleitung über die geplanten Landausflüge. Sie müssen zumeist auch schnell gebucht werden, die Bezahlung erfolgt zusammen mit der Barrechnung am Ende der Reise.

Büffet auf einem Kreuzfahrtschiff

Mahlzeiten an Bord

Das Pauschalarrangement beinhaltet fast ausnahmlos eine Vollverpflegung. Dazu gehört neben den drei Hauptmahlzeiten oft noch ein Nachmittagstee und/oder ein kleines Mitternachtsbuffet. In der Regel wird am ersten Tag die Sitzordnung im Speisesaal für die gesamte Reise festgelegt. Die Mahlzeiten stellen keine Verpflichtung dar, eine Abwesenheit sollte aber vorher mitgeteilt werden, damit sich die Küche darauf einstellen kann.

Gäste, die bestimmte Speisen nicht vertragen oder etwa vegetarisch leben, sollten sich mit ihrem Anliegen ruhig an die Küchenleitung wenden. Das Personal bemüht sich, den Wünschen soweit als möglich entgegenzukommen.

Post und Telefon

Es besteht die Möglichkeit, Briefe und Urlaubskarten an der Rezeption abzugeben. Sie werden beim nächsten Stop vom Personal zur Post gebracht. Karten und Briefmarken sind meist im Souvenirshop erhältlich. An Bord existiert kein regulärer Festnetzanschluss. Auf Bitte ist es sicherlich möglich, ein Mobiltelefon zu benutzen, und die anfallenden Einheiten auf die Gesamtrechnung setzen zu lassen. Viele Gäste haben ebenfalls ein Handy dabei. Welche Netze wo empfangbar sind, ist beim jeweiligen Netzbetreiber zu erfragen. Mit größeren Funklöchern ist aber nicht zu rechnen.

Radio und Fernsehen

Fast alle Schiffe sind mit einem Fernseher oder einem abgetrennten TV-Raum ausgestattet, manche haben ein TV-Gerät in jeder Kabine; zur Ausstattung einiger Schiffe gehört auch das Radio in jeder Kabine.

Reiseveranstalter

Die Donau ist ein äußerst beliebtes Reiseziel, das von zahlreichen Reedereien und Charterern angeboten wird. Auskünfte erteilt jedes Reisebüro. Die größten Anbieter sind:

A-ROSA Flussschiff GmbH
Am Strande 4
18055 Rostock
Tel. 0381/44040-0
www.a-rosa.de

DERTOUR
Emil-von-Behring-Str. 6
60439 Frankfurt/Main
Tel. 069/958 80-0
www.dertour.de

Nicko Tours
Mittlerer Pfad 2
70499 Stuttgart
Tel. 07 11/24 89 80-0
www.nicko-tours.de

Phoenix Reisen
Pfälzer Str. 14
53111 Bonn
Tel. 02 28/726 28-0
www.phoenixreisen.com

Transocean Tours Touristik
Am Stavendamm 22
28195 Bremen
Tel. 04 21/33 36-0
www.transoceantours.de

Viking Flusskreuzfahrten
Hohe Str. 68-82
50667 Köln
Tel. 0221/2088288
www.vikingflusskreuzfahrten.de

Lüftner Reisen
Eduard-Bodem-Gasse 8
A-6020 Innsbruck
Tel. 0512/365781
www.lueftner-cruises.at

Reisebüro Kuoni
Kärntner Ring 15
A-1010 Wien
Tel. 01/51533160
www.kuoni.at

Scylla Tours
Uferstr. 90
CH-4019 Basel
Tel. 061/6388181
www.scylla-tours.com

Sprache

Nimmt man an einem organisierten Ausflug mit Führungen teil, muß man sich darum keine Gedanken machen, da die Reiseleitung und die Fremdenführer Deutsch sprechen – oft ausgezeichnet. Die Orte, die als Landgänge angeboten werden, sind zumeist von Touristen ohnehin gut besucht. Mit Englisch- oder auch Deutschkenntnissen ist eine Verständigung in vielen Museen, Geschäften und Lokalen problemlos möglich. Dort sind auch die Speisekarten oft mehrsprachig gehalten.

Tiere

Die Mitnahme von Tieren ist, vor allem da während der Fahrt die EU-Außengrenzen überschritten werden, nicht gestattet.

Trinkgeld

Entspricht den europäischen Gepflogenheiten, 10 bis 15 Prozent sind bei gutem Service angemessen. Es ist üblich, dem Bordpersonal vor der Ausschiffung ein Trinkgeld zu hinterlassen oder zu übergeben, das die gesamte Reise und alle Serviceleistungen berücksichtigt. Viele Reedereien geben ihren Gästen Tipps während der Fahrt.

Zahlungsmittel

Währung an Bord ist der Euro, Kreditkarten werden akzeptiert. Außerhalb der Eurozone ist es ratsam, während der Landgänge kleinere Mengen in die jeweiligen Landeswährungen umzutauschen, nur größere Beträge lassen sich auch hier mit Kreditkarten problemlos begleichen. Abseits der Touristenströme und in kleineren Lokalen und Geschäften wie auch in Museen und anderen Einrichtungen wird der Euro dagegen kaum einmal angenommen, ebensowenig kann mit Kredit- oder EC-Karte bezahlt werden. In allen Städten finden sich Bankautomaten und Wechselstuben im Zentrum und in der Nähe der Anlegestellen.

Über die aktuellen Wechselkurse informiert die Bordcrew, sie können im Internet beispielsweise unter www.oanda.com abgerufen werden.

Viele Schiffe haben einen Pool

Glossar

Atlas/Atlasfigur Titan der griechischen Mythologie, der die Säulen trägt, die Erde und Himmel auseinander halten. Atlasfiguren tragen – scheinbar – Teile eines Gebäudes wie Erker, Decken o.ä.

Basilika Typus eines christlichen Sakralbaus, der sich vor allem durch zwei bzw. vier Seitenschiffe auszeichnet.

Eklektizismus Künstlerische Ausdrucksweise, die sich bereits entwickelter und abgeschlossener Stile bedient. In der Architektur wird damit die Vermischung verschiedener Baustile bezeichnet.

Epitaph Gedenktafel mit Inschrift für den Verstorbenen, seltener Grabinschrift.

Evangeliar Liturgisches Buch mit dem vollständigen Text der vier Evangelien.

Fayence feinglasierte, bemalte Tonware.

Fortifikation Veraltete Bezeichnung für Festungs- oder Befestigungswerk.

Freskomalerei Wandmalerei, die abschnittsweise auf den noch feuchten Putz aufgetragen wird.

Gobelin Handgearbeiteter Wandteppich.

Ikone Transportable, meist auf Holz gemalte Kultbilder; typisch für die Orthodoxie.

Ikonostase Mit Ikonen besetzte dreitürige Holzwand, die in orthodoxen Kirchen Altar- und Gemeinderaum voneinander trennt.

Inkunabeln (Wiegendrucke) die ältesten mit metallenen Einzellettern gedruckten Bücher und Einzelblattwerke (etwa 1450 bis 1500).

Karner Auch Beinhaus genannt, ein vom Mittelalter bis ins 19. Jahrhundert gebräuchlicher Friedhofsbau zur Aufbewahrung ausgegrabener Gebeine.

Kassettendecke Deckenkonstruktion, die durch sich kreuzende Träger gebildet wird und dazwischen kastenförmige und vertiefte Felder aufweist.

Katakomben Unterirdische Begräbnisstätten, vor allem im Mittelmeerraum verbreitet.

Kreuzrippengewölbe Eine Konstruktion von zwei Tonnengewölben, bei der die Grate durch Rippen verstärkt sind.

Krypta unterirdischer Sakralraum in christlichen Kirchen.

Lapidarium Steinsammlung.

Lithographie Verfahren zur Verfielfältigung von Graphiken unter Verwendung von Kalksteinplatten.

Majolika siehe Fayence.

Mautrecht Anderes Wort für Zollrecht.

Merianstich Matthäus Merian d. Ä. (1593–1650) schuf ab 1624 eine Vielzahl von Stadtansichten; heute allgemein als Merianstich bezeichnet.

Minoriten 1517 aus den Franziskanern hervorgegangener Orden, der seit dem 19. Jahrhundert nur noch wenige Anhänger hat.

Mitra Kopfbedeckung von Bischöfen und anderen hohen geistlichen Würdenträgern bei liturgischen Amtshandlungen.

Monstranz In der katholischen Kirche das liturgische Gefäß für die Darbietung der Hostie zur eucharistischen Verehrung.

Palas (Burg) Wohnbereich einer mittelalterlichen Burg.

Piaristen Katholischer Orden zur Erziehung der Jugend, seit 1621 anerkannt.

Pietà in Bildhauerei und Malerei Darstellung der trauernden Maria mit dem Leichnam Jesu auf dem Schoß.

Portikus Säulenhalle als Vorbau an der Haupteingangsseite eines Gebäudes.

Presbyterium In katholischen Kirchen der Altarraum.

Putte/Puttenfigur In Malerei und vor allem der Bildhauerei vom 15. bis zum 19. Jahrhundert beliebte Darstellungen kleiner und nackter, dabei nicht selten geflügelter Knaben.

Radierung Graphische Technik, dem Kupferstich ähnlich.

Relief In der Bildhauerkunst eine plastische, an einen festen Hintergrund gebundene Darstellung.

Reliquiar Behälter für Reliquien.

Sgraffito (Kratzputz) auf eine Putzschicht wird eine weitere dünnere aufgetragen, die nach dem Erhärten teilweise wieder abgeschabt wird. Dadurch ergeben sich Muster auf der Fassade.

Stapelrecht Im Mittelalter örtliches Recht, das es erlaubte, durchziehende oder passierende Kaufleute zu zwingen, ihre Waren für einen bestimmten Zeitraum zum Verkauf anzubieten.

Stich Graphisches Blatt (z.B. Kupferstich, Stahlstich).

Stukkatur Anderes Wort für Stuckarbeiten.

Tabernakel Behälter zur Aufbewahrung der wertvollsten liturgischen Gegenstände.

Trappisten Geistlicher Orden, dessen Mitglieder in strenger Askese, täglicher Arbeit und absolutem Schweigen leben; 1664 begründet.

treideln Schleppen eines Schiffes gegen die Strömungsrichtung durch Menschen- oder meist Pferdekraft.

Trinitarier Seit dem 12. Jahrhundert bestehender Orden.

Triptychon Dreiflügeliger Altar.

Türbe Islamischer turmförmiger Grabbau.

Turul Mythologischer Vogel, der Legende nach Stammtier der ungarischen Arpaden.

Wiegendrucke siehe Inkunabeln.

Zopfstil Übergangsstil zwischen Rokoko und Klassizismus, besonders in Österreich und Ungarn verbreitet.

In der Gruft der Kapuzinerkirche in Wien

Reisetipps von A bis Z

Internethinweise

Die meisten Städte entlang der Route findet man, indem man den Städtenamen und das jeweilige Länderkürzel eingibt, also zum Beispiel www.passau.de, www.wien.at, www.budapest.hu, www.beograd.org.yu.

Die Seiten sind allerdings, je nach Engagement der jeweiligen Tourismusorganisationen, sehr unterschiedlich. Generell gilt, dass deutsche, österreichische und ungarische Städte sehr professionell vertreten sind.

Richtung Osten wird das Angebot deutlich schwächer, es gibt aber zahlreiche interessante Seiten, die auf Eigeninitiative zum Beispiel von Reisenden zurückgehen.

www.danube-river.org internationale Touristische Werbegemeinschaft Die Donau mit Sitz in Wien.

www.argedonau.at Arbeitsgemeinschaft Donauländer, bietet neben Informationen zu Wirtschaftskontakten, Verwaltungszusammenarbeit etc. auch eine Karte mit allen Kulturdenkmälern entlang der Donau.

www.danubecom-intern.org Die Internationale Donaukommission mit Hauptsitz in Budapest ist ein Zusammenschluss aller Anrainerstaaten. U.a. detaillierte Informationen zur Wirtschaft an der Donau.

www.icpdr.org Seite der Internationalen Kommission zum Schutz der Donau.

www.undp-drp.org Seite der Vereinten Nationen mit Informationen zu regionalen Entwicklungsprojekten (Danube Region Projekt).

www.danubeday.org Jedes Jahr im Juni finden in allen Anrainerstaaten Donautage mit zahlreichen Veranstaltungen statt. Hier kann man sich über das Programm informieren.

www.deutsche-donau.de In der seit 1988 bestehenden Arbeitsgemeinschaft Deutsche Donau haben sich regionale Fremdenverkehrsverbände, Landkreise und Gemeinden zusammengeschlossen.

www.via-donau.org Service- und Informationsseiten der Österreichischen Wasserstraßen-Gesellschaft mbH. Interessantes zum Thema Transportlogistik, zu Schleusen, Brücken und Fahrzeiten.

www.donauauen.at Hier stellt sich der Nationalpark Donauauen vor, der von Wien bis zu den Marchauen an der slowakischen Grenze reicht.

www.donau-info.org Webseite der gtz, auf der die Zusammenarbeit Kroatiens, Serbiens, Rumäniens und Bulgariens im Bereich des Donautourismus dargestellt wird.

Seit einigen Jahren bieten Internetportale Informationen zu den Hochsee- und Flusskreuzfahrten. Hier werden nahezu alle Fahrten mit Informationen zum Schiff, zum Reiseverlauf und auch mit Preisen und sogar Sonderangeboten nachgewiesen. Buchungen sind ebenso möglich.

Als verlässlich haben sich erwiesen:

www.travelshop.de
www.kreuzfahrtenpool.de
www.cruisepool.de
www.opodo.de

Literaturhinweise

Zu allen Anrainerstaaten der Donau gibt es aktuelle Reiseführer und Länderkunden, oft auch aktuelle Kunst- und Bildbände und historisch-politische Sachbücher, die sich an ein allgemeines Publikum wenden. Auch die belletristische Literatur zur Donau einschließlich der Märchensammlungen und anderer Anthologien ist sehr breit.

Daher beschränken sich die Literaturhinweise hier auf Werke, die entweder noch lieferbar oder auch in nicht-wissenschaftlichen Bibliotheken einsehbar sind und sich grenzüberschreitend mit dem Donauraum befassen.

Sachbücher

Die Donau. Facetten eines europäischen Stroms. Katalog zur oberösterreichischen Landesausstellung 1994 in Engelhartszell, hg. v. Kulturreferat der Oberösterreichischen Landesregierung, Linz 1994. Die gut 50 Beiträge beschäftigen sich mit Geologie und Natur, Geschichte und Politik, Handel und Wirtschaft sowie der Kulturgeschichte des Donauraums. Sie sind durchweg anregend geschrieben und gut illustriert.

Graff, Martin, Donauträume. Stromaufwärts nach Europa, München 1998. Reiseskizze des polyglotten Weltenbummlers und TV-Journalisten, der über seine Begegnungen mit den Menschen zwischen Schwarzem Meer und Schwaben berichtet.

Heppner, Harald (Hrsg.), Hauptstädte in Südosteuropa. Geschichte, Funktion, nationale Symbolkraft, Wien u.a.O. 1994. Enthält weit mehr, als der Titel nahelegt, denn die einzelnen Texte betten die Entwicklung der Hauptstädte stets in den Kontext der Nationalstaatbildung ein und geben so eine gute Einführung in das Werden und das Selbstverständnis der behandelten Staaten und Nationen. Die Beiträge widmen sich u.a. Budapest, Bukarest und Belgrad.

Kultermann, Udo, Zeitgenössische Architektur in Osteuropa, Köln 1985. Der Autor stellt die wichtigsten nationalen Architekturschulen und dann die herausragenden Einzelbauten und Ensembles vor. Indirekt eine Widerlegung der These, dass es sich bei der Architektur Osteuropas nach 1945 lediglich um Variationen der Plattenbauweise handelt. Der Verfasser stellt Beispiele in Polen, der DDR, der Tschechoslowakei, Ungarn, Rumänien, Bulgarien und Jugoslawien vor.

Magris, Claudio, Donau. Biographie eines Flusses, Wien 1988 (auch andere Ausgaben). Brillanter Essay mit vielen originellen Assoziationen und einzigartigen Hinweisen vor allem geistesgeschichtlicher Art.

Mehling, Marianne (Hrsg.), Die Donau, München 1993 (Knaurs Kulturführer in Farbe). Bewährte Qualität der bekannten Reihe: Alle Sehenswürdigkeiten am Fluss von A bis Z in knappen Zusammenfassungen mit dem Hauptschwerpunkt Kunst- und Architekturgeschichte; die Orte abseits der Ufer fehlen jedoch. Leider nicht mehr lieferbar und auch antiquarisch nur mit Glück erhältlich.

Trost, Ernst, Die Donau. Lebenslauf eines Stroms, Wien, München, Zürich 1968. Trost gilt als der beste Kenner des Stroms. Die Bemerkungen zu Gegenwartsgeschehnissen sind natürlich zum Teil überholt, sein Werk ist aber überreich an Fakten und klugen

Gedanken zur (Kultur-) Geschichte des Donauraums.

Weithmann, Michael W., Balkan-Chronik. 2000 Jahre zwischen Orient und Okzident, 2. Aufl. Regensburg 1997. Darlegung der Geschichte Südmitteleuropas von den Römern bis zum Abkommen von Dayton. Verdienstvolle Arbeit, da die Geschichte der Balkanstaaten stets in größeren Zusammenhängen beschrieben wird und somit die Unterschiede und Gemeinsamkeiten in ihrer Entwicklung gut nachvollzogen werden können. Beleuchtet aus diesem Ansatz auch das heutige Verhältnis der Länder zueinander. Für all diejenigen, denen das Buch zu umfang- und detailreich ist, dürfte der Titel ›Krisenherd Balkan (München 1992) vom gleichen Autor eine sinnvolle Alternative sein.

Ders., Die Donau. Ein europäischer Fluss und seine Geschichte, Regensburg u.a.o. 2000. Darlegung der Geschichte im Donauraum von den ersten Anfängen bis zum Ende des 20. Jahrhunderts. Die beste Arbeit zu diesem Thema, wenngleich sie sich wie auch die Balkan-Chronik manchmal in den Einzelheiten verliert; teils inhaltliche Überschneidungen mit diesem Band.

Ders. (Hrsg.), Der ruhelose Balkan, 2. Aufl. München 1994. Die Autoren dieses Sammelbandes thematisieren die Eigenheiten einzelner Regionen wie Bessarabien, Siebenbürgen, die Dobrudscha oder die Vojvodina sowie einzelner Völker und ermöglichen so einen nicht von den heutigen Staatsgrenzen vorbestimmten Blick auf verschiedene Gebiete des Balkans.

Bildbände

Fiala, Manfred, Die Donau. Steierische Verlagsgesellschaft, Wiener Neudorf 2004. Teilweise neue Perspektiven gegenüber älteren Bildbänden, da der Fotograf den Strom mit einem Kanu befuhr.

Jutta Gay, Die Donau. Von der Quelle bis zur Mündung. Komet Verlag, Köln 2010. Rund 150 Abbildungen, preiswerte Alternative zu den hochpreisigen Bildbänden.

Gaudlitz, Frank, Warten auf Europa. Mit Essays von Karl Schlögel, Jule Reuter und Günter Schödel, Potsdam 2006. Der Fotograf Frank Gaudlitz portraitiert Menschen in den ländlichen Regionen zwischen Delta und Donaueschingen und lässt sie selbst zu Wort kommen. Ein sensibles Buch über die Eigenheiten und auch Rückständigkeit und Armut der Provinz und ein harter Kontrast zu den vielen Bildbänden, die sich auf klassische Sehenswürdigkeiten kaprizieren.

Maier, Dieter/Lessing, Erich, Die Donau. Natur und Kultur, Land und Leute, Ringier Verlag: München 1982. Zwar schon etwas älter, aber noch immer lesenswert. Stimmungsvollen Aufnahmen sind längere kluge Texte zugeordnet. Ein unveränderter Nachdruck erschien im Karl Müller Verlag 1993.

Merk, Thomas/Riedmiller, Andreas, Die Donau. Von der Quelle bis zur Mündung, Ellert & Richter: Hamburg 1994. Schöner Bildband mit kürzeren präzisen Texten.

Mészáros, László, Die Donau, München 2006. Eindrucksvolle Fotos und hochwertige Ausstattung auf 250 großformatigen Seiten – dieser Bildband setzt ästhetisch neue Maßstäbe.

Christian Prager/Thomas Deuschle, Donau-Kreuzfahrt: Von Passau bis zum Schwarzen Meer, Reim Knut Verlag, Hamburg 2010. Qualitätsvolle aktuelle Fotos, kurze Texte.

Trost, Ernst/Lessing, Erich, Traumstraße Donau, Wien u.a.o. 1975 (2. Aufl. 1982). Trosts kluge Gedanken und Lessings beeindruckende Bilder bilden eine wundervolle Kombination. Ähnlich gut wie der Bildband von Maier/Lessing.

Schröder, Ralf, Flusskreuzfahrten auf der Donau, Bielefeld 2005. In den Landschaften zwischen Passau und Budapest werden neben den Sehenswürdigkeiten vor allem auch die Kreuzfahrtschiffe ins vorteilhafte Bild gerückt. Sehr knappe Texte.

Belletristik

Kircher, Nora (Hrsg.), Die Donau in Mythen, Märchen und Erzählungen, München 1988. Die ausgewählten Texte beschäftigen sich mit der Donau von der Quelle bis zum Delta. Der Schwerpunkt der nicht märchen- und mythenhaften Texte liegt vor dem 19. Jahrhundert. Einzige Sammlung dieser Art.

Schaber, Susanne, Literaturreisen. Die Donau von Passau bis Wien, Stuttgart und Dresden 1993. Bekannte und unbekannte Autoren werden vorgestellt und kommentiert, vor allem die ausführlichen bibliograpischen Angaben sind eine Fundgrube.

Setzwein, Bernhard, Die Donau. Eine literarische Flussreise von der Quelle bis Budapest, Stuttgart 2004. In der Anlage ähnlich wie der Band von Schaber, ebenso mit ausführlichem Literaturverzeichnis. Aktueller, die Zitate sind knapper.

Schifffahrt

Darmstädter, Josef (Hg.), Die Donau und ihre Weiße Flotte. Geschichte der Donaupassagierfahrt. Register, Bilder, Pläne aller Passagierschiffe auf der Donau, Wien 1988. Interessant vor allem sind die abgedruckten Dokumente, die ein lebendiges Bild von dem Donaukreuzfahrttourismus vermitteln, wie er vor dem Zweiten Weltkrieg bestand.

Franz Dosch, 180 Jahre Donau-Dampfschiffahrts-Gesellschaft, sutton Verlag, Erfurt 2009. Die Geschichte der berühmten DDSG in über 200 historischen Abbildungen.

Ders., Oldtimer auf der Donau, sutton Verlag, Erfurt 2010. 180 Jahre Geschichte in über 200 historischen Abbildungen.

Melanie Haselhorst/Kenneth Dittmann, Die Donau. Von Kelheim zum Schwarzen Meer, Edition Maritim/Delius Klasing, Bielefeld 2011. Umfassender Reisebegleiter für Sportbootfahrer mit Informationen zu den Anrainerstaaten und Sehenswürdigkeiten.

Steindl, Otto (Hg.), Schiffahrt auf der Donau. Havarien, Unfälle, Katastrophen, Duisburg 1996. Schlechte Fotoqualität, dafür aber gesättigt mit technischen Einzelheiten.

Karten

Ein aktuelle Karte, die den Donauraum zwischen Passau und dem Delta abdeckt, ist derzeit nicht auf dem Markt. Die beste Alternative ist ein achtteiliges Kartenset, das für den Radtourismus entlang der Donau entwickelt wurde. Aktuell, detailliert und mit Länderinformationen, allerdings nur für die Strecke zwischen Budapest und Delta. Nähere Informationen: www.kartografija.co.yu.

Der Autor

Hinnerk Dreppenstedt, geb. 1966 in Celle, lebt seit 1993 in Berlin. Germanistik- und Geschichtsstudium, seit 1997 als Autor und Lektor im Sachbuchbereich tätig. Unter h.dreppenstedt@ t-online.de freut er sich über Hinweise und Anregungen aller Art.

Danksagung

Dank an Anton Dimov und Manfred Keilhofer (Phoenix Reisen), Kapitän Rainer Schwigon, Rainer Kantz, Martina Gajdusek und Diana Nitsch (nicko tours) sowie Claudia Baisch und Rainer Podschun für Unterstützung, Rat und Anregung; an Georg Herbstritt, Silvia Kubik und Annette Helmrich von Elgott für die Durchsicht des Manuskripts, die vielen Anregungen zu seiner Verbesserung und die zahlreichen Fotos. Besonderer Dank an die Lektorin Sabine Fach; spezieller Dank an Keith.

Hinnerk Dreppenstedt

Bildnachweis

Alle Fotos Hinnerk Dreppenstedt, außer: Archiv Ruine Aggstein (S. 100), Sabine Fach (S. 116, 117, 119, 125, 154, 157, 158, 159, 160, 161, 163), Menyhért Gretas/Georg Herbstritt (S. 19, 375, 384), Steve Haider (S. 102), Kroatische Zentrale für Tourismus/Milan Babić (S. 254), Silvia Kubik (S. 14/15, 47, 50, 52, 140, 210, 360, 362, 370, 372), Mozarthaus Vienna/David Peters (S. 123), Novi Sad Tourismus (S. 263, 264), Oberösterreich Tourismus/Bohnacker (S. 74, 87), Oberösterreich Tourismus/Fersterer (S. 86), Oberösterreich Tourismus/Heilinger (S. 75), Pfarrei Maria Taferl (S. 89), Michael Schimek (S. 101), Slowakisches Tourismusamt (S. 152), Stadtgemeinde Pöchlarn (S. 90), transit/Tom Schulze (S. 235, 330), Ungarisches Tourismusamt (S. 187, 196, 202), Viking Reisen (S. 10). Titel, vordere Umschlagklappe: transit/ Tom Schulze

S. 16/17: Blick auf Budapest
S. 54/55: Bei Dürnstein in der Wachau
S. 150/51: Esztergom
S. 310/11: Kreuzfahrtschiff bei Ruse

Kartenregister

Ortsregister

Personen- und Sachregister